普通高等教育“十一五”国家级规划教材

轨道运输设备

佟立本　主　编
毛保华　副主编
杨　浩　主　审

中 国 铁 道 出 版 社

2011年·北　京

内 容 简 介

本书共三篇十七章，介绍了轨道运输设备的基本知识，内容包括：现代化交通运输，铁路的建设与发展，城市轨道交通的建设与发展；铁路线路，铁路车辆，铁路机车，动车组，铁路牵引供电系统，铁路车站，铁路信号与通信设备；城市轨道交通线路，车站，车辆，供电系统，信号与通信设备，环控系统与给排水等。

本书可作为高等学校铁路运、机、工、电、辆等专业的本科及研究生教材，也可供铁路部门以及其他运输部门的干部、职工学习和参考。

图书在版编目(CIP)数据

轨道运输设备/佟立本主编．—北京：中国铁道出版社，2011.4

普通高等教育"十一五"国家级规划教材

ISBN 978-7-113-12670-4

Ⅰ.①轨… Ⅱ.①佟… Ⅲ.①轨道运输—设备—高等学校—教材 Ⅳ.①U2

中国版本图书馆 CIP 数据核字(2011)第 031248 号

书　　名：轨道运输设备
作　　者：佟立本　主编

责任编辑：程东海　**电话**：010-51873135　**教材网址**：http://www.tdjiaocai.com.
封面设计：薛小卉
责任校对：王　杰
责任印制：陆　宁

出版发行：中国铁道出版社(100054，北京市宣武区右安门西街 8 号)
网　　址：http://www.tdpress.com
印　　刷：北京海淀五色花印刷厂
版　　次：2011 年 5 月第 1 版　2011 年 5 月第 1 次印刷
开　　本：787 mm×1 092 mm　1/16　印张：18.5　插页：1　字数：463 千
书　　号：ISBN 978-7-113-12670-4
定　　价：36.00 元

前　　言

《轨道运输设备》是普通高等教育"十一五"国家级规划教材。课程的任务是比较系统、扼要地介绍轨道交通业及有关设备的基本知识。适用于高等院校轨道专业教学以及相关专业技术人员学习使用。

铁路作为国家重要的基础设施、国民经济大动脉和大众化的交通工具，在构建社会和谐，促进区域发展和城乡经济建设等方面，具有重大的推动作用，特别是高速铁路作为世界铁路发展的必然趋势，其对经济发展和社会进步的推动作用更得到了世界各国的公认。

在现代化城市的发展过程中，需要完善而又高效的城市交通系统的支持。而城市轨道交通无疑是现代都市交通系统中最具有发展前途的方式，国内外众多大城市发展轨道交通的实践经验已很好地证明了这一点。

铁路、城市轨道交通，它们的共同点都属于有轨交通的方式、列车运行方式。为完成运输任务，它们必需具备一套完整的、先进的基础设备和电气、运行、信号等控制系统。本书主要介绍了线路、车站、机车、车辆、供电系统以及信号通信和控制系统的基本知识、基本概念和基本原理。在编写时，力求文字简明扼要，突出主要内容，努力做到图文并茂，不仅能满足教学的要求，还为广大读者提供一本实用的科技图书。

本书共分三篇。第一篇绪论，介绍了铁路、城市交通的建设与发展；第二篇铁路运输设备，比较全面地介绍了铁路所涵盖的各项设备；第三篇轨道交通设备，重点地介绍了城市轨道交通的各项设备。

本书由北京交通大学佟立本任主编，毛保华任副主编，杨浩任主审。具体参加编写的人员有：佟立本（第一篇第一章、第二章，第二篇第一章～第五章、第七章）；毛保华、冯雪松（第一篇第三章、第四章）；董志升（第二篇第六章）；杜鹏（第三篇第一章～第六章）。全书由佟立本统稿。

本书编写中，参考了有关文献资料，在此谨向文献资料的作者表示衷心的感谢。由于本书涉及面较广，编者的水平有限、时间紧迫，书中难免出现缺点和错误，欢迎广大读者批评指正。

编　者

2011 年 1 月于北京

目　录

第一篇　绪　论

第二篇　铁路运输设备

第三篇　城市轨道运输设备

第一篇 绪 论

交通运输是人类社会一种不能缺少的需求，它使人和物发生所在位置的变化，是人类社会生产、经济、生活中一个重要的环节，是工业、农业、旅游业等产业能够顺利进行的必要条件，是生产过程在流通领域中的继续，它参与社会物质财富的创造。随着社会生产力的发展，运输工具也发生了相应的变革。人类从利用体力、畜力进行搬运开始，逐步发展到利用各种水上、陆上和空中的交通运输工具。各种现代化交通运输方式的出现，则是人类社会生产力高度发展的结果。

交通运输业是国民经济的重要组成部分，是保证人们在政治、经济、文化、军事等方面联系交往的手段，也是衔接生产和消费的一个重要环节。因此，交通运输业在现代社会的各个方面起着十分重要的作用。

第一章 现代化交通运输

第一节 交通运输业的作用、性质及其特点

一、交通运输业在经济和社会发展中的地位与作用

交通运输是社会经济重要的基础结构之一，是国民经济的命脉，是经济发展的基本需要和先决条件。运输的目的是实现旅客和货物在空间的位移，运输生产是社会再生产过程中的重要环节。随着社会经济的不断发展，生产力布局的展开，各地区、各部门、各生产领域、各企业之间的经济联系更加广泛和紧密，这就需要及时地将原材料、燃料、成品、半成品送往加工企业和消费地，以保证社会生产有计划地进行。没有交通运输业，经济发展就要停止，社会生产将无法进行。各国在不同经济发展阶段所提供的使人与物移动的能力在数量上和质量上有很大差别。这不但决定于社会所能提供的物质和技术的手段，也决定于其生产和生活方式本身在数量和质量上所提出的运输需求。具备比较完善的交通运输体系，客观上就为工农业提供了方便而廉价的运力，有利于开发资源、加速货物运送和社会生产的流通过程，对经济发展起着重要作用。在现代社会中，运输发展的水平已经成为一个国家发达水平和人类文明的重要标志。运输网的规模越大，经济上就越发达，技术上就越先进。生产的社会化程度越高，商品经济越发达，生产对流通的依赖性越大，运输在再生产中的作用越重要。

1. 交通运输推动现代工业的发展

在经济发达社会中，交通运输业不仅可以通过不断扩大人与物空间位移的规模去刺激流通，而且通过本身的发展提出巨大的需求，又刺激其他部门生产的扩大，进而推动工业和科技的进步。可以说，发展运输就是发展工业。100 多年来，随着运输业的不断更新、进步，工业也以前所未有的速度发展起来。铁路、公路、港口、机场的大规模修建，促进了建筑业的崛起；交通运输业的巨大能源消耗，促进了煤炭和石油工业的兴旺；铁路和运输机械对金属的需求，是采矿和冶金工业取得迅猛发展的基本动因之一；而各种运输工具的大量生产，则大力地推动了

机械加工工业。此外，交通运输业还是各种先进科学技术，如能源技术、电子信息技术、通信控制技术等得以应用的广阔市场。

2. 交通运输担负着社会产品的流通任务

流通时间的长短，关系到企业流动资金的安排和使用，只有发展现代化交通运输才是缩短流通时间的重要手段，这不仅是货畅其流、民便其行的问题，而且关系到整个社会劳动生产率的提高、资金周转的加速，经济效益的获得。

3. 交通运输在国防建设与防务的作用

平时为经济建设服务，战时为军事服务。交通运输的军民两用性质是非常鲜明的。因此，交通运输业具有半军事性质，是国家战斗实力的组成部分。

4. 交通运输是国际交流的重要桥梁和纽带

交通运输可以促进各国之间物资交换、经济发展和人民之间的友好往来，是经济全球化的重要保证。

总之，交通运输业的发展影响着社会生产、流通、分配和消费的各个环节，对人民生活、政治和国防建设以及国际的经济发展与合作都有重要作用。

二、交通运输业的性质

现代交通运输业是国民经济的有机组成部分，它具有物质生产和为社会公众服务的多重属性，是一个具有明显服务功能的物质生产部门。

1. 运输业具备物质生产的三要素

劳动力、劳动对象和劳动资料是生产的三要素。人们借助于劳动工具，作用于劳动对象，使之适合自己的需要就是物质生产。以铁路运输为例，线路、站场、机车车辆等各种固定和移动的设备，是铁路运输业从事物质生产的劳动资料；铁路职工利用劳动资料，按照旅客和货主的要求，有目的地改变旅客和货物在空间上的位置，由此发生的场所变动，就是运输生产的产品。铁路职工是劳动力，旅客和货物是服务对象。运输业对它的劳动对象只提供服务，而不能自由支配。

2. 人们借助劳动工具，使劳动对象发生变化

这种变化可以是劳动对象形状的变化（如金属切削加工）、劳动对象性质的变化（如炼钢）、能量的变化（如热能变电能），也可以是空间位置的变化（如铁路运输）。尽管有所不同，但它们都适合于人们的需要。

3. 运输是进行物质产品生产的必要条件

运输业不创造新的物质产品，不改变劳动对象的实物形态，只变动劳动对象的空间位置，但它是进行物质生产的必要条件，是物质生产过程不可缺少的重要环节。

三、交通运输业的生产特点

由上述可见，运输业是一个具有明显服务功能的物质生产部门。运输工人的劳动不仅创造价值，也同样会使社会增加财富。但是运输业又有不同于其他物质生产部门，它具有自己生产上的特点。

1. 运输业不为社会创造新的物质产品

在运输过程中，既不增加运送对象的数量，也不改变运送对象的性质。运输的结果，只是移动了运输对象的位置。所以，运输业的产品就是“位移”。它的计量单位是“人 · km”和

"t · km"。为了统计上的方便，通常采用换算吨公里来计算，即

1 换算 t · km＝1 旅客人 · km＝1 货物 t · km

运输业产品是以"周转量"作为计算单位的，它是旅客人数或货物的吨数与其运送距离的乘积。周转量分为旅客周转量、货物周转量和全部周转量，它们之间的关系是：

全部(换算)周转量＝旅客周转量＝货物周转量

2. 运输业的产品不能储存也不能调拨

运输业的产品——旅客和货物的位移，同运输过程不能分离，即位移的生产和消费是同时进行的，在它被生产出来的同时就已被消费掉了。因此，运输业的产品既不能储存，也不能进行积累，更不能调拨。运输业不能用调拨产品的方法来调节不同时期、不同地区对运输的需求，而只能调动运输的生产能力，如机车、车辆等运输设备来进行调剂，所以运输业只能储备一定量的运输能力，才能适应特殊情况下的运输需要。

3. 运输业运输工人劳动对象不同

在运输过程中，运输工人的劳动不是直接作用于劳动对象即旅客和货物的身上，而是作用于劳动资料(机车、车辆)上。因此，要使运输业满足社会经济发展的需要，就必须发挥运输人员的主观能动性，充分利用运输工具的运载能力，加速运载工具的周转，提高运输效率。

第二节　各种运输的相互关系及技术经济特征

现代化交通运输主要包括铁路、公路、水路、航空和管道五种运输方式。它们各有不同的技术经济特征与使用范围。

一、各种交通运输的相互关系

交通运输业是国民经济的基础产业，是社会发展和人民生活水平提高的基本条件，交通运输的发达水平也是衡量一个国家现代化程度的标志之一。

由于各种运输方式都有自己的特性和优缺点，因而它们都有各自适合的应用范围。一般地说，铁路和水路运输(包括海洋和内河主要航线)主要适宜于短途运输和部分货物的中距离运输，并为干线运输集散客货；航空运输则以国际交往与国内大中城市间的旅客运输、长距离急运和加强边远地区的联系为主；而管道运输应在大量气体、液体和煤、铁矿石等物资生产地点和固定的消费地点(或转运地点)之间逐步推广采用。总之，五种交通运输方式既有相对的独立性，又有互相依存；既有协作，又有竞争。在国民经济和社会发展以及运输技术不断进步的条件下，如何综合利用和发展各种运输方式的问题，日益受到各国的重视。然而，在不同的国家，由于国土面积、资源分布以及经济发展状况的差异，各种交通运输方式之间的关系也有所不同。但是，应该在保证运输安全，合理利用自然资源，保护环境等前提下，充分发展各种运输方式的技术经济优势和功能，做到合理分工和协调发展，力求达到经济合理地满足运输需求。

二、各种交通运输的技术经济特征

几种交通运输方式在满足人或物的空间位移的要求上具有同一性，即安全、迅速、经济、便利、舒适。但各种运输方式所采用的技术手段、运输工具和组织形式等都不相同。因此，形成的技术性能(速度、重量、连续性、保证货物完整性和旅客的安全、舒适性等)、对地理环境的适

应程度以及经济指标(如能源和材料消耗、投资、运输费用、劳动生产率)都不尽相同。尤其在全球能源紧张,环境恶化的大背景下,铁路以其独特的技术经济特征,再次进入人们的视野。在高新技术的推动下,作为一种绿色的交通运输方式,和其他交通运输方式相比,铁路运输在土地占用、能源消耗、环境保护、运营成本、运输安全和输送能力等方面具有独特的比较优势。

1. 送达速度

送达速度是指运载工具将所运送的对象(旅客或货物)从始发地运送到终到地的全部时间。各种运输方式有其应用的速度范围:一般而言,公路运输的最优速度为50～100 km/h,铁路运输为100～300 km/h,航空运输为500～1 000 km/h。若算上旅客从居民点到火车站、汽车站、机场的时间,检票、托运货物、提取行李以及等候所需时间,假如铁路为1.0 h,则汽车为0.5 h,而航空就是3.0 h。行程在1 000 m以内时,乘坐高速列车总体上比乘坐飞机花的时间更少,且乘坐火车出行更安全、正点、舒适。

2. 运输成本

运输成本是运输业的一个综合性指标,受各种因素的影响。在运输成本中,如果与运输无关的支出所占比重较大时,则运输成本受运输密度的影响较大,铁路运输最显著,水运、公路运输则较小。运输距离对运输成本也有很大影响,运输距离越长,路途运行费用越低,因此对水运影响最大,铁路次之,公路较大。此外,运载量的大小同样影响运输成本,载重量较大运输工具一般来说其运输成本较低,水运在这方面居于有利地位。

据测算,单位运输成本之比,远洋运输、内河运输、铁路运输、公路运输、航空运输分别为0.43∶0.72∶1∶6.4∶9.35。

同时,运输行业的总成本不仅仅是企业运营所发生的支出,还包括环境污染、事故损失、交通堵塞等造成的外部成本。根据欧盟所属成员国各种运输方式外部成本指标的评估结果显示:公路占83.7%、民航占14%、铁路仅占1.9%。铁路运输的外部成本远远低于公路和民航,社会成本最低。此外,高速铁路开通后,还可大幅节约乘客旅行时间,创造额外的社会价值。

3. 投资水平

各种运输方式由于其技术设备的构成不同,不但投资总额大小各异,而且投资期限和初期投资的金额也有相当大的差别,各种运输方式在线路基建投资和运载工具投资方面也各有差异,水运、航空运输的线路投资最低,公路次之,管道和铁路运输最高(线路设备是专用的);铁路的技术设备(线路、机车车辆、车站、厂、段等)需要投入大量的人力和物力,投资额大而且工期长,因此投资集约程度高。相对而言,水上运输是利用天然航道进行的,线路投资远较铁路为低,主要集中在船舶、码头。从运载工具等基建投资来看,管道投资最低,铁路、水运次之,航空最高。

4. 运输能力

铁路是大能力的陆上交通工具。双线铁路年最大运输能力是四车道一级公路的16倍,是四车道高速公路的2～4倍。内河运输除受河道宽度、水深等天然条件限制外,还受到船闸等人为因素的限制,通常运能不及铁路。航空运输只能承担少量轻浮货物和旅客的长途运输,运输能力,特别是货物运输能力非常有限。铁路不仅在客货运输方面具有广泛的适应性,而且对于大宗货物、大规模人流具有大批量、规模化的运输优势。

作为晋煤外运主通道的大秦铁路,原设计能力为年运量1亿t。从2004年开始,采用一系列先进重载技术，大量开行1万t和2万t重载列车，2004年运量突破1.5亿t，2005年运量达到2.03亿t，相当于该通道内再造一条大秦线。2008年大秦铁路运量突破3亿t，创造了世界铁路重载运输的奇迹。未来大秦铁路将继续推进扩能改造，年运输能力将达到4亿t。届时，一条大秦铁路年运量是任何一条公路或航线的运量无法比拟的。

5. 能源消耗

能源是国民经济发展与社会进步的基石，能源的可持续发展是人类社会可持续发展的重要保障之一。交通运输行业是能源消耗大户，更是世界最大的化石燃料消耗部门之一。铁路是低能耗的运输方式。以铁路内燃机车为例，铁路与公路的能耗比，货运为1∶19.25～26.86，客运为1∶3.83～6.08；铁路与内河水运相比为1∶0.87～4.52；铁路与民航的能耗比为1∶165。如果采用电力机车，能耗还可以降低一半。

此外，铁路运输的能源优势还体现在能够充分利用电能，电能作为重要的二次能源，不仅使用方便、效率高、无污染，而且可以通过煤炭、水能、风能、太阳能等多种方式转化。通过提高电气化铁路的运输比重，不但可以降低能耗和环境污染，还可以利用多种资源，降低对石油的依赖。

6. 环境影响

经济的快速发展带来了环境的日益恶化。随着交通运输的发展，交通运输带来的环境问题日益受到人们的重视。按每完成单位运输量排放的一氧化碳、碳氢化合物计算，公路、航空是铁路内燃机车的数十倍甚至上百倍，而铁路电力机车则基本不排放有害气体。同时，由于铁路能耗低、能源替代性好，单位运量下公路和航空运输的二氧化碳排放量是铁路的4～12倍。

对空气和地表的污染最为明显的是汽车运输，喷气式飞机、超音速飞机等的噪声污染也比较严重。因此，相比之下铁路运输对环境和生态的影响程度较小，特别是电气化铁路这种影响更小。

7. 安全舒适

安全是旅客最为关心的因素，各国交通运输资料表明，铁路、公路、航空运输的事故率（每百万人公里的伤亡人数）之比大致为1∶24∶0.8。高速铁路由于在全封闭环境中运行，又有一系列完善的安全保障体系，如采用先进的列车速度控制系统和调度指挥系统，其安全程度更加可靠。

方便舒适也是旅客选择交通工具的标准。特别是高速铁路每隔半小时甚至几分钟就发出一列客车，旅客基本上可以做到随到随走，不需要候车，做到列车公交化，站台按车次固定化，进一步方便了旅客的乘降。此外，高速铁路列车内装饰豪华、工作、生活设施齐全，车厢宽敞、座席舒适，每一旅客所占有的活动空间比其他运输工具都大得多，高速列车运行平稳，振动摇摆幅度很小。乘坐高速列车旅行无疑是一种十分方便而又愉快的享受。

8. 气候影响

众所周知，各种交通运输工具除管道运输外，铁路是真正全天候运输工具，受恶劣气候影响最小。特别是高速铁路，由于采用全封闭线路、先进的通信和控制方式，在浓雾、暴雨和冰雪等恶劣天气情况下，列车只需减速行驶，依然能够正常运营。而机场和高速公路则必须关闭停运。

五种运输方式各有其长处和短处，每个国家都需要按照本国工农业的生产布局与规模、地理条件、社会环境及本国交通运输业发展的历史与现状，建立适合本国国情的综合运输体系。

复习思考题

1. 简述交通运输业的性质及其生产特点。
2. 简述现代化交通运输的形式及其技术经济特征。
3. 简要分析铁路运输方式的优点及其适用范围。

第二章　铁路的建设与发展

第一节　世界铁路的建设与发展

自1825年英国出现世界第一条从斯托克顿至达林顿的铁路以来，铁路至今已有180多年的历史。铁路运输一出现就显示出多方面的优越性，很快在世界上得到迅速发展。铁路的兴起和发展与科学技术和社会的进步密不可分。与此同时，铁路的技术进步和现代化进程，又在深刻影响着整个世界经济的发展，推动着人类社会的文明进步。

一、世界铁路的建设

18世纪60年代起，以蒸汽机的发明和运用为主要标志的第一次工业革命，推动了铁路的诞生。1814年英国人制成世界第一台蒸汽机车，1825年英国修建了从斯托克顿至达林顿21 km长的铁路，这是世界上第一条蒸汽机车牵引的铁路。它的出现标志着近代铁路运输业的开端，使陆上交通运输迈入了以蒸汽机为动力的新纪元。铁路及火车一经发现，便以其迅速、便利、经济等优点，深受人们的重视，除了在英国全面展开铁路的铺设工程外，其他国家也相继开始兴建铁路。世界主要国家铁路相继修通的年份见表1-2-1。从表中可见，铁路在不长的时间内就得到了较快的发展。

表1-2-1　世界主要国家铁路通车年份

国　名	修通年份	国　名	修通年份	国　名	修通年份	国　名	修通年份
英国	1825	加拿大	1836	瑞士	1844	埃及	1854
美国	1830	俄罗斯	1837	西班牙	1848	日本	1872
法国	1832	奥地利	1838	巴西	1851	中国	1876
比利时	1835	荷兰	1839	印度	1853		
德国	1835	意大利	1839	澳大利亚	1854		

目前，世界铁路总长度约为120万km。其中美国22.7万km，中国8.6万km，俄罗斯8.5万km，印度6.3万km，德国4.8万km。

从地理分布上看，美洲铁路约占全世界铁路总长的2/5，欧洲约占1/3，而非洲、澳洲和亚洲的总和还不到1/3。世界铁路的发展和分布情况是极不平衡的。各国修建和发展铁路的趋势也不尽相同，我国和许多发展中国家始终在新建铁路、扩展路网。而有些发达国家，为了适应形势的发展，必须调整铁路在交通运输系统中的位置，把铁路推向一个新的发展时期。

二、世界铁路的发展

世界能源资源紧缺和环境恶化的现实，迫使许多国家重新认识加快发展铁路的重要性，铁路以其独特的技术经济特征，再次进入人们的视野。在高新技术的推动下，高速铁路技术与货运重载技术快速发展，铁路自身所具有的节能、环保、快捷、安全的比较优势更加突出。按照完成单位运输周转量造成的环境成本测算，航空、公路客运分别是铁路客运的 2.3 倍 和 3.3 倍，货运分别是铁路的 15.2 倍和 4.9 倍。同时，在完成同样运输任务的情况下，铁路的占地和排放二氧化碳、氮氧化物等污染物的数量远小于航空和公路等交通方式。由于铁路具有降耗和减排的显著优势。许多国家纷纷把发展铁路作为交通产业政策调整的重点。

世界铁路的新发展主要表现在客运的高速和货运的重载两个方面。

1964 年，世界上第一条高速铁路——东海道新干线在日本诞生。高速铁路的诞生和成功，让世界重新审视铁路的价值，开创了世界铁路的新纪元。经过 40 多年的发展，世界上已有日本、法国、德国、西班牙、中国等十余个国家拥有了高速铁路，世界高速铁路总里程已经超过了 7 000 km。建设快捷、绿色、节能、安全、方便的高速铁路已经成为世界性的共识。高速铁路的诞生和发展，极大地改变了人们的时空观念，提高了铁路在客运市场中的竞争力。同时，融合了交流传动技术、复合制动技术、高速转向架技术、高强轻型材料与结构技术、减阻降噪技术等多种高精尖技术的高速铁路为世界铁路走向复兴提供了强大的技术平台。

目前世界上的高速列车时速达 160～260 km。意大利的罗马—佛罗伦萨新干线时速超过 200 km；日本东海道新干线时速为 210 km；运行在法国巴黎—里昂间的 TGV 高速列车的时速为 260 km，2007 年试验最高时速达到 574 km。现在日本、德国、英国研究实验的磁悬浮列车时速达 300～500 km，已接近实用阶段。安全高速的旅客列车适合中长距离城市之间的运输及大城市的市郊运输，世界上大城市市郊及城市群之间的旅客运输越来越依靠铁路了。

货物运输方面，自 20 世纪 50 年代起，随着大功率电力机车和内燃机车、大轴重大容量货车的使用以及列车无线控制技术的发展，铁路重载运输走入人们的视野。由于运量大 、能耗低、经济性好，60 多年来，重载运输在美国、加拿大、南非、俄罗斯、澳大利亚等一些幅员辽阔，矿产资源丰富的国家迅速发展，美国 1967 年重载列车的单列总重达 4.4 万 t；澳大利亚更是在 2001 年创造单列总重 7.9 万 t 试验运行的世界纪录。俄罗斯大部分开行两列或三列合在一起的合并重载列车，这样更有分合灵活、组织简便的优点。铁路重载运输的发展，对降低运输成本，提高经济效益发挥了重要作用，对大宗货物、中长距离的货物运输具有更大的吸引力，已成为世界铁路发展的一个重要趋势。

世界经济的发展以及人们对能源、环保的理解和要求，进一步显示出铁路的优势和强大的生命力。由于铁路顺应了当代经济社会可持续发展的内在要求，得到了许多国家政府的政策支持和社会的广泛认同，从而取得了可喜的变化。首先是世界铁路网结构进一步优化，质量有了新的提高。高速铁路快速发展，全球现有时速 200 km 及以上的高速铁路营业里程约 7 000 km(不包括我国在内的在建高速铁路新线有 3 000 km)，规划建设高速铁路 2 万 km，其中欧盟就达 1 万 km。按时速 200 km 对既有线进行提速改造的线路也已达到 2 万 km。电气化铁路明显增加，2005 年，世界铁路电气化营业里程达到 25 万 km，比低谷时期的 1980 年增加了 9 万 km，增长 57%。一些国家的铁路复线水平大幅度提高，2005 年日本铁路复线里程比 1980 年增长 5 倍，加拿大增长 3 倍，德国增长 47% 。其次是世界铁路客货运量实现较大回升。客运量增势明显，2005 年，世界铁路共完成旅客发送量约为 281 亿人，增长 13.2%；旅客周转量约完成 22 808 亿人 · km，增长 63.4% 。货运量稳步上升，2005 年，世界铁路货运量完成约 107 亿 t，增长 7.4% ，货物周转量约完成 88 388 亿 t · km，增长 31.6%。尤其值得关注的是，主要国家客货运量增长明显，如客运量美国增长 19%、日本 27.2% 、法国 42.5% 、英国 41.8% ；货运量美国增长 40.3% 、印度增长 176.1% 。

通过对世界铁路发展情况的概要了解，可以看出，世界铁路正处在逐步复兴、加快发展的重要历史时期，铁路对全球经济和人类社会发展的作用不仅没有削弱，而且显示出强大的生命力。

第二节　我国铁路的建设与发展

一、我国铁路的建设

1840 年英国侵略者发动了鸦片战争之后，用炮舰打开了清朝政府闭关自守的大门。从此，各资本主义列强相继侵略我国，强迫清朝政府订立了一系列丧权辱国的不平等条约。我国的铁路就是在这个历史背景下产生和发展的，是和帝国主义对我国的侵略联系在一起的。它们在我国大肆争夺筑路权、贷款权、经营权，其目的不仅可以从铁路本身获得巨额利润和经济优惠，更重要的是通过对铁路的控制，向我国内地推销商品，掠夺原料，使我国在经济上长期地依赖于帝国主义并实现瓜分中国的野心。

(一)中国早期的几条铁路

1876 年在上海修建的吴淞铁路，是中国领土上出现的第一条铁路。它是英国侵略者背着中国政府和人民，采用欺骗和蒙混的手段修筑的。早在 19 世纪 50 年代后期，俄、英、美等国多次提出在中国修筑铁路，均遭拒绝，后来美国以修筑一条“寻常马路”的名义，骗取了当时上海地方政府的允许。后又将权益让给英商，另行组成“吴淞铁路公司”继续修路。这条铁路从上海至吴淞镇，全长 14.5 km，轨距为 762 mm 的窄轨，采用每米 13 kg 的钢轨；用一台叫做“先导号”(Pioneer)的机车，重量仅为 15 t，时速 24～32 km；客货车辆也是小型的。铁路沿线人民从一开始就反对洋人筑路，1876 年 8 月从上海至江湾一段通车营业后，发生了火车轧死行人的事故，激起群众的愤慨，迫使英国侵略者同意，由清朝政府用 28.5 万两白银将铁路收买回来。然而腐败的清朝政府认识不到铁路这种形式运输工具的优越性，反而昏庸地把这条已经赎回的铁路拆毁。拆下的钢轨和其他器材运到了台湾打狗港(今高雄港)，开了历史的倒车。

1881 年的唐胥铁路(唐山至胥各庄)是中国自己创办的第一条铁路。它是当时为了解决开平矿务局的煤炭运输问题，几经请求清朝政府总算勉强被批准了。铁路全长约 10 km，采用 15 kg/m 的钢轨，轨距则采用 1 435 mm 的“标准轨距”。后来我国铁路绝大部分都采用了这种轨距。唐胥铁路虽然开始修建了，但是因为清朝皇室的东陵在此不远的地方，生怕火车头“震动山陵”，所以当初只准用骡马拖拉车辆。经过往返疏通才在 1882 年改用机车牵引。机车是中国工人凭当时任工程师的英国人金达(C. W. Kinder)的几份设计图纸，利用矿场起重机锅炉和竖井架的槽铁等旧材料，试制成功了一台 0—3—0 型的蒸汽机车。这台机车只有三对动轮，没有导轮和从轮，机车全长 18 英尺 8 英寸。机车曾被英人仿照乔治·斯蒂文森制造的英国著名的蒸汽机车“火箭号”的名称，把它叫做“中国火箭号”，但是中国工人却在机车两侧各刻一条龙，把它叫做“龙号”机车。1882 年，又从英国购来了两台小型的 0—2—0 式(只有两对动轮)机车(称 0 号)，参加运行。

唐胥铁路以后逐步发展成为现在的京沈铁路。唐胥铁路的建成通车，是中国铁路建筑史上的一件大事，但和世界上第一条铁路相比已经晚了 56 年。

在同一时期，我国建成的早期铁路还有 1891 年完成了从台北向东到基隆港的一段 28 多公里铁路和 1893 年完成的从台北向西南至新竹的一段 78 km 的铁路，两段共长 107 km。这条铁路所铺的钢轨是从英、德两国买来的，18 kg/m，轨距为 1 067 mm。后来日本侵略者在台湾所筑铁路也都采用了这种轨距。这条台湾铁路是中国人民自己集资、自己设计并自己施工建成的。

1905 年 10 月在北京城的北郊响起了隆隆的开山采石声，第一条完全由中国工程技术人员主持、设计、施工的铁路干线——京张铁路正式动工了。京张铁路南起北京丰台，北至张家口，全长 201 km，采用 1 435 mm 标准轨距，是在我国杰出的爱国工程师詹天佑主持下，全部用中国人民自己的智慧和才能建成的。铁路建筑工程相当艰巨，自丰台至南口有 50 km 的平原，但自南口进入燕山山脉军都山后，岭高、坡陡、隧道工程大，需要开凿四座隧道：居庸关隧道长 366 m，五贵头隧道长 45 m，石佛洞隧道长 141 m，最长的八达岭隧道长达 1 091 m，共长 1 645 m。在当时的条件下，完全靠人工修筑而成。从南口至青龙桥站 18 km 间的最大坡度已达 33‰，如果再随地形继续升高，即使采用两台大马力机车一拉一推地牵引列车也爬不上去，为了保证列车能安全越过山陵，在詹天佑主持下，设计成“人”字形爬坡线路，解决了这一难题。京张铁路的修建历时 4 年，比原计划提前 2 年完工，不仅工程造价比关内外铁路低，而且为我国培养出了第一批自己的铁路工程师，为以后修建铁路打下了基础。这条铁路的建成有力地打击了帝国主义的嘲讽、鄙视，批判了清朝官僚们一味崇洋媚外的思想，谱写了我国铁路建筑史上光辉的一页。

(二)资本主义国家直接在我国修建的铁路

19 世纪末侵占中国的资本主义国家主要有沙俄、英国、德国、法国和日本等。他们为了掠夺和控制中国，把修筑铁路作为争夺的焦点。

(1)沙俄占据东北，修筑中东铁路。1896 年开始修建西起满洲里，经哈尔滨，东至绥芬河铁路。1898 年又取得了支线(从哈尔滨经长春、沈阳至大连)的筑路权。这样，中东铁路干、支线便形成了“T”字结构，使整个东北成为沙俄的势力范围。1903 年全线通车。干线长 1 481.2 km，支线长 944.3 km。中东铁路全部由沙俄经营，占用的土地由清政府无偿提供。沙俄在沿线享有采煤权、水运权、伐木权、驻兵权和司法权等。

(2)德国控制山东，修筑胶济铁路。该路起于青岛港至济南，长 394.1 km，另有张店至博山支线 39.2 km，淄博至洪山支线 7.2 km 等，总长 440.7 km。在青岛附近的四方，设机车厂。全线于 1904 年完工。胶济铁路货源充足，投入运营后很快赢利，同时兼营煤矿、电报业等，德国从中获得巨大的财政收入。

(3)英国在香港修建铁路。广九铁路广深段由清政府修建，广九铁路九龙段由香港英政府修建，该线 1911 年建成，线路始于深圳河桥之尖嘴沙，长 35.8 km。铁路修成后，广东也逐步成为英国的势力范围。

(4)法国在中越边界修筑滇越铁路中国段。法国先是迫使清政府同意将云南、广西、广东三省列为法国的势力范围，后又取得了法国在华筑路权，承修和经营滇越铁路。该铁路越南部分从南部海防，经河内到北部边境老街，于 1903 年建成。中国部分自中越边界的河口，经碧色寨、阿迷州(今开远市)至昆明，长 464.6 km，1910 年建成。滇越铁路中国段采用法国轨距，为 1 m，亦称米轨铁路。

(5)日本侵占南满铁路和修建台湾铁路。1905 年，日本迫使清政府承认俄国转给日本的一切利益。日本占据南满支线长春以南段后，改称南满铁路，并将轨距由俄制 1 524 mm 改为标准轨距 1 435 mm，又对长 383.7 km 的大连至苏家屯段修建双线。战争期间，由于军运需要，日本还修筑安奉铁路，由安东(今丹东)经本溪至沈阳，与南满铁路相接，长 303.7 km。1895 年日本占领台湾后，台湾铁路即为日本所有。同时还修建了长 39.5 km 的台湾西干线，同时将西干线东延，修至屏东、枋寮，长 65 km。1907 年又修建了台东铁路。多年来，日本主要靠这些铁路对台湾进行控制和掠夺。

总之,旧中国铁路具有浓厚的半封建半殖民地的色彩。不仅铁路的分布极不均衡极不合理,而且技术设备落后,主要表现为少、偏、低三大特点。

少——铁路修建的里程太少,从 1876 年至 1949 年 70 多年来,总共只有铁路 2.1 万 km(不包括台湾省铁路);新中国成立前夕能维持通车的线路只有 1.1 万多公里。通信信号设备少得可怜,能用的机车不过 1 700 多台,车辆也只有 3 万多辆。

偏——铁路分布不均衡,不合理。当时约占全国土地面积 15%的东北和华北地区,铁路长度却占全国铁路总长的 65%;而占全国土地面积 60%的西南和西北地区,只占全国铁路总长度的 5%,有些省份甚至没有铁路。旧中国铁路的这种畸形现象,是殖民地铁路的共同特征,即铁路多建在沿海地区,便于帝国主义进行侵略和掠夺。

低——铁路线路和技术装备的质量差、标准低。设备种类繁杂,规格紊乱,机车类型有 120 多种,钢轨类型 130 多种;线路质量差,路基病害严重;约有 1/3 的车站没有信号机;自动闭塞的线路长度不到 2% ,复线也只有 6%。各路的车辆不能互相通用和过轨,没有统一的调度指挥,因而造成运输事故多、运输效率极低的情况。

(三)新中国铁路的建设

从 1876 年至 1949 年中华人民共和国成立的 73 年间,共修建铁路 26 916 km。1949 年中华人民共和国成立时 ,大陆实有铁路 25 974 km,可维持车通车的铁路 21 810 km。

1949～2009 年,除修复战争破坏和对既有铁路进行大规模的技术改造外,规划设计了新线的建设。特别是进入 21 世纪,我国铁路建设取得了举世瞩目的大发展,截至 2009 年底全国铁路营业里程 8.6 km,铁路复线里程 28 855.6 km,电气化里程 27 555.0 km,国家铁路正线 60 kg/m 钢轨里程 74 299.0 km,国家铁路正线无缝线路里程 61 053.9 km,国家铁路自动闭塞里程 28 099.6 km,国家铁路营业车站 5 470 个。2010 年全路固定资产总规模为 8 235 亿元,其中基本建设投资 7 000 亿元;计划新线铺轨 3 690 km、复线铺轨 3 150 km,新线投产 4 613 km、复线投产 3 438 km、电气化投产 6 401 km。到 2010 年年底,即"十一五"末,我国铁路营业总里程超过 9 万 km。

新中国成立后,我国政府十分重视铁路建设,称誉铁路是国民经济的大动脉、先行官。对全国铁路实行统一管理,组建勘测设计和施工专业队伍,集中力量,建设新线,改造旧线,大力发展铁路。

1952 年 7 月 1 日建成通车的成渝铁路(成都—重庆)全长 505 km,是我国自行设计、自行施工、使用自产材料修成的第一条千里干线,结束了四川人民没有正式铁路的历史。接着修建了"蜀道难,难于上青天"的宝成铁路,以及天兰、包兰 、兰青、兰新等铁路。兰新铁路(兰州—阿拉山口),全长 2 363 km,成为中国通往哈萨克斯坦、俄罗斯等国的主要干线。阿拉山口站为换轨和货物换装站,建成 30 m 跨度、6 663 m^2 的货物换装库,为亚洲最大的换装站。"东方快车"直通独联体和欧洲,并办理国际集装箱联运。

20 世纪 60 年代,展开了气势恢宏的西南铁路大会战,很快建成了连接云贵川三省的铁路骨架——川黔、贵昆、成昆铁路。成昆铁路(成都—昆明)全长 1 100 km,成昆铁路工程艰巨,有"地质博物馆"之称。全线有大小桥梁 991 座;有 2 km 以上的隧道 34 座,3 km 以上的 9 座,其中沙木拉打、关村坝隧道在 6 km 以上,桥隧长占线路总长的 41% 。全线 122 个车站,有 41 个位于桥、隧或半桥半隧中。在桥梁施工中,广泛采用了柔性墩、板凳墩和双柱式钢架墩等新结构。为大西南的经济和社会发展打下了坚实的基础。

在改革开放的新形势下，我国经济走上了持续快速发展的道路。由于铁路运输能力的限制。运货难、乘车难的矛盾十分突出。为了缓解制约经济发展的“瓶颈”，国家加大投资力度，支持铁路发展，加快铁路建设。

“七五”期间，夺得了“南攻衡广、北战大秦、中取华东”三大战役的胜利。大秦铁路(大同—秦皇岛)，全长653.2 km，是我国第一条复线电气化开行重载单元列车的运煤专用铁路。新建的大秦铁路，1988年一期工程开通运行，1991年全线贯通，并从1992年开始正式开行了万吨级重载列车。大秦铁路有一系列重大技术装备与之配套，如大功率电力机车，装有转动车钩的新型运煤专用敞车，光缆数字通信系统，微机调度集中系统，AT供电系统，运营信息系统等，其综合技术水平和运输能力达到了当时国际水平，标志着中国铁路重载技术和运输组织管理向现代化管理方面迈出了重要的一步。1987年，在我国南北铁路大动脉的京广铁路上修建了长14.295 km大瑶山隧道，是当时国内最长的复线铁路隧道，居世界双线铁路隧道的第10位，大瑶山隧道的建成，结束了我国不能修建10 km以上长达隧道的历史，标志着我国隧道建设技术达到了世界先进水平。1989年在我国铁路网中赋有铁路心脏之称的郑州北站，建成了亚洲最大的铁路综合自动化编组站。货车的中转、解体、编组作业的一整套生产管理已经由电子计算机取代了手工操作。郑州北站运营管理综合自动化是由货车管理信息系统、驼峰作业过程控制系统、枢纽地区调度监督系统、站内无线通信系统、调车场尾部道岔微机集中联锁系统等组成。它使我国铁路编组站现代化技术迈进了世界先进行列。

“八五”期间，加强六大通道建设(京广、京沪、京哈、陇海、沪杭、浙赣)，修建了宝中铁路、兰新复线等。仅用不到4年时间，就建成了纵贯我国南北全长2 122 km的京九铁路。京九铁路(北起北京，南至深圳，经广九铁路与香港九龙相连)沿线行经京、津、冀、鲁、豫、皖、鄂、赣、粤九省市，正线长2 397.5 km，另加天津至霸州、麻城至武汉联络线155.7 km，共计长2 553.2 km。这是我国京沪、京广两大干线之间纵贯南北的又一条长大干线，是我国铁路建设史上规模最大、投资最多，一次建成里程最长的铁路干线。京九铁路的建成，对完善我国路网布局，缓解南北运输紧张状况，带动沿线地方资源开发，推动革命老区经济发展，形成一条新的南北经济增长带，对连接港澳地区促进祖国的和平统一大业，都具有十分重要意义。

“九五”期间，以“大战西南，强攻煤运；打通限制口，配套大干线”为奋斗目标，建设了南昆铁路、西安安康铁路等。合资铁路也有了很大发展(如集通铁路、三茂铁路等)。积极合理地利用外资，不仅解决了建设资金不足，而且引进新技术、新设备以及新的管理方式。这是我国铁路史上发展最快的时期，铁路运能与运量的矛盾已有缓解。

进入21世纪以后，我国铁路建设进入了黄金机遇期，铁路现代化建设事业发展更为显著，取得了世人瞩目的辉煌成就。

粤海铁路通道。由广东省境内的湛江市，经雷州、徐闻至海安，纵贯雷州半岛，在海安通过火车轮渡跨越琼州海峡至海口市，再沿海南省西环线至叉河车站，与既有线叉河至三亚铁路接轨，到达三亚市。全长568.3 km。大陆第一辆火车跨过琼州海峡，正式开上了海南岛。从此，粤海铁路通道把祖国大陆与海南省连接起来，使铁路运输与海上运输连为一体，结束了海南省与祖国大陆间不通火车的历史，全国主要城市可通过铁路直达海南岛，对促进海南省、雷州半岛等地经济发展及其与大陆政治、经济、文化交流，加快我国南海海洋资源开发利用，具有十分重要的意义。

青藏铁路。青藏铁路由青海省省会西宁至西藏自治区首府拉萨，全长1 956 km，分两期修建。一期工程由西宁至格尔木，长814 km，已于1984年建成通车。2001年6月29日，中国西部大开发的标志性工程——青藏铁路二期工程由格尔木至拉萨段开工建设，全长1 142 km，其中包括32 km的格尔木至南山口既有线改造，新建铁路1 100 km。中国人凭借自己的力量，在堪称世界屋脊的青藏高原，面对多年冻土、高寒缺氧、生态脆弱三大世界难题取得了重要突破，建成了世界上海拔最高、线路最长的高原铁路，成为与首都相连，能与世界接轨的钢铁大动脉，是世界铁路建设史上最宏伟的大工程。参建者经过五年挑战极限，无私奉献，艰苦奋战，终于在2005年12月12日全线铺通，经过客、货列车运营试验，最后于2006年7月1日全线开通运营，西藏交通史上又开创了一个新纪元。

在高原多年冻土区修建铁路是一项探索性工程，其特殊性和复杂性在铁路建设史上独一无二。攻克了在修建青藏铁路中的"高原、冻土和环境保护"三大难题。

二、我国铁路的发展

经济发展和社会进步为铁路发展提供了良好的机遇，同时铁路也将面临严峻的挑战。随着我国经济持续、快速、健康增长，将促使客货运输需求总量快速增加，要求铁路有足够的与之相适应的运输能力。铁路在运输效率、能源消耗以及环境污染等方面的优势为世界公认，应在实施国家可持续发展战略中发挥重要作用。

（一）中长期铁路网规划（2008年调整）

2004年经国务院审议通过了国家《中长期铁路网规划》（简称《规划》），《规划》颁布实施以来，铁路进入加快发展的新阶段。在实施过程中，感到铁路运输能力和质量仍不能适应未来经济社会发展需要。于是，根据经济社会发展的需要，在国家批准的综合交通规划的框架下，围绕区域发展、能源战略、对外贸易、国土开发以及运输需求等情况，统筹考虑其他运输方式和能源等相关行业发展，对原规划的规模和布局进行了调整，形成了规划调整方案，如图1-2-1所示（见书末插页）。

1. 发展目标

铁路网要扩大规模、完善结构、提高质量、快速扩充运输能力、迅速提高装备水平。到2020年，全国铁路营业里程达到12万km以上，复线率和电化率分别达到50%和60%以上，主要繁忙干线实现客货分线，基本形成布局合理、结构清晰、功能完善、衔接顺畅的铁路网络，运输能力满足国民经济和社会发展需要，主要技术装备达到或接近国际先进水平。

2. 规划原则

(1)贯彻国家总体发展战略，统筹考虑经济布局、人口和资源分布、国土开发、对外开放、国防建设、经济安全和社会稳定的要求，并体现主题功能区规划明确的促进区域协调均衡发展的方向。

(2)根据国家综合交通发展总体要求、线网布局、枢纽建设与其他交通运输方式优化、衔接和协调发展，提高组合效率和整体优势。

(3)增加路网密度，扩大路网覆盖面，繁忙干线实现客货分线，经济发达的人口稠密地区发展城际快速客运系统。

(4)加强各大经济区之间的连接，协调点线能力，使客货流主要通道畅通无阻。

(5)节约和集约利用土地，充分利用既有资源，保护生态环境。

3. 规划方案

规划方案要在路网总规模扩大的同时，突出客运专线、区际干线和煤运系统的建设，提高路网质量、扩大运输能力，形成功能完善、点线协调的客货运输网络。

(1)客运专线

为满足快速增长的旅客运输需求，建立省会城市及大中城市间的快速客运通道，规划"四纵四横"等客运专线以及经济发达和人口稠密地区城际客运系统。建设客运专线1.6万km以上。客车速度目标值达到每小时200 km及以上。具体建设内容：

① "四纵"客运专线

a. 北京—上海客运专线，贯通京津至长江三角洲东部沿海经济发达地区；

b. 北京—武汉—广州—深圳客运专线，连接华北和华南地区；

c. 北京—沈阳—哈尔滨(大连)客运专线，连接东北和关内地区；

d. 上海—杭州—宁波—福州—深圳客运专线，连接长江、珠江三角洲和东南沿海地区。

②"四横"客运专线

a. 徐州—郑州—兰州客运专线，连接西北和华东地区；

b. 杭州—南昌—长沙贵阳—昆明客运专线，连接西南、华中和华东地区；

c. 青岛—石家庄—太原客运专线，连接华北和华东地区；

d. 南京—武汉—重庆—成都客运专线，连接西南和华东地区。

同时，建设南昌—九江、柳州—南宁、绵阳—成都—乐山、哈尔滨—牡丹江、长春—吉林、沈阳—丹东 等客运专线 ，扩大客运专线的覆盖面。

③城际客运系统

环渤海地区、长江三角洲地区、珠江三角洲地区城际客运系统，覆盖区域内主要城镇。

(2) 完善路网布局和西部开发性新线规划建设

长期以来，我国铁路网布局一直呈现不合理态势，特别是在广大西部地区，运网稀疏运能严重不足，与东中部的联络能力差。为此，《中长期铁路网规划》提出，以扩大西部地区路网规模为主，形成西部铁路网骨架，完善中东部铁路网结构，提高对地区经济发展的适应能力，规划建设新线约4.1万km。

①新建中俄通道同江—哈鱼岛段，中吉乌铁路喀什—吐尔尕特段，改建中越通道昆明—河口段，新建中老通道昆明—景洪—磨憨段，中缅通道大理—瑞丽段等，形成东北、西北、西南进出境国际铁路通道。

②新建太原—中卫(银川)线、临河—哈密线，形成西北至华北新通道。

③新建乌鲁木齐—哈密—兰州、库尔勒—格尔木、龙岗—敦煌—格尔木、喀什—和田、日喀则—拉萨线，研究建设和田—狮泉河—日喀则线 ，形成新疆至甘肃、青海、西藏的便捷通道。

④新建兰州—重庆、哈达铺—成都线，研究建设张掖——西宁—成都、格尔木—成都线，形成西北至西南新通道。

⑤新建拉萨—林芝、大理—香格里拉线，研究建设成都—波密—林芝、香格里拉—波密，形成四川、云南至西藏的便捷通道。

⑥新建太原—侯马—西安—汉中—绵阳线，研究建设郑州—重庆—昆明线，形成华北、中原至西南新通道。

⑦新建重庆—贵阳、乐山—贵阳—广州、南宁—广州线，形成西南至华南新通道。

⑧新建向塘—莆田(福州)、合肥—福州、阜阳—六安—景德镇 —瑞金—汕头线，形成内陆腹地至东南沿海地区新通道。

⑨新建北京—张家口—集宁—呼和浩特—包头线，形成北京至内蒙古呼包 地区便捷通道。

⑩新建内蒙古中西部、山西中南部煤运铁路，形成“三西”地区煤炭外运新的大能力通道。

⑪新建乌鲁木齐—富蕴—北屯、哈密—若羌、二连浩特—锡林浩特—乌兰浩特、正蓝旗—虎什哈、昭通—攀枝花—丽江、昆明—百色、柳州—肇庆 、南宁—河池等铁路，研究建设安康—恩施—张家界等铁路，完善西部地区铁路网络。

⑫新建哈尔滨—佳木斯、青岛—连云港—盐城、南通—上海—宁波、广州—湛江—海口—三亚、上海—江阴—南京—铜陵—安庆、怀化—衡阳—赣州、九江—景德镇—徽州、浦城—建宁—龙岩等铁路和福州—厦门货运线，完善东中部地区铁路网络。

(3)加强路网既有线技术改造

加强既有路网技术改造和枢纽建设，提高路网既有通道能力。规划既有线增建 1.9 万 km，既有线电气化 2.5 万 km。

① 在建设客运专线、完善路网布局和西部开发性新线的基础上，对既有线进行扩能改造，在大同(含蒙西地区)、神府、太原(含晋南地区)、晋东南、陕西、贵州、河南、兖州、两淮、黑龙江东部等十个煤炭外运基地和新疆地区，形成大能力煤运通道。重点强化“三西”地区煤炭下海和铁路直达中南。华东内陆地区通道，以及新疆地区煤炭外运通道等。

② 结合客运专线的建设，完善路网布局和西部开发性新线的建设，对“五纵五横”综合运输大通道内既有铁路干线进行复线建设和电气化改造。

③ 按照综合交通枢纽布局和城市发展规划，加强主要客货枢纽建设，注重与城市轨道交通等公交系统以及公路、民航和港口等其他交通方式的衔接，实现旅客运输“零距离换乘”、货物换装“无缝衔接”和交通运输一体化。以北京、上海、郑州、武汉、成都、重庆、西安枢纽为重点。

(二)突出自主创新，推进铁路现代化

近半个世纪以来，各国铁路竞相采用高新技术，在货运重载、客运高速和信息技术等方面取得了重大突破，开始了从传统产业向现代化产业的转变。铁路依靠科技进步在各种现代化交通运输方式的激烈竞争中得到了振兴和发展。

铁路技术发展的总目标是实现铁路现代化。重点发展方向是：旅客运输高速化、快速化，货物运输重载化、快捷化，运输组织多样化，运营管理信息化，安全装备系统化，牵引动力电气化，车辆大型、专用化，铁路建设技术现代化，铁路经营管理科学化。形成运输数量与质量兼顾、客货运输并重，重视发展旅客运输，列车速度、密度、重量合理组合，建立具有中国特点的铁路技术体系。

1. 发展快速、高速客运技术，形成快速客运网

在沿海经济发达、客流集中的东部走廊，发展高速铁路及快速铁路，逐步建立以高速铁路为骨干，快速线路为分支的铁路快速系统。扩大提速范围，加大旅客列车行车密度，把全面提高客货列车速度作为提高铁路运输质量的核心及技术发展的主要方向。根据我国《中长期铁路网规划》，到 2020 年将建成 1.2 万 km 的客运专线，2 000 km 的城际客运线路。其规模将远远超过日本的 2 325 km 和法国的 1 576 km。

2. 积极发展快捷货物运输和重载运输

我国铁路货运以快捷化、重载化作为主要发展方向。建设和发展快捷货运系统，是铁路适应运输产品结构轻型化和运输质量需求不断提高的新特点，积极参与货运市场竞争，扩大市场份额和提高经济效益，获得新的经济增长点的客观要求，也是我国铁路追踪国际货运发展趋势，实现与国际货物运输接轨的必然要求。

组织开行货运"五定"班列(即定点、定线、定时、定价、定车次)货物快运直达列车,实现了货运班列客运化、收费公开化、承诺服务规范化。

重载运输是世界铁路发展的重要趋势,是发挥铁路在大宗、散装物资运输市场优势、提高运输质量、效率和效益,形成强大生产力的重要标志。列车牵引重量的提高,是牵引动力,车辆大型化、轻量化,同步操纵技术,制动技术以及运输组织配套技术发展的综合体现。我国能源和大宗原材料品类货物运输的基本格局,决定了铁路仍将是大宗物资运输的主力,煤炭运输在今后相当时期内仍将是铁路货运的重点,这就决定了我国铁路在发展货运快捷系统的同时,必须将继续发展重载运输作为铁路货运的发展方向。

在我国铁路客货混行的条件下,重载运输技术达到世界先进水平。在京哈、京沪、京广、陇海、侯月等繁忙干线普遍开行了整列式的5 000～6 500 t货物列车,扩大了运输能力。建立和完善大秦铁路集疏运体系,采用先进的机车同步操纵技术和大吨位货车制造与使用技术,在世界上首次实现机车无线同步操纵技术与GSM-R技术结合,我国铁路重载运输技术水平大幅度提升。大秦铁路大量开行1万t和2万t重载组合列车,年运量已达到3.4亿t,创造了世界铁路重载运输的最高纪录。

此外,积极发展集装箱运输,建设一批大型集装箱办理站,逐步实现包装和成件货物运输集装化。开展多式联运和大陆桥运输,由我国连云港起始,经陇海、兰新等铁路从新疆的阿拉山口出境,通过哈萨克斯坦、俄罗斯、荷兰等国铁路转海运至西欧、北欧的第二欧亚大陆桥。

3. 快速发展铁路运输装备的现代化

按照"引进先进技术、联合设计生产、打造中国品牌"的总体要求,我国铁路加大引进消化吸收再创造的力度,机车车辆装备现代化得到快速提升。中国自主知识产权的CRH"和谐号"系列国产化动车组的全面下线,标志着中国铁路客运装备的技术水平达到了世界先进水平,成为继日、法、德之后世界上第四个能够自主研制时速300 km动车组的国家。加快我国铁路货车装备升级换代的步伐,载重70 t通用货车、载重80 t煤炭专用货车、载重100 t的矿石和钢铁专用货车已经批量上线运用。自主研发制造的25 t轴重的C_{80}、C_{76}型运煤专用货车在大秦线投入使用。我国铁路机车车辆装备水平和机车车辆装备设计、制造水平不久也将跨入世界先列行列。

4. 采用现代信息技术,加速建成铁路综合运营管理信息系统

加速铁路信息化,逐步建成铁路综合运营管理信息系统,实现全路客票发售和预订系统联网运行,完善和应用计算机自动编制列车运行图。实现各管理信息系统的有机连接,建立可共享的综合数据环境,为铁路各级管理部门和决策人员提供跨系统、全面、准确、实用的信息服务和决策支持,不断完善基础数据采集自动化系统,实现铁路运输生产指挥、控制和经营服务的现代化。

运输管理信息系统(简称TMIS),是我国铁路运输信息系统中最复杂、最庞大的系统工程。该系统自1992年设计、1995年建设以来,许多系统已经基本完成,有些已投入使用。这些系统的建设已取得了良好的社会经济效益,开创了铁路计算机应用的新局面。

在全路主要客运站上,现代化客运管理服务系统正在逐步建立,客运专线运营调度、客运服务和运营管理系统集成,客运专线调度中心和动车组检修运用管理信息系统的研究和建设,推进CTCS-2和GSM-R系统建设,完成浙赣、武九、陇海线郑徐段CTC建设任务,实现TDCS对70条干线的全面覆盖。推进铁路货运大客户管理信息系统建设,构建铁路网络与信息安全保障体系,以提高网络和信息安全防范能力。

5. 采用先进的监控、检测、诊断技术，逐步完善列车安全保障体系

以行车安全为核心，以防止列车脱轨、追尾、错办、断轴、断轨、道口事故等为重点，系统配套发展铁路安全设施，强化安全管理，提高安全水平。大力发展车载列车运行安全监控系统，实现对机车车辆"车对车"的动态监测，对影响安全运行的故障进行报警或自动控制。发展列车事故防护、道口事故防护等无线综合防护报警系统和信号设备的监测诊断系统。在既有安全技术设备的基础上，利用通信与计算机网络技术，着重提高安全系统综合化、集成化，以保障行车安全。

复习思考题

1. 简述现代化交通运输业在经济和社会发展中的作用。
2. 简述交通运输业的生产特点。
3. 简述各种交通运输的技术经济特征。
4. 简述我国铁路的发展远景。
5. 简述推进我国铁路现代化的五个方面内容。

第三章 城市轨道交通的建设与发展

第一节 世界城市轨道交通的建设与发展

一、世界城市轨道交通的发展

自 1830 年第一条城市间铁路服务于英国的利物浦至曼彻斯特以后，铁路一直主导着城市间的运输。1863 年 1 月 10 日在伦敦开通的约 6 km 长的线路，这是世界上最早的地铁。列车由蒸汽机车驱动，火需要煽动，通风很成问题。这条线路被人们称为"地沟铁路"。不过它运营几年后就电气化了。目前，伦敦已经建成了庞大的现代化的城市轨道交通网络。伦敦地铁线已发展到 12 条，加上高峰时间和星期日增开的 3 条线路，共 15 条线路。地铁线路总长度约 410 km(地下隧道 71 km)，共设置车站 275 座，地铁车辆保有量约 4 139 辆，日运 300 万人次，足够解决 40%的出行需要，伦敦 80%的职工是乘地铁上下班的。

美国第一条地下铁路是在 1870 年由阿尔福雷德 · 艾里 · 毕起(科学美国的创始者)在纽约城建设开通的线路。不过，C · T · 哈维 1868 年就在纽约城的格林威治街建造了一条由电缆牵引的高架线。目前，纽约的地铁线路达 37 条之多，全长 416 km，堪称世界第一，共有 469 个车站，全年 365 天都是 24 h 运营，每天客流量高达 400 万，占该市各种交通工具运量的 60%。纽约地铁是历史悠久、运输繁忙和运营里程最长的世界几大地铁之一。

世界上第一条由(第三轨)电力驱动的地铁是 1890 年在伦敦开通的。1896 年 5 月，布达佩斯开始运行一条地下线路；同年 12 月，格拉斯哥开通了一条地下环线，它由电缆驱动，后变为电力驱动。

一种新的想法是将轨道交通系统放在高架街道上行驶。世界上第一条电力高架线是芝加哥西部高架线，1895 年 5 月 6 日投入运营，它使用一台带有电机的机车，可牵引一到二台无动力的拖车。1897 年，芝加哥南部高架铁路决定实行电气化。负责人斯布拉格的一个重要贡献就是发明了多单元动车，它可使每辆车均有电机，但全部由第一辆车的驾驶员操纵。1897 年 7 月，他在南部官员和工程师前示范了六辆编成列车。一年后南部线淘汰掉了所有的蒸汽机车。

法国第一条地铁线 1900 年 7 月 19 日在巴黎顺利开通。第一次世界大战前夕，巴黎地铁共有 10 条线路投入运营，其中 2 条属南北地下电器铁路公司，线路总长约为 91 km，1910 年至 1914 年的 4 年间，巴黎又修建了约 31 km 的地铁线路，巴黎市区至今已有 14 条地铁线和两条支线(3 号线和 7 号线支线)，总长超过 200 km(不含市域线)，其中约有 16 km 的地面或高架线路，共 372 座车站，平均站距约 500 m，车辆保有总数约 3 472 辆。巴黎的地区快速地铁(RER)非常发达，运营线路共有 363 km，其中 114 km 与地铁共线，249 km 为城市快速铁路 SNCF。巴黎乘坐公共交通工具的出行量约 613 万次/日，其中长度为 200 km 的市内地铁占 52.6%，快速地铁占 12.4%，市区公共汽车和郊区公共汽车分别占 14.3%和 19.5%。在市区，每平方公里至少有 3 个地铁站。上下班高峰时刻，每 3 min 一趟，周末或早晚车辆间隔时间稍长，行车最小间隔为 95 s。

亚洲最早的地铁是日本东京于1927年完成的银座线；目前，东京主要轨道交通工具有三种：地铁、轻轨、JR线(原国家铁路)。地铁运营线路为12条，运营里程292.2 km，日客流量平均超过800万，分别由营团地铁公司和都营地铁公司负责运营。其中，营团地铁公司负责包括银座线、丸之内线、日比谷线、东西线、千代田线、有乐町线、半藏门线、南北线在内的8条线路，共计运营里程183.2 km(在建13号线也由其负责运营，长度8.9 km)；都营地铁公司负责包括浅草线、三田线、新宿线、大江户线在内的4条线路，共计运营里程109 km。轻轨(也称私营铁路)，有东急线、小田急线、京急线、西武线、京王线、东武线、京成线等。大部分以环城市中心线的山手线(属于JR)各站为起点，向近郊或临近城市辐射。

莫斯科第一条地铁线路建设于1935年。初期建设的车站建筑装修采用大理石、装饰灯和雕塑材料，新的车站则更考究，隧道特别深。莫斯科地铁在二战期间频繁用于防空。目前，莫斯科地铁是世界上运量最大的地铁，东京仅次于它。早在1935年建成的第一条地铁，只有11.6 km，几十年后的今天，地铁线路已增加到12条，且以一条环线将其相连，最长的线路40 km，最短的12.1 km，总长278.3 km，171个车站，站间平均距离为1.7 km。莫斯科地铁的平常日客运量为850万人，高峰时期则超过900万人，2005年莫斯科年输送旅客26亿人次。莫斯科地铁列车行驶的速度很快，平均时速是41.22 km。列车运行极其准时，每天从凌晨5点至深夜1点，莫斯科地铁全天营运20 h，成为市民外出乘车首选，在城市客运交通工作量中地铁占总运量的56.6%。

韩国的首都首尔，1974年建成第一条地铁，现已有8条线路，总长278.5 km，平均时速40 km，日客运量350万人次，占城市居民出行量的33.8%。列车运行间隔一般为5 min，高峰时为2 min。

非洲的地铁直到1987年开罗开通连接两个铁路车站的隧道服务后才完成。

20世纪60年代后期，在欧洲一些城市将有轨电车进行改造，使轨道与公用道路隔离成为专用道，与一般路口交叉时，采用“电车优先通过”的信号，在主要路口采用隧道或高架桥立交通过，对原有的有轨电车车辆进行了改造，提高了运能、速度和安全，降低了造价。这种新系统的出现，填补了地铁(大运量)与有轨电车(低运量)之间的中运量级轨道交通方式的空白，当时被称为“准地铁”，“半地铁”等，后来被统一为：LRT(轻运量轨道交通——简称“轻轨”)，同时相对的地铁名称为VRT(重运量轨道交通——简称“重轨”)。

20世纪70年代以来，不少专家大力倡议大容量轨道交通规划。荷兰一些大城市相继开通了一些电车线路。荷兰政府甚至将LRT视为较小城市中连接城市中心区与郊区的唯一办法。在瑞士，电车在许多大城市存在，并实现了电气化。许多区域干线均通过轻轨车辆实现现代化，在罗桑尼开通了一个全新的轻轨系统。在英国格拉斯哥，1968年出台了郊区轨道电气化计划，利物浦1969年通过了地下轨道系统建设计划，纽尔卡斯也于1971年通过了纽卡斯尔轻铁建设计划，并在后来的十年中得到实施。在伦敦，维多利亚与朱比利地铁分别在1968、1979年开通。

第二次世界大战以后，城市轨道交通以其独特的魅力和不可替代的优越性备受大城市的青睐，许多国家十分重视城市轨道交通的发展。目前全世界已有100多座城市开通了300多条城市轨道交通线路，总长度超过6 000 km。

二、城市轨道交通系统的基本形式及其特征

轨道交通的发展出现了许多形式。一般可以分为市郊铁路、地下铁道，线性电机轨道，跨

坐式单轨，新交通系统，轻轨交通，有轨电车，磁悬浮等形式。各自都具有不同的技术经济属性。

(一)市郊铁路

市郊铁路主要为通勤者提供运输服务，故有时也称通勤铁路(Commuter Rail)或地区铁路(Regional Rail)。在一些大城市比较重要。在经过相当长一段时间的萧条后，市郊铁路在美国的十来个城市又复苏过来。伦敦、巴黎都有较大规模的市郊铁路运输网络。在加拿大、亚洲、澳大利亚和其他一些欧洲国家也都有一些市郊运输。

市郊铁路是指基于传统铁路、为市郊间的客运提供服务的轨道交通。线路较长，车站间距较大，坡度较缓，速度较高。市郊运输的特点是装备重型化，最高速度较高，加减速度较低，通常由机车牵引一整列列车，当然也可以包括自带动力的车辆。机车可以是内燃或电力驱动的，线路长度一般在 40～80 km，虽然市郊铁路的终点站可引入市中心区，但大多车站仍在郊区，站间距为几英里。乘客通常密集在高峰期。

传统的市郊铁路特点是运距长，需要高质量的服务，提高舒适度。因此需要提供较高的座位率，可以保证多数人都有座位。有些列车还采用双层客车来增加座位数量，这也是唯一能与高速公路比速度的出行方式。因此市郊铁路票价较高，但定期乘客可以购买月票得到优惠。所以旅客的平均收入水平要比其他方式的用户甚至小轿车使用者高。

从技术上看市郊铁路比较接近原来的铁路轨道交通，这与地铁不同。地铁是指在市中心提供运输服务，尽管新系统常常延伸到郊区。地铁系统的车站间距比较紧密，平均间距大概为 1.61 km，纽约城的某些车站只有 0.402 5 km，但从现代标准来看是不够有效的。由于所有系统均为电力驱动，故每辆车都有自己的电机。电通常来自第三轨，电压 600 V，可以伤人致死，故其线路需要防护。一般车站采用高站台，轨道在站台之下，得到防护。

美国有 5 个城市有这种较旧式的地铁系统。波士敦、纽约城、费城是美国地铁建设的先驱。这些城市建设了部分高架线路网，芝加哥第二次世界大战后建设了延伸的高架网络，20 世纪 40 年代建成了两个地铁系统。克利福兰 1955 年开放了一条线路，它也是战后美国第一条城市轨道运输线。近几十年来，这些城市扩大了其轨道运输网络。波士敦延伸了红线并用新的橙线高架线取代了华盛顿街道线。芝加哥在三条快车道中间建设了轨道交通线，1968 年克利福兰将线路延伸到霍普金斯机场，成为美国第一个将轨道服务提供到机场的城市。

市郊铁路系统可以与城市间铁路系统使用共同的线路。新建的地面郊区轨道运输系统一般包括封闭的专用线路，轨道、信号和动力系统，平均造价约为 600 万～1 000 万美元/km。车辆购置费约在 100 万美元/辆左右。如果在现有系统的基础上改造，可大幅度降低造价，如降低到 200 万～500 万美元/km(包括车辆的购置费)。市郊铁路总运营成本(含折旧)大约在 0.08～0.15 美元/km。例如，突尼斯郊区铁路系统总长 26 km，设车站 20 座，共有 9 列列车运营，5 km 票价为 0.20 美元，每人公里成本为 0.044 美元。澳洲阿德雷得郊区铁路系统总长 152.1 km，设车站 93 座，有 76 列列车，5 km 票价为 0.54 美元，每人公里成本为 0.538 美元。日本名古屋郊区铁路系统总长 544.5 km，设车站 369 座，有 210 列列车运营，每人公里成本为 0.032 美元。

(二)地下铁路

地铁的建设需要有足够大的运量来证明修建地下铁道的可行性。因此，50 万人以下的城市很少能建地铁。前苏联曾有一项政策，城市只有达到 100 万人口以上才能建地铁。

地铁通常要与其他轨道交通全隔离，站间距在 0.5～1.0 km(市中心)之间，在郊区可达 2 km左右。单方向小时通过能力在 3 万人左右，一般可延伸到离市中心 24 km 左右。目前，全世界大约有 90 多个地铁系统在运营，其中 33 个在欧洲；另外，还有 10 个正在建设，18 个正在规划。世界银行的部分专家认为：第三世界国家不应投资地铁，除非造价便宜或道路交通无法满足需求。

在与干线铁路连接时，郊区轨道交通系统通常可以延伸到 40 km 来为本地旅客提供服务，如都别林、伦敦、曼彻斯特、纽约、东京等。郊区铁路有时与长距离铁路分离，再通过一部分短小的隧道修到市中心，如哥本哈根、慕尼黑、巴黎、利物浦等。

有的文献上将地铁称为快速轨道交通(RRT)。它采用全封闭线路，能力大，无干扰。由于投资大，这些系统一般都由政府策划建设及经营，票价有统一票价和按距离计价两类。为保证高密度、高安全的要求，地铁一般需要装备先进的信号和控制设备，对旅客出入、通风、紧急疏散等方面也有较高的要求，故一条地铁线路建设需要多年的努力。欧洲地铁运营的统计资料表明：地铁系统的运营成本，包括折旧在内，一般在 0.15～0.25 美元/(人 · km)。例如，如采用统一票价，平均运距在 5 km 时的票价应在 0.75～1.25 美元。多数城市的实践表明，地铁票价收入一般不能补偿全部成本。几个城市地铁的运营情况，见表1-3-1。

表 1-3-1　世界部分城市的地铁经营情况

国　家	城　市	车票收入(%)	其他商业性收入(%)	政府补贴(%)
墨西哥	墨西哥城	13.0	1.0	86.0
英　国	格拉斯哥	33.5	1.0	63.5
瑞　典	斯德哥尔摩	34.1	3.2	62.7
法　国	巴黎	36.0	10.6	54.0
西班牙	巴塞罗那	44.0	4.0	52.0
西班牙	马德里	51.0	1.0	48.0
日　本	札幌	43.0	9.5	47.5
日　本	大阪	75.0	25.0	0
日　本	东京	46.0	31.0	23.0
德　国	汉堡	55.0	10.0	35.0
中　国	香港	95.0	5.0	0

由上表可见，除了中国香港和日本大阪之外，各城市轨道交通均需要政府补贴。这说明地铁建设与运营需要政府或其他政策方面的支持。

(三)轻轨系统

轻轨是在有轨电车基础上发展起来的，轨道通常位于街道上。在美国，轻轨(LRT)是目前城市最常见的轨道运输形式。它实际上是现代版的电气化有轨电车。

1. 轻轨系统的类型

(1)轻轨是从有轨电车改造而成。如德国的轻铁系统，斯图加特有大量的地面线和专用道，与地面道路交叉处设平交道口，路口信号保证轻轨车辆优先通过；在地面交通繁忙地段也有地下隧道线路和地下线路，这是典型的轻轨概念。

(2)轻轨大部分是新建，如道克兰轻轨，这是全封闭的轻轨系统。

(3)轻轨是利用原有旧铁路线路，如曼彻斯特的 Metrolink、洛杉矶等。新建的轻轨中，越来越多的是用部分或全部隔离的地面线路穿过市中心，在交通路口，它们有行驶优先权。这样比隧道便宜得多，对旅客来说，也方便和安全一些。

2. 轻轨系统的特点

轻轨系统一般运行在全隔离或部分隔离的线路上。乘客直接从地面或低站台上车，售票形式包括车上买票和车下买票两种。典型的三节双铰链车厢满载时乘客可达 800～900 人。轻轨要求有至少 40％的轨道与道路完全隔离，以避免拥挤。这使得它与有轨电车不同。可以用道克兰轻铁和曼彻斯特的 Metrolink 为例来进一步分析比较。前者是全隔离，自动驾驶；后者是部分隔离。典型的轻铁系统最多可运行到离市中心 20 km，小时流量在 2 万人次。通常建于拥有 10 万至 100 万人口的市中心，如比利时的查利诺依(20 万人)，日本的广岛(90 万人)。范围更大时，则需要考虑采用地铁系统，如维也纳(150 万人)。

3. 轻轨系统的优点

(1)比重轨安全。由于动力来自车顶部，而非重轨系统的第三轨。此外无须防护栏杆，它也可在街道上行驶。

(2)在建设上比重轨更灵活。由于土地昂贵，尤其在闹市区，轻轨系统可以修建于街道，旅客可以在人行道上上下车。

(3)更适合低运量场合。在中等规模的城市用以补充巴士运输。

(4)大部分线路按右行规则隔离时，在混合交通条件下的平均行车速度可以更高，从而比巴士更具吸引力。

(5)轻轨铁路技术成熟，并已有丰富经验，不存在机械风险或费用过载问题。

(四)有轨电车

有轨电车实际上是轻轨的最早形式。国外从 20 世纪 50 年代以来，一直在拆除有轨电车(我国沈阳、哈尔滨等城市到 20 世纪 80 年代后期也终于拆掉了有轨电车，目前只有大连还存在这种方式的交通工具)。美国有 7 个城市有有轨电车。有轨电车在欧洲的发展大概是最好的，在这期间还建了些新线。据统计，全世界有 310 个城市有轻轨系统，大约有 250 个城市存在有轨电车。在前苏联等国家，这些城市的特点是道路交通拥挤不太显著，因为私人轿车数量还不多。一般认为，随着道路交通拥挤程度的增加，有轨电车必然要升级为轻轨，否则要被拆除。

有轨电车是最便宜的轨道交通运输工具，它在混行车道上运行，速度低，载客量也较少。每节车载客量在 100～200 人，乘客客票由车上的司机或售票员负责出售，车辆和轨道维修较为简单。有轨电车投资不大，主要是轨道和电力系统，造价大约每公里 400 万美元，有轨电车车辆价格一般每辆为 30 万美元。在营业情况良好、效率较高情况下，包括折旧在内的人公里运营成本大约在 0.03～0.10 美元。因此，对有轨电车系统来说，投资回收是可能的，有时通过票款就可实现这一目标。

第二节　我国城市轨道交通的建设与发展

我国的城市轨道交通建设始于 20 世纪 60 年代初北京的地铁 1 号线。到 2010 年底，我国已有北京、上海、天津、广州、大连、长春、武汉、重庆、南京、杭州、深圳等 11 个城市建成了近 30 条运营线路，总长近 900 km。同时，还有近 20 个城市正在建设或规划建设城市轨道交通系统。目前，开工建设中的城市有成都、苏州、青岛、西安、佛山等，里程约 170 km。规划中的城市有石家庄、长沙、南宁、无锡、宁波、郑州、沈阳、哈尔滨、昆明等。同时，长江三角洲、珠江三角洲等地区城际轨道交通网络规划在建设中。

一、我国城市轨道交通发展概况

（一）北京地铁

北京地铁始建于 1965 年，第 1 条地铁于 1969 年 10 月 1 日建成通车，运行区段从北京火车站至西郊苹果园，全长 23.6 km，共有 17 个车站。第 2 条环线又于 1984 年 9 月建成通车，全长 19.9 km。1987 年，环线开始环通运营。

目前，北京地铁已开通线路包括 1 号线、2 号线、4 号线、5 号线、8 号线、10 号线、13 号线、机场快轨、八通线等 9 条线路，运营车站 147 座，总里程超过 228 km。其中，1 号线全长31.04 km，23 座运营车站；2 号线全长 23.61 km，18 座运营车站；13 号线全长 40.85 km，16 座运营车站；八通线全长 18.9 km，13 座运营车站；5 号线全长 27.6 km，23 座运营车站。

2007 年 12 月 24 日，北京地铁全网开行列车 2 306 列，客运量达到 3 018 347 人次，成为中国大陆第一个日客流超过 300 万人次的轨道交通系统。2010 年 9 月，北京地铁公司所辖 8 条线路日客运量达到 571 万人次，加上 4 号线，全网运送乘客已突破 610 万人次。根据北京市最新调整的规划方案，北京城区轨道交通将以地铁为主，轻轨为辅，线网密度大大增加。市区地铁线路达到 20 余条，预计 2015 年规划建成的线路总长将达 600 km 以上。

（二）上海地铁

上海地铁筹备工作始于 1958 年，1988 年被国家批准立项，1 号线 1990 年破土动工，1993 年开通部分，1994 年 12 月全线 16.3 km 开通，13 站（11 站地下），1995 年 4 月 10 日正式开始试运营。“十五”期间，上海市每年平均建造轨道交通线路超过 20 km，个别年度将达到40 km。2001 年 3 月 1 日，作为第一条高速磁悬浮铁路商业运行线，上海磁悬浮列车示范线动工兴建，正线全长 30 km，双线运行，设 2 个车站，设计最高运行速度为 430 km/h，单向运行时间约 8 min，发车间隔为 10 min。

截至 2010 年 6 月，上海轨道交通已开通 11 条线路，运营线路总长 410 km，车站总计 267 座（不含磁浮示范运营线），覆盖了徐汇、长宁、静安、黄浦、虹口、杨浦、闸北、普陀、卢湾 9 个上海中心城区和宝山、闵行、松江、嘉定、青浦等郊区以及浦东新区 15 个行政区域，线网规模位列全国之首。2010 年 6 月更创造了日运送乘客 611.3 万人次的记录。

（三）广州地铁

1989 年，广州地铁十字线网规划中的第一条线路报国家计委立项并被批准。1992 年 12 月 28 日成立了广州市地下铁道总公司。公司担负着广州市快速轨道交通系统建设及运营管理的重责，同时经营以地铁相关资源开发为主的多元化产业。1993 年底，广州地铁 1 号线正式开工建设，到 1999 年 6 月 28 日全线建成通车；线路全长 18.497 km，设 16 座车站。广州地铁 2 号线全长 23.265 km，1999 年 10 月 7 日正式开工，2006 年底，广州地铁已建成开通四条线路，总里程 116 km，共 59 个站。运营日均客运量超 100 万人次（全网总客运量 172 万）。在建线路包括 4 号线、5 号线、6 号线、2/8 号线延长线、3 号线北延段，珠江新城旅客自动输送系统，珠江三角洲城际快速轨道交通广佛线等。至 2010 年将开通八条线路，通车总里程将达 237 km。

(四)香港地铁

香港的城市轨道交通包括地铁、轻轨和九广铁路,其中香港地铁自 1975 年 11 月开始动工修建。目前运营的铁路系统网络共有 5 条市区路线和 1 条机场快线,全长 91 km,共有 49 个车站,平日客流量达 250 万人次,节日里更创下日流量逾 300 万人次的纪录。2005 年输送旅客 6.3 亿人次,是世界上最繁忙的铁路系统之一。

香港地铁效益十分显著,运行以来,大大缓解了紧张的地面交通,现在它在公共交通市场占有率已达 47%。地铁车辆由 1979 年的 140 辆增加到现在的 1 040 辆。列车的间隔时间为 4 min,在早晚高峰时段,则缩短为 2 min,单线轨道每小时可发车 34 列,载客 85 000 人次。香港地铁列车一般为每列八节车厢,每节车厢有 40 个座位、约 267 个站位,也就是说,每趟列车在高峰时可满载 2 500 人。上班高峰过后,发车时间就适当延长。从上午 6 时起至午夜 1 时,连续运行 19 h,单日乘车量超过 230 万人次。全港约有 30%的人口使用地铁提供的交通服务。

(五)其他城市地铁建设

1. 天津地铁:1970 年动工,1976 年首段 3.6km 试通车;1976 年因地震缓建(完成隧道 5.845 km),1983 年恢复,1984 年 12 月 28 日正式通车 7.771 km。共 8 座车站,大多采用明挖法施工,有些站采用顶进法施工,采用第三轨导电。天津地铁网络远期规划为 3 条,由穿过市中心的放射线和 1 条环线构成,总长度为 106 km。

2. 大连快轨 3 号线:大连快轨 3 号线是大连市第一条城市快速轨道交通线路。2000 年 9 月开工建设,2003 年 5 月 1 日正式运营。线路起点为香炉礁,途经开发区至金石滩,运行里程 46.6 km。

3. 重庆高架轻轨工程:重庆轨道交通二号线一期工程于 2000 年 12 月开建,跨越了重庆三个行政区,全长 19 km,其中地下 2.5 km,2004 年 12 月投入试运行。该工程全长19.15 km,它是我国第一条跨座式单轨线路。

4. 长春轻轨一期工程:长春轻轨一期工程经过两年的建设已投入试运营,并正在积极筹划二期、三期工程建设。一期工程是 2002 年新的规划线路 4 号线的中段,全长约 14.6 km,设 17 座车站,于 2000 年 5 月开工建设,2001 年 12 月试通车,2002 年 10 月试运营。初期(2004 年)列车 2 辆编组,最小行车间隔 4 min,单向运送能力为 9 800 人/h,轻轨环线设计的旅行速度为 25 km/h,为半封闭的营运线路。

5. 台北市:1986 年提出地铁建设规划,其规划地铁路网由 4 条线组成,总长度 84.7 km,共设车站 77 座。

据不完全统计,截至 2009 年 12 月中国内地 48 个百万人口以上的特大城市中已有 25 个城市的轨道交通建设项目获得批准,开工建设线路约 2 200 km。全国已开通运营的城市轨道交通线路达到 869.88 km,预计 2016 年前,将新建成线路 2 530 km 左右。

二、我国城市轨道交通建设的阶段

1. 起步阶段:20 世纪 50 年代开始至 70 年代初期。平战结合的人防设施为主的地铁,如北京地铁、天津地铁,现仍在使用的哈尔滨人防隧道等。

2. 开始建设阶段:20 世纪 80 年代末 90 年代初期。以上海地铁 1 号线、北京地铁复八线、地铁 1 号线改造,广州地铁 1 号线建设为标志,我国真正以交通为目的的地铁项目开始建设。

3. 建设高潮开始阶段:随着上海、广州地铁项目的建设,大批城市包括沈阳、天津、南京、重庆、武汉、深圳、成都、青岛等开始上报建设轨道交通项目。

4. 调整阶段:由于地铁建设发展迅猛,工程造价较高,设备大量引进等问题,1995 年后近三年国家没有审批城市轨道项目,1998 年开始启动轨道交通项目。

5. 建设高潮阶段:随着实施积极的财政政策进一步扩大内需,国家于 1999 年批准 8 个项目开工建设,在未来十年左右将建设一批轨道交通项目,是我国城市轨道交通发展的高潮阶段。

总之,高度流动化的城市社会中,传统的公共汽、电车方式,已不能充分适应现代城市发展的需要,安全、舒适、准点和快速的轨道交通工具可以为城市公共客运交通提供更好的服务。无论发达国家,还是发展中国家的城市,目前已经形成的共识是,城市轨道交通将是大都市解决地面道路交通拥挤、减少城市地区交通污染、降低交通事故率的重要方向。

表 1-3-2 显现了世界几个大都市的轨道交通发展水平。

表 1-3-2　世界几个大都市轨道交通发展概况表

国家	城市名称	市区人口(万)	地铁通车年份	现有路网			
				线路数	长度(km)	车站数	平均站间距(km)
英国	伦敦	718.8	1863.1.10	12	415	275	1.51
美国	纽约	700	1867.12.9	37	416	469	0.89
法国	巴黎	217	1900.7.19	15	201.5	372	0.54
俄罗斯	莫斯科	830	1935.5.15	12	278.3	171	1.63
日本	东京	1 229	1927.12.30	12	292.6	266	1.10
韩国	首尔	1 020	1974.8.15	8	287	263	1.09
德国	柏林	339	1902.2.18	9	152	170	0.89
中国	北京	1 246	1969.10.1	9	228	147	1.55
中国	香港	680	1979.10.1	6	91	49	1.86
中国	上海	1 371	1995.4.10	11	410	267	1.54

可以预见,未来大城市公共交通的发展方向将以大、中运能的快速轨道交通为骨干客运手段,以较低运能的公共汽、电车为配合,形成结构合理、运能与需求相匹配的公共交通网络体系。

复习思考题

1. 简述城市轨道交通系统的基本形式及其特征。
2. 简述我国城市轨道交通建设的概况及发展阶段。

第四章 交通运输的现代化与环境保护

第一节 概 述

交通运输现代化，尤其是航空、铁路、公路和城市交通的快速发展，给人们的日常出行提供了越来越多的方便。但是，日益严重交通拥堵和层出不穷各种交通事故使人们的出行没有了便捷、舒适和安全的环境；机动车尾气中的一氧化碳、硫氧化物、氮氧化物等造成的空气污染已经成为损害城市居民身体健康的重要因素；大量运行中的机动车所产生的严重的噪音污染使得城市的居住环境整体大幅下降；越来越多到处停放的小汽车正在吞噬着本来就不宽敞的城市生活空间；城市在私人小汽车普及应用的影响下不断向外以较低的人口密度快速扩展，造成对土地资源的极大浪费。在南欧的地中海区域，从 20 世纪 80 年代开始，很多城市的城区向外扩展的速度远远超过了这些城市的人口增长速度。这些城市正在朝着更加分散的低人口密度的城市形态发展，为此付出的代价是大量的农田、林地、湿地等被占用。图 1-4-1 为南欧地中海区域的巴塞罗那都市区占地面积逐年增加状况图。

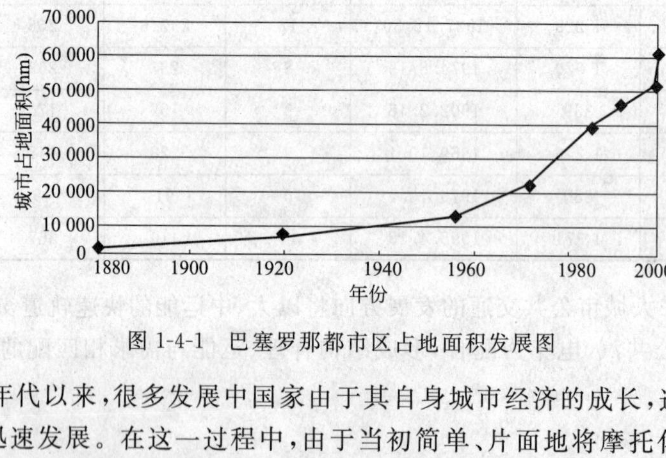

图 1-4-1 巴塞罗那都市区占地面积发展图

20 世纪 90 年代以来，很多发展中国家由于其自身城市经济的成长，这些国家中的很多大、中城市开始迅速发展。在这一过程中，由于当初简单、片面地将摩托化认为是交通运输的现代化，以及出于对当时发达国家城市居民所谓“现代化”生活的向往，这些发展中国家的很多城市走上了以往发达国家所经历过的“以发展小汽车的普及应用发展为引导”的老路。由于绝大部分这些城市的基础设施建设步伐由于资金、规划、理念等问题而严重滞后于其经济的发展速度，早年在发达国家由于私人小汽车的快速发展而导致的各种城市交通问题如今在这些发展中国家的城市中显现的更加严重，而且尚有愈演愈烈之势。面对这种情况，很多城市的政府部门不断加大新道路的修建力度，试图通过满足日益增长的机动车数量对道路的需求来缓解其日益严重的包括

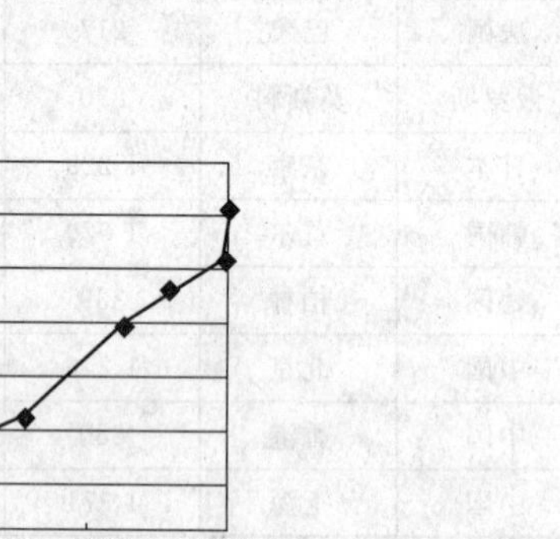

图 1-4-2 2005 年美国能源消耗所造成的二氧化碳排放行业分布

交通拥堵、污染等一系列交通问题，但结果往往事与愿违，甚至适得其反。

时间进入21世纪，人们的出行越来越多地依赖于以诸如石油等不可再生的化石燃料资源为原动力的机动车。由于人类日益活跃的生产生活和日益严重的对机动车的依赖，尤其是对私人小汽车的依赖，地球上大量不可再生资源正迅速以近乎被掠夺的方式过分消耗着，从而造成了二氧化碳的过度排放，导致了全球灾难多发的异常气候变化。从表1-4-1中可以看出：虽然致力于工业生产的节能减排使得1990年至2004年美国来自于其工业生产的二氧化碳排放量出现了减少的情况，但是其他各行业由于对于能源消耗的加剧，其各自的二氧化碳排放都有所增加，而使得全美国的二氧化碳的排放总量增加了18%；其中从1990年至2004年，美国来自于交通运输行业的二氧化碳排放增长了23%，仅次于来自于各发电厂的28%的二氧化碳排放增长。至2005年，交通运输业已经成为美国仅次于发电业的第二大二氧化碳排放行业，其每年所排放的二氧化碳已占美国全年二氧化碳排放总量的33%，远远超过来自于工业的年度二氧化碳排放量（如图1-4-2所示）。20世纪90年代以来，以中国为代表的发展中国家迎来了其经济高速发展的时代；与之同期而至的是交通运输机动化在这些国家的快速发展。表1-4-2展示了2000年中国、印度等主要发展中国家二氧化碳年度排放情况以及这些国家从1990年至2000年期间的二氧化碳的年度增长比率。该表中显示的这些年度增长率从一个侧面可以说明：以私人小汽车为代表的机动车数量的迅速增加使得这些发展中国家的能源消耗正以前所未有的速度增长着。

表1-4-1　美国能源消耗造成的各行业二氧化碳排放增长情况（1990～2004）

行　业	1990年 CO_2 排放量（单位：百万t）	2004年 CO_2 排放量（单位：百万t）	1990年至2004年 CO_2 排放增长量（单位：百万t）	1990年至2004年 CO_2 排放增长率（单位：%）
商业	223.6	232.7	9.1	4
发电	1 808.3	2 312.2	504.0	28
工业	1 045.5	1 033.7	−11.8	−1
居住	339.5	369.4	29.9	9
交通运输	1 561.8	1 924.6	362.8	23
总和	4 978.8	5 872.7	893.9	18

表1-4-2　主要发展中国家二氧化碳年度排放情况

国家	2000年排放量（单位：百万t）	占世界2000年总排放总量比例（单位：%）	1990年至2000年年度增长率（单位：%）
中国	1 344	14.3	3.4
印度	491	5.2	5.1
巴西	304	3.2	4.4
印度尼西亚	170	1.8	7.0
墨西哥	151	1.6	2.2

面对"现代化的"交通运输所带来的日益严重的环境问题，人们不禁要问：交通运输的现代化是否真的与环境保护是相互对立的两个方面？难道一定要以牺牲我们的生活乃至生存环境为代价来保持我们交通运输的机动化，以换取我们出行的便捷性吗？此时，我们不得不为我们所追求的现代化生活方式中不可缺少的现代化交通运输重新思考和定位，使其在保护我们赖

以生存的环境的基础上，持续地为我们的生产生活提供出行便利。

第二节　交通运输的可持续发展与环境保护

一、概　述

所谓“可持续发展”，它蕴含着经济学和生态学的系统性观点，需要我们应用综合性的策略来保护我们下一代的利益，即可持续发展意味着满足现在的发展需求的同时，不能以牺牲下一代同样的发展能力为代价，而现在的发展需求则包括经济、社会、环境、生态等各个方面。

对于自然资源的可持续性发展意味着将资源消耗的速度限制在能够及时补充或替代的水平。然而，交通运输所消耗的资源种类却至今难以精确确定。如今能够一致性地被认为是由交通运输行业所消耗的资源包括：能源、人类和其他动植物的生态栖息地、大气碳载荷能力以及人们的时间。由于交通运输行业自身的特点，对于这些由交通运输业所消耗的资源而言，欲采取措施减少某些方面的资源消耗，很有可能导致其他方面资源消耗的增加；另外，交通政策的制定往往是为经济、社会等较大方面的发展目标服务；而其自身决策虽在经济和社会的发展中具有举足轻重的地位，却无法作为一个独立的决策而存在。这就意味着实现可持续的交通运输发展不能简单地将其作为对自然资源在消耗配置上的简单优化。1996 年，世界经济合作组织在一次国际会议上首先抓住了可持续性交通运输的内在复杂性和矛盾性的实质。从那时起人们就开始了不间断地可持续性交通运输发展与实施策略的研究，力争使其具有可应用的导向作用。这些研究大体上分为遵从两种指导思想，即将可持续性交通运输作为一条发展途径或一个最终的发展目标。

正如前面所讲，交通运输是一个复杂的、开放的系统，它牵涉到经济、社会、环境、生态等各个方面，而这些正是当今可持续发展所关注的重要范畴。换言之，现代化的交通运输系统的建立和发展应具有可持续性，需兼顾其与环境等其他各种因素的相互作用关系，使其能够和谐一致地发展，从而最大限度地为人们的出行乃至生产生活的各个方面持续提供便捷性和舒适性。

二、环境保护的策略

欲建立布局合理、方便快捷、健康和谐的现代化交通运输系统，综合性规划及管理策略的应用是必不可少的。而应用综合性策略的直接目的主要体现在：

1. 建立铁路环境保护和监督管理体系。

2. 制定铁路的环保规章制度。

3. 高速铁路的环境保护除具有与一般铁路环境保护相同的特点外，其重点还应考虑以下几个方面：

(1)治理噪声环境

高速列车速度高达 300 km/h 以上，其噪声强度将随速度的提高而上升，例如德国的 ICE 噪声峰值声级为 93 dB，法国的 TGV 噪声峰值声级高达 97 dB。这个声级已大大超过我国目前铁路边界噪声值标准不大于 70 dB 的规定，因此，控制噪声将是高速铁路环保的头等任务。国外测试资料还表明：轮轨噪声与集电系统噪声是高速铁路主要的噪声源。因此，降低轮轨噪声与集电系统噪声是控制高速铁路噪声污染的关键所在。

(2)控制震动污染

高速铁路列车运行产生环境振动，这种振动的振级与列车速度成正比，根据日本新干线的测试，距线路 20 m 处，当列车速度大于 160 km/h 时，受振点的振级为 70～95 dB，如速度提高到 200 km/h 以上时，这个振级将超过我国《城市区域环境振动标准》规定的铁路干线两侧 80 dB的规定。因此，控制振动对环境的污染也是高速铁路建设的一项重要任务。国外建设高速铁路的实践表明：路基的地质条件、动车组走行部分的结构以及受振点离线路的距离是影响振级大小的主要因素。因此，保持路基稳定，加强轨道的弹性设计，采用性能良好轻型动车组等，将是控制高速铁路振动污染的主要方向。

(3)防止电磁干扰

高速铁路采用电力牵引，可实现大气无污染的零排放。但是，电化区段对城市居民的环境影响，除上述集电系统的噪声污染以外，电磁干扰也随之而来，这不仅使沿线两侧的有线、无线通信声音失真，还会使电视画面紊乱而无法收看。产生电磁干扰的主要原因是电力机车受电弓离线率的影响。因此，改进受电弓的结构和受流条件，采用屏蔽电缆或光缆传送电视信号等将成为控制电磁干扰的主要任务。

(4)保护生态环境

高速铁路建设规模大、占用农村和城市的用地，而且还要经过繁华的城市区和经济带，对自然生态环境和城市生态环境，如水土流失、植被和农田水利的破坏、城市房屋建筑物的拆迁、城市景观、日照、施工的干扰、野生动物的生存环境等，都将造成很大影响。因此，研究和采取保护生态环境的措施，在高速铁路建设中具有重要的意义。

(5)处理列车垃圾

高速列车以舒适、便利的优越性而吸引众多的旅客。为此，列车生活垃圾的处理，如车厢粪便的收集、废水的排放、“白色污染”的治理等将成为保证高速铁路环境(包括列车车厢和沿线线路)清洁卫生、高度文明的重要内容。

4. 城市交通的环境保护

(1)减少对私人小汽车的依赖

运用新技术和新的经营方式为出行者提供更加高效、灵活、方便、综合性的公共交通方式，使人们对私人小汽车的依赖程度降到最低。具体方法包括：建立四通八达、相互独立又紧密相连、换乘方便的综合性轨道交通与公共汽车网络体系；提高综合性公共交通网络服务水平和稳定性(乘车环境和车辆到发准点率等)；鼓励合乘，提高私人小汽车的乘坐率；建立城市范围内与地铁、轻轨、公共汽车紧密配合的自行车租赁网点；在城市中心地区收取道路拥堵费，限制私家车的进入；通过提高收费标准限制城市中心区停车；建立视频监视网络，严查交通违章等。

(2)减少货物车辆总走行

无论对于一个区域还是一座城市，合理、高效的物流网络布局对于减少货物车辆走行、缓解交通压力、减少能源消耗、减轻环境负担等有着不可忽视的作用。建立合理、高效的物流网络的方法有：合理进行功能分区，优化配置运送能力；根据分区特点，货物集装集卸；在分区中心建立货物配发点；对于某些大型货物，运送其原料到目的地进行现地制造(“建设物流”)；政府根据分区环境情况建立易污染环境货物禁装卸区域等。

(3)营造健康宜居城市环境

城市的主人是广大市民，并不是各种车辆。城市是人们生活的地方，并不是各种车辆优先占领的空间。现代化的交通运输系统为市民提供便捷的出行服务的同时，也要为市民营造健康的宜居环境。这就需要城市规划与交通规划部门紧密配合，建立土地利用分区配套合理的综合性规划体系，即城市土地资源在空间上的功能分布要以城市交通规划位骨架，而城市交通规划要以居民日常生活和出行在时间和空间上的特点为根本依据；政府部门在加大文明出行教育引导力度的同时，可采取经济奖励和处罚并用的办法对城市机动车噪音污染、乱停车等问题进行监控。步行街是在这方面的一种有效尝试。

总之，现代化的交通运输系统的建立要兼顾其与环境各方面的相互作用关系，使其和谐一致地发展，其最终目的是为人们提供便捷、舒适的出行环境的同时，保证健康和谐的生活环境。这就要求我们的多个政府规划及管理部门共同努力，采用综合性规划管理措施建立合理、高效、健康的现代化交通运输系统；同时，也需要我们普通百姓的积极参与，自觉维护健康和谐的交通、居住、生活环境。

复习思考题

1. 简述对高速铁路环境污染的治理。
2. 如何对城市交通的环境进行保护？

第二篇 铁路运输设备

铁路是一个综合性的庞大企业，为了办理客、货运输业务，必须拥有各种相关的运输设备、人员和一整套铁路运输生产计划和调度指挥系统，才能安全、准确、迅速、经济、便利地运送旅客和货物，高质量地满足市场对铁路运输的需求。

铁路运输设备是铁路完成运输任务的物质基础。为了确保运输工作的顺利进行，保证列车安全、正点和不间断地运行，运输设备必须要有一定的数量和完好的质量，并应经常保持良好的状态。为了进行设备的养护和检修工作，铁路还需要设有各种不同的修理工厂、业务段和检修所等。

1. 有一套完整的铁路线路

铁路运输的特点是采用列车运行方式和轨道运输方式，列车必须在铁路线路上行驶。铁路线路成为机车车辆和列车运行的基础，它直接承受着机车车辆及其荷载的压力以及水害等的威胁，因此必须保证线路经常处于干燥、坚固和稳定状态。

2. 有一定数量和质量的机车

机车是铁路运输的基本动力，在铁路线路上需要把客车或货车连挂成列，形成列车后由机车牵引沿着轨道运行，运送旅客和货物。在车站上，车辆的转线以及货场取送车辆等各项调车作业，也要由机车完成。因此铁路必须保证提供足够数量、牵引性能良好的机车；同时还必须加强对机车的保养与检修工作，正确组织机车的合理运用。

3. 有一定数量和质量的车辆

铁路车辆是运送旅客和货物的工具。铁路运送的货物品类十分繁杂，运送的货物对车辆的要求也各有不同，因此铁路必须保证提供足够数量、不同类型的车辆，并保证对车辆的保养与检修工作，顺利完成客、货运输任务。

4. 设置各种类型的车站

各类车站既是办理旅客运输和货物运输的生产基地，又是铁路系统的一个基层生产单位。在车站上，除办理旅客和货物运输的各项作业以外，还要办理和列车运行有关的各项作业，因此车站设有客货运输设备以及和列车运行有关的各项技术设备。

5. 有完备的铁路信号及通信设备

铁路信号及通信设备是保证列车运行安全和提高运输效率的重要手段，是保证列车运行和调车工作的安全并提高铁路的通过能力，是指挥列车运行、组织铁路运输生产和铁路业务联络并准确传递信息的重要工具。

第一章 铁路线路

铁路线路是机车车辆和列车运行的基础。它直接承受机车车辆轮对传来的压力，为了保证列车能按规定的最高速度安全、平稳和不间断地运行，使铁路运输部门能够质量完好地完成客货运输任务，铁路线路必须经常保持完好状态。

铁路线路是由路基、桥隧建筑物（桥梁、涵洞、隧道等）和轨道（主要包括钢轨、联结零件、轨枕、道床、防爬设备和道岔等)组成的一个整体工程结构。

第一节 概 述

一、铁路勘测设计的概念

由于新建或改建铁路的工程量、投资量都很大,且技术复杂,牵涉面广,因此在建筑一条铁路之前,必须进行深入细致的调查研究和勘测工作,并从若干个可供比较的方案中选出一个最优方案来进行设计。设计任务书是进行勘测设计工作的依据。设计任务书的内容主要包括铁路的起讫点、线路走向、铁路意义和等级、主要技术标准和交付运营期限等。

根据设计任务书组织初测和初步设计。在初步设计中要选定线路的比较方案,确定线路走向和机车类型、限制坡度、最小曲线半径等主要技术标准,以及完成平面、纵断面的设计等。根据初步设计的鉴定意见进行定测和施工设计,然后进行施工。

根据基建程序的要求,铁路建设工作划分为三个阶段,即

1. 前期工作阶段:主要是路网规划、可行性研究计划、可行性研究报告、设计任务书、初步设计等。

2. 基本建设阶段:主要是技术设计、计划任务书、施工图设计、工程施工和设备安装、验收投产等。

3. 投资效果反馈:在铁路运营若干年后,由建设单位会同有关部门,对工程质量、技术指标和经济效益等进行考查验证,以评价设计和施工质量,验证结论上报国家有关部门。

在铁路勘测设计和施工过程中,要正确处理铁路和工农业的关系,进期与远期的关系,要注意与水利、公路、航运以及其他城乡建设的配合,做到节约用地,少占农田。合理地运用人力、物力和财力。

二、铁路等级和技术标准

(一)铁路等级

铁路(线路)等级是铁路的基本标准。设计铁路时首先要确定铁路等级,然后选定其他主要技术标准和各种运输装备的类型。我国《铁路线路设计规范》(简称《线规》)规定,新建和改建铁路(或区段)的等级,应根据它们在铁路网中的作用、性质旅客列车设计行车速度和客货运量确定。我国传统的客货列车混合运行线路划分为四个等级,即Ⅰ级、Ⅱ级、Ⅲ级、Ⅳ级。具体的条件见表 2-1-1 所列。

表 2-1-1 铁 路 等 级

等 级	铁路在路网中的意义	近期年客货运量
Ⅰ级铁路	在路网中起骨干作用的铁路	≥20 Mt
Ⅱ级铁路	在路网中起联络、辅助作用的铁路	<20 Mt,且≥10 Mt
Ⅲ级铁路	为某一地区或企业服务的铁路	<10 Mt,且≥5 Mt
Ⅳ级铁路	为某一地区或企业服务的铁路	<5 Mt

注:(1)年客货运量为重车方向的货运量与客车对数折算的货运量之和。1 对旅客列车按 1.0 Mt(百万吨)货运量折算。

(2)近期——指交付运营后第 10 年;远期——指交付运营后第 20 年。

(二)铁路主要技术标准

铁路主要技术标准包括:正线数目、限制坡度、最小曲线半径、行车速度、牵引种类、牵引质

量、机车类型、机车交路、到发线有效长度和闭塞类型等。这些标准是确定铁路能力大小的决定因素，一条铁路的能力设计，实质上是选定主要技术标准。同时这些标准对设计线的工程造价和运营质量有重大影响，并且是确定设计线一系列工程标准和设备类型的依据。

选定铁路主要技术标准是设计铁路的基本决策，应根据国家要求的年输送能力和确定的铁路等级，考虑沿线的资源分布和国家科技发展规划，并结合设计线的地形、地质、气象等自然条件，经过论证比选，慎重确定。

线路等级不同，在线路平、纵断面设计中所采用的标准和装备的类型也不一样，所以在进行设计时，首先要确定线路等级。

第二节　铁路线路的平面及纵断面

铁路线路在空间的位置是用它的线路中心线表示的。线路中心线是指距外轨二分之一轨距的铅垂线 AB 与路肩水平线 CD 交点的纵向连线，如图 2-1-1 所示。

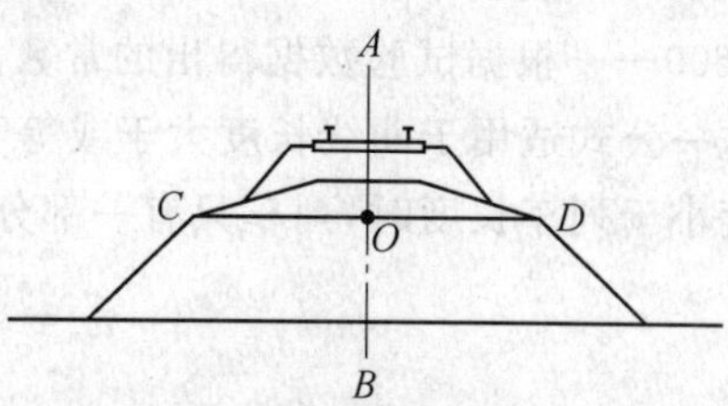

图 2-1-1　铁路线路中心线点的位置

线路中心线在水平面上的投影，叫铁路线路平面，它表明线路的直、曲变化状态。线路中心线纵向展直后在垂直面上的投影，叫铁路线路纵断面，它表明线路的起伏变化情况，其高程为路肩高程。线路的平面和纵断面不但确定了线路的空间位置，同时也为路基、桥涵、隧道及车站等其他设备的设置提供依据，对铁路运输能力的大小都有直接影响。

一、常规铁路线路的平面

(一)铁路线路的平面及其组成要素

从运营的观点来看，最理想的线路是既直又平的线路。但是铁路修得过于平直，就会造成工程数量和工程费用大，且工期长，这样既不经济，又不合理，有时也不现实。从工程的角度来看，铁路线路最好是随自然地形起伏变化，这样，既可以减少工程数量、降低造价，甚至可以缩短工期。但是这会给列车运营造成很大困难，甚至影响铁路行车的安全与平稳。选定铁路线路的空间位置，应该综合考虑工程和运营的要求。

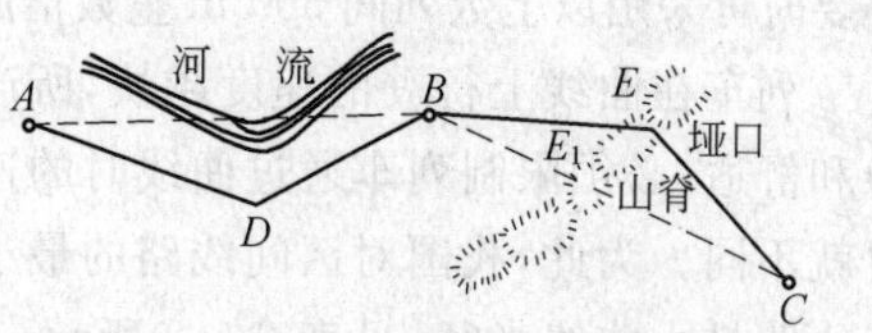

图 2-1-2　铁路线绕避地形障碍示意图

某铁路经过 A、B、C 三点(图 2-1-2 所示)。如果完全用直线相连，要分别修建桥梁和隧道，若用折线 ADB 和 BEC 代替，在折线的转角处，用曲线连接是经济合理的。

直线和曲线就成为铁路线路平面的组成要素。

(二)曲线附加阻力与曲线半径

列车在线路上运行，总会受到各种阻力。阻力方向与列车运行方向相反。归纳起来，阻力主要有两大类。

1. 基本阻力：这种阻力是指列车在空旷地段沿平、直轨道运行时所受到的阻力。包括车轴与轴承之间的摩擦阻力、轮轨之间的摩擦阻力以及钢轨接头对车轮的撞击阻力等。基本阻力在列车运行时总是存在的。

2. 附加阻力:列车在线路上运行时,除基本阻力外所受到的额外阻力。如坡道阻力、曲线阻力、起动阻力等。附加阻力随列车运行条件或线路平、纵断面情况而定。

线路平面上有了曲线(弯道)后,给列车运行造成阻力增大和限制列车速度等不良影响。列车通过曲线时,由于离心力的作用,使外侧车轮轮缘和外轨内侧的挤压摩擦增大;同时还由于曲线外轨长于内轨,内侧车轮在轨面上滚动时产生相对滑动,从而给运行中的列车造成一种附加阻力,称为曲线附加阻力。

曲线附加阻力的大小,我国通常用下面的试验公式来计算,即

$$w_r=\frac{600}{R}\quad(\mathrm{N/kN})$$

式中 w_r——单位曲线附加阻力(N/kN),即列车每一吨重量所摊曲线附加阻力值;

R——曲线半径(m);

600——根据试验数据得出的常数。

这一公式适用于曲线长度大于或等于列车长度的情况,即整个列车运行在曲线上。若曲线长度小于列车长度时,列车只有一部分运行在曲线上。其单位曲线附加阻力为

$$w_r=\frac{600}{R}\times\frac{L_r}{L}\quad(\mathrm{N/kN})$$

式中 L_r——曲线长度(m);

L——列车长度(m)。

从式中可知,曲线阻力与曲线半径成反比。曲线半径大,曲线阻力小,采用大半径曲线对列车运行的影响较小。曲线半径小,曲线阻力大,列车运行速度就低,运营条件就越差,而小半径曲线容易适应困难地形的优点,对工程条件有利。因此,在设计铁路线时必须根据铁路所允许的旅客列车的最高运行速度,由大到小合理的选用曲线半径。为了测设、施工和养护的方便,曲线半径一般应取 50、100 m 的整数倍,即 10 000、8 000、6 000、5 000、4 000、3 000、2 500、2 000、1 800、1 600、1 400、1 200、1 000、800、700、600、550、500、450、400、350 m。

高速线路的曲线半径宜采用以下数列:14 000、12 000、11 000、10 000、9 000、8 000、7 000 m。必要时可采用以上数列间 500 m 整数倍的曲线半径。正线的线路最小曲线半径不应小7 000 m。

列车在曲线上行驶的速度越快,所产生的离心力也就越大,为了保证列车运行的安全、平稳和舒适,必须限制列车通过曲线时的速度。然而,曲线半径不同,允许通过曲线的最大速度也就不同。为此,我国对区间线路的最小曲线半径做了具体规定,在客货共线Ⅰ、Ⅱ级铁路区间线路最小曲线半径,见表 2-1-2 所示。

表 2-1-2 客货共线Ⅰ、Ⅱ级铁路区间线路最小曲线半径

铁路等级	路段设计行车速度(km/h)	最小曲线半径(m)	
		一 般	特殊困难
Ⅰ	200	3 500	2 800
	160	2 000	1 600
	120	1 200	800
Ⅱ	120	1 200	800
	80	600	500

为了保证行车安全,对于采用了较小曲线半径的地段,应限速行驶。列车最高速度和曲线

半径的相互关系一般以下式表示：

$$V_{\max}=K\sqrt{R}\quad(\text{km/h})$$

式中　R——曲线半径(m)；

K——系数，各国由于线路结构、机车车辆设备及对行车安全与舒适要求标准不同，K值也随之各异，一般为4～5，我国一般取4.3。

(三)圆曲线和缓和曲线

在平面图上，铁路曲线包括圆曲线和缓和曲线。

圆曲线(图2-1-3)的要素主要是曲线半径R(m)和转向角α(度)。这两者确定了，其他要素包括切线长度T(m)和圆曲线长度L(m)，可按下列公式计算：

$$T=R\cdot\tan\frac{\alpha}{2}\qquad\left(\tan\frac{\alpha}{2}=\frac{T}{R}\right)$$

$$L=\pi R\,\frac{\alpha}{180}\qquad\left(1^\circ\text{的弧长 }L_1=\frac{2\pi R}{360}=\frac{\pi R}{180}\right)$$

为保证列车运行安全、平顺舒适地由直线过渡到圆曲线，在铁路线路上，直线和圆曲线不是直接相连的，它们之间需要插入一段过渡段——缓和曲线，缓和曲线设置位置，如图2-1-4所示。

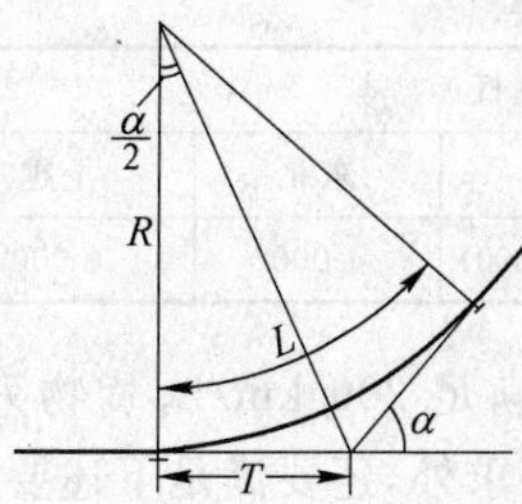

图2-1-3　圆曲线要素图

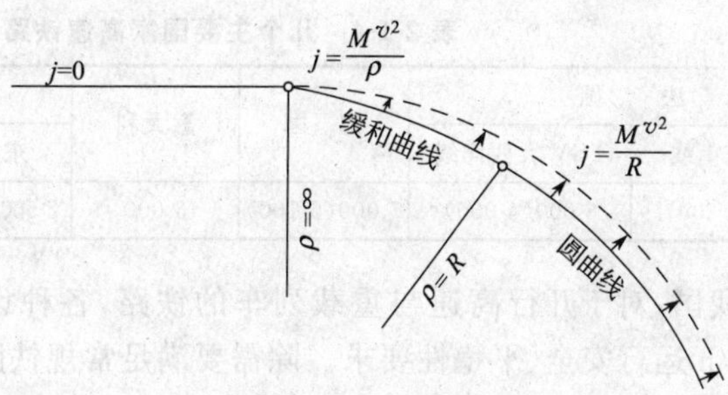

图2-1-4　缓和曲线示意图

缓和曲线的作用如下：

1. 在缓和曲线范围内，曲线半径由无限大渐变到等于它所衔接的圆曲线半径(或相反)，从而使车辆产生的离心力逐渐增加(或减少)，有利于行车平稳；

2. 在缓和曲线范围内，外轨超高由零递增到需要的超高量(或相反)，使向心力与离心力相配合；

3. 当曲线半径小于350 m，轨距需要加宽时，在缓和曲线范围内，可由标准轨距逐步加宽到圆曲线需要的加宽量(或相反)。

(四)夹直线的设置

为了运行的安全与平顺，在地形困难曲线毗连地段，两相邻曲线间应设置一段直线，称为夹直线。两相邻曲线，转向相同者称为同向曲线，转向相反者称为反向曲线。夹直线的长度力争长一些，为行车和维修创造条件，因为夹直线愈短，列车摇晃、振动愈大。但为适应地形节省工程，需要设置较短的夹直线，我国《铁路客运专线技术管理办法(试行)》中规定两相邻曲线间最小夹直线长度的数值，如表2-1-3所示。

表 2-1-3 夹直线最小长度

路段设计速度(km/h)	夹直线最小长度(m)	
	一般条件	困难条件
140	110	70
120	80	50
100	60	40
80	50	30

二、高速与重载铁路对线路平面的技术要求

高速铁路线路应能保证列车按规定的最高速度，安全、平稳和不间断地运行。高平顺性则要求线路的空间曲线尽可能平滑，即线路的平纵断面的变化尽可能的平缓。

1. 最小曲线半径的选定

最小曲线半径是线路平面设计时允许选用的曲线半径最小值。有条件时应尽可能选用较大的值，这样可以改善运营条件，节省较多的运营费用。最小曲线半径的选定主要应考虑行车速度、地形条件和机车牵引种类等因素，其中行车速度是选定最小曲线半径的主要依据。

最小曲线半径的确定，国外高速铁路因地理条件各异而不同。几个主要国家高速铁路最小曲线半径值，见表 2-1-4 所示。

表 2-1-4 几个主要国家高速铁路最小曲线半径值(m)

法　国		德　国	意大利	日　本			
TGV 东南线	TGV 大西洋线			东海道	山阳	东北	上越
4 000(3 200)	6 000(4 000)	7 000(5 100)	3 000	2 500(2 000)	4 000(3 000)	4 000	4 000

在我国，对于开行高速与重载列车的铁路，各种设备、设施应满足 200 km/h、货物列车 120 km/h 运行安全、平稳性要求。除需要满足常规铁路所规定的要求外，还要满足下述要求。

我国铁路客运专线铁路区间线路最小曲线半径和最大曲线半径，见表 2-1-5 所示。

表 2-1-5 客运专线铁路区间线路最小曲线半径和最大曲线半径

设计速度(km/h)	最小曲线半径(m)		最大曲线半径(m)	
	一　般	困　难	一　般	困　难
200	2 200	2 000	10 000	12 000
250	4 000	3 500	10 000	12 000
300	4 500		12 000	14 000
350	7 000		12 000	14 000

我国京沪高速铁路最小曲线半径应不小于 7 000 m。若考虑满足各种不同速度列车的组合运行条件的舒适性，最小曲线半径采用 9 000～11 000 m 较好，最大曲线半径不宜大于12 000 m。

重载铁路选择最小曲线半径应充分考虑重载铁路的特点，结合地形、行车速度、养护维修和运行安全等条件，通过技术经济比选尽可能采用较大的曲线半径。国外的重载铁路最小曲线半径一般为 400～1 200 m，困难地段可取 300 m。我国大秦铁路最小曲线半径一般段为 800 m，困难地段取 400 m。

2. 缓和曲线及最小夹直线长度

在直线与圆曲线之间设置的缓和曲线，其作用在于列车由直线(或圆曲线)驶向圆曲线(或直线)时，使离心力逐渐产生或消失，并减缓外轮对外轨的冲击。因此，在设计高速铁路的缓和曲线时，应考虑在缓和曲线始终点和缓和曲线范围内运行的列车有较好的稳定性，以确保行车安全和舒适；缓和曲线线型要力求简单，便于测设与养护；缓和曲线应尽量短些，以减少工程量和投资费用。缓和曲线的线型很多，有三次抛物线线型、半波正弦曲线线型、7 次 4 项式线型等。国外高速铁路运营实践表明，只要缓和曲线的长度达到一定的要求，各种线型均能保证高速行车的安全与旅客舒适的要求。

我国高速铁路的缓和曲线采用三次抛物线线型。缓和曲线长度应保证曲线超高在缓和曲线范围内顺完。高速区段缓和曲线长度如表 2-1-6 所示。

表 2-1-6　高速区段缓和曲线长度(m)

曲线半径(m)	缓和曲线长度		
	一般长度	最小长度	个别最小长度
14 000	280	250	220
12 000	330	270	250
11 000	370	300	280
10 000	430	350	330
9 000	490	400	360
8 000	570	470	410
7 000	670	540	460

夹直线应尽量长些，这对运营是有利的。特别是反向曲线时的夹直线更应长些，因为列车通过反向曲线时，其曲线单位附加阻力比单个曲线增大，影响运行中列车的稳定与安全。法国高速铁路规定时速 300 km 时，通向曲线或反向曲线之间夹直线长度至少为 150 m，特殊情况下至少为 100 m。日本高速铁路规定：一般应大于 100 m，列车速度低于 110 km/h 时，可大于 50 m。

我国《铁路客运专线技术管理办法》中规定的夹直线最小长度，见表 2-1-7。

表 2-1-7　夹直线最小长度(m)

最高运行速度(km/h)	一般条件	困难条件
200	160	120
250	200	150

参照国外高速铁路的规定，我国京沪高速铁路考虑高舒适性，两相邻曲线间的夹直线长度，一般条件下不小于 280 m，困难条件下不小于 210 m。

3. 线路间距

在高速复线铁路上，当两列车相遇时，最初的风压力使列车相互排斥，到接近列车尾部时变为相互吸引。不论是作用在相互排斥的方向或是相互吸引的方向，所发生的最大压力是不相上下的。这个会车压力的最大值与列车的运行速度 V_{max}、列车外形及其尺寸、交会列车的侧壁间净距等因素有关。一般来说，压力波大小与邻线来车的速度平方成正比，与列车的侧壁间净距成反比，与列车外形(列车头部的流线程度、列车车宽、列车长度和车体流线形程度)密切相关，其中列车头部的流线程度影响最为显著。因此，为避免强大风压造成损害，许多国家根据其具体情况选择了适当的线路间距。

日本铁路曾对此做过研究与试验，在区间线路上，当两列时速 250 km 的列车相对开行时，作业人员站在两车距离为 0.8 m 的中间还是安全的，从而规定线路中心距至少 4.2 m（车辆限界宽度 3.4 m）。在站内线路上，除考虑安全距离 0.8 m 外，人宽约 0.4 m，则站内线路间距定为 4.6 m。

法国以 TGV 动车组进行空气动力试验后，认为在 300 km/h 情况下，4 m 线路间距是可行的，但考虑未来发展和便于设置渡线，法国铁路取 4.8 m。德国取 4.7 m。

我国京沪高速铁路结合国外高速铁路的线间距取值方法，通过试验，并考虑上线的中速列车对向运行时的行车安全，同时结合我国车辆的制造水平和工程的投资等因素，线间距最终选定为 5.0 m。

开行重载列车必须有与之相适应得线路。选择最小曲线半径应充分考虑重载铁路的特点，结合地形、行车速度、养护维修和运行安全条件，通过技术经济比选尽可能采用较大的曲线半径。国外的重载铁路最小的曲线半径一般为 400～1 200 m，困难地段可取 300 m。我国大秦铁路最小的曲线半径一般为 800 m，困难地段可取 400 m。

三、常规铁路线路的纵断面

（一）铁路线路纵断面及其组成要素

为了适应地面的起伏，线路上除了平道以外，还修成不同的坡道。因此，平道与坡道就成了线路纵断面的组成要素。

坡道的陡与缓常用坡度来表示。坡度是一段坡道两端点的高差 h 与水平距离 L 之比，如图 2-1-5 所示。坡道坡度的大小通常是用千分率来表示，即

$$i=\frac{h}{L}=\tan\alpha$$

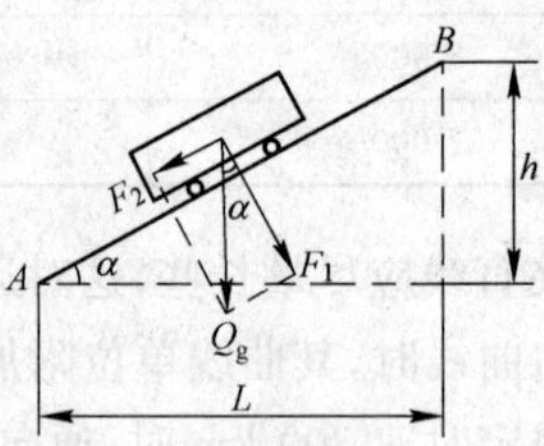

图 2-1-5　坡度与坡道阻力示意图

式中　i——坡度值（‰）；

α——坡道段线路中心线与水平线夹角。

若 L 为 1 500 m，h 为 9 m，则 AB 坡道的坡度为 6‰ 。

（二）坡道附加阻力与限制坡度

由于有了坡道，就给列车运行带来了不良的影响。列车在坡道上运行时，会受到一种由坡道引起的阻力，这一阻力称之为坡道附加阻力。从图 2-1-5 中可以看出，机车车辆所受的重力 Q_g(N)可以分解为垂直于坡道的分力 F_1 和平行于坡道的分力 F_2。前一个分力 F_1 由轨道的反作用力所抵消，后一个分力 F_2 就成为坡道附加阻力。

$$F_2=Q_g\cdot\sin\alpha\approx Q_g\tan\alpha=Q_g\cdot i‰\text{(N)}$$

列车平均每单位质量所受到的坡道阻力，叫做单位坡道阻力（w_i）。因此，有

$$w_i=\frac{F_2}{Q_g}\times 1\,000=\frac{Q_g\cdot i}{Q_g}\times 1\,000=i\times 1\,000=i\text{(N/kN)}$$

这就是说，机车车辆每单位质量，上坡时所受的单位坡道附加阻力，等于用千分率表示的这一坡道坡度数。

列车上坡时，单位坡道附加阻力规定为“＋”，而当下坡时，单位坡道附加阻力规定为“－”。

由上可见，坡度越大，列车上坡时坡道阻力也就越大，同一台机车（在列车运行速度相同的条件下）所能牵引的列车重量也就越小。

每一铁路区段都是由许多平道和不同坡度的坡道组成的。坡道的坡度不同，它们对列车重量的影响也就不同。

在一个区段上，决定一台某一类型机车所能牵引的货物列车重量（最大值）的坡度，叫做限制坡度 i_x（‰）。在一般情况下，限制坡度的数值往往和区段内陡长上坡道的最大坡度值相当。

如果在坡道上又有曲线，那么这一坡道的坡道阻力值和曲线阻力值之和，不能大于该区段规定的限制坡度的阻力值，即

$$i+w_r \leqslant i_x$$

限制坡度的大小，影响一个区段甚至全铁路线的运输能力。限制坡度小，列车重量可以增加，运输能力就大，运营费用就越省。但是限制坡度过小时，就不容易适应地面的天然起伏，特别是在地形变化很大的地段，使工程量增大，造价提高。因此，限制坡度的选定是一个很重要的问题，要经过仔细的综合研究，才能得出合理的结论。我国《铁路技术管理规程》（以下简称《技规》）规定的最大限制坡度的数值，如表 2-1-8 所列。

表 2-1-8　客货共线Ⅰ、Ⅱ级铁路区间线路最大限制坡度（‰）

铁路等级		Ⅰ		Ⅱ	
		一般	困难	一般	困难
牵引种类	电力	6.0	15.0	6.0	20.0
	内燃	6.0	12.0	6.0	15.0

表 2-1-8 的限制坡度值适合于大多数的地形地貌，但在个别地形障碍显著而集中的越岭地段，若仍采用表 2-1-8 所规定的限制坡度值则会使工程造价过高，在经过详尽的技术经济比较后，允许采用大于限制坡度的加力牵引坡度（i_j‰）。加力牵引坡度是指在大于限制坡度的坡道地段，为了统一全区段的列车重量标准，而在特定地段进行多机牵引的坡度。内燃牵引加力牵引坡度最大可采用 25‰，电力牵引最大可采用 30‰。

通常情况下，一条铁路线路上下行方向以采用相同的限制坡度为好。但在上下行方向货流量相差悬殊的铁路上，宜分方向采用不同限制坡度，这样既可满足运营需要又可节省大量工程。

（三）变坡点竖曲线的设置

1. 变坡点与竖曲线

平道与坡道、坡道与坡道的交点，叫做变坡点。列车经过变坡点时，坡度的突然变化会使车钩内产生附加应力。坡度变化较大时，附加应力的突然增大甚至容易造成脱钩、断钩事故。为了保证列车的运行平稳和安全，我国《铁路线路设计规范》规定，在Ⅰ、Ⅱ级线路上，相邻坡段的坡度代数差大于 3‰，Ⅲ、Ⅳ级铁路大于 4‰时，应以竖曲线连接，如图 2-1-6 所示。

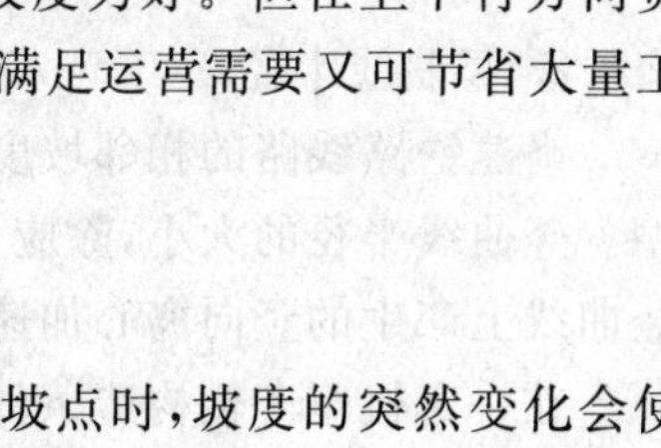

图 2-1-6　竖曲线示意图

竖曲线是纵断面上的圆曲线。竖曲线半径，Ⅰ、Ⅱ级铁路为 10 000 m，Ⅲ、Ⅳ级铁路为 5 000 m。

2. 设置竖曲线的限制条件

为了行车的平稳及线路的养护维修，竖曲线不应设在明桥面上，竖曲线的变坡点应离开明桥两端各不少于一个竖曲线切线长度的距离。竖曲线不应与缓和曲线、道岔重叠。

四、高速与重载铁路线路对纵断面的技术要求

与常规铁路相比，高速铁路比较突出的特点是允许采用较大的坡度值。由于高速铁路采用大功率的机车，特别是动力分散式动车组，可以提供强劲动力的支持，为大坡度运营奠定基础；高速铁路列车速度越快，爬同样的坡减速度越小，重力作用时间越短，为设置大坡度提供了条件。

1. 限制坡度

日本新干线早期采用的最大坡度均小于 20‰，1997 年建成的北陆新干线采用了 30‰的最大坡度值，2004 年开通运营的九州新干线的最大坡度值为 35‰。法国铁路一直采用较大的坡度值，东南线和地中海线采用 35‰，其他几条高速铁路为 25‰。德国修建科隆—法兰克福线路时，采用了 40‰的坡度值。

我国高速铁路一般条件下正线最大坡度为 20‰，困难条件下为 30‰。动车组走行线最大坡度为 35‰。我国台湾高速铁路最大坡度为 35‰。

重载铁路的限制坡度寓所经地段的地形条件、线路等级、牵引类型等因素有关，需要经过技术经济比选后确定。一般按重、空车方向分别确定。重车方向最大最大限制坡度在 4‰～10‰之间，空车方向在 12‰～ 30‰之间。国外几条重载运输铁路的限制坡度见表 2-1-9 所示。我国大秦铁路的限制坡度：重车方向为 4‰，空车方向为 12‰。

表 2-1-9　国外几条重载运输铁路线路的限制坡度

序　号	国　家	限制坡度(‰)		序　号	国　家	限制坡度(‰)	
		重车方向	空车方向			重车方向	空车方向
1	美国	5	5	5	瑞典	10	10
2	前苏联	8～9	22	6	挪威	10	10
3	加拿大	10	22	7	巴西	3	10
4	澳大利亚	4～10	15～20	8	南非	4	10

2. 竖曲线半径

高速铁路线路的相邻坡度差大于 1‰，区间正线应设置竖曲线。竖曲线一般采用圆曲线型。竖曲线半径的大小，除应保证列车经过变破点时车钩不脱钩、车轮不脱轨外，还应考虑在竖曲线上产生的竖向离心加速度和离心力对旅客舒适度的影响。

在一定机车车辆构造条件下，竖曲线半径与行车速度有关，行车速度越高，竖曲线半径也应越大。法国 TGV 东南线的竖曲线半径采用 25 000 m；而日本除东海道新干线采用 10 000 m以外，其余各线均采用 15 000 m。

我国客运专线铁路根据铁道部《铁路客运专线技术管理暂行办法》中规定，相邻坡段的坡度代数差大于 1‰时，需设置圆曲线型竖曲线，最小竖曲线半径应根据最高运行速度，按表 2-1-10选定。

表 2-1-10　我国客运专线竖曲线半径采用标准

V(km/h)	250	$200 \leqslant V < 250$
R(m)	20 000	15 000

我国高速铁路最小竖曲线半径应根据所处区段远期设计速度按表 2-1-11 选用。

表 2-1-11 我国高速铁路竖曲线半径采用标准

速度 V(km/h)	300 及以上	$250 \leqslant V < 300$	$250 > V \geqslant 160$	$V < 160$
竖曲线半径(m)	25 000	20 000	15 000	10 000

五、铁路线路平面图、纵断面图及线路标志

(一)铁路线路平面图

用一定比例尺,把线路中心线及其两侧的地面情况投影到水平面上,就是铁路线路平面图,如图 2-1-7 所示(见书末插页)。

线路平、纵断面图是铁路设计的基本文件。在各个设计阶段都要编制要求不同、用途不同

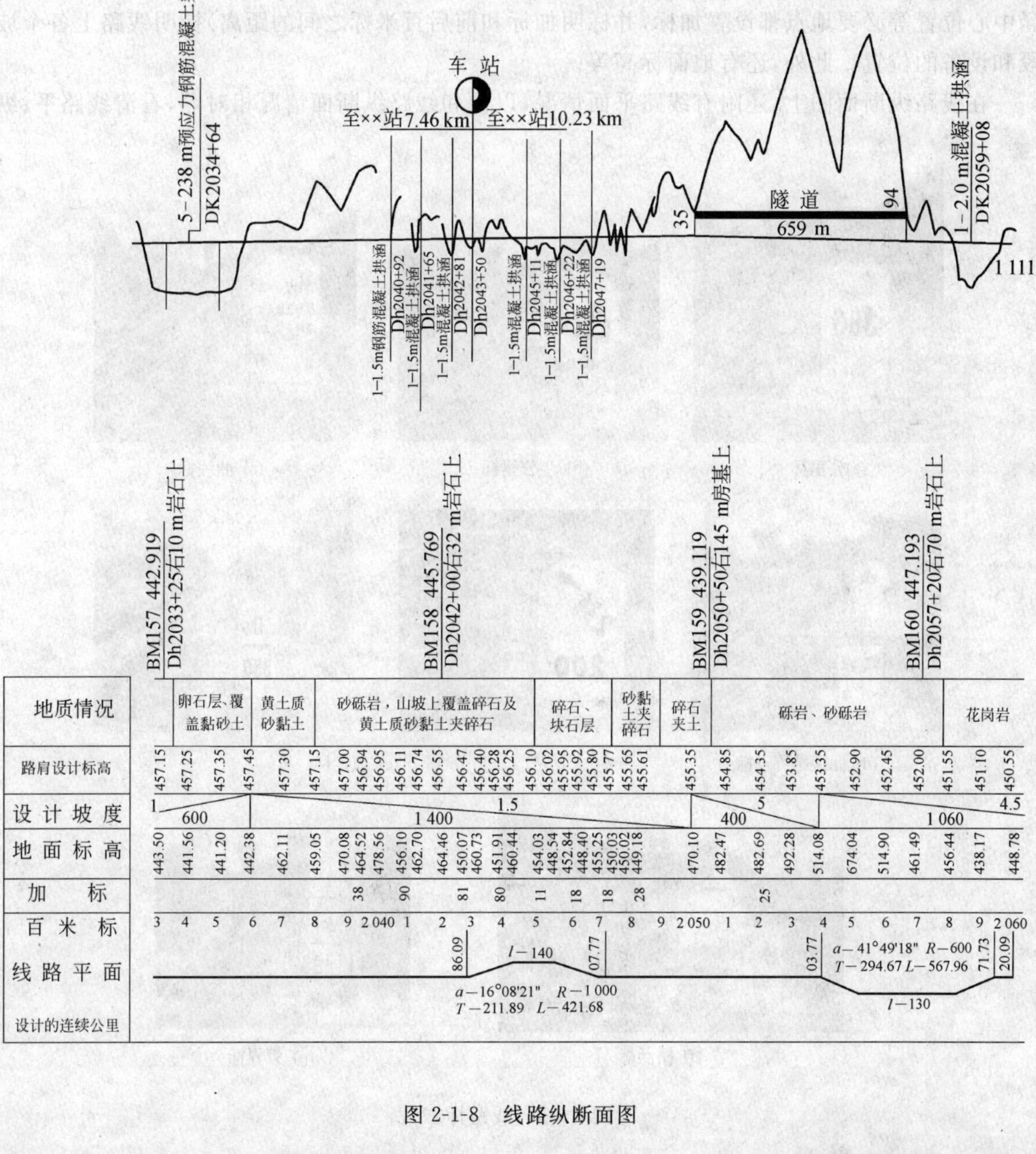

图 2-1-8 线路纵断面图

的各种平面图。从平面图上可以看到线路的中心线和里程标，以及沿线的车站、桥隧建筑物等的数量和位置；同时还可以看到用等高线（地面上高程相等各点的连线）表示的沿线地形和地物等情况。

（二）铁路线路纵断面图

用一定的比例尺，把线路中心线（展直后）投影到垂直面上，并标明平面、纵断面的各项有关资料的图纸，叫做线路纵断面图，如图 2-1-8 所示。

铁路线路纵断面图的上部是图的部分，其中主要是设计坡度线，即设计的路肩标高的连线。此外，还有地面线、填方和挖方高度的数字、桥隧建筑物资料（包括桥梁、涵洞的孔径、类型、中心里程和隧道长度等）、车站资料（包括站名、车站中心里程和相邻车站间的距离）及其他有关情况。

在纵断面图的下部是表格部分，其中主要是路肩设计标高（在变坡点处和百米标、加标处都标出路肩设计标高）和设计坡度（每个坡段分别标出）。同时，用公里标、百米标和加标（在桥涵中心位置等必要地点都设置加标，并标明加标和前后百米标之间的距离）标明线路上各个坡段和设备的位置。此外，还有地面标高等。

在线路纵断面图上，还附有线路平面情况，以便和线路纵断面情况相对照，看清线路平、纵

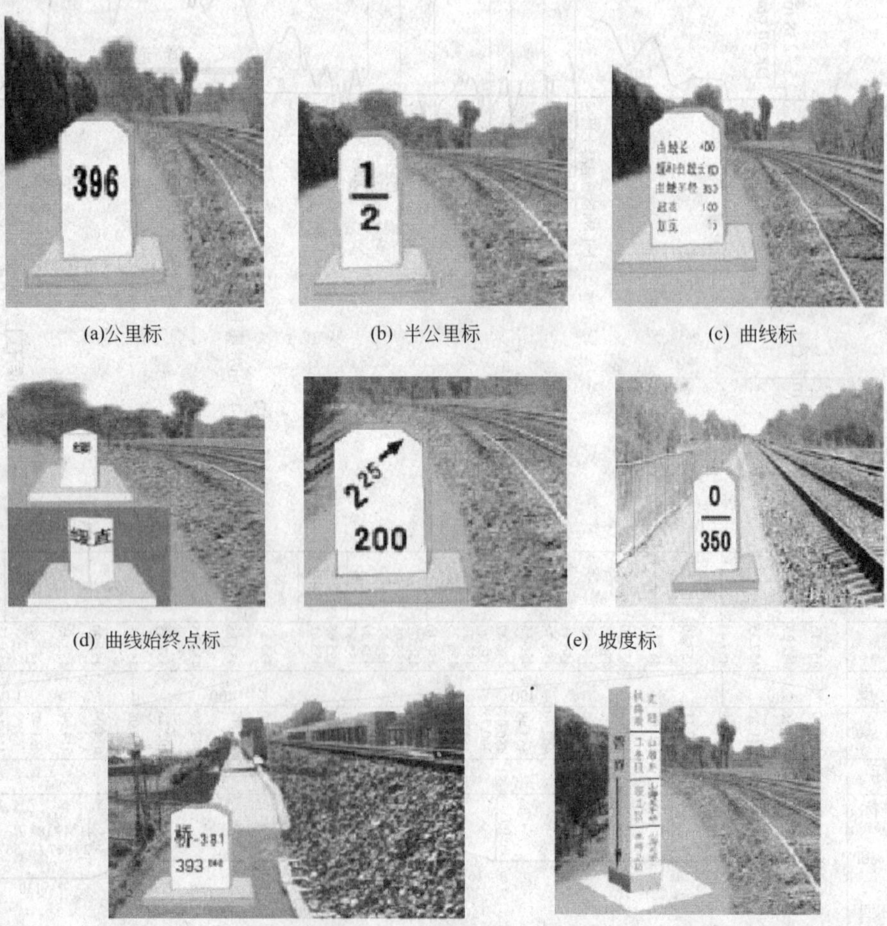

(a)公里标　(b) 半公里标　(c) 曲线标

(d) 曲线始终点标　(e) 坡度标

(f) 桥涵标　(g) 管界标

图 2-1-9　线路标志

断面的全貌。

铁路线路平面图和纵断面图是全面、正确反应线路主要技术条件的重要文件，无论在铁路的勘测设计阶段或指导施工阶段，以及铁路线路交付运营之后，仍需要使用的技术资料。

（三）线路标志

为满足行车和线路养护维修的需要，在铁路沿线设有许多表明铁路建筑物及设备位置和状态的标志。线路标志设在线路里程增加方向的左侧机车车辆限界以外，距钢轨头部外侧1.35～2 m处。常见线路标志见图2-1-9。

(1)公里标：表示从铁路起点开始计算的连续里程，设于公里前进方向整公里处，每一公里设一个。

(2)半公里标：设于相邻两公里标的中间。

(3)曲线标：设在曲线中部，其上标明了曲线长度、缓和曲线度、曲线半径、外轨超高和轨距加宽。侧面标有曲线中部里程。

(4)圆曲线和缓和曲线的始终点标：设于直线与缓和曲线、圆曲线与缓和曲线的连接处，表明缓和曲线的起点与终点。在该标上分别写有直缓、缓圆、圆缓、缓直字样。

(5)坡度标：设在线路坡度的变坡点处，它的正面和背面分别表示两边的坡度和坡段长度，并用箭头表示上坡或下坡，侧面表明它所在的里程。

(6)桥涵标：设在桥梁中心里程（或桥头）处，标明桥梁编号和中心里程。

(7)铁路局、工务段、领工区、养路工区和供电段、水电段的管界标：设在各该单位管辖地段的分界点处，两侧标明邻接单位名称。

第三节 路基和桥隧建筑物

路基和桥隧建筑物都是轨道的基础，它们直接承受轨道的重量，以及机车车辆及其荷载的压力。路基和桥隧建筑物的状态与线路质量的关系极为密切，为了确保轨道的平顺，列车能够平稳、安全地运行，路基必须填筑密实，具有足够的强度，在轨道和列车荷载的作用下，不致产生不容许的沉降变形，使列车能按规定的行车速度行驶，减小列车动力对路基的不良影响，防止产生路基病害。此外，路基必须具有足够的稳定性和耐久性，使之能抵抗各种自然因素作用的影响，保证行车安全畅通。

路基工程主要有：路基本体工程、路基防护工程、路基支挡及加固工程、路基排水工程等。

一、常规铁路路基

（一）路基的基本形式

垂直于线路中心线的路基断面，称为路基横断面。随着地形的起伏，在铁路线路工程中，依其所处的地形条件不同，有两种基本形式，即路堤和路堑。

1. 路堤式路基：当铺设轨道的路基面高于天然地面时，路基以填筑方式构成，这种路基称为路堤，如图2-1-10(a)所示。

2. 路堑式路基：当铺设轨道的路基面低于天然地面时，路基以开挖方式构成，这种路基称为路堑，如图

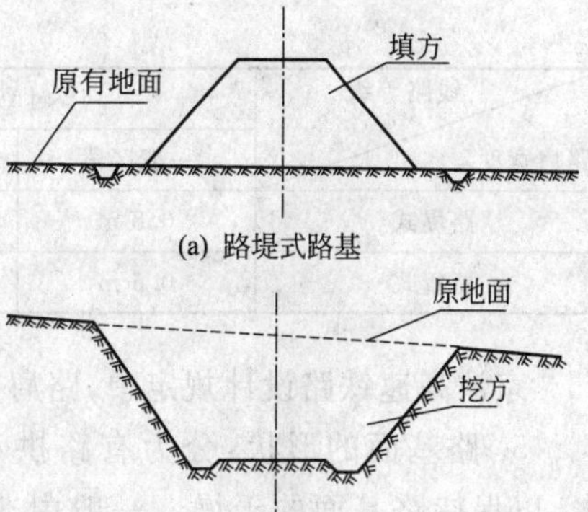

图 2-1-10 路基的基本形式

2-1-10(b)所示。

此外还有其他形式，即半堤式路基、半堑式路基、半堤半堑式路基、不填不挖路基。

3. 半堤式路基：路基的一侧需在天然地面上填方修筑而成的路基，如图 2-1-11(a)所示。

4. 半堑式路基：路基的一侧需在天然地面上挖方修筑而成的路基，如图 2-1-11(b)所示。

5. 半堤半堑式路基：路基的一侧需在天然地面上填方修筑，而另一侧则在天然地面上挖方修筑而成的路基，如图 2-1-11(c)所示。

6. 不填不挖路基：在地面上修筑的路基，如图 2-1-11(d)所示。

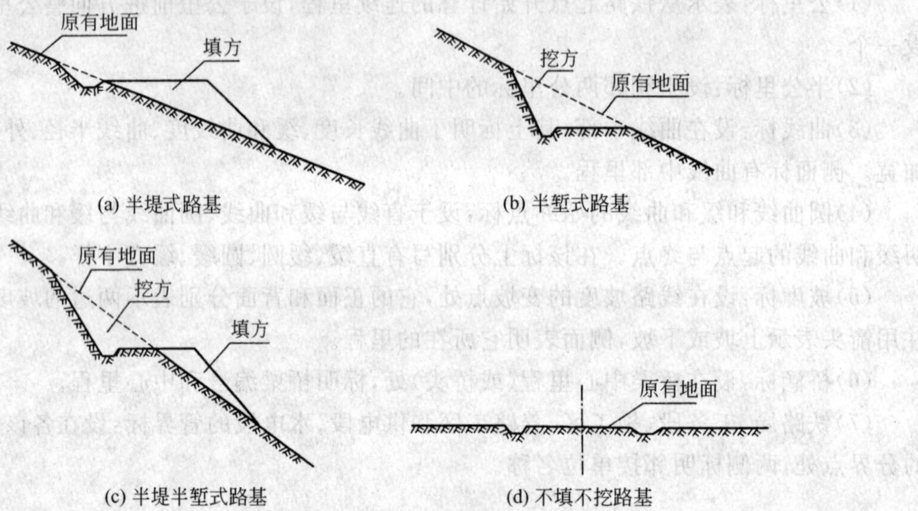

图 2-1-11　其他形式的路基

(二)路基横断面的构成

1. 路堤的横断面：主要由路基面、边坡、护道、取土坑(纵向排水沟)等组成。

2. 路堑的横断面：主要由路基面、侧沟、边坡、截水沟等组成。

3. 路肩：路基面两侧不铺设道砟的部分称为路肩。路肩的作用除了可加大路基的断面，增加路基的稳定性外，还用来设置线路标志、信号标志和堆放必要的养路材料、机具，并可防止道砟散落到路基面以外，同时还便于养路人员行走和避车。

4. 路肩的宽度：一般条件下，路肩宽度见表 2-1-12。

表 2-1-12　路肩宽度

线路等级 / 路肩宽度	Ⅰ级		Ⅱ级	Ⅲ级	客运专线
	一般区段	困难区段			
路堤式	0.8 m	0.6 m	0.6 m	0.4 m	1.0 m
路堑式	0.6 m	0.4 m	0.4 m	0.4 m	0.8 m

京沪高速铁路设计规定中，路肩宽度，路堤、路堑双线时均为 1.4 m，单线时均为1.5 m。

5. 路基面的形状：分为有路拱和无路拱的两种。路拱的作用是迅速排除道床下的积水，以保持路基面的干燥。一般由非渗水土修筑的路基顶面应设路拱，而由岩石或渗水土修筑的路基顶面可不设路拱。单线路基顶面的路拱采用梯形，双线路基面的路拱采用三角形。

6. 路基面的宽度：新建铁路直线地段的路基面应按照表 2-1-13 所列规定的宽度修筑。在曲线地段，由于外轨要有超高，所以路基面也要比直线段按规定在外侧加宽 0.1～0.5 m。

表 2-1-13 直线地段路基面宽度(单位：m)

铁路等级	轨道类型	单线						双线					
		非渗水土			渗水土、岩石			非渗水土			渗水土、岩石		
		道床厚度	路基面宽度		道床厚度	路基面宽度		道床厚度	路基面宽度		道床厚度	路基面宽度	
			路堤	路堑		路堤	路堑		路堤	路堑		路堤	路堑
Ⅰ	特重型	0.50	7.4	7.1	0.35	6.6	6.2	0.50	11.6	11.2	0.35	10.6	10.2
	重型	0.50	7.4	7.1	0.35	6.6	6.2	0.50	11.6	11.2	0.35	10.6	10.2
	次重型	0.45	7.4	6.7	0.30	6.3	5.9	0.45	11.2	10.9	0.30	10.3	9.9
Ⅱ	次重型	0.45	6.7	6.3	0.30	5.9	5.5	—	—	—	—	—	—
	中型	0.40	6.5	6.1	0.30	5.9	5.5	—	—	—	—	—	—
Ⅲ	中型	0.40	6.1	6.1	0.30	5.5	5.5	—	—	—	—	—	—
	轻型	0.35	5.6	6.3	0.25	5.0	5.0	—	—	—	—	—	—

(三)路基的排水和防护措施

路基是土石工程，最怕水的浸泡和冲刷。水的危害可造成路基的松软、下沉甚至毁坏或翻浆冒泥，危及行车安全，一旦发生，后果不堪设想。因此，排水设施是保证路基的整体稳固和防止基床病害的重要措施。

1. 路基排水

为保持路基经常处于干燥、坚固和稳定状态，路基上设有一套完整的排水设备。排水设施分地面、地下排水设施。

纵向排水沟、侧沟和截水沟是为了排除地面水而设置的，如图 2-1-12 所示。

图 2-1-12 排除地面水设施

除了地面水以外，地下水也是破坏路基坚实、稳固的一个重要因素。为了拦截地下水，降低地下水位。常采用渗沟和渗管等地下排水设备，如图 2-1-13 所示。

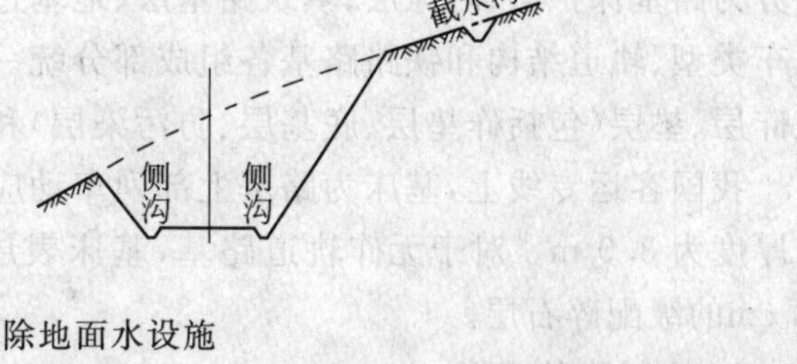

图 2-1-13 渗沟、渗管示意图

当地下水流量小、流程短时，可采用无管渗沟。若水流量较大且较长时，则采用有管渗沟。有管渗沟的渗水管是管壁带有渗水孔的陶管或混凝土管。

2. 路基的防护

为了保证路基的坚实稳固，防治路基和路

堑边坡坍塌，应及时进行坡面防护，并修筑排水设备，保证排水通畅。常用的坡面防护措施有：种草、铺草皮、植树、抹面、灌浆和砌石护坡等，如图 2-1-14 所示。此外，还可以设置挡土墙或其他拦挡建筑物，进行防护和加固，如图 2-1-15 所示。

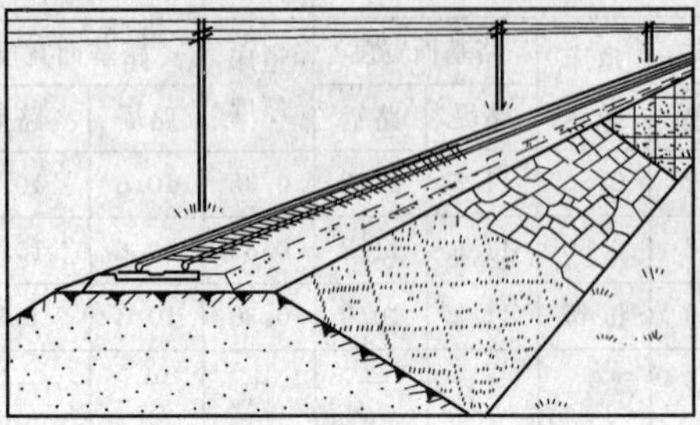

图 2-1-14 护坡

图 2-1-15 挡土墙

二、高速铁路路基结构的特点

高速铁路路基与普通路基相比，高速铁路路基工程应当具有强度高、刚度大的基床和可以控制路基缓慢沉降或没有沉降以及保证路基刚度可以沿线路方向缓慢变化等，高速铁路路基结构具有以下特点。

1. 路基的多层结构系统

高速铁路线路结构，已经突破了传统的轨道——道床——土路基这种结构形式，既有有砟轨道也有无砟轨道，对于有砟轨道，在道床和土路基之间，已抛弃了将道砟层直接放在土路基上的结构形式，做成了多层结构系统。

日本高速铁路路基结构分为基床表层、上部填土和下部填土三部分；德国高速铁路路基结构分为路基保护层、防冻层、填筑路基层、地基过度层；法国高速铁路路基结构是从运营维修、机车类型、轨道结构和铁路路基各组成部分统一考虑，根据具体情况确定。路基的结构依次是道砟层、垫层(包括砟垫层、底基层、防污染层)和路基。

我国客运专线上，基床为路基上部列车动应力作用较显著的部分，由表层与底层组成。其总厚度为 3.0 m。对于无砟轨道路基，基床表层由两部分组成，即 30 cm 的混凝土支撑层和 40 cm的级配碎石层。

2. 控制路基变形

高平顺性是高速铁路得以正常运营的基础保证。因此，高速铁路对轨道的不平顺管理标准要求非常严格。路基在竣工铺轨后继续发生的沉降就是路基的工后沉降。

路基的工后沉降量的大小对高速铁路行车的安全性、稳定性、舒适性，还有线路的养护维修量及轨道结构不见得使用寿命有重要的影响。路基的工后沉降一般由路基在列车荷载作用下发生的变形，路基本体在自重作用下压密沉降，地基引起的工后沉降三部分组成。在路基填料的材质与施工质量有保证的前提下，前两部分的数值是有限的，因此控制路基沉降主要是控制路基的工后沉降。

我国规定，路基的工后沉降不应大于 5 cm，年沉降速率应小于 2 cm，过渡段工后沉降不应大于 3 cm。

3. 保证路基刚度的均匀性

列车速度越高，要求路基的刚度越大，弹性变形越小。因为，弹性变形过大，就会导致高速行驶的列车无法正常运行；同样，刚度也不能过大，过大就会导致列车的振动和噪声加大，也不利车辆的平稳运行。研究表明，由刚度变化引起的列车振动和速度的平方成正比。列车速度越高。刚度变化越急剧，引起的列车振动越强烈，影响列车高速运行的舒适性和安全性。所以，高速铁路要求路基在线路上做到刚度均匀、变化缓慢，不允许出现刚度突变。

4. 在列车运行及自然条件下的稳定性

在列车运营时，路基不仅要承受轨道结构和附属建筑物的静荷载，还要承受列车多次的反复作用。同时，还要抵抗气温变化、雨雪作用、地震破坏等自然因素的侵蚀和破坏。因此，为了保证高速行车，路基工程必须要具有抵抗这些不良因素的能力，保证强度不降低，弹性不改变、变形不会加大。真正做到长寿命、少维修。只有这样，才能高速行车，减少维修费用，并增加行车的舒适性和安全性。

路基横断面处应满足高速行车的技术要求外，还要为高速行车的安全及线路维修检查提供便利条件，因此需要设计较宽的路基宽度。法国高速铁路路基宽度规定为 12.6 m；日本东海道新干线为 10.7 m，山阳新干线为 11.6 m；意大利高速线为 13 m；德国则采用 13.7 m。

道床的基底除路堤可用石块填筑外，均应铺设 15～55 cm 后的垫层，以保证高速列车良好的运行条件及行车安全。

在我国高速铁路对路基宽度的技术要求是：

(1)客运专线路堤、路堑两侧路肩宽度均应不小于 1.0 m；

(2)高速铁路路基面宽度如表 2-1-14 所示。

表 2-1-14　我国高速铁路直线地段路基面宽度

单线		双线	
路堤(m)	路堑(m)	路堤(m)	路堑(m)
8.8	8.8	13.8	13.8

(3)高速铁路正线曲线地段路基面加宽值应在曲线外侧按表 2-1-15 规定的数值加宽。曲线加宽值应在缓和曲线内渐变。

表 2-1-15　我国高速铁路曲线地段路基面加宽值

曲线半径(m)	路基外侧加宽值(m)
14 000～11 000	0.3
11 000 以下～7 000 以上	0.4
7 000～5 500	0.5

三、常规铁路桥隧建筑物

当铁路线路要通过江河、溪沟、谷地以及山岭等天然障碍，或要跨越公路、铁路时，就需要修建桥隧建筑物，以使铁路线路得以继续向前延伸。桥隧建筑物包括桥梁、涵洞、明渠、隧道等。在修建铁路时，桥隧建筑物的工程量一般占相当大的比重，而大桥和隧道的施工期限，有时还成为新建铁路能否按时通车的关键。在铁路建设历史中，铁路桥隧建设也取得了巨大成就。桥梁隧道占全线40%的成昆线，飞越天堑的武汉、南京、九江、芜湖长江大桥及大瑶山双线隧道，都是世界铁路工程中著名的工程。图2-1-16为京沪高速铁路线上的南京大胜关长江大桥。

图2-1-16　京沪高速线上的南京大胜关长江大桥

(一)桥　梁

1. 桥梁的组成

桥梁由上部结构和下部结构两大部分组成。上部结构是桥跨部分，位于桥梁支座以上，包括了桥垮结构和桥面系两部分，下部结构指桥梁的桥墩、桥台和基础。桥梁组成如图2-1-17所示。

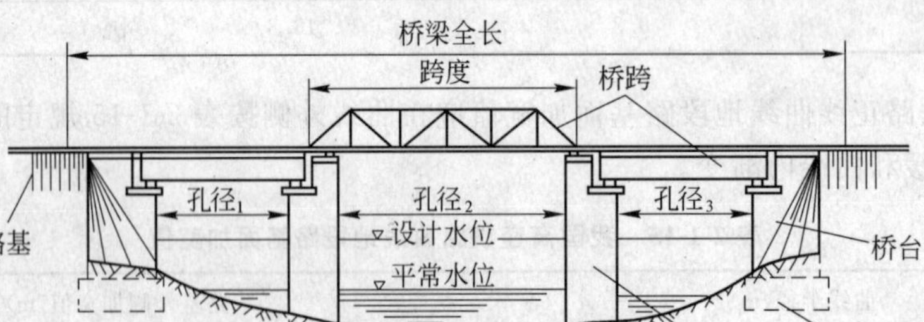

图2-1-17　桥梁的组成

(1)桥垮结构是桥梁承受荷载、跨越空间的部分。是桥梁上部结构的主体，它支撑桥面和桥面传来的重力，应有足够的强度。其式样很多，有钢板梁、钢桁梁及钢筋混凝土梁等。支座是桥梁墩台上支承桥跨的构件，分为固定支座和铰支座两种。

(2)桥面是指桥上的路面，即铺设轨道和供人行走的部分。它直接承受列车载重并比较均衡地传递给桥跨结构。常用的桥面有砟桥面和无砟桥面(明桥面)两种。有砟桥面的轨道和区间一样，在道砟槽上铺设道砟、轨枕及钢轨，一般用于钢筋混凝土桥。而无砟桥面的钢轨和轨枕直接铺在钢梁或木梁上。桥面上除正轨外还设有护轨，可以控制列车车轮的运行方向，防止发生翻车事故。

(3)墩台及基础是支撑桥垮结构的部分，包括桥墩和桥台。设于桥梁中部的支座称为桥墩，它将相邻两孔桥跨连接起来，以跨越河流、深谷，使全桥成为一个整体。设于桥梁两端与路基相连部位的支承称为桥台，它使桥梁与路堤相连接并起着挡土墙的作用。基础是指支撑墩台，并与地基土层直接接触的结构，它承受桥梁墩台传来的一切荷载。

桥跨：横跨在两墩台之上的部分。

孔径：每个桥孔在设计水位处的距离。

跨度：每一个桥垮两端支座间的距离。

桥梁的全长：两端桥台挡砟墙前缘间的距离。

2. 桥梁的分类

桥梁的种类很多、形式也多样，一般可按照桥梁的用途、建造材料、桥梁长度、桥梁外形等加以区分。

(1)按桥梁的用途划分。可分为铁路桥、公路桥、公铁两用桥、立交桥、行人桥等。

(2)按桥梁建筑工程规模(或桥梁长度 L)的不同划分。分铁路和公路，见表 2-1-16。

表 2-1-16　桥梁(长度)分类

桥梁分类	铁路桥梁	公路桥梁	
	桥长 L(m)	多孔跨径总长 L(m)	单孔跨径 L(m)
特大桥	$L\geqslant500$	$L\geqslant1\,000$	$L\geqslant150$
大桥	$100\leqslant L<500$	$100\leqslant L<1\,000$	$40\leqslant L<150$
中桥	$20\leqslant L<100$	$30\leqslant L<100$	$20\leqslant L<40$
小桥	$L<20$	$8<L<30$	$5<L<20$

(3)按桥梁结构类型划分

梁桥：桥梁上部结构的主体部分是梁，它由支座支承在桥墩和墩台上，如图 2-1-18(a)所示。

拱桥：桥跨结构的主体是拱。拱桥的拱上结构有实腹及空腹两种，如图 2-1-18(c)所示。

刚架桥：桥梁的梁部结构与墩台连成一个整体。根据墩台与桥垮的不同形式，由门式刚架桥和斜腿刚架桥之分，如图 2-1-18(d)、(e)所示。

斜拉桥：由梁、斜拉索和高出桥面的墩塔组成。它用斜拉索代替了中间桥墩，因而适用于较大跨度，如图 2-1-18(f)所示。

悬臂梁桥：用缆索作为主要承重结构，桥面用吊索或吊杆挂在缆索上，如图 2-1-18(b)所示。

(4)按桥垮结构的建筑材料划分

钢桥：桥垮结构的主体是钢梁，钢梁由型钢拼接而成，钢桥强度大、重量轻、跨越能力大，故多用于大跨度桥梁。常见的有钢桁梁桥及钢板梁桥两种，如图 2-1-19 所示。

钢筋混凝土桥：用钢筋混凝土制造梁部结构或钢架结构。这种桥梁经济实用，易于养护，较大跨度和中小跨度梁常采用。

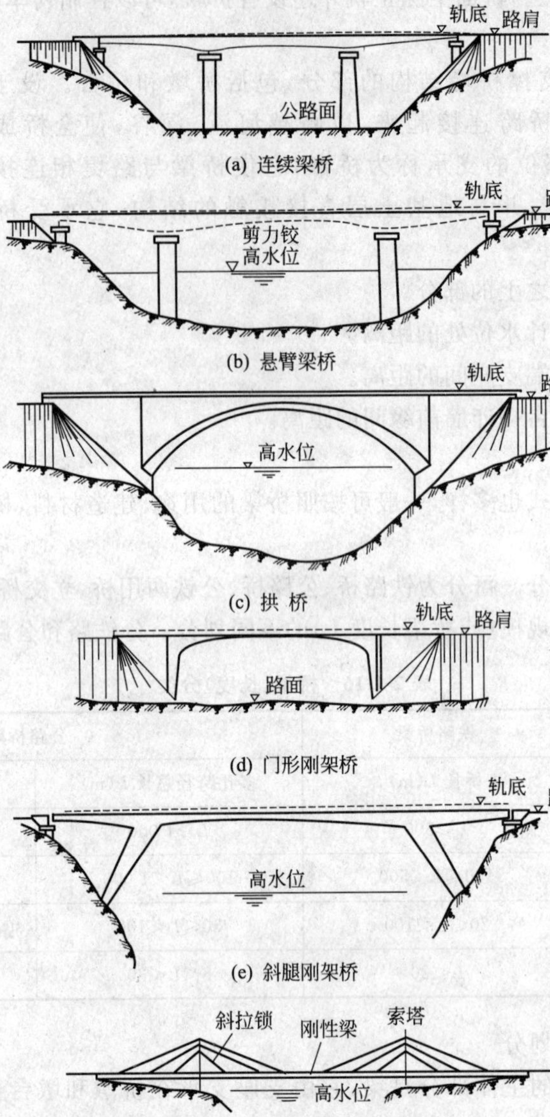

图 2-1-18 各式桥梁

石桥：用石料制造的桥梁。经久耐用，可就地取材，有造价低、节省大量的钢材和水泥，养护工作量和噪声小等优点，因而得到广泛的采用。

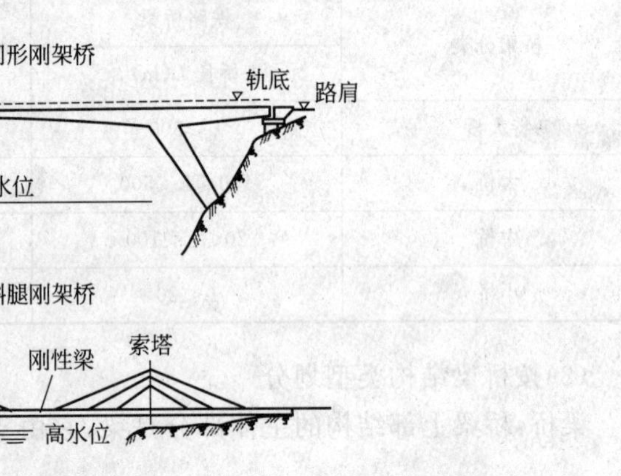

图 2-1-19 钢桥

桥梁的建造，在我国有悠久的历史，早在公元七世纪初，隋代的李春就在河北省赵县城南洨河上，建成了世界上最早的、跨度达到 37.37 m 的石拱桥——河北省赵州桥(又名安济桥)，1 400 年之后的今天，它仍然屹立在洨河上。赵州桥的设计方案和建造工艺，在国际桥梁史上占有一定的地位。

新中国成立 60 多年来,我国铁路桥梁建设也取得了巨大成就,一座座技术先进、雄伟壮丽的桥梁,在长江、黄河、湘江等水深、流急、河面宽阔的江河上架设起来。1968 年修建通车的南京长江大桥,上层为公路桥,全长 4 589 m,桥面宽 19.5 m;下层为复线铁路桥,全长 6 772 m。桥垮结构采用了具有我国民族特色的、16 m 高的"米"字形钢桁架。该桥是新中国成立后具有较高技术水平的著名桥梁。1994 年在京九铁路线上,又修建了九江长江大桥,铁路桥全长 4 675.4 m,公路桥全长 4 460 m,它是继武汉、南京长江大桥之后的又一座公铁两用特大桥。

(5)按桥面所在位置分

上承桥:桥面位于主梁上面,如图 2-1-17 两端桥跨结构。

下承桥:桥面位于主梁下部,如图 2-1-17 的中部桥跨结构。

(二)涵　洞

涵洞设在路堤下部的填土中,是用以通过水流的一种建筑物。它与桥梁的区别是桥的上部一般没有填土,而涵洞顶部则有一定厚度的填土。涵洞的孔径一般是 0.75～6 m,孔径在 6 m 以上时,无论顶面有无填土均称为桥。而孔径为 0.5 m 左右则常修筑明渠。

涵洞主要由洞身(由若干管节所组成)、基础、端墙和翼墙所组成,如图 2-1-20 所示。管节埋在路基之中,它具有一定的纵向坡度(从进口向出口),以便排水。端墙和翼墙的作用,是便于水流进出涵洞,同时还可以保护路堤边坡,使它不受水流的冲刷。

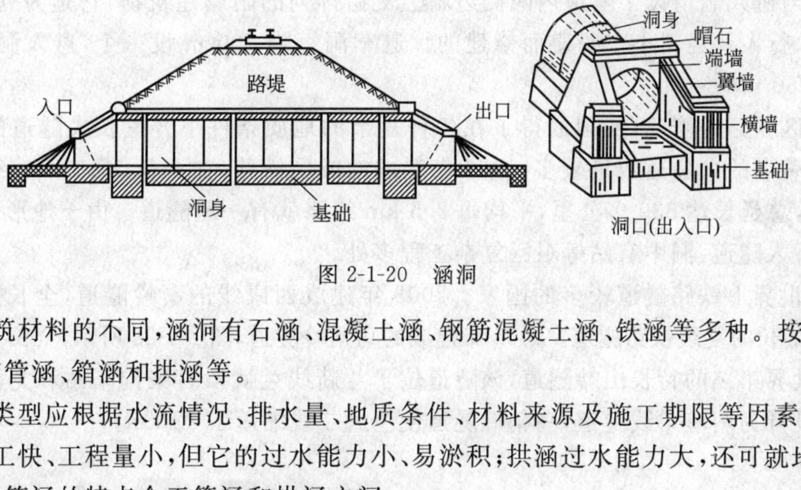

图 2-1-20　涵洞

按照建筑材料的不同,涵洞有石涵、混凝土涵、钢筋混凝土涵、铁涵等多种。按其结构形式的不同,可有管涵、箱涵和拱涵等。

涵洞的类型应根据水流情况、排水量、地质条件、材料来源及施工期限等因素综合考虑确定。管涵施工快、工程量小,但它的过水能力小、易淤积;拱涵过水能力大,还可就地取材,但它施工较复杂;箱涵的特点介于管涵和拱涵之间。

(三)隧　道

隧道是修筑在地层内的建筑物。铁路隧道(图 2-1-21)大多建筑在山中,用以避免开挖很深的路堑,或修建很长的迂回线,开凿隧道往往会改善线路条件、提高运输效率、节省运营费用。此外,还有建筑在河床、海峡或湖底以下的水底隧道和建筑在大城市地下的地下铁道。

铁道隧道按长度可分为一般隧道(其长度小于 2 000 m)、长隧道(其长度为 2 000～5 000 m)和特长隧道(其长度大于 5 000 m);按所在位置和埋藏条件又可分为傍山隧道、越岭隧道、地下铁道;按洞内行车线路的多少还可为分为单线隧道、双线隧道及多线隧道等。

隧道一般由洞身、衬砌、洞门和避车避人洞几部分组成。洞身是隧道的主体部分,是列车通过的通道。为保证行车安全,洞身应具有一定的净空,按规定的隧道建筑限界确定横断面。

在隧道内,除了通过特别坚硬的石层以外,一般还要用砖、石、混凝土或钢筋混凝土等材料作为内部衬砌,内部衬砌指沿隧道周边用石料、混凝土等砌筑的支撑结构。它的作用是用来承

图 2-1-21　隧道洞口及洞身

受地层压力，阻止坑道周围地层的变形，防止岩石的风化以及四周岩层塌落、变形和渗水，以保证行车安全。

在隧道口应修筑洞门，以便保持洞口上方的仰坡和两侧边坡的稳定；洞顶要修筑截水沟，用于拦截从山坡下来的流水以保护洞口。

避车洞与避人洞指设于隧道内两侧边墙上交错排列的附属建筑物，它是为列车通过时便于工作人员、行人及运料小车躲避而修建的。避车洞每隔 300 m 设一个，避人洞在相邻避车洞之间每隔 60 m 设一个。

随着山区铁路的修建，我国取得了在各种复杂的地质条件下开挖长大隧道的丰富经验。已经建成的著名的大隧道数量较多，1966 年建成的成昆铁路，在全长 1 085 km 线路中，共有隧道 427 座，总延长达 330 多公里，平均每 2.5 km 线路就有一座隧道。由于地形复杂，形成了洞中有桥、桥入隧道、洞中有站等艰巨复杂工程多处。

我国是世界上铁路隧道较多的国家。2003 年建成西康线的秦岭隧道（全长 18.460 km）是目前我国最长的复线铁路隧道。2006 年建成的乌鞘岭隧道，图 2-1-22 所示，全长 20.05 km，是亚洲第一、世界第二的特长山岭隧道，该隧道位于兰新线兰武段打柴沟车站和龙沟车站之间，地质复杂，设计为两座单线隧道，乌鞘岭隧道使兰武二线缩短了 22 km。

图 2-1-22　乌鞘岭隧道

2002 年又先后建成了世界上最高和最长的高原冻土隧道——风火山隧道和昆仑山隧道。风火山隧道，如图 2-1-23 所示，全长 1 338 m，轨面海拔为 4 905 m，比原世界第一高隧道——秘鲁加莱拉（Galera）隧道高出 122 m，是世界上海拔最高的隧道。昆仑山隧道地处青藏高原

图 2-1-23　海拔最高的风火山隧道

昆仑山垭口，位于青藏铁路望昆车站与不冻泉车站之间，进口海拔 4 641.41 m，出口海拔 4 664.86 m，全长 1 686 m，是世界上最长的高原多年冻土隧道。

目前，我国铁路上拥有隧道约占世界上铁路隧道总数量的 1/4，领先世界各国。我国铁路隧道的总长度也超过 3 000 km，是世界上铁路隧道总长度最长的国家。

世界上已建成的铁路隧道总长约 1 万多公里，其中 10 km 以上的隧道有近 50 座，日本是铁路隧道最多的国家之一，它拥有世界上最长的双线山岭隧道——大清水隧道，全长 22.23 km，1981 年竣工。1987 年又建成了世界上著名的青函海底隧道，全长 53.85 km，其中海底部分长 23.3 km，被誉为 20 世纪最宏伟工程之一的英法海峡隧道，经过多年奋战，终于在 1994 年胜利开通，全长约 50 km，海底部分长 38 km。

四、高速铁路对桥隧建筑物的要求

高速铁路的高速度、高舒适性、高安全性、高密度连续运营等特点对土建工程提出严格的要求，由于速度大幅度提高，高速列车对桥梁结构的动力作用远大于普通铁路桥梁。桥梁出现较大挠度会直接影响桥上轨道的平顺性，造成结构物承受很大的冲击力，旅客舒适度受到严重影响，轨道状态不能保持稳定，甚至影响列车的运行安全。此外，为保证轨道的平顺性还必须限制桥梁的预应力徐变上拱和不均匀温差引起的结构变形，这些都对高速桥梁结构的刚度列整体性提出了严格的要求。

(一)高速铁路桥梁的特点

1. 所占比例大、高架长桥多

高速铁路设计参数限制严格，曲线半径大、坡度小，并需要全封闭行车，导致桥梁建筑物数量要大大多于普通铁路。德国高速铁路桥梁总延长约占线路总长 8%左右，日本高速铁路桥梁所占比例平均达到 48%，其中，高架桥要占线路总长的 37%，韩国在建的高速铁路的桥梁约占整个线路的 1/3，如表 2-1-17 所示。

表 2-1-17　国外部分国家高速铁路桥梁所占比例

国　家	线路总长(km)	桥梁总长(km)	桥梁所占比例(%)
日本	1 953	930	48
德国	603	46	8
韩国	411	135	33

日本的高速铁路桥梁占线路总长的比例在不断增加；最早的东海道新干线的桥梁与高架线路约占线路总长的33%；而东北新干线的桥梁和高架线路所占比例增加至71%。我国规划中的京沪高速铁路的桥梁总延长也将占30%以上，合计超过400 km，尤以高架线路为主，最长的高架桥将达20 km。

2. 以中小跨度为主

由于高速铁路对线路、桥梁、隧道等土建工程的刚度要求严格，因此，高速铁路桥梁的跨度不宜过大，应以中小跨度为主；法国高速铁路直到修建地中海线时才首次采用100 m跨度的桥梁。

我国京沪高速铁路线上桥梁也绝大多数为中小跨度；常用桥式为等跨布置的双线整孔简支梁，桥面宽12.8 m，跨度有24、32、40 m几种；并以32 m居多，以保证桥梁具有足够的刚度和良好的整体性。

3. 刚度大、整体性好

列车高速、舒适、安全行使要求高速铁路桥梁必须具有足够大的刚度和良好的整体性，以防止桥梁出现较大挠度和振幅，同时，必须限制桥梁的预应力徐变上拱和不均匀温差引起的结构变形，以保证轨道的高平顺性。一般来说，高速铁路桥梁设计主要由刚度控制，强度基本上不控制其设计。尽管高速铁路活载小于普通铁路，但实际应用的高速铁路桥梁，在梁高、梁重上均超过普通铁路。

4. 限制纵向力作用下结构产生的位移，避免桥上无缝线路钢轨的受力出现过大的附加应力

高速铁路要求依次铺设跨区间无缝线路，而桥上无缝线路钢轨的受力状态不同于路基结构的温度变化、列车制动、桥梁挠曲会使桥梁在纵向产生一定的位移，引起桥上钢轨的附加应力。过大的附加应力会造成桥上无缝线路失稳。影响行车安全。因此，墩台基础要有足够的纵向刚度、以尽量减少钢轨附加应力和梁轨间的相对位移。

5. 重视改善结构耐久性，便于检查、维修

高速铁路是极其重要的交通运输设施，任何中断行车都会造成很大的经济损失和社会影响，为此，桥梁结构物应尽量做到少维修或免维修，这就需要在设计时将改善结构物耐久性作为主要设计原则，统一考虑合理的结构布局和构造细节并在施工中严格控制、保证质量。一些国家规定高速铁路桥梁在结构耐久性方面要求的设计基准期，一般以50年不需维修为目标，在日常检查、养护前提下，期待能达到100年的耐用期。

另一方面，由于高速铁路运营繁忙、速度高，造成桥梁维修、养护难度大。因此，桥梁结构构造应易于检查与维修。

6. 强调结构与环境的协调

高速铁路作为重要的现代交通运输线，应强调结构与环境的协调，重视生态环境保护。这主要指桥梁造型要与周围环境相一致并注重结构外观和色彩，在居民点附近的桥梁应有降噪措施，避免桥面污水损害生态环境等。

(二)高速铁路隧道的特点

高速铁路隧道与普速铁路隧道最大的区别就是当列车以高速通过隧道时，会产生极强的空气动力学效应，主要表现在三方面：瞬间压力、洞口微气压和行车阻力，对行车安全性、旅客舒适度及洞口环境等均产生不利影响，见表2-1-18。当列车以200 km/h以上的速度通过铁路隧道时，这种不利影响就已十分明显地起到控制作用。

表 2-1-18 空气动力对高速铁路隧道产生的不利影响

表现方面	空气动力学效应	对隧道设计和运营的意义
瞬变压力	车内瞬变压力	旅客舒适度
	车上压力波动最大幅度	旅客和乘务员健康
	隧道内压力峰值	衬砌和设施的气动荷载
	车内外压差	车辆结构的气动荷载
	微气压波	隧道口环境
列车空气阻力	平均阻力	牵引计算
	阻力过程	限坡
空气流动	列车风	隧道中的设备安全
	空气动压	

另外，高速铁路隧道对于防排水标准、防灾救援和耐久性等方面也有较高的要求。

第四节 轨 道

轨道是列车运行的基础，它引导列车运行的方向、承受机车车辆的压力、并把压力分散传递到路基或桥隧建筑物上。轨道主要由钢轨、轨枕、连接零件、道床、防爬设备以及道岔等组成，如图 2-1-24 所示。其中道床是铺在路基面上的道砟层，在道床上铺设轨枕，在轨枕上架设钢轨。在相邻两节钢轨的端部以及钢轨和轨枕之间，用联结零件互相扣连。在线路和线路连接处铺设道岔。在钢轨和轨枕上，安设必要的防爬设备。

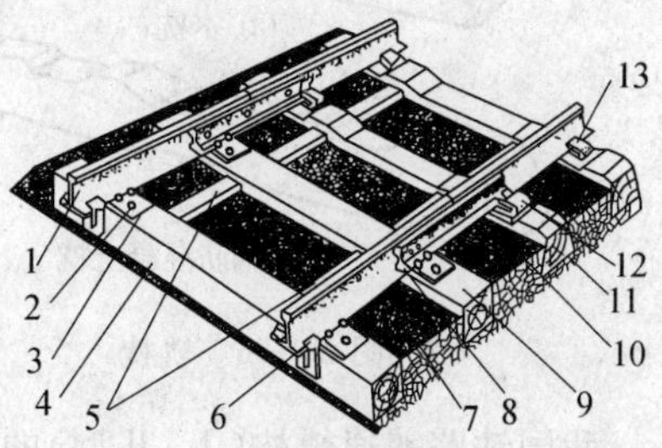

图 2-1-24 轨道的基本组成

1—钢轨；2—普通道钉；3—垫板；4、9—木枕；5—防爬撑；6—防爬器；7—道床；8—双头夹板；10—螺栓；11—钢筋混凝土轨枕；12—扣板式中间联结零件；13—弹片式中间联结零件

注：图中画了多种类型扣件是为示例之用，并非现场线路中的实际使用情况。

为了保证列车按规定的速度安全、平稳、不间断地运行，适应旅客列车高速及货物列车重载的发展的需要，应根据铁路线路等级、牵引重量和运行速度等条件，选用和铺设轨道的各个组成部件，使线路具备足够的强度。

一、铁路轨道的组成

(一)钢 轨

钢轨是直接承受车轮压力并引导车轮运行方向的。它应当具有足够的刚硬性和柔韧性。刚硬性是为了承受车轮的强大压力，同时防止过快地磨耗；柔韧性是为了减轻车轮对钢轨的冲击作用。因此，制造钢轨所用的钢材，一般都含有适量的碳、锰、硅等元素。

为了使钢轨具有最佳的抗弯性能，钢轨的断面形状采用“工”字形，“工”字形钢轨由轨头、轨腰和轨底组成如图 2-1-25 所示。目前我国钢轨的标准长度为 12.5 m 和 25 m ，此外，还有专供曲线地段设内轨用的标准缩短轨若干种。

在我国，钢轨的类型(或强度)以每米长度的质量(kg)表示，现行的标准钢轨类型有：75、70、60、50、43 kg/m。

钢轨的长度长一些好，可以减少接头的数量，列车运行平稳并可节省接头零件和线路的维修费用，但是由于加工条件和运输条件的限制，一根钢轨的轧制长度是有限的。目前我国钢轨的标准长度为：43 kg/m 的钢轨长度是 25 m 和 12.5 m 两种；50 kg/m 以上钢轨长度是 25 m、50 m、100 m 三种，此外，还有专供曲线地段铺设内轨用的标准缩短轨若干种。

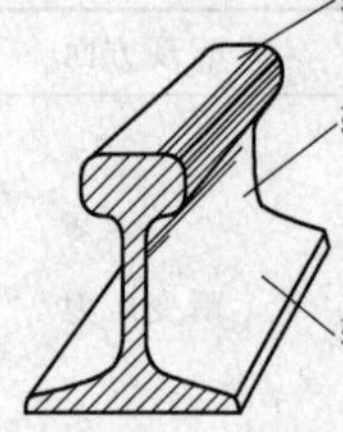

图 2-1-25　钢轨横断面

(二)轨　　枕

轨枕是钢轨的支座，主要承受从钢轨传来的压力并传给道床，同时轨枕还起到保持钢轨位置和规矩的作用。轨枕按具体使用目的可分为普通轨枕、桥枕、岔枕等。轨枕按其材料可分为木枕、钢筋混凝土枕两种，如图 2-1-26 所示。目前广泛用钢筋混凝土轨枕代替木枕。这是因为混凝土轨枕材料来源较多，制造方便，且不受气候、腐朽、虫蛀及火灾的影响；又能保证尺寸一致，使轨道的弹性均匀，坚固耐用，使用寿命长，可以满足高速度、重载、大运量的要求。但与和木枕相比较，主要缺点是重量大，弹性较差，因而要求道床质量高，铺设厚度大，并在钢轨底部要增设缓冲垫层。

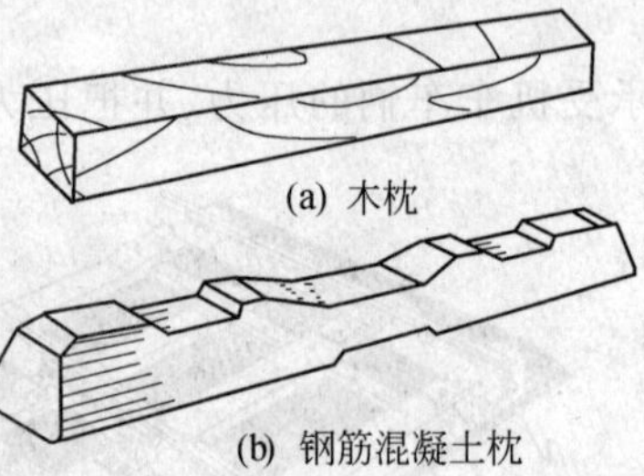

图 2-1-26　轨枕

图 2-1-27　宽混凝土轨枕线路

我国铁路普通轨枕(Ⅰ、Ⅱ型)的一般长度是 2.5 m，Ⅲ型混凝土枕，其长度为 2.5 和 2.6 m 两种。道岔用的岔枕和钢桥上用的桥枕，其长度有 2.6～4.85 m 等多种。

每公里线路上铺设的轨枕数量，根据运量、最高行车速度等运营条件确定。一般每公里在 1 520～1 840 根之间，轨枕根数越多，轨道强度越大。

钢筋混凝土轨枕有普通轨枕和宽轨枕两类。宽轨枕也叫混凝土轨枕板，如图 2-1-27 所示。宽轨枕外形和普通混凝土轨枕相似，但宽且稍薄。它在线路上是连续铺设的，因此，轨道的沉陷较小，也不容易发生坑洼不平和道床脏污的现象，减少了日常维修工作量。由于它的底部和道床上部的接触面积大，因而提高了线路的稳定性，改善了钢轨的受力条件，有利于高速行车。宽轨枕以前主要仅在在隧道内、大桥桥头和大型客运站内铺设，现已开始在主要干线上使用。

(三) 联结零件

联结零件包括接头联结零件和中间联结零件两类。

1. 接头联结零件

接头联结零件是用来连接钢轨与钢轨间的接头的，它包括双头夹板、螺栓、螺帽和弹性垫圈等。先用两块鱼尾板夹住钢轨，然后用螺栓拧紧，如图 2-1-28 所示。

连接时，两节钢轨之间应当预留适当的缝隙，叫做轨缝。当温度变化时，以保证钢轨可自由地伸缩。由于轨缝的存在，列车通过时必然在轨缝处产生冲击，从而使行车阻力和线路维修工作量显著增加，钢轨接头处往往是轨道上最薄弱环节，也是线路维修工作的重点对象。目前，解决这一薄弱环节的主要措施是大力发展无缝线路。

钢轨接头采用悬接而又对接的形式。悬接是指一根钢轨的接头正好处在两根轨枕之间，这种形式弹性较好。对接是指轨道上两股钢轨的接头恰好彼此相对，从而避免错接时机车车辆通过时的左右摇摆。

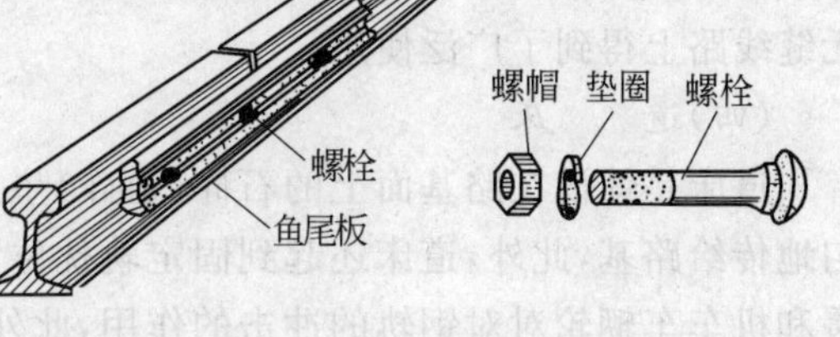

图 2-1-28　钢轨接头联结零件

2. 中间联结零件

钢轨是用中间联结零件扣紧在轨枕上的，中间联结零件亦称钢轨扣件。扣件的作用是固定钢轨的正确位置，防止钢轨的纵向爬行和横向位移，防止钢轨倾翻，同时还能提供必要的弹性、绝缘性能等。扣件有木枕用的扣件和钢筋混凝土轨枕用的扣件两种。

木枕扣件包括普通道钉和铁垫板。垫板置于轨底与木枕之间，其目的在于增加木枕与轨底的接触面积，垫板顶面做成 1∶40 的斜坡，使线路上的钢轨具有适当的内倾度（叫做轨底破），使钢轨顶面与车轮有较好的接触，轨顶磨耗均匀，延长钢轨使用寿命，并在列车运行时有利于防治和减轻轮对在轨道中的蛇形运动。

钢筋混凝土轨枕用的扣件有刚性扣件（扣板式、拱形弹片式）和弹性扣件（ω形弹条式），三种中间联结零件如图 2-1-29 与图 2-1-30 所示。

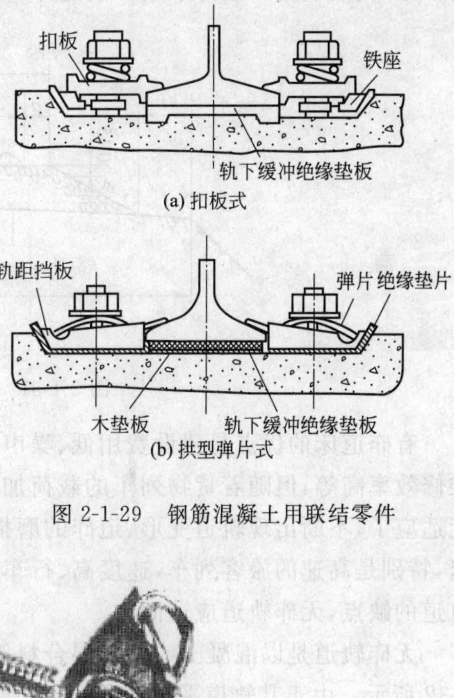

图 2-1-29　钢筋混凝土用联结零件

图 2-1-30　ω形弹条Ⅰ形扣件

ω形弹条式扣件主要由ω形弹条、螺旋道钉、轨距挡板、挡板座及弹性垫板等组成。ω形弹条扣件不仅比前两种使用的零件少,结构简单,而且弹性好,扣压力最大,因此在主要干线和无缝线路上得到了广泛使用。

(四)道　　床

道床是铺设在路基面上的石砟(道砟)垫层。主要作用是支承轨枕,把轨枕上部的荷载均匀地传给路基,此外,道床还起到固定轨枕位置,阻止轨枕纵向或横向移动,增加轨道的弹性,缓和机车车辆轮对对钢轨的冲击的作用,此外还起到排水的作用。

道床分为有砟道床和无砟道床。在铁路线上铺设有碎石的路面,这便是有砟道床。道床的材料应当具有坚硬、不易风化、富有弹性、并有利于排水的特点。常用的材料有碎石、卵石、粗砂等,我国铁路一般都采用碎石道床,如图 2-1-31 所示。

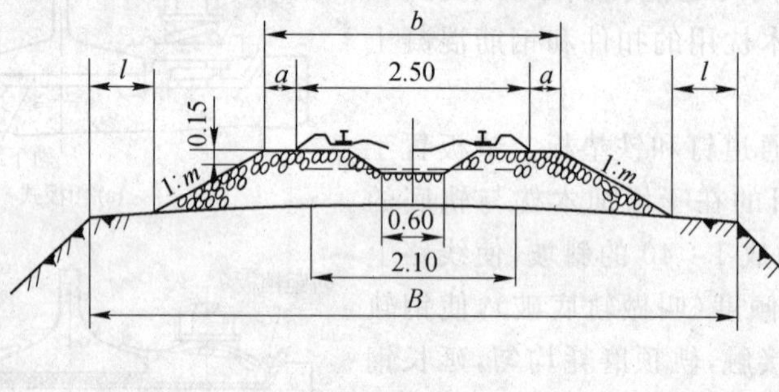

图 2-1-31　有砟道床断面(单位:m)

有砟道床的优点是建设费用低、噪声传播范围小、建设周期短、修复容易、自动化及机械化维修效率高等,但随着货物列车的载荷加大,旅客列车速度的加快,这样的轨道结构越来越不能适应了,不断出现轨道变形、道砟的磨损和粉化以及道砟飞散等问题,线路的维修越来越频繁,特别是高速的旅客列车,速度高、行车密度大,在行车间隔中难以进行维修作业,针对有砟轨道的缺点,无砟轨道应运而生。

无砟轨道是以混凝土或沥青混合料等取代散粒道砟道床而组成的轨道结构形式,如图 2-1-32 所示。由于其轨道平顺性高、刚度均匀性好、轨道几何形位能持久保持、维修工作量显著减少等特点,在各国铁路得到了迅速发展。

图 2-1-32　无砟轨道

无碴砟轨道与有砟轨道相比,其优缺点如表 2-1-19 所示。

表 2-1-19 无砟轨道和有砟轨道比较

性能	无砟轨道		有砟轨道	
	优点	缺点	优点	缺点
可靠度	线路平面几何形状易于保持	不允许地基沉降	容易实现沉降的调整	线路平面几何形状不易保持
	有较高的运输能力			较低的运输能力
	有较高的承载能力			较低的承载能力
使用寿命	60年(较长)	一旦维修,需较长时间中断行车	出现问题,容易维修且维修时间较短	30年(较短)
投资成本	较低	较高	较低	较高
	节约用地	一旦出现损伤,维修费用较高	一旦出现损伤,维修成本较低	用地较多
	列车脱轨后损失较小	必须设置特殊结构的过渡段	不需要设置过渡段	每15年需更换道砟
舒适性	可达到较高最大时速			可达到一般最大时速
	能适应较高荷载要求			适应较高荷载要求低
环境	选线更自由	需要更高降噪标准	较小降噪处理	选线的自由度较小
安全性	列车在高速运行中无道砟飞起			列车在高速运行中会出现道砟飞起
	便于公路救援车在混凝土板上行驶			公路救援车无法行驶

(五)防爬设备

列车运行时,常常产生作用在钢轨上的纵向里,使钢轨作纵向移动,有时甚至带动轨枕一起移动,这种纵向移动,叫做线路爬行。列车的速度越高,轴重越大,爬行就越严重。爬行一般发生在双线铁路的区间正线,单线铁路重车方向、长大下坡道上和进站时的制动范围内。

线路爬行往往引起轨缝不匀、轨枕歪斜等现象,对线路破坏性很大,甚至造成胀轨跑道,危及行车安全。因此必须采取有效措施防止爬行。目前采用的方法是除了加强轨道其他有关组成部件外,通常还采用防爬器和防爬撑来防止线路爬行。

穿销式防爬器(图 2-1-33)是由带挡板的轨卡和穿销组成。安装时,将轨卡的一边紧紧地卡住轨底,另一边楔进穿销,使整个防爬器牢固地卡住轨底。这样,钢轨在受到纵向力时,由于轨卡的挡板紧贴着轨枕,轨枕和道床就可阻止钢轨爬行。为了充分发挥防爬器的抗爬能力,通常在轨枕间还安装防爬撑,把 3~5 根轨枕连接起来组成一组防爬设备,共同抵抗钢轨的爬行(图 2-1-34)。

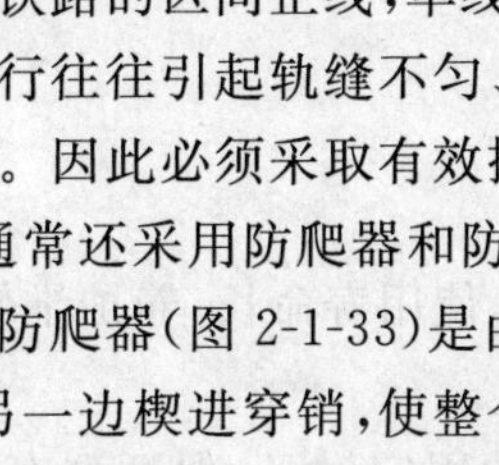

图 2-1-33 穿销式防爬器

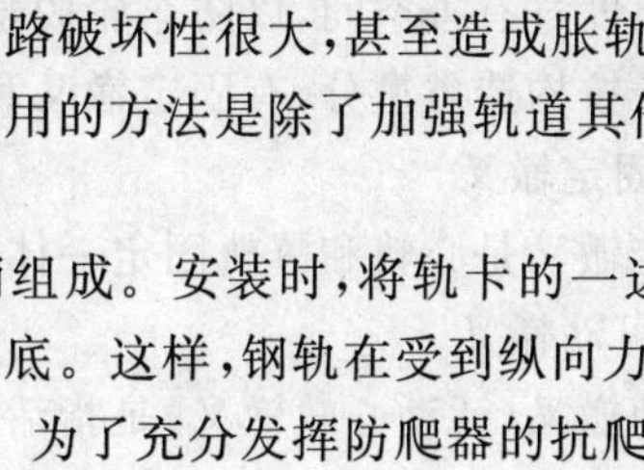

图 2-1-34 防爬器的安装

(六)道 岔

道岔是使机车车辆由一条线路转往另一条线路的连接设备,通常设于车站上,是铁路轨道的一个重要组成部分。由于道岔具有数量多、构造复杂、限制列车速度、养护维修工作量大等特点,在铁路线路中,道岔、曲线、钢轨接头并称为轨道的三大薄弱环节。

线路的连接设备有三种基本形式:各种形式的道岔、线路的交叉、连接与交叉组合。

1. 普通单开道岔

最常用、最简单的线路连接设备,就是普通单式道岔,也叫单开道岔,如图 2-1-35 所示。它是一种主线为直线,侧线向主线的左侧(左开道岔)或右侧(右开道岔)分支的道岔,由转辙器、辙叉及护轨、连接部分所组成。该道岔数量占各类道岔总数得 90%以上。

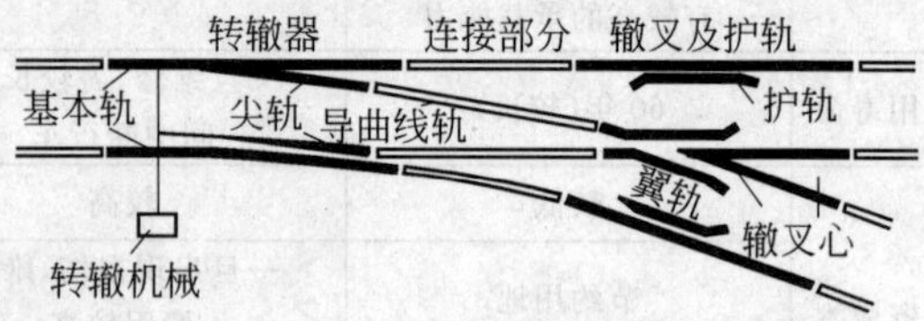

图 2-1-35 普通单开道岔

(1)转辙器:是引导机车车辆转线的部分。由两根基本轨、两根尖轨及道岔转换设备组成。

基本轨是用一根标准断面的普通钢轨制成,主股为直线,侧股为折线或采用曲线型。

尖轨是转辙器中的主要部件,处于两根基本轨的内侧,通过连杆与转折机械相连。依靠尖轨的扳动,将列车引入正线或侧线方向,并且总是一根尖轨同一根基本轨密贴,而另一根尖轨与另一根基本轨分离,以便使机车车辆轮缘顺利地通过该部位。

(2)辙叉及护轨:是使车轮由一股钢轨越过另一股钢轨,保证车轮安全通过互相交叉的两根钢轨的设备。辙叉由辙叉心、两根翼轨和两根护轮轨组成。

在直线线路的一股钢轨和分岔线路上的一股钢轨交叉处,必须将钢轨断开,使轮缘通过。钢轨断开后,一端做成辙叉心,另一端做成翼轨,以便在断开处踏面能有连续的支持。当机车车辆逆向(迎着尖轨的方向)通过辙叉时,由于存在着有害空间(从翼轨的咽喉到辙叉心实际尖之间的一段空间),轮缘有可能走错辙叉槽,因此设置护轮轨牵制另一侧车轮的轮缘,使车轮能够安全地度过有害空间,以防车轮脱轨。

辙叉按构造类型分,有固定辙叉和可动辙叉两类。

① 固定辙叉

固定辙叉是心轨和翼轨固定一体,整体性和稳定性较好,使用寿命长,养护维修方便。

② 可动辙叉

可动辙叉(活动心轨辙叉)是指活动心轨辙叉代替原来的固定辙叉,保证列车过岔时轨线的连续,消除固定辙叉上存在的有害空间,因为道岔上的有害空间是限制列车过岔速度的一个重要因素,并可取消护轨,降低了辙叉部位的轮轨相互作用,提高运行的平稳性,延长辙叉的使用寿命,减少养护维修的工作量。

活动心轨辙叉主要包括翼轨、长短心轨拼装的活动心轨、叉跟基本轨、帮轨等几部分,如图 2-1-36 所示。

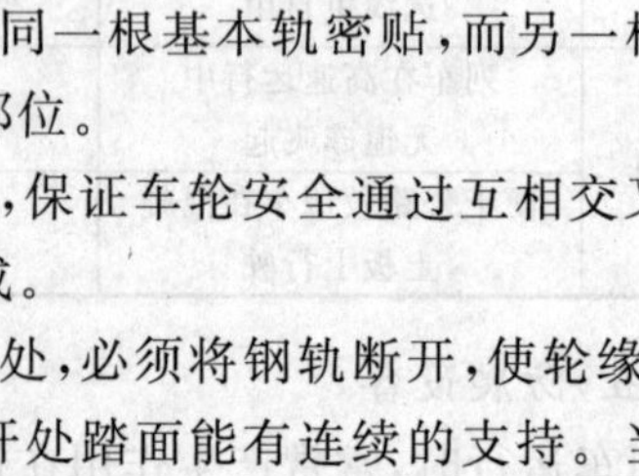

图 2-1-36 活动心轨辙叉

我国铺设的活动心轨单开道岔如图 2-1-37 所示,它的辙叉心是和尖轨同时被扳动的,在正常情况下,辙叉心的尖端总是同一根翼轨密贴而同另一根翼轨分离。这样,机车车辆在侧向运行时,轮缘就没有走错辙叉槽的危险,而且因为没有护轨,也不会发生车轮冲击护轨的情况。运营实践证明,由于消灭了有害空间,活动心轨道岔具有行车平稳、过岔速度限制较少等优点,因而适合在运量大,高速行车的线路上采用。

(3)连接部分:是转辙器和辙叉之间的连接线路,包括两根直轨和两根导曲线轨。在导曲

图 2-1-37　活动心轨道岔

线上一般不设缓和曲线和超高，所以列车在侧向过岔时，速度要受到限制。

此外，还有操纵尖轨位置的转辙机械及岔枕等。

2. 道岔号数

道岔因其辙叉角的大小不同，而有不同的道岔号(N)。道岔号数表明了道岔各部分的主要尺寸。道岔号数一般用辙叉角(α)的余切值来表示，如图 2-1-38 所示，即

$$N=\cot\alpha=\frac{FE}{AE}$$

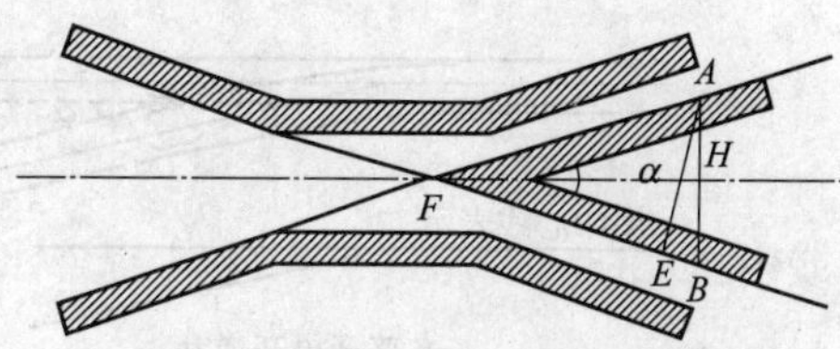

图 2-1-38　道岔号数计算示意图

式中　N——道岔号数；

FE——辙叉跟端长；

AE——辙叉跟端支距。

道岔结构复杂，零件较多，往往是轨道中的薄弱环节。由于导曲线部分不设缓和曲线和超高，列车通过道岔时如果速度过高，突然产生的离心力就很大，特别是当列车侧向通过时，车轮对尖轨、护轨和翼轨都有冲击，速度过大时冲击力就很大，这样不仅会造成很大程度的摇晃，使旅客感到不适，而且威胁行车安全，因此列车的过岔速度不得不受到很大限制。为了提高过岔速度，就必须采取相应的措施，如采用大号码道岔、改用活动心轨道岔等。从道岔号数计算公式中可以看出，道岔号数越大即 N 越大时，α 越小，这时同辙叉部分连接的导曲线轨半径也就越大，机车车辆通过道岔时也越平稳，过岔速度也就可以越高。但是导曲线轨半径越大，道岔的长度也就越长，因而整个道岔的占地也就越多。当 N 越小时，情况则完全相反。随着列车重量和速度的提高，应采用强度更高、型号更大的道岔。

目前，我国常规铁路的主要线路上大多使用 9、12、18 三个型号的道岔，其侧向允许速度及道岔主要部分尺寸见表 2-1-20 所列。

表 2-1-20　常用道岔的有关尺寸及侧向允许速度表

道岔类型	辙叉号码	辙叉角 α	导曲线半径 R(m)	道岔全长 L(m)	道岔测向允许通过速度 V(km/h)
单开道岔	9	6°20′25″	180	28.848	30
	12	4°45′49″	330	36.815	45
	18	3°10′12.5″	800	54	80

道岔是限制列车速度的关键设备，为了适应高速列车通过，客运专线和高速铁路线上采用了新型的 18 号、38 号道岔。

3. 其他类型道岔与交叉设备

除了单开道岔之外，在线路上使用的还有双开道岔、三开道岔、交分道岔等。

双开道岔图 2-1-39(b)又称对称道岔，整个道岔对称于主线的中线或辙叉角的中分线，列车通过时无直向和侧向之分。尖轨长度相同时，尖轨作用边和主线方向所成的交角约为单开道岔之半；导曲线半径相等时，对称道岔的长度要比单开道岔短，其他条件相同时，导曲线半径约为单开道岔的两倍；在曲线半径和长度保持不变时，可采用比单开道岔更小号数的辙叉。因此在道岔长度固定的条件下，使用对称道岔可获得较大的导曲线半径，能提高过岔速度；在保持相同的过岔速度的条件下，对称道岔能缩短道岔的长度，从而缩短站坪的长度，增加股道的有效长度。对称道岔的这些特点使得它在驼峰下、三角线上获得应用，并被使用于工业铁路线和城市轨道线上。

三开道岔图 2-1-39(c)是复式道岔中较常见的一种形式。它相当于两组异侧顺接的单开道岔，但其长度却远比两组单开道岔的长度之和为短。三开道岔由一组转辙器、一组中间辙叉和两组同号数的后端辙叉所组成。该道岔构造比较复杂，维修较困难，运行条件较差，非十分困难时，不轻易采用。

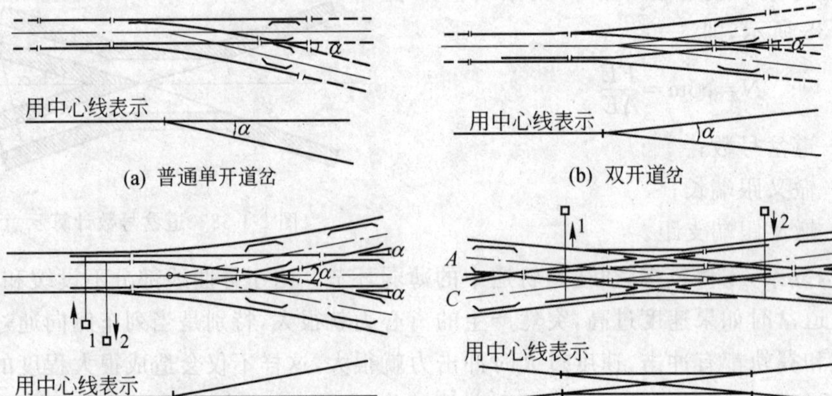

(a) 普通单开道岔　(b) 双开道岔

(c) 三开道岔　(d) 交分道岔

图 2-1-39　各种类型的道岔

交分道岔有单式、复式之分。交分道岔由菱形交叉、转辙器和连接曲线等部分组成。复式交分道岔图 2-1-39(d)相当于两组对向铺设的单开道岔，实现不平行股道的交叉，但具有道岔长度短，开通进路多及两个主要行车方向均为直线等优点，因而能节约用地，提高调车能力并改善列车运行条件。

除了各种道岔以外，在线路上还有一种交叉设备，如图 2-1-40 所示。应当指出，交叉设备没有转辙器，所以它和道岔不同，机车车辆只能在原来的线路上通过交叉后继续前进，而不能转线。

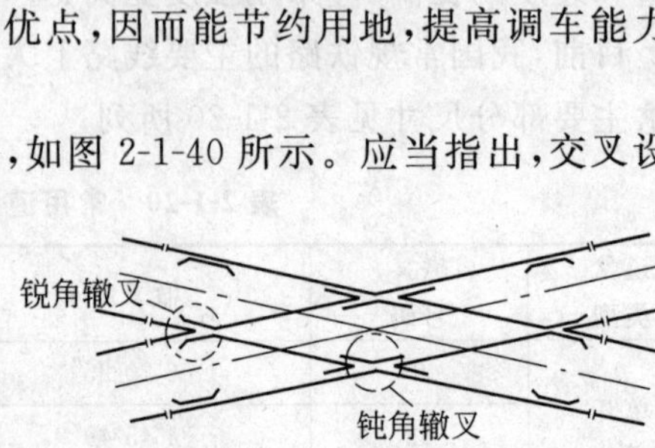

图 2-1-40　菱形交叉

为了使机车车辆能从一条线路进入另一条线路，应设置渡线。

普通渡线(单渡线)：它设在两平行线路之间，由两副辙叉号数相同的单开道岔及两道岔间的直线段所组成，如图 2-1-41 所示。

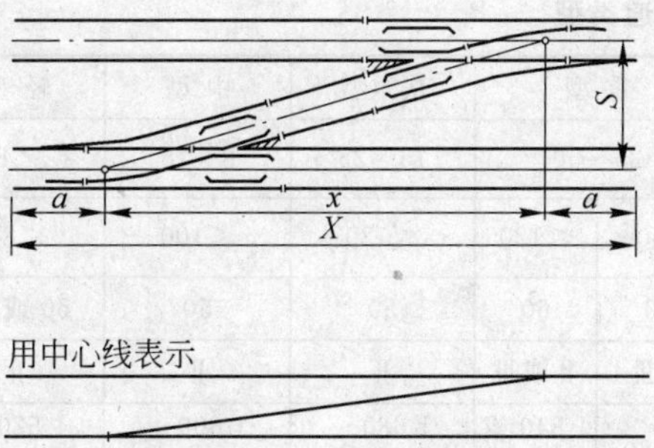

图 2-1-41　普通渡线图

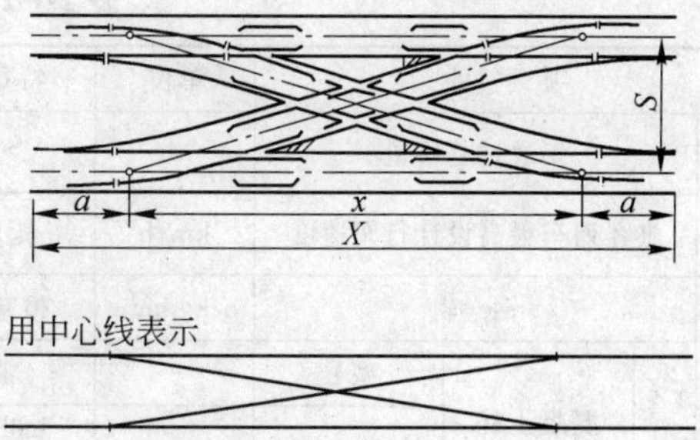

图 2-1-42　交叉渡线

交叉渡线：设在两平行线路之间，它由 4 副普通单开道岔和一副菱形交叉组成，如图 2-1-42 所示。

二、轨道结构的合理配置

(一) 运营条件与轨道结构的关系

为确保列车的安全、平稳和不间断运行，轨道的设备和状态必须与机车车辆的运营条件相适应。运营条件主要由行车速度、轴重和运量等参数来描述。了解轨道结构与运营条件之间的内在联系，就可以为选择轨道结构类型提供必要的理论依据。

1. 行车速度与轨道的关系

列车在轨道上行驶时，由于动力作用，车轮的垂直压力要比静止时的重力为大，尤其是车轮与轨道出现不平顺时，机车车辆的动力作用随行车速度的增加而增加，轨枕和道床的振动加速度也随行车速度的提高而增加。尤其在钢轨接头和其他轨道不平顺处，道床振动加速度与机车车辆行驶速度的平方成正比。因此，提高行车速度将促使轨道状态发生变化，从而增加养路工作量，特别是轴重较大和路基不良时，更为严重。

2. 机车车辆轴重与轨道关系

增加轴重，会增加整个轨道及其各部件的损坏，特别是钢轨。随着轴重的增加，钢轨承受轮载而产生的轮轨接触应力、轨头内部剪应力、局部应力和弯曲应力等均将相应增加，使钢轨所能承受的荷载循环次数大为减少，从而会缩短钢轨的使用寿命。

3. 铁路运量与轨道的关系

铁路运量与轨道结构的关系，指的是在列车荷载的重复作用下，整个轨道的永久变形积累及其部件的疲劳伤损。行车速度和机车车辆轴重在很大程度上决定了列车对轨道结构的破坏程度，但是还需要考虑荷载的作用次数，铁路运量就是反映这一作用次数的指标。只有把这三者结合起来，才有可能全面决定轨道在列车作用下的工作条件及其永久变形积累的程度。

(二)轨道的类型

轨道作为列车运行的基础，其各个部件要有足够的强度和稳定性。它的强度应当满足该线路每年通过的最大运量和最高行车速度的要求。在列车重量、列车密度和运行速度高的线路上，轨道强度应该大些。反之，则可以小些。轨道既为综合性工程结构体，它的强度当然也和各部分的材质、强度和数量等有关。如钢轨的重量与耐磨性，轨枕的种类和数量，联结零件的强度和道床材料、厚度等，我国铁路正线轨道共分特重型、重型、次重型、中型和轻型等 5 种类型，如表 2-1-21 所列。

表 2-1-21 正线轨道类型

项目				单位	特重型	重型		次重型	中型	轻型
运营条件	年通过总质量			Mt	>50	25～50		15～25	8～15	<8
运营条件	旅客列车最高设计行车速度			km/h	≤140	140	≤120	≤120	≤100	≤80
轨道结构	钢轨			kg/m	75 或 60	60	60	50	50	50 或 43
轨道结构	轨枕	混凝土枕	型号	—	Ⅲ	Ⅲ	Ⅱ或Ⅲ	Ⅱ	Ⅱ	Ⅱ
轨道结构	轨枕	混凝土枕	铺枕根数	根/km	1 680～1 720	1 680	1 840 或 1 680	1 680～1 760	1 600～1 680	1 520～1 640
轨道结构	轨枕	防腐木枕	型号	—	—	—	Ⅰ	Ⅰ	Ⅰ	Ⅱ
轨道结构	轨枕	防腐木枕	铺枕根数	根/km		—	1840	1 760～1 840	1 680～1 760	1 600～1 680
轨道结构	碎石道床厚度	非渗水土路基	双层 道砟	cm	30	30	30	25	20	20
轨道结构	碎石道床厚度	非渗水土路基	双层 底砟	cm	20	20	20	20	20	15
轨道结构	碎石道床厚度	岩石、渗水土路基	单层道砟	cm	35	35	35	30	30	25

注：年通过总质量包括净载、机车和车辆的质量，单线按往复总质量计算，复线按每一条线的通过总质量计算。

三、高速铁路对轨道的技术要求

高速铁路的特点是高速度和高密度，其目标是高安全性和高乘坐舒适性。因此在轨道结构上没有本质的差别，只是在部件性能、技术水平和养护维修等方面标准更高、要求更严。

（一）高速铁路对轨道结构的要求

1. 稳定的轨道结构

轨道稳定性是指轨道在高速运营条件下保持高平顺性与均衡弹性、维持部件有效性与完整性的能力，运用高精度和高可靠性的轨道部件，采用重型钢轨和轨枕可使轨道变形小、结构稳定、使用可靠、轨面平顺，而且可以起到减少振动的作用和线路的垂直下沉。增大轨道横向推移阻力，保持线路的方向顺直，以减少或免除对线路的维修工作。

日本的高速铁路采用 60 kg/m 的钢轨后，钢轨使用寿命为 50 kg/m 的钢轨的 1.8～1.9 倍。法国的高速铁路采用 60 kg/m 钢轨更换率仅相当 50 kg/m 钢轨的 1/6。

根据我国铁路现场的对比试验，与 50 kg/m 钢轨轨道结构相比，60 kg/m 钢轨轨道结构的钢轨动弯应力减少约 30%，轨道的动力相应得到全面改善。

2. 良好的轨道弹性

轨道必须有合理的弹性，以满足吸收振动与噪声和减少冲击作用的需要并保持钢轨轨底应力在允许范围内。确定轨道合理刚度，并要保持沿线路纵向轨道弹性均匀性。控制路基和结构物间过渡段的不均匀沉降或弹性不均匀，保持轨道沿纵向的弹性均匀。

3. 平顺的运行表面

高平顺性是保证列车高速运行的基本条件，对于轨道来说就是要求轨道结构具有良好的几何状态。其中，钢轨直接支撑着列车的运行，其合理外形及几何尺寸和良好的内在质量是列车运营高舒适性和高安全性的前提，而轨下基础的高精度和高可靠性，是钢轨精确稳定的几何位置的重要保证。因此要求铺设的高精度,因为它是实现轨道初始高平顺性的保证。轨道结构铺设阶段产生的初始不平顺,是运营阶段不平顺产生、发展、恶化的根源,一旦出现这种起源于铺设精度的不平顺,就会在轨道结构和路基基础上烙下深刻的印记,产生所谓的记忆性,需要后期付出更多的维修工作量,有时还难以从根本上予以解决。

表 2-1-22 所示是国外高速铁路轨道铺设精度。在速度≥250 km/h 线路上,铺设精度几乎达到了毫米级;法国和西班牙由于采用有砟轨道,其铺设精度比 EN(欧洲)标准要求的要低;日本广泛采用无砟轨道,其铺设精度就比较高。表 2-1-23 是我国《京沪高速铁路设计暂行规定》的标准。

表 2-1-22 国外高速铁路轨道铺设精度

项 目	EN 标准		法 国	德 国	西班牙	日 本
速度(km/h)	250~300	200~250	>200	>200	>200	>200
轨距(mm)	±2	±2			±3	
水平(mm)	±2	±2	3	±2	4	2
高低(mm)	2/(10 m) 3/(20 m)	3/(10 m) 4/(20 m)	3/(10 m)	2/(5 m)	3/(10 m)	2/(10 m)
轨向(mm)	2/(10 m) 3/(20 m)	3/(10 m) 4/(20 m)	2/(10 m)	2/(10 m)	3/(10 m)	2/(10 m)
扭曲(mm)	3/(3 m)	3/(3 m)	3/(3 m)		4/(3 m)	1.5/(2.5 m)

表 2-1-23 中国高速铁路线路轨道铺设精度规定($V \geqslant 300$ km/h)

项 目		高 低	轨 向	水 平	扭曲(6.25 m)	轨距
有砟轨道	幅值(mm)	2	2	2	2	+2
无砟轨道	幅值(mm)	2	2	1		±1
道 岔	幅值(mm)	2	2	2		±1
弦长(m)		10				

4. 便利的养护维修

可维修性是轨道结构的重要特点,也是设计和运营阶段需要考虑的重要方面。高速列车运行时不允许出现任何超过技术标准的偏差,一旦出现则必须在第一时间内迅速处理,因此,在配制轨道结构及部件时,就要考虑养护维修的方便。

(二)高速铁路轨道结构类型

和普通轨道结构一样,高速铁路轨道结构也是有钢轨、轨枕、扣件、道床、道岔等部分组成。这些力学性质不同的材料承受来自列车车轮的作用力,它们的工作是紧密相关的,任何一个轨道部件的结构、性能、强度的变化都会影响所有其他部件的正常工作。高速铁路的轨道必然比普通线路具有更高的安全性、稳定性和平顺性。

目前,应用在高速铁路的轨道结构可分为有砟轨道(道砟轨道)和无砟轨道(板式轨道)两种类型。

1. 有砟轨道

有砟轨道即所谓常规轨道,是铁路一种传统的轨道结构,在国内外已获得广泛的应用。在已开通运营的 6 497 km 的高速铁路线上,有砟轨道占有 75% 比例。高速铁路有砟轨道在结构上与普通的有砟轨道没有本质的区别,为了满足高速列车运行平稳与安全的需要,只是在部件的性能与维修标准上要求更高、更严。

(1)钢轨

目前,国外高速铁路使用的钢轨除日本采用 JIS60 kg/m 钢轨断面外,法国、西班牙、意大利、韩国等都采用 UIC60 kg/m 钢轨断面。欧洲高速铁路采用 $UIC60E_1$ 和 $UIC60E_2$ 钢轨断面。这种钢轨不仅适用于 200 km/h 的高速铁路,同样也适用于速度大于或等于 300 km/h 的高速铁路。

我国高速铁路采用 CHN60(60 kg/m)的钢轨断面形式,尺寸与 $UIC60E_1$ 钢轨没有实质性的差别。

(2)轨枕

目前,世界高速铁路有砟轨道广泛采用钢筋混凝土轨枕,这是因为钢筋混凝土轨枕纵横向阻力大,能够提供足够的稳定性且坚固耐用,使用寿命长。如日本使用 3T、3H、4H 等及德国采用 $B_{70}W$、$B_{90}W$、B_{75} 等多种整体式轨枕结构类型。为了减少轨道变形、增大强度,除采用整体轨枕外,法国高速铁路还采用每根 248 kg、长 2.4 m 的双块式混凝土轨枕,如图 2-1-43 所示。这种轨枕两端各有一个长 84 cm 的钢筋混凝土块,中间是 60 mm×60 mm 连接两个混凝土块的金属连杆(用钢轨钢或角钢),另外还有两块厚度各为 9 mm 的橡胶垫板。它可以保证应力的分布,并减少振动和噪声。钢轨用螺纹道钉通过扣件固定在轨枕上,该螺纹道钉拧在一个预埋在混凝土中的螺旋形金属衬套里,并用一种特殊树脂嵌封。双块式轨枕的主要优点是横向有 4 个受力点(单块枕只有 2 个),增加了稳定性,而造价却比单块枕减少 20%。

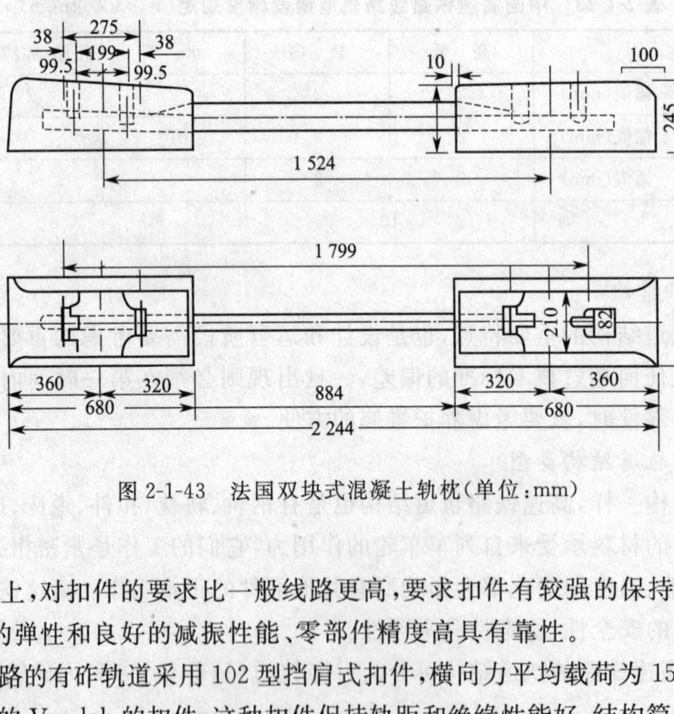

图 2-1-43 法国双块式混凝土轨枕(单位:mm)

(3)扣件

在高速铁路上,对扣件的要求比一般线路更高,要求扣件有较强的保持轨距的能力和防爬能力、具有较高的弹性和良好的减振性能、零部件精度高具有靠性。

日本高速铁路的有砟轨道采用 102 型挡肩式扣件,横向力平均载荷为 15.68 kN。德国高速铁路采用带挡肩的 Vossloh 的扣件,这种扣件保持轨距和绝缘性能好,结构简单,安装使用方便。

我国高速铁路使用的为弹条Ⅲ型分开式扣件,如图 2-1-44 所示。这种扣件扣压力大、弹性好、取消了混凝土挡肩,消除了轨底在横向力作用下发生横移导致轨距扩大的可能性,因此保持轨距的能力很强,另外取消了螺栓连接的方式,减小了扣件的养护工作量,装卸简便,在性能上能够满足高速铁路的要求。其无挡肩、无螺栓的特点也符合世界各发展趋势。

(4)道床

和普通铁路相比,高速铁路线路的道床应有足够的厚度,以减少路基面所受的压力和振动,保证路基顶面不发生永久性变形 。因此,一般采用双层道床。如法国高速铁路枕下道砟厚度为 35 cm,垫层道砟厚度为 20 cm。我国高速铁路线路采用在道砟层与桥面间铺设橡胶层,其总厚度为 35 cm。

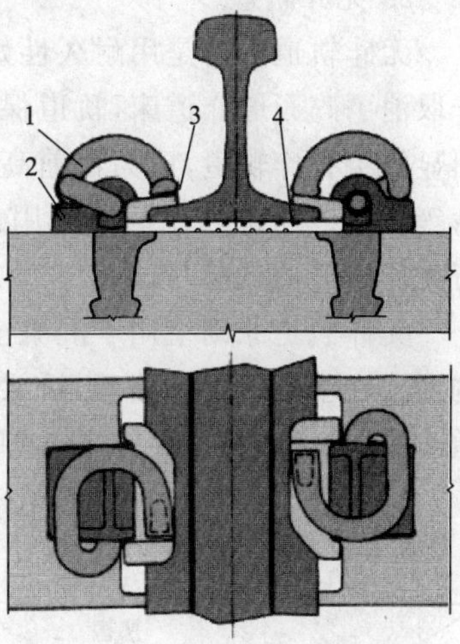

图 2-1-44　弹条Ⅲ型分开式扣件

1—弹条;2—预埋铁座;3—绝缘轨距块;4—橡胶垫板

(5)道岔

道岔是铁路轨道的重要组成部分。同时,由于道岔是线路上的薄弱环节,也是限制列车运行速度的关键,在高速铁路上具有特殊的地位。虽然高速铁路道岔在功能和构造上与普通道岔没有太大差别,但对高速铁路道岔提出了基本要求。

① 具有足够的强度和稳定性,保证列车运行的平稳安全及旅客乘坐的舒适。

② 具有足够的坚固耐久性,保证道岔制造和使用的通用性和经济性。

2. 高速铁路道岔的分类

高速道岔主要分为两类:直向高速道岔和大号码高速道岔。

① 直向高速道岔

适用于直向高速行车的道岔,这类道岔一般是常用号数道岔。对于在改造客货混流的既有线以提高客车运行速度时,多半保留原有车站的平面布置以避免较大的工程改造量,道岔的长度和辙叉角没有较大的改动。为保证列车直向通过道岔的速度与区间线路一致,从局部上改善道岔的几何形状、强化结构的强度、增强稳定性及延长使用寿命等。此类道岔对于进站道岔侧向速度要求不高,对正线通过时却要求满足高速行车要求。

②大号码道岔

直向和侧向都容许高速通过的大号码道岔,这类道岔应满足高速列车侧向通过时对运行平顺性及乘坐舒适性的要求。应用于区间单渡线和高速联络线上的一般都是大号码道岔,侧向速度要求较高。这类道岔更为世界各国广泛采用。如德国的 UIC_{60} 轨 1∶26.5 单开道岔,直向和侧向容许通过速度为 250 km/h 和 130 km/h。

高速道岔的平面结构与普通道岔也有所区别。一般高速道岔的尖轨的平面形式为曲线形尖轨,能获得较好的侧向运行平顺性和较高的过岔速度。高速道岔的辙叉的平面形式有直线型和曲线型两种。世界多数国家铁路采用直线型辙叉,只有德国、奥地利等少数铁路采用曲线型辙叉。此外,早期的高速道岔,几乎无一例外地采用固定式辙叉,现在只有少数国家铁路仍保留固定式辙叉外,可动心轨式辙叉,在日本、德国、俄罗斯、瑞士、法国、英国的铁路上大力发展。我国提速道岔也采用可动心轨式辙叉,如图 2-1-45 所示。

图 2-1-45　时速 250 km、60 kg/m 钢轨 18 号道岔

2. 无砟轨道

无砟轨道结构是用耐久性好、塑性变形小的材料代替道砟材料的一种新型轨道结构。由于取消了碎石道砟道床，轨道保持几何状态的能力提高，轨道稳定性相应增强，维修工作减少，明显优于有砟轨道，成为目前高速铁路轨道结构的主要发展方向。德国、日本、法国，中国台湾等高速线路都大比例地应用无砟轨道，荷兰、西班牙、意大利、韩国等世界各国也都积极进行无砟轨道的试验与试铺。

无砟轨道原则上用于混凝土路基，如铺设在隧道内和桥梁上。我国京沪高速铁路轨道结构形式在基础稳定的路基、桥梁及隧道等地段，宜铺设无砟轨道。京沪高速全线共铺设无砟轨道 1 200 双线公里，占总长的 91%。

世界部分国家高速轨道结构概况见表 2-1-24。

表 2-1-24　部分国家高速轨道结构

项目 \ 国名	法国		德国	意大利	日本			
	TGV 东南线	TGV 大西洋线			东海道	山阳	东北	上越
线间距(m)	4.2	4.2	4.7	4.0	4.2	4.3	4.3	4.3
最小曲线半径(m)	4 000	6 000	7 000	3 000	2 500	4 000	4 000	4 000
竖曲线半径(m)	25 000	16 000	25 000	20 000	10 000	15 000	15 000	15 000
最大坡度(‰)	35	25	12.5	8.5	20	15	15	15
钢轨(kg/m)	UIC_{60}	UIC_{60}	UIC_{60}	UIC_{60}	60	60	60	60
轨枕及长度(m)	PC 双块 2.3	PC 双块 2.3	PC 单块 2.6	PC 单块 2.6	PC 单块 2.4	PC 单块 2.4	PC 单块 2.4	PC 单块 2.4
道床及厚度(cm)	碎石 35	碎石 30	碎石 30	碎石 35	碎石 30	轨枕板 35	轨枕板 35	轨枕板 35

四、轨道的几何形位

轨道上，两股钢轨必须保持正确的位置，才能保证机车车辆安全、平顺、高速和不间断地运行。轨道几何形位是指轨道各部分的几何形状、相对位置和基本尺寸。从轨道横断面看，轨道的几何形位包括轨距、水平、外轨超高和轨底坡等。轨道的两股钢轨之间应保持一定的距离，为确保证机车车辆顺利通过小半径曲线地段，曲线轨距应考虑适当加宽。此外，两股钢轨顶面应保持一定的相对水平。列车速度愈高，对轨道的技术标准要求愈高。

(一)直线部分的轨距与水平

1. 轨距

轨距是钢轨头部踏面下 16 mm 范围内两股钢轨工作边之间的最小距离，如图 2-1-46 所示。标准轨距为 1 435 mm，我国铁路直线轨距主要采用 1 435 mm 的标准轨距。大于 1 435 mm 称为宽轨距，小于 1 435 mm 称为窄轨距。在我国成都铁路局还有部分线路轨距的为 1 000 mm，此外，世界其他国家还有采用 1 067、1 520、1 676 mm 等轨距。

在机车车辆运行的动力作用下，轨距可能产生一定的误差。我国《技规》规定，列车运行速度在 120 km/h 以下时，标准轨距允许误差为增 6 减 2(mm)，即直线部分轨距允许的最大值为 1 441 mm，最小轨距为 1 433 mm。列车运行速度在 120 km/h 以上 160 km/h 以下时，允许误差为增 4 减 2(mm)，即直线部分轨距允许的最大值为 1 439 mm，最小值为 1 433 mm。

在直线地段的机车车辆，从它们的轮对和钢轨之间的相互位置，在图 2-1-47 中可以看出：

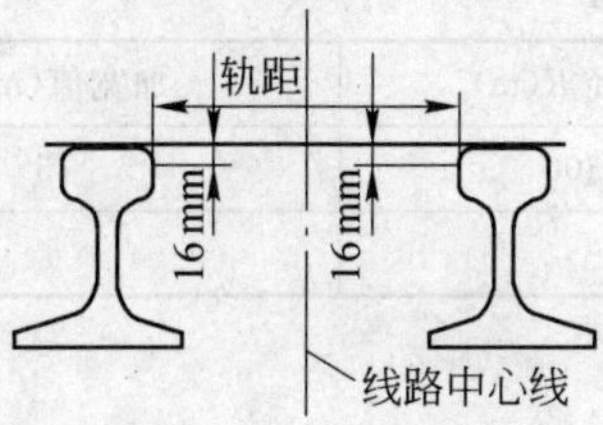

图 2-1-46　轨距示意图

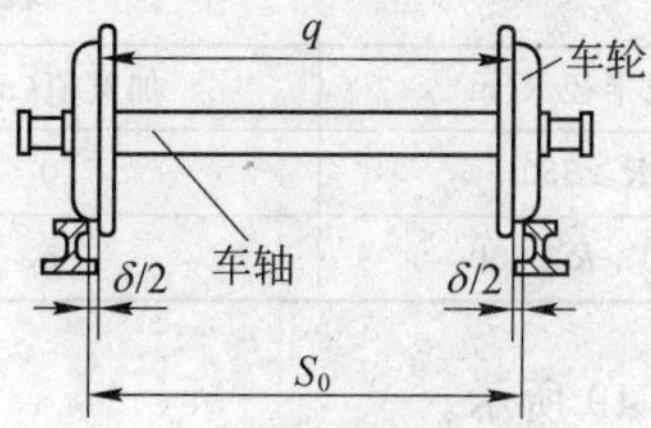

图 2-1-47　轮对和钢轨的相互位置

$$S_0 = q + \delta$$

式中　S_0——轨距；

q——轮对宽度；

δ——活动量(游间)。

由于在轮缘和钢轨之间有一个活动量(δ)，因此轮缘能在两股钢轨之间自由滚动，而不会被卡住。

2. 水平

为使两股钢轨受力均匀，直线地段两股钢轨顶面应保持在同一水平，但在保证列车安全的前提下也允许有一定的误差。我国《技规》规定，列车运行速度在 120 km/h 以下的区段，维修线路的正线、到发线水平误差不得超过 4 mm，其他线不得超过 6 mm。保养线路的正线、到发线水平误差不得超过 6 mm，其他线不得超过 8 mm。列车运行速度在 120 km/h 以上 160 km/h 以下时，维修线路的正线、到发线水平误差不得超过 4 mm，其他线不得超过 6 mm。保养线路的正线、到发线水平误差不得超过 6 mm，道岔不得超过 5 mm。

(二)曲线部分的轨距和水平

1. 曲线轨距加宽

机车车辆走行部中只能保持平行而不能做相对转动的最外两根车轴中心线间的距离，称为固定轴距。由于机车车辆具有固定轴距，在曲线运行时转向架的纵向中心线与曲线轨道中心线并不一致，因而可能引起转向架前一轮对的外轮轮缘和后一轮对的内轮轮缘挤压钢轨或被钢轨卡住，如图 2-1-48 所示。可以看出，在曲线上时的轨距为 S_f。

$$S_f = q_{max} + f$$

式中　S_f——曲线轨距；

q_{max}——最大轮对宽度；

f——外矢距。

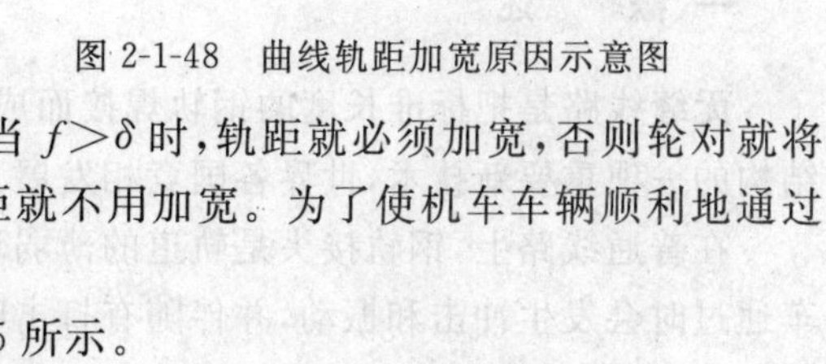

图 2-1-48　曲线轨距加宽原因示意图

曲线半径越小时，外矢矩(f)的值也就越大，当 $f > \delta$ 时，轨距就必须加宽，否则轮对就将在轨道中被卡住。当曲线半径较大，$f \leq \delta$ 时，轨距就不用加宽。为了使机车车辆顺利地通过曲线，只有小半径的曲线轨距才适当加宽。

我国《技规》规定曲线轨距加宽值，如表 2-1-25 所示。

2. 曲线外轨超高

机车车辆在曲线上运行时，由于离心力的作用使曲线外轨承受了较大的压力，因而造成两股钢轨磨耗不均匀现象，并使旅客感到不舒适，严重时还可能造成翻车事故。因此通常要将曲线上的外轨抬高，使机车车辆内倾，以平衡离心力的作用。外轨比内轨高出的部分称为超高，

表 2-1-25 曲线轨距加宽值

曲线半径 R(m)	加宽值(mm)	曲线半径 R(m)	加宽值(mm)
$R \geqslant 350$	0	$R < 300$	15
$350 > R \geqslant 300$	5		

如图 2-1-49 所示。

超高的程度，应使超高后机车车辆的重量(Q)和离心力(J)的合力正好垂直平分两轨头中心线的距离(S_1)，达到内外两股钢轨受力均匀和垂直磨耗均等。

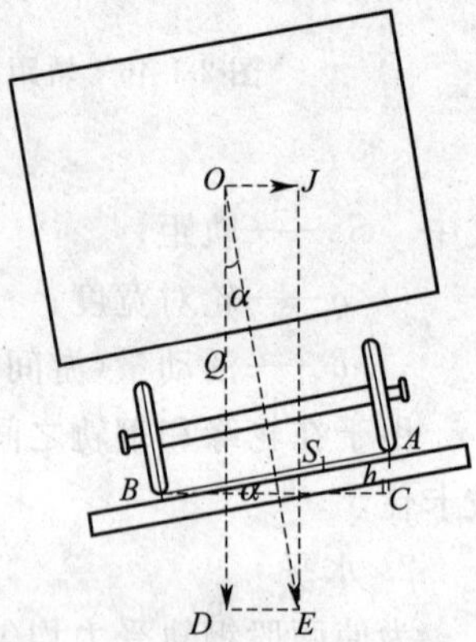

图 2-1-49 离心力和外轨超高原理图

我国铁路的超高按下式设置：

$$h=11.8\frac{V^2}{R}$$

式中 h——外轨超高(mm)；

V——列车行车速度(km/h)；

R——曲线半径(m)。

实际上，通过曲线的各次列车，其速度不可能是相同的，因此，上式中列车速度可取各次列车速度的平均值。

由于各次列车的实际速度不等于平均速度，所以设置的外轨超高同实际的行车速度不能完全适应，当实际速度大(或小)于平均速度时，就会出现未被平衡的一部分离心力，或者把它换算成未被平衡的超高。为了确保行车安全和旅客的舒适，这个未被平衡的数值必须加以限制。我国铁路规定，外轨超高的最大值双线不得超过 150 mm，单线不得超过 125 mm。

客运专线铁路根据《新建时速 200～250 km 客运专线铁路设计暂行规定》和《京沪高速铁路设计暂行规定》，其实设置超高最大值为 180 mm。

在曲线地段由于设置超高而加厚了外轨的道床，因而道床坡脚向外延长。为了保持路肩的应有宽度，所以路基也必须在外侧相应地加宽。

外轨超高和轨距加宽的设置，都是从缓和曲线的起点开始逐渐增加，到圆曲线起点时，超高和加宽都应达到规定的数值。

第五节 无缝线路

一、概 述

无缝线路是把标准长度的钢轨焊接而成的长钢轨线路，又称焊接长钢轨线路，是当今轨道结构的一项重要新技术，世界各国竞相发展。

在普通线路上，钢轨接头是轨道的薄弱环节之一，由于钢轨间接缝(称为轨缝)的存在，列车通过时会发生冲击和振动，并伴随有打击噪声，冲击力最大可达非接头区的 3 倍以上。接头冲击力影响行车平顺和旅客的舒适，并促使道床破坏、线路状态恶化、钢轨及联接零件的使用寿命缩短、线路维修费用增加。养护线路接头区的费用占养护总经费的 35%以上；钢轨因轨端损坏而抽换的数量较其他部位大 2～3 倍；重伤钢轨 60%发生在接头区。随着列车轴重、行车速度和密度的不断增长，上述缺点更加突出，更不能适应现代高速、重载运输的需要。而无缝线路由于消灭了大量的轨道的接头，因而具有行车平稳、旅客舒适，同时机车车辆和轨道维修费用减少，使用寿命延长等一系列优点，而在世界各国铁路得到广泛应用，是轨道现代化的发展方向。

无缝线路从20世纪50年代后得以迅速发展，德国是无缝线路发展最早的国家，1926年开始试铺，到50年代，已将无缝线路作为国家的标准线路，到60年代把无缝线路和道岔焊连在一起，至今大部分道岔已焊成无缝道岔。美国虽然从20世纪30年代开始铺设无缝线路，但进展较慢，直到70年代才得以迅速发展，以年平均铺设7 590 km的速度增长，最多时年铺设达到10 000 km。到1979年底无缝线路已超过12万km，是目前世界铺设无缝线路最多的国家。日本于20世纪50年代开始铺设无缝线路，现已铺设5 000余公里，其特点是每段无缝线路长1 300 km，在长轨条两端设置伸缩调节器。近年来在新干线上采用了一次性铺设无缝线路技术。前苏联由于大部分地区温度变化幅度较大，对无缝线路的发展有所影响，直到1956年才正式开始铺设，近年来发展较快，无缝线路已达5 000多公里。

我国无缝线路从1957年采用电弧焊法分别在北京、上海开始试铺，以后逐步扩大。目前京广、京沪、京沈、陇海等主要铁路干线均已铺设无缝线路。至2008年底铁路正线无缝线路已铺设6.1万km。

目前，我国的无缝线路有两种，一种是普通无缝线路，在工厂采用气压焊将钢轨焊成250～500 m的长轨条，然后运至铺设地点在现场用铝热焊再焊接成1 000～2 000 m的一定设计长度。每段之间铺设2～4根调节轨作为缓冲区，因此在无缝线路中尚有10%左右的有缝线路。另一种是跨区间的无缝线路，对绝缘接头采用胶接接头方法，一条长钢轨可以长达几百公里，成为跨区间的超长无缝线路。2004年在上海至南京间铺设完成了跨越43个区间、全长303 km的我国最长的第一条跨区间的无缝线路。

二、温度应力式无缝线路

无缝线路根据处理钢轨内部温度应力方式的不同，可分为温度应力式和放散温度应力式两种。放散温度应力式无缝线路曾在前苏联和我国年温差较大的地区试用，目前已不使用。现今世界各国主要采用温度应力式无缝线路。

温度应力式无缝线路是由一根焊接长钢轨及其两端2～4根标准轨组成，并采用普通接头的形式。无缝线路铺设锁定后，焊接长钢轨因受线路纵向阻力的抵抗，两端自由伸缩受到一定的限制，中间部分完全不能伸缩，因而在钢轨内部产生很大的温度力，其值随轨温变化而异。温度应力式无缝线路结构简单，铺设维修方便，因而得到广泛应用。

三、无缝线路基本原理

(一)钢轨温度力

普通线路在钢轨接头处留有轨缝，以便钢轨在轨温变化时可以自由伸缩。无缝线路上长钢轨的两端是被“锁定”着的，当轨温变化时，由于有约束作用，不能自由伸缩，在钢轨内部要产生很大的力，这是由轨温变化引起的，叫做温度力。它均匀的作用在钢轨的全长上。夏天轨温升高，钢轨内部产生压应力；冬天轨温降低，钢轨内部产生拉应力。为保证无缝线路的强度和稳定，需要了解长轨条内温度力及其变化规律。为此首先要分析温度力、伸缩位移与轨温变化及阻力之间的关系。

一根长度为L可自由伸缩的钢轨，当轨温变化Δt ℃时，其伸缩量为

$$\Delta L=\alpha \cdot L \cdot \Delta t$$

式中　α——钢轨的线膨胀系数，取 11.8×10^{-6}/℃；

L——钢轨长度(mm)；

Δt——轨温变化幅度(℃)。

如果钢轨两端完全被固定，不能随轨温变化而自由伸缩，则将在钢轨内部产生温度应力(每单位面积上所受的温度力)。

根据虎克定律，温度应力 σ_t 为

$$\sigma_t=E\cdot\varepsilon_t=E\,\frac{\Delta L}{L}=E\cdot\alpha\cdot\Delta t$$

式中　E——钢的弹性模量，$E=2.1\times10^5$；

ε_t——钢的温度应变(每一单位长度的伸长或缩短)。

将 E、α 之值代上式，则温度应力为

$$\sigma_t=2.1\times10^5\times11.8\times10^{-6}\Delta t=2.5\Delta t$$

一根钢轨所受的温度力 P_t 为

$$P_t=\sigma_t\cdot F=2.5\Delta t\cdot F(\mathrm{N})$$

式中　F——钢轨断面积($\mathrm{mm^2}$)。

从公式 $P_t=2.5\Delta t\cdot F$ 中，可以得出如下结论，即：

(1)在两端固定的钢轨中所产生的温度力，仅与轨温变化幅度有关，而与钢轨本身长度无关。因此，从理论上讲，钢轨可焊成任意长，且对轨内温度力没有影响。控制温度力大小的关键是如何控制轨温变化幅度 Δt。

(2)对于不同类型的钢轨，同一轨温变化幅度产生温度力大小不同。如轨温变化 1 ℃所产生的温度力。对于 75、60、50 kg/m 钢轨分别为 23.6、19.2、16.3 kN。

(二)无缝线路的锁定轨温

为降低无缝线路内的温度力，需选择一个适宜的锁定轨温。在无缝线路上，两端要拧紧扣件，按设计要求增设防爬设备，使线路两端“固定”，这叫锁定线路。锁定线路时的轨温则称为无缝线路的锁定轨温。

锁定轨温是无缝线路铺设和养护维修的依据。锁定轨温偏高时，冬天会产生较大的温度拉力，夏天则产生较小的温度压力；锁定轨温偏低时，冬天会产生较小的温度拉力，夏天则产生较大的温度压力。这对轨道的强度和稳定是不利的。因此，选定锁定轨温时，以冬季钢轨不折断，夏季不发生涨轨跑道为原则，根据各个地区的轨温变化情况进行检算和调整。一般以稍高于本地区的中间轨温作为锁定轨温，比较适宜。例如，北京最高轨温 62.6 ℃，最低轨温 −22.8 ℃，中间轨温就是 19.9 ℃，而设计锁定轨温一般采用 24 ℃。

(三)线路纵向阻力

无缝线路锁定后，当轨温发生变化时，在无缝线路的中部因不能随轨温变化伸缩而在钢轨中积存巨大的温度力，与此同时，也存在着阻止轨道框架(钢轨轨枕钉连在一起，称为轨道框架)移动的纵向阻力。它包括接头阻力、扣件阻力及道床纵向阻力。

1. 接头阻力

钢轨两端接头处有钢轨夹板通过螺栓拧紧，产生阻止钢轨纵向位移的阻力，称为接头阻力。

接头阻力由钢轨夹板的摩阻力和螺栓的抗剪力提供。摩阻力的大小取决于螺栓拧紧后的

张拉力和钢轨与夹板之间的摩擦系数。

2. 扣件阻力

中间扣件和防爬设备抵抗钢轨沿轨枕面纵向位移的阻力，称为扣件阻力。

扣件阻力是由钢轨与轨枕垫板面之间的摩阻力和扣压件与轨底扣着面之间的摩阻力所组成。摩阻力的大小取决于扣件扣压力和磨擦系数的大小。

3. 道床纵向阻力

道床纵向阻力系指道床抵抗轨道框架纵向位移的阻力。一般以每根轨枕的阻力 R 表示。它是抵抗钢轨伸缩，防止线路爬行的重要参数。道床纵向阻力受道砟材质、颗粒大小、道床断面、捣固质量、脏污程度、轨道框架重量的因素的影响。只要钢轨与轨枕间的扣件阻力大于道床抵抗轨枕纵向移动的阻力，则无缝线路长钢轨的温度应力和温度应变的纵向分布规律将完全由接头阻力和道床纵向阻力确定。

道床纵向阻力是由轨枕与道床之间的摩阻力和枕木盒内道砟抗推力组成。

为了防止钢轨爬行，要求扣件阻力必须大于道床纵向阻力。道床纵向阻力见表 2-1-26。

表 2-1-26　道床纵向阻力表

轨道特征	单根钢轨的道床纵向阻力 R(N)	一根钢轨下单位道床纵向阻力 R(N/mm)	
		1 840 根轨枕/km	1 760 根轨枕/km
木枕线路	7 000	6.4	6.1
混凝土轨枕线路	10 000	9.1	8.7

(四)无缝线路温度力的分布及组成

温度力沿长钢轨的纵向分布，通常用温度力图来表示，故温度力图实质是钢轨内力图。温度力图的横坐标轴表示钢轨长度，纵坐标轴表示钢轨的温度力(拉力为正，压力为负)。钢轨内部温度应力分布并不是均匀的，它不仅与阻力和轨温变化幅度等因素有关，而且还与轨温的变化过程有关。

1. 约束条件

(1)接头阻力的约束

无缝线路长钢轨锁定后，当轨温发生变化时，由于有接头的约束，长轨条不产生伸缩，只在钢轨全长的范围内产生温度力，此时有多大的温度力作用于接头上，接头就提供相等的阻力与之平衡。当温度力值大于接头阻力时，钢轨才能开始伸缩。因此，在克服接头阻力阶段温度力的大小等于接头阻力。

(2)道床纵向阻力的约束

接头阻力被克服后，当轨温继续变化时，道床纵向阻力开始阻止钢轨伸缩，但道床纵向阻力的产生是体现在道床对轨枕的位移阻。随着轨枕位移的根数的增加，相应的阻力也增加，然而每根轨枕下道床的阻力是有限的，轨温变化 1 ℃，需要钢筋混凝土轨枕 3～4 根(或木枕 4～5 根)的阻力去抵抗钢轨伸长(或缩短)。轨温继续升高(或降低)，阻止钢轨伸长(或缩短)需要的轨枕数也继续增加，温度力也继续增加。由于轨枕下的道床阻力是一根一根轨枕被克服，所以钢轨在产生温度力的同时，也出现了有限制的伸长(或缩短)。当轨温升高到当地最高(或最低)轨温时，阻止钢轨伸长(或缩短)需要的轨枕根数达到最多，钢轨有限制的伸长(或缩短)达到最大，中间钢轨和轨枕都不动，只是在钢轨中出现了最大的温度力。

2. 基本温度力图

无缝线路锁定以后，轨温单向变化时，温度力沿钢轨纵向分布的规律，称为基本温度力图。以降温为例说明，图 2-1-50 即为降温的基本温度力图。

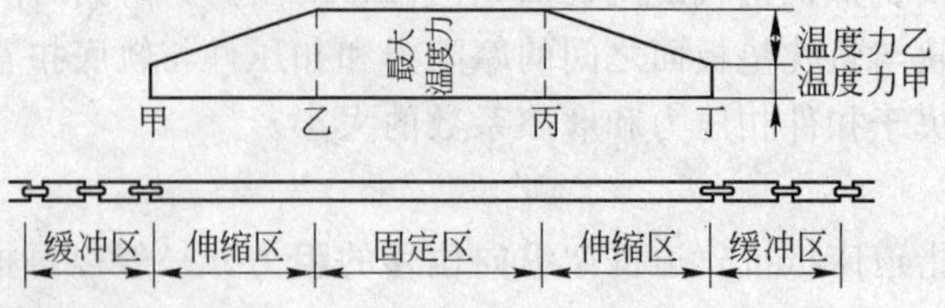

图 2-1-50 无缝线路温度力分布图

温度力甲——克服接头阻力产生的温度力；

温度力乙——克服道床纵向阻力产生的温度力

(1)当轨温 t 等于锁定轨温 t_0 时，钢轨内部没有温度力。

(2)当 $t-t_0\leqslant\Delta t_H$ 时(Δt_H：接头阻力能阻止钢轨伸缩的轨温变化幅度)轨端无位移，温度力在整个长轨条内均匀分布，如图 2-1-50 中的温度力甲所示。

(3)当 $t-t_0>\Delta t_H$ 时，道床纵向阻力开始发挥作用，轨端开始产生收缩位移，同时在 x 长度范围内放散部分温度力，如图 2-1-50 中的温度力乙所示。

(4)当 t 降到最低轨温 T_{min}时，钢轨内产生最大的温度拉力。

由图 2-1-50 可见，温度应力式无缝线路具有固定区、伸缩区和缓冲区。

缓冲区以 2～4 根标准长度的钢轨组成，个别地点为适应桥头或轨道绝缘等特定要求，也可以多于 4 根。缓冲区应设在两根无缝线路之间。伸缩区在长钢轨的两端，其长度要根据计算确定，一般约为 50～100 m，它是用中间联接零件和较多的防爬设备锁定着的。固定区是不因温度变化而伸缩的区段。

四、无缝线路的稳定性

无缝线路作为一种新型轨道结构，其最大弱点是在夏季高温季节在钢轨内部存在巨大的温度压力，容易引起轨道横向变形。在列车动力或人工作业等干扰下，轨道弯曲变形有时会突然增大，这一现象称为线路的涨轨跑道，在理论上称为丧失稳定。这将严重危及行车安全。

对无缝线路大量调查后表明，很多次的涨轨跑道事故并非温度压力过大所致，而是由于对无缝线路起稳定作用的因素认识不足，在养护维修中破坏了这些因素而发生的。为了充分发挥无缝线路的优越性，应注意保持稳定的因素。

1. 道床横向阻力

道床抵抗轨道框架横向位移的阻力称为道床横向阻力，它是防止无缝线路涨轨跑道，保证线路稳定的主要因素。对无缝线路丧失稳定情况的大量调查中得知，在不少情况下涨轨跑道并非温度力过大所致，而是由于维修作业不当，降低了道床横向阻力而发生。因此要对影响道床横向阻力的因素加以限制以保持稳定，如饱满的道床和质量较好的道砟、适当的道床肩宽等都可以提供一定的道床横向阻力。此外，在线路维修作业中，如起道、捣固、清筛等改变道砟间或道砟与轨枕间的接触状态，都会导致道床阻力下降，必须按作业的规定进行。

2. 轨道框架刚度

轨道框架刚度是反映其自身抵抗弯曲能力的参数。轨道框架刚度愈大，弯曲变形愈小，它是保持轨道稳定的因素。它与轨枕类型、扣件类型、扣压力及钢轨相对于轨枕的转角有关，因此，控制轨道初始弯曲的大小，对保证轨道稳定有重要作用。

第六节　限界及线路维修

一、铁路限界

为了确保行车安全，铁路沿线的建筑物和设备，必须与线路保持一定的距离，以防止机车车辆（包括装载的货物）与邻近的建筑物或其他设备相互撞击而发生事故，因而对建筑物和设备必须规定一个不得侵入的轮廓尺寸线；而对机车车辆也必须规定一个不得超出的轮廓尺寸线，这个轮廓尺寸线统称为铁路限界。铁路限界是一个与线路中心线垂直的横断面，其横向尺寸系指水平宽度，由线路中心线起算；其高度尺寸为垂直高度，自钢轨面起算，单位均为毫米。

常规铁路基本限界可分为机车车辆限界和建筑限界两种。

1. 机车车辆限界（$V<200$ km/h）

机车车辆限界（如图 2-1-51 所示）是机车车辆横断面的最大轮廓图，它规定了机车车辆不同部位的宽度、高度的最大尺寸和底部零件至轨面的最小距离。机车车辆限界是和桥梁、隧道等限界起相互制约作用的，当机车车辆在满载状态下运行时，也不会因产生摇晃、偏移等现象而与桥梁、隧道及线路上其他设备相接触，以保证行车安全。

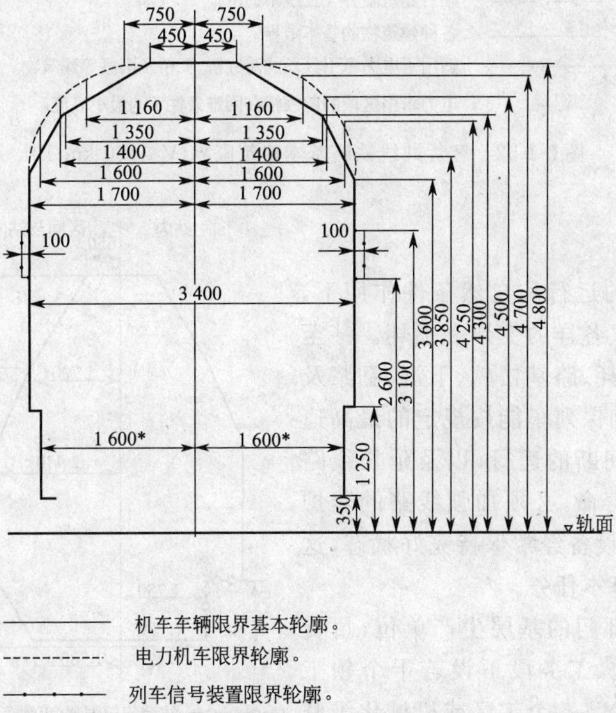

图 2-1-51　机车车辆上部限界图（单位：mm）

2. 建筑限界

建筑限界是一个和线路中心线垂直的横断面，它规定了保证机车车辆安全通过所必需的横断面最小尺寸。凡靠近铁路线路的建筑物及设备，其任何部分（和机车车辆有相互作用的设备除外）都不得侵入限界之内，如图 2-1-52、图 2-1-53 所示。

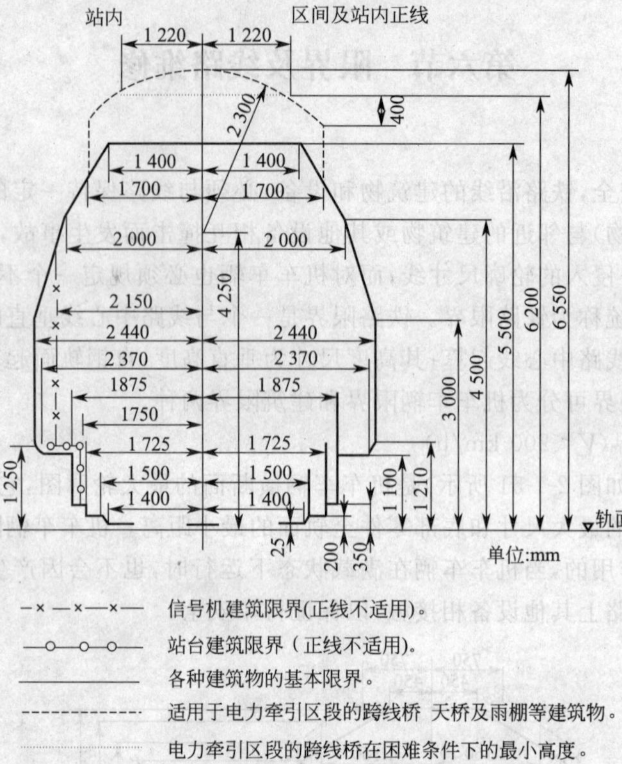

图 2-1-52　客货共线铁路基本建筑限界($V \leqslant 160$ km/h)

二、线路维修

在列车不间断的运行和自然条件作用下，铁路线路会发生各式各样的变形和损坏。甚至发生病害，如钢轨磨耗、路基松软、下沉、翻浆及轨距变化等。为了确保列车能按规定的最高速度，安全、平稳和不间断的运行，以及延长线路各组成部分的使用寿命，必须加强线路的养护和维修工作，使线路设备经常保持完好状态，这是铁路工务部门的基本任务。

工务段是工务部门的基层生产单位，负责领导线路维修工作。工务段下设若干个领工区，每一领工区再设 4～5 个工区或机械化维修工队，分别负责管辖范围内的线路维修工作。

在铁路局下面，一般还设有线路、桥隧大修队，负责管内线路、桥隧大中修以及无缝线路的铺设工作。

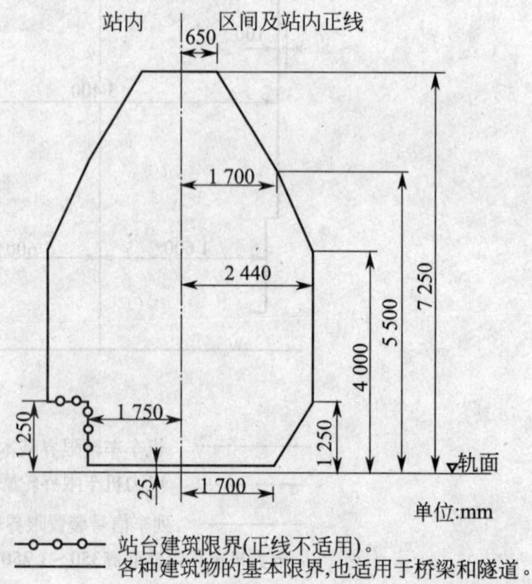

图 2-1-53　客运专线铁路建筑限界
(200 km/h$\leqslant V \leqslant$350 km/h)

线路的维修养护工作主要包括线路的经常维修和线路的大中修，线路的综合维修应编制相应的年度计划。

1. 线路经常维修

线路经常维修的基本任务是经常保持线路状态的完好，使列车能以规定的速度安全、平稳和不间断的运行，并尽量延长设备使用寿命。线路经常维修工作包括综合维修(计划维修)、紧急补修、重点病害整治和巡道工作等。

(1)综合维修是按周期对线路进行综合性修理，以改善轨道弹性。调整轨道几何尺寸，整修和更换设备零部件，以恢复线路完好的技术状态。我国铁路规定由正线、到发线、道岔和主要站线、专用线每年必须做一遍计划维修。

基本作业包括：起道、拨道、改道、调整轨缝、捣固、清筛道砟等。起道是矫正线路的纵断面，就是将钢轨和轨枕向上抬至必要高度；拨道是矫正线路的平面，就是将钢轨和轨枕一起横移至规定位置；改道时改正轨距；捣固是将钢轨底部轨枕下的道砟捣压密实。

(2)紧急补修是指在计划维修之外的个别地点，由于出现超过容许误差的线路质量问题而必须立即进行的紧急修理工作。重点病害整治是指彻底消除线路上较长时期存在的、工作量大的某些病害，例如全面整治接头、整治线路爬行、彻底整治路基翻浆冒泥等。

(3)巡道工作是保证线路状态完好，维护行车安全所必须的重要措施。巡道工人的任务是在工区管内负责巡视钢轨、道岔以及联结零件等的状态；察看路基是否有沉陷、塌方、水害、雪害等情况，以及信号及线路标志是否完好等。此外，巡道工人还应对所发现的不良现象尽力做好处理工作，以保证行车安全。

线路的经常维修应做到“预防为主，预防与整治相结合”，对于当年进行了大中修的地段，可不安排经常维修，但仍应进行经常保养。

2. 线路中修

中修是在两次大修之间的修理、是延长大修周期的重要手段。中修的目的是消灭上次线路大修以后由于列车通过而积累，但又不是经常维修所能消除的病害。中修的主要内容是加强道床，解决道床不洁及厚度不足问题，同时更换失效轨枕、整修钢轨，使线路质量基本上恢复到或接近于原来的标准。

3. 线路大修

线路经常维修的特点在于预防线路病害的发生，保持线路的完好状态。但是经过较长时间后，线路的各个部分还会发生磨损和变形。当磨损和变形达到相当程度时，单靠经常维修就难以整治了，因此有必要进行线路大修。线路大修施工的内容有：矫正并改善线路的平面和纵断面；全面更换或抽换、修理钢轨；更换或补充轨枕；清筛和更换到床，补充道砟，全面起道并捣固、改善到床断面；整治路基和安装防爬设备等。线路经过大修后，其质量标准应符合设计要求或得到加强。

我国线路维修与管理组织分为修养分开和修养合一两种形式。前者指由工务段直接领导的跨养路工区的机械化维修队负责综合维修，养路领工区和养路工区负责经常维修和保养。后者指养路工区领导的工区和领工区既负责线路的养护也负责线路的维修。今后，我国线路维修与管理将实行养修分开，工务段将主要负责线路保养和临修，逐步取消中修，广泛采用大型养路机械，大力推进专业化集中修。

4. 线路作业的机械化

线路作业过去是一项既费时费工，有极为繁重的体力劳动，它需要占用大量的人力、物力和财力。为了改变人工作业的落后面貌，提高维修质量和作业效率，节约劳动力和维修费用，世界各国都在努力研制各种养路机具。目前养路机械以由小型到大型、由低级到高级、由单机到联合机械，逐步发展到采用先进技术设备的大型、高效、多功能的机械。例如，大型起道、拨道、捣固联合作业机，每小时可以捣固线路 1 000 m 以上；清筛机每小时可清筛道砟 800 m^3 左右；线路大修列车能完成拆卸旧轨排直到铺设新轨排的全部作业，每小时作业进度为 300 m 以上，等等。各国的实践证明，由于实现维修作业机械化，使线路质量和作业效率大为提高，维修费用和人力也得到大量节省。

我国线路作业机械化程度也大为提高。在工务段普遍设立了机械化工队和养路工区，配备了以单项、小型为主的养路机械，如电动捣固机、扒砟机、边坡回填机、液压起道机等，从而减轻了劳动强度，提高了作业效率。

随着铁路速度、轴重的不断增加，养护维护的标准的不断提高，我国铁路已不满足于使用小型机械进行养护维修的现状。20 世纪 80 年代通过引进消化吸收再创新，目前我国在昆明中铁大型养路机械集团有限公司，已生产出具有自主知识产权的大型养路机械，如道岔捣固车、道床稳定车、配砟整形车、全断面清筛机、边坡清筛机、钢轨道岔打磨车、大修列车、道岔铺换设备、大型养路机械牵引车、时速 120 km 线路检测车、钢轨探伤车及大型养路机械附属车辆等一批先进的养路机械和检测设备。

70％国产化率首台三枕连续式捣固稳定车已于 2008 年下线出厂。该车是目前国际上正在应用的最先进大型养路机械，集集光、计算机、液压、气动、电气控制于一体，最高作业效率可达 2.3～2.4 km/h，比 09-32 捣固车提高 30％～40％，并在捣固作业的同时完成线路稳定作业，性能优越，优势明显。

图 2-1-54　道砟清筛车

此外，自主研制的 650 方枕底清筛机也已投入运用；气压焊轨车研制成功，首台已通过出厂审查，交付用户运用考核；80 km 检测速度钢轨探伤车已经进入调试阶段；道岔清筛机样机已经完成生产，进入生产试验阶段，很快投入批量生产应用等。

根据客运专线、高速、重载铁路的快速发展，对行车安全和线路质量的要求也在不断提高。以动态检测、静态检测为基础的公务信息化管理已逐步取代传统的管理方法和手段。公务信息化开始于 1984 年，最早用于曲线拨移和桥梁鉴定计算等。随着数据库技术的广泛应用，建立了设备静态数据库管理。除此之外，利用综合检查车、轨检车、车载式线路检查仪、轨道检查仪等先进的检查、检测设备。在客运专线上还安设了雨量、风速、异物侵线等防灾预警系统。运用网络技术对线路不间断地检查、监控，并应用计算机急性科学分析，指导养护维修作业，以最快捷的方法，消除病害、灾害对行车安全的影响，保证了列车运行

图 2-1-55 配砟整形车

图 2-1-56 国产 DWL-48 型三枕连续式捣固稳定车

的安全。

机械化维修机具比较笨重，综合作业时间占用线路的时间较久，往往需要封闭线路，这对运输繁忙的线路来说困难较大。在复线区段，一般可采用封闭一条区间正线的办法进行作业；而在繁忙的单线铁路上，则要由工务部门和运输部门共同做出安排，进行线路维修作业，既要保证作业的安全，也有尽量减少对列车运行的影响和干扰。

目前，各国都在着重研究如何进一步强化线路结构的形式，以减少线路的维修工作量。

复习思考题

1. 列车在曲线上运行时，产生曲线附加阻力的原因为何？曲线半径大小，对列车运行有什么影响？

2. 铁路上坡道的坡度如何表示？列车在坡道上运行时，产生坡道附加阻力的原因为何？它对列车运行有什么影响？

3. 什么是限制坡度？它的大小对运营条件和工程条件有哪些影响？$i+w_r \leqslant i_x$ 的含义是什么？

4. 路基的基本形式与自然地面有何关系？路基的排水设备有哪些？

5. 轨道的组成及作用是什么？我国铁路正线轨道有几种类型？不同的轨道类型其构造有何区别？

6. 道岔号数如何表示？道岔号数大小对行车有什么影响？

7. 什么是无缝线路？从温度力公式 P_t 解释无缝线路的原理。

第二章 铁路车辆

第一节 概 述

铁路车辆是运送旅客和货物的工具。它一般没有动力装置，必须把车辆连挂成列，由机车牵引才能沿线路运行，才能达到运送旅客和货物的目的。

一、车辆的分类

1. 铁路车辆按用途分：有客车和货车两大类。

铁路客车有硬座车、软座车、硬卧车、软卧车、餐车、行李车、邮政车等数种，以及特种用途的车辆（如邮政车、公务车、医务车、卫生车、试验车、文教车、空调发电车等）。为了运送各种不同的货物，货车又分为通用货车、专用货车、特种货车等不同的类型。

通用货车：是装运普通货物的车辆，其货物类型多不固定，也无特殊要求，所占比例较大，一般有平车、敞车、棚车、冷藏车和罐车等。

专用货车：一般指只运送一种或很少几种货物的车辆。其用途比较单一，同一种车辆要求装载的货物重量或外形尺寸比较统一，有时在铁路上的运营方式也比较特别，如固定编组、专列运行等。专用货车一般有集装箱车、毒品车、家畜车、水泥车、粮食车、长大货车（长大平车、落下孔车、凹型车、钳夹车）、活顶棚车、特种车等，如图 2-2-1、图 2-2-2 所示。

图 2-2-1 载重 370 t 的 D_{30A} 型钳夹式长大货车

特种货车：按特种用途设计制造的货车，其结构和用途都有所不同，如检衡车、救援车、除雪车等。

2. 铁路车辆按轴数分：有四轴车、六轴车和多轴车。四轴车的每两根车轴分别组成两个相同的转向架；能相对于车底架做自由转动，因此，缩短了车辆的固定轴距，使之能顺利地通过曲线。我国铁路上的大部分车辆均采用这种形式。对于载重量较大的车辆，为使每一车轴加在线路上的重量不超过线路强度所规定的吨数（称为“轴重”），可以做成六轴车或多轴车。

3. 铁路车辆按载重量分：货车有 50 t、60 t、75 t 和 90 t 等多种。

图 2-2-2 集装箱专用车

二、几种主要车辆的用途

1. 敞车：主要用来运送煤炭、矿石、钢材等不怕湿的货物。必要时，在所装运的货物上面加盖防水篷布，也可代替棚车装运货物。因此，敞车具有很大的通用性，是货车中数量最多的一种。

敞车按卸货方式的不同分为两类：一类是适合人工或卸车作业机作业的通用敞车；另一类是适合在大型工矿企业、专用码头，用翻车机卸货的专用敞车；对装卸地点固定的散装货物，还可采用漏斗车或自翻车。

70 t 级新敞车(C_{70})，载重 70 t，C_{70} 车体内长 13 m，能满足较长货物的运输需求，使用了高强度钢和新型中梁，优化了底架结构，采用高强度车钩和大容量缓冲器及新型 K6 型转向架，使车辆时速可达 120 km，并改善了车辆的运行品质，降低了轮轨间的作用力，减轻了轮轨磨耗。

C_{80} 型系列运煤专用敞车，这是为大秦线开行 2 万 t 级运煤重载列车而设计制造的专用车，载重都为 80 t，车辆自重 20 t，采用新型 K6 型转向架，车辆时速可达 120 km，比其他敞车提高了运能 31%。

2. 棚车：主要用来运送日用品、粮食、仪器等比较贵重的和怕晒、怕湿的货物。大多数棚车是通用型的。

活动侧墙棚车(P_{66} 型)：载重 60 t，容积 135 m^3，车体为全钢焊接底架结构，全车 4 对(8 扇)车门是活动的，车门开度可达到 7.67 m，而且每侧侧墙的 4 扇门可实现多种开门组合，能做到任何一处都无侧墙遮挡装卸，不仅给长大或贵重货物的装卸提供了很大方便，还给叉车机械化装卸创造了作业条件，大大提高了装卸效率。活动侧墙棚车的使用，也为在我国推广托盘运输提供了必要条件。

3. 平车：主要用来运送钢材、木材、汽车、机器等体积或重量较大的货物，也可借助集装箱装运其他货物。有的平车装有活动墙板，可用来装运矿石等散粒货物。

4. 冷藏车：主要用来运送鱼、肉、水果、蔬菜等鲜活易腐货物。冷藏车内有制冷设备和加温设备。冷藏车按制冷方式分：有加冰冷藏车(设有冰箱制冷设备)和机械冷藏车(设有机械制冷设备)。其中机械冷藏车又可分为机械冷藏车组和单节机械冷藏车两种。

5. 罐车：主要用来运送油、酸、水等各种液体、液化气体及粉末状固体货物。粉末状固体货物用压缩空气使粉状货物液态化卸车，可提高装卸效率，减少粉尘污染，并可节约大量的袋装用纸，具有很大的经济效益。

此外，还有各种长大货车、特种车辆及不同用途的客车。

第二节 铁路车辆的基本构造

铁路车辆种类繁多，但不论客车还是货车，各种车辆的结构大同小异。一般由车体、走行部、车钩缓冲装置、制动装置和车辆内部设备等五个基本部分组成。

一、车　体

车体是旅客乘坐或装载货物的部分，车体一般和车底架构成一个整体，主要组成部分包括底架、侧墙、端墙、车顶等。其结构与车辆的用途有关。

(一)车体的分类

车体按其承载结构划分为三类。

1. 底架承载结构：全部载荷由底架来承担的车体结构，如图 2-2-3 所示。

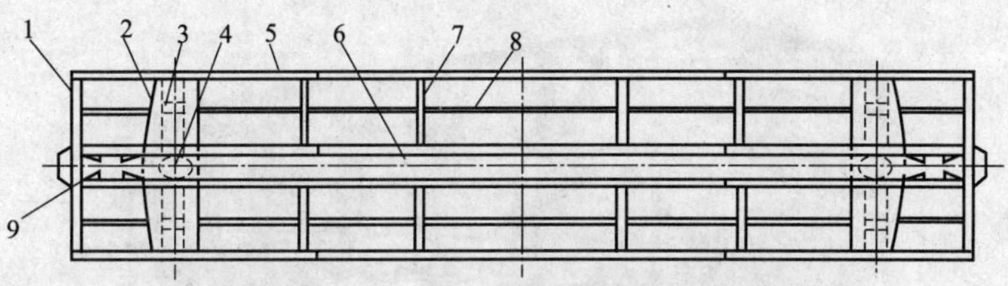

图 2-2-3　货车车底架结构

1—端梁；2—枕梁；3—上旁承；4—上心盘；5—侧架；6—中梁；7—大横梁；8—地板托梁；9—从板座

车底架是车体的基础。它承受车体和所装货物的重量，并通过上下心盘将重量传给走行部。在列车运行时，它还承受机车牵引力和列车运行中所引起的各种冲击力，所以必须具有足够的强度和刚度。

货车车底架由中梁、侧梁、枕梁、横梁及端梁等组成。

中梁位于车底架的中央，两端是安装车钩缓冲装置的地方，是车底架的骨干，承担全部垂直载荷和纵向作用力。

枕梁是车底架和转向架摇枕衔接的地方。在枕梁下部安装的上旁承和上心盘，分别与转向架摇枕上的下旁承和下心盘相对，并通过上下心盘将重量传给走行部。这种结构车型大部分为平板车、集装箱车等。

2. 侧墙和底架共同承载结构：载荷由侧、端墙与底架共同承担的车体结构。该结构可减轻底架的负担，因而减轻了底架的重量。这种结构车型有棚车、敞车、保温车等。

3. 整体承载结构：车体各部分均能承受载荷。底架结构更为轻巧，可制成无中梁的底架结构，如新型罐体具有较大的强度和刚度，能够承担作用在罐体上的纵向力，因此客车和新型罐车可不设底架。

客车车底架构造和货车车底架相似。客车两端必须设置通过台，所以它的两端各有一个通过台架。

(二)主要车辆车体的组成

1. 棚车(图 2-2-4)：车体由地板、侧墙、端墙、车顶、门和窗组成。

2. 敞车(图 2-2-5)：车体无车顶，由地板、侧墙、端墙组成。

图 2-2-4　P_{70}型通用棚车

图 2-2-5　C_{64}型敞车

3. 平车(图 2-2-6):车体只有地板,没有固定的侧墙和端墙。

图 2-2-6　平车

4. 冷藏车(图 2-2-7):冷藏车的车体与棚车车体外形相似,为了减少太阳辐射热,车体外表涂成银灰色,墙板夹层装有隔热材料,车里装有保温、制冷、测温和通风装置。

5. 罐车(图 2-2-8):车体外形为一个卧放的圆筒,具有较大的强度和刚度。罐体上设有安全阀,当外界温度发生变化时,罐体内的压力超过一定数值,安全阀能自行打开,将罐内气体放

图 2-2-7　冷藏车

出;罐内压力低于一定数值时,通过安全阀向罐内补气,以保证运行安全。

图 2-2-8　罐车

6. 特种车辆(图 2-2-9):是铁路运输中使用的一种特种车辆,专为装运各种长大重型货物,由于这些车的载重量和自重都较大,为适应线路允许轴重的要求,因此,它们车轴的数较多。

图 2-2-9　载重 32 t 的 D_{32A} 型凹底平车

7. 客车:车体采用薄壁筒形结构,由底架、侧墙、车顶、内外端墙、门窗等组成。为了满足旅客在旅行生活上的需要,车体内部设有坐卧设备、车电设备、通风设施和空调取暖设备等。新型客车的结构不断改善和提高,全车结构采用铝合金型材、玻璃钢、不锈钢等新材料。空调双层客车,载客定员大幅度提高,适用于繁忙的城际,旅游区段等的旅客运输。普通客车如图 2-2-10 所示,双层客车如图 2-2-11 所示。

图 2-2-10 普通客车

图 2-2-11 双层空调客车

我国铁路为满足新的运输要求,1998 年,我国从瑞典引进的“新时速”摆式列车在广州—深圳—九龙线路上运行。“新时速”摆式列车对于既有线提速来说,具有节省投资和投入运营快的优点。列车全长(包括机车共 7 节)165 m,列车总重 365 t,总座位数 415 座;车体最大宽度 3 080 mm,车顶距轨面高度 4 300 mm;最高时速可达 210 km。制动系统采用再生制动、盘形制动和磁轨制动的组合制动方式。

摆式列车作为尖端技术,面世于 20 世纪 70 年代,被成功地引入瑞典、意大利、德国等许多国家。摆式列车最主要的优势在于,它不同于传统高速列车那样依赖专有和特制的轨道,而是可以在既有的曲线半径的线路上,通过车体自动向内侧倾斜而平衡掉列车向外侧的横向加速度,保证列车高速运行。当列车经过弯道时,通过其径向自导转向架和电脑控制摆式装置,可继续保持高速行驶,且能保证列车的安全和旅客的舒适。摆式列车的倾摆机构如图 2-2-12 所示。

图 2-2-12 倾摆机构示意图

1—空气弹簧;2—上摇枕;3—液压缸;4—下摇枕;5—转向架构架;6—摆杆

二、走 行 部

走行部的作用时引导车辆沿轨道运行,并把车辆的重量和货物载重传给钢轨,它应保证车辆以最小的阻力在轨道上运行,并顺利地通过曲线。走行部能否保持良好的状态,对于车辆的安全、平稳、高速运行有很大影响。

目前，我国铁路的货车大部分是四轴货车。在四轴货车上，四组轮对分成相同的两个部分，组成转向架。每一个转向架由两组轮对、轴箱油润装置、侧架、摇枕、弹簧减振装置等组成一个整体结构，并通过摇枕上的下心盘、中心销和车体底架枕梁上的上心盘对接后与车体连接为一体。采用转向架的形式，使得转向架的结构组合缩短了车辆的固定轴距，并且车体通过心盘支承在前后转向架上，车体与转向架之间可以相对自由转动，便于通过曲线。同时，转向架结构也可使车辆的载重量、长度和容积有所增加，运行品质得以改善，满足了近代铁路运输发展的需要。

(一)车辆的主要尺寸

车辆的主要尺寸包括以下几项：

1. 车辆全长

车辆全长指车辆两端的车钩均处在锁闭位置时，钩舌内侧面之间的距离，如图 2-2-13 中之 A。

2. 车辆全轴距

车辆全轴距指任何车辆最前位车轴和最后位车轴中心线间的距离，如图 2-2-13 中之 B。

3. 车辆定距

车辆定距又称车辆销距是车辆底架两心盘中心线之间的水平距离，如图 2-2-13 中之 C。

4. 车辆固定轴距

车辆固定轴距指同一转向架最前位车轴和最后位车轴中心线间的距离，如图 2-2-13 中之 D。

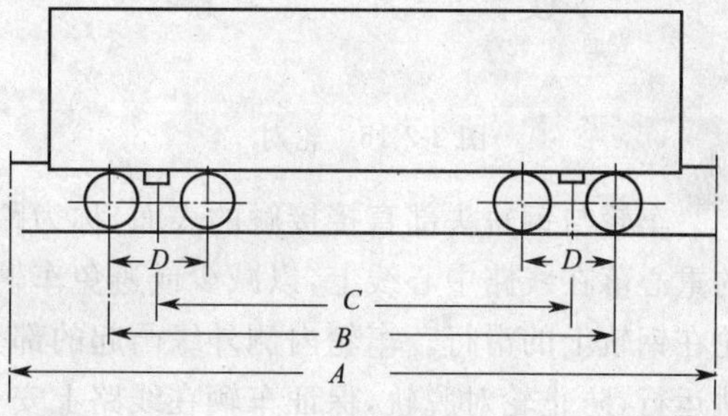

图 2-2-13　车辆主要尺寸

铸钢侧架式转向架是我国铁路上广泛使用的一种货车转向架(图 2-2-14 所示)。下面则以它为例来说明转向架的一般构造。

图 2-2-14　铸钢侧架式转向架

(二)轮　　对

轮对是车辆上最重要的部件之一，两个车轮紧密地压装在一根车轴上组成轮对(图 2-2-15)。轮对承受车辆的全部重量，并在负重的情况下以较高的速度引导车辆在钢轨上行驶。

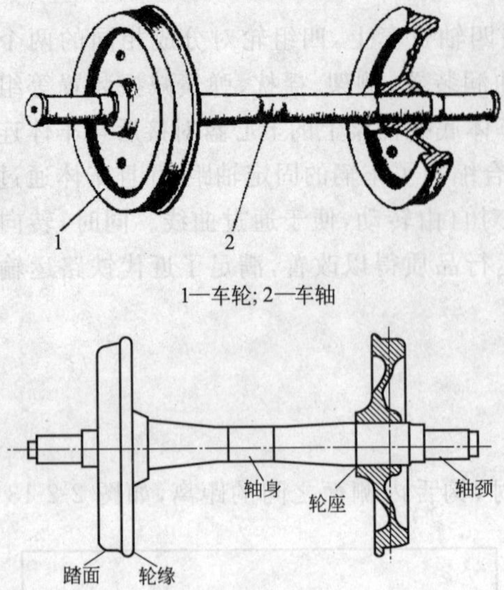

图 2-2-15　轮对

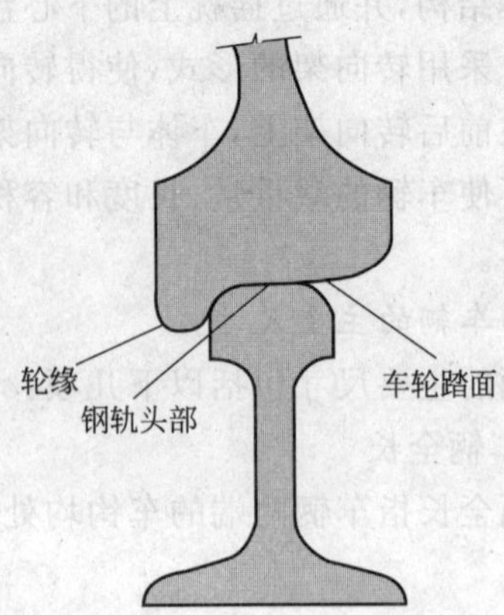

图 2-2-16　车轮踏面与钢轨的接触图

车轮与钢轨头部直接接触的表面，称为踏面(图 2-2-16)。踏面做成一定的斜度，可使车辆的重心落在线路中心线上，以减少或避免车辆的蛇行运动，使轮对较顺利地通过曲线，减少车轮在钢轨上的滑行。车轮内侧外缘凸起的部分叫轮缘(图 2-2-16)。它的作用是引导车辆沿钢轨运行，防止轮对脱轨，保证车辆在线路上安全运行。

车轮两端伸进轴箱的部分叫轴颈，用以安装轴承。轮座是压装、固定车轮的部分，也是车轴受力最大、直径最大的部分。车轴的中部为轴身。

(三)轴箱油润装置

轴箱油润装置的作用是将轮对和侧架联结在一起，并将车辆的重量传给轮对；主要作用是保护轴颈，使轴承与轴颈间得到润滑，减少摩擦，防止在高速运行条件下发生热轴，保证车辆安全运行。

铁路车辆上有两种类型的轴箱装置，即滚动轴承轴箱和滑动轴承轴箱装置。现在大量采用的是滚动轴承轴箱(图 2-2-17)。

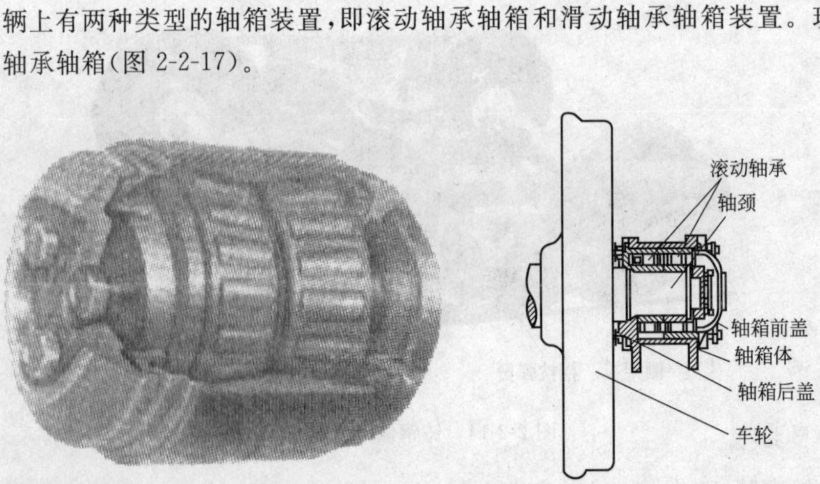

图 2-2-17　滚动轴承轴箱

这种轴箱由轴箱体、轴箱盖、滚动轴承等组成。在轴箱内加入适量的软干油，当车轴和轴承转动时，就能将油脂带入摩擦表面。滚动轴承能减少运动阻力，适合高速运行，减少燃轴事故，延长检修周期，缩短检修时间，加速车辆周转，节省油脂，降低运营成本。

采用滚动轴承后，在牵引力相同的条件下，可以提高牵引列车的重量和运行速度，而滑动轴承的主要缺点是运行阻力大，使用和保养不慎时容易发生燃轴事故，故已逐步被淘汰。

(四)侧架、摇枕及弹簧减振装置

货车转向架是由左右两个独立的侧架与摇枕组成，侧架和摇枕是货车转向架的主要部件。每一侧架联系前后两个轮对一侧的轴箱，两侧架间中央部位通过一根横向放置的摇枕连接。它不仅承受、传递各种作用力，而且把转向架各零部件组成一个整体。

1. 侧架(图 2-2-18)中部设有弹簧承台，是安装弹簧减振装置、轴箱装置的地方，并应满足制动装置、轴箱定位装置等安装的要求。

图 2-2-18 侧架

2. 摇枕(图 2-2-19)中间用螺栓固定下心盘，两旁有旁承座，车体的重量和载荷通过下心盘经摇枕传给两侧的枕弹簧及侧架，并通过摇枕将两个侧架联系起来。下旁承铁安装在下旁承座中，当车辆通过曲线时，向下倾斜一侧的上旁承和下旁承相接触，可以防止车体过分摇动和倾斜。

图 2-2-19 摇枕

3. 下心盘(图 2-2-19)。下心盘装在摇枕中央，与装在车体架枕梁中央的上心盘相对应，下心盘上装有中心销，通过中心销与上心盘连接。上、下心盘之间可相对转动，当车辆通过曲线时，转向架可以绕心盘自由回转，减少车辆通过曲线的阻力。

4. 下旁承(图 2-2-19)。摇枕两端各设一个下旁承。与车体架枕梁两端的上旁承相对。上、下旁承之间不能压死，必须留有适当的空隙(游间)，当车辆在线路上运行车体发生左右摇摆或通过曲线时，向下倾斜一侧的上旁承和下旁承相接触而支撑车体，从而防止车体过度摇动和倾斜。

5. 弹簧减振装置。弹簧减振装置的作用是缓和或消减车辆运行受到的冲击和振动。它由摇枕弹簧和减振器组成。

客车转向架是一种无导框式(又称构架式)转向架，构架侧梁下面的轴箱弹簧，直接放置在轴箱体两侧的弹簧托板上(图 2-2-20)。

在货车转向架上，采用一系式弹簧装置[图 2-2-21(a)]。只在摇枕和侧架之间设置摇枕弹簧(也叫圆簧)这种弹簧装置是将摇枕传来的重量经过侧架直接传给轴承。而客车转向架除要求适于高速运行外，还应具有较高的平稳性。所以，它采用了无导框二系式弹簧装置(除设有

图 2-2-20 客车转向架

枕弹簧——一系式弹簧外，还在转向架轴箱和构架之间增加了第二系弹簧)[图 2-2-21(b)]。这种弹簧装置是将摇枕传来的重量先传给一系式弹簧，再经过摇枕吊、转向架构架传给第二系弹簧后，再传给轴承。从而进一步的改善了转向架的减振性能。

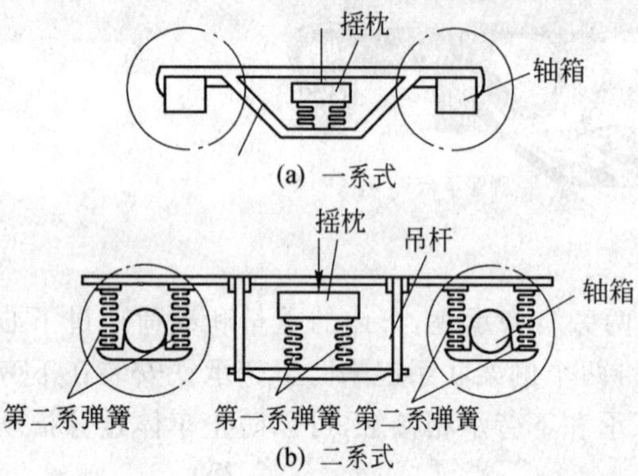

图 2-2-21 弹簧装置的方式

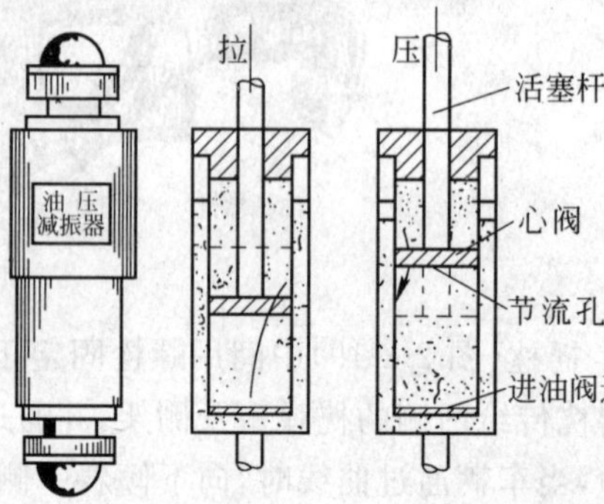

图 2-2-22 油压减振器及其作用原理图

为了更好地减轻振动，除了弹簧装置以外，还采用其他的减振设备，如我国货车转向架上采用摩擦减振器，客车转向架上采用的油压减振器(图 2-2-22)，在高速客车、双层客车和地下铁道车辆转向架上还装有空气弹簧。

空气弹簧[图 2-2-23(a)]，是利用装在橡胶容器中的压力空气的气体体积可变化的原理制成的。当橡胶容器受压时，里面的空气体积变小，外力撤销后，空气体积又恢复原状，从而达到缓和冲击和减振的作用。空气弹簧与一般刚性弹簧相比，具有良好的吸收高频振动和隔音性能以及自重轻等优点，因此，在高速客车上得到应用[图 2-2-23(b)]。

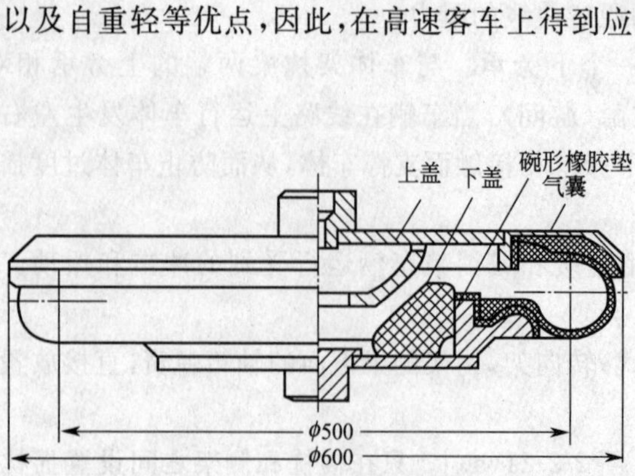

(a) 空气弹簧构造

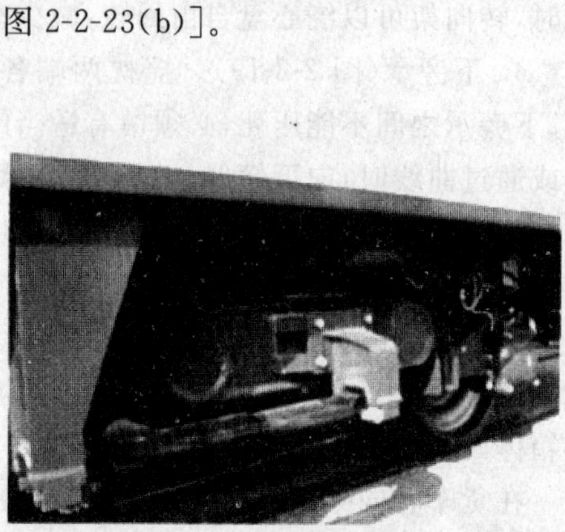

(b) 客车下安装空气弹簧

图 2-2-23 空气弹簧

三、车钩缓冲装置

车钩缓冲装置可使机车和车辆或车辆和车辆之间实现连挂，并且传递牵引力和制动力，缓和列车运行或调车作业时所产生的冲击力。两车辆连挂的状态如图 2-2-24 所示。

图 2-2-24　连挂的货车车钩

车钩缓冲装置由车钩、缓冲器、钩尾框、从板等零部件组成。安装在车底架中梁的两端。图 2-2-25 为货车车钩缓冲装置。

(一)车　　钩

车钩由钩头、钩身和钩尾 3 个部分组成。钩头里装有钩舌、钩舌销、钩提销、钩舌推铁和钩锁铁等零部件(图 2-2-26)。

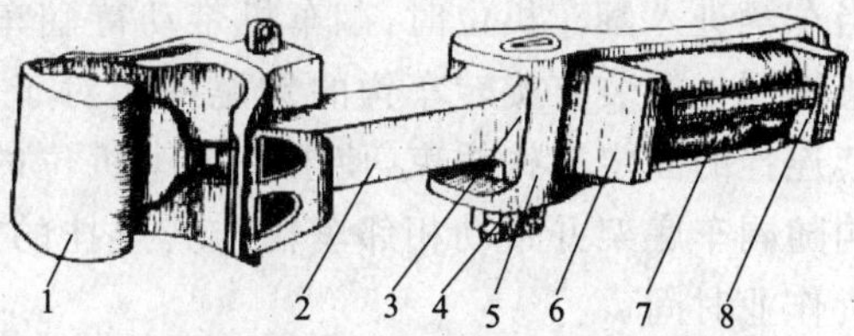

图 2-2-25　车钩缓冲装置

1—钩舌；2—钩身；3—钩尾；4—钩尾销；5—钩尾框；6、8—从板；7—缓冲器

车钩在车辆上的安装方法有两种：上作用式和下作用式。

上作用式车钩提杆位于钩头的上方，向上提起钩提销，才能使钩舌全开；下作用式车钩提杆位于钩头的下方，由下向上推动钩提销，才能使钩舌全开。一般货车上都以上作用式车钩为主，为了便于装载长大货物，对设有端门的敞车和平车等才使用下作用式车钩。客车因在端部设有通过台，所以也采用下作用式车钩装置。图 2-2-27 为上作用式车钩的安装情况。

为了实现挂钩或摘钩，使车辆连接或分离，车钩具有以下 3 种作用位置：

1. 锁闭位置[图 2-2-28(a)]：车钩的钩舌被钩锁铁挡住不能向外转开的位置，钩锁铁 1 挡住钩舌 2 的尾部，使钩舌不能绕钩舌销 3 向外自由转动，这时钩锁铁的臀部 A 坐在钩舌推铁 4 的端部，称为锁闭位置。两个车辆连挂在一起时车钩就处在这种位置。

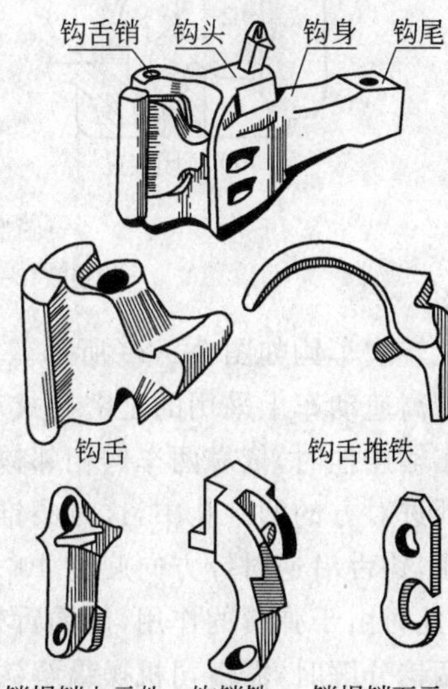

图 2-2-26　车钩及钩头零部件

2. 开锁位置[图 2-2-28(b)]：即钩锁铁被提起，钩舌只要受到拉力就可以向外转开的位置。当锁提销 5 将钩锁铁提起后，钩锁铁 1 就不能挡住钩舌 2，使钩舌

可以绕钩舌销 3 自由转动，这时钩锁铁的 B 部坐在钩舌推铁的端部，称为开锁位置。车列在解体作业时，调车员按照作业通知单的要求，先将需要解体车辆的车钩提杆提起，使它成开锁位置，再由机车拉开车辆，两个车钩就可以分开了，完成解体作业。

3. 全开位置[图 2-2-28(c)]：即钩舌已经完全向外转开的位置。当钩锁铁 1 处于开锁位置后，如果继续提开钩提销 5，钩锁铁的顶部被钩头内肩阻挡而使钩锁铁向后转动，带动钩舌推铁 4 使推铁转动，钩舌推铁的另一端就将钩舌推开，使钩舌处于全开位置。

当两个车辆需要连挂时，只要其中一个车钩处在全开位置与另一辆车钩碰撞后，两个车钩就都变了锁闭位置，它们就连挂在一起了。

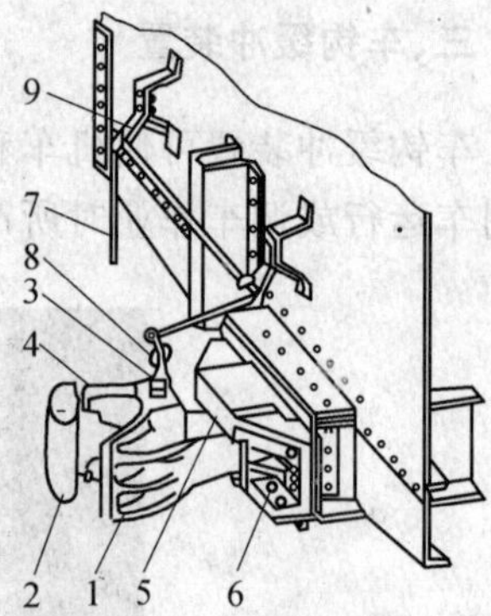

图 2-2-27 上作用式车钩装置图

1—钩体；2—钩舌；3—锁提销；4—钩舌销；5—冲击座；6—托板；7—车钩提杆；8—锁提销链；9—提杆座

近年来铁路运输系统大力发展单元、组合重载列车。在这种列车中装设的是旋转式车钩。在车辆的一端装设旋转车钩，车辆的另一端装设普通的固定车钩，整个列车上每组连接的两个车钩，一为旋转车钩，一为固定车钩，两两固定相互搭配。当车辆进入翻车机位时，翻车机带动待翻车辆旋转以车钩纵向中心线旋转 180°，这时车底架连同一端装有旋转车钩的钩尾框相对于车钩沟身旋转。旋转车钩由于受相邻车辆上与其连挂的固定车钩约束，使未进翻车机位的车辆静止不动，被翻转车辆另一端的固定式车钩随同车底架并带动相邻车辆与其连挂的旋转车钩一起翻转，实现不摘车作业，缩短了卸货作业时间。

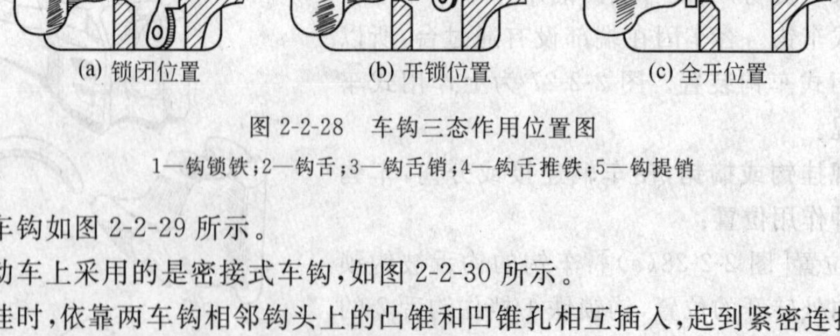

(a) 锁闭位置 (b) 开锁位置 (c) 全开位置

图 2-2-28 车钩三态作用位置图

1—钩锁铁；2—钩舌；3—钩舌销；4—钩舌推铁；5—钩提销

旋转式车钩如图 2-2-29 所示。

在高速动车上采用的是密接式车钩，如图 2-2-30 所示。

车辆连挂时，依靠两车钩相邻钩头上的凸锥和凹锥孔相互插入，起到紧密连接作用。此时凸锥插进对方的凹锥孔中，这时凸锥的内侧面在前进中压迫对方的钩舌转动，使解钩风缸的弹簧受压，钩舌沿逆时针方向旋转 40°；当两钩连接面相接触后，凸锥的内侧面不再压迫对方的钩舌，此时由于弹簧的作用，使钩舌处于锁闭位置。

两钩分解时，需由司机操纵解钩阀，压缩空气由总风管进入前车(或后车)的解钩风缸，同时经解钩风管连接器送入相连挂的后车(或前车)解钩风缸，活塞杆向前推并带动解钩杆，使钩舌转动至开锁位置，此时两钩即可解开。如果用人力推动解钩杆，也能使钩舌转动至开锁位置，实现两钩的分解。

这类车钩的优点是两车钩连接面的纵向间隙很小，上下、左右偏移也很小，这为高速列车运行的平稳性和电气线路、风管的自动对接提供了保障。缺点是强度较低，只适合用再牵引客车上。

图 2-2-29　旋转式车钩

（二）缓　冲　器

车辆在连挂和起动时会发生撞击，列车在运行中也会因牵引力的变化、速度的增减和制动等原因而发生冲击。为了缓和并削减冲击力，提高列车的平衡性，延长车辆使用寿命，在车钩的后面装有缓冲器。

货车用环簧缓冲器图（如图 2-2-31 所示）的外壳是由钢板制成的弹簧盒、弹簧盒盖和弹簧盒底板所组成。弹簧盒内装有外环弹簧和内环弹簧，在内环弹簧的外面和外环弹簧的内面具有 15°的斜面。

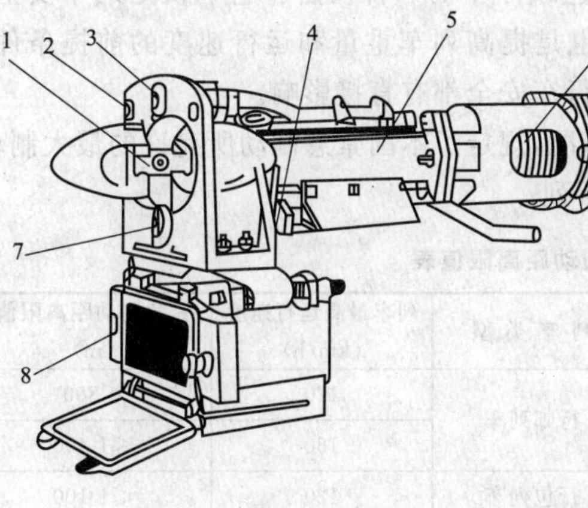

图 2-2-30　密接式车钩缓冲装置

1—钩舌；2—解钩风管连接器；3—总风管连结器；4—截断塞门；5—钩身；6—缓冲器；7—制动风管连接器；8—电气连接器

当缓冲器受力压缩时，使各环相互挤压，这时外环弹簧中就储存了大部分的冲击能量，同时各内外环簧的斜面之间因相互摩擦而将一部分冲击能变成热能。当外力解除后，各环簧之间又产生摩擦，将所储存能量的一部分再一次转变为摩擦热能而消散，因而起到了缓冲和减振作用。货车用环簧缓冲器还安装有小外环弹簧和开口内环弹簧，以满足货车对缓冲器容量较大的要求。

为了增大缓冲器抵抗冲击力的容量，又研制了 ST 型、MT-2 型和 MT-3 型等货车用缓冲器，这些缓冲器可大大缓解了机车牵引力变化或在起动、制动以及调车作业时车辆相互碰撞而引起的纵向冲击和振动，减轻了对车体结构和装载货物的破坏作用，提高了列车运行的平稳性。

客车用缓冲器和货车用缓冲器的构造、作用基本相同。为适应旅客列车对平稳的要求，在客车用缓冲器的端部采用的是卷弹簧，可以使较小的冲击也能得到缓和。

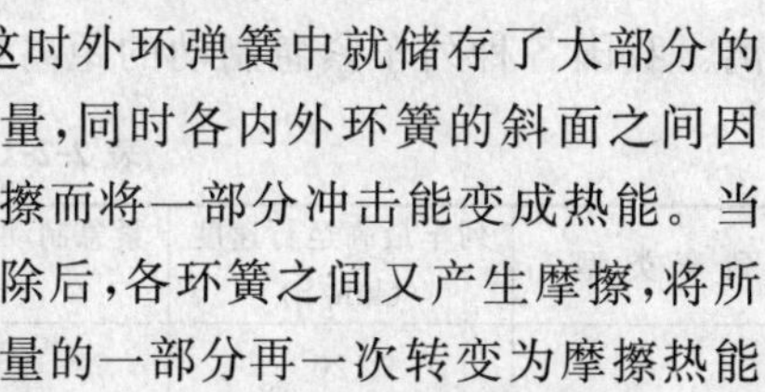

图 2-2-31　货车用环簧缓冲器

1—弹簧盒底板；2—弹簧盒；3—内环弹簧；4—外环弹簧；5—小外环弹簧；6—开口内环弹簧；7—弹簧盒盖

我国客车上除使用上述缓冲器外，在提速客车上使用了弹性胶泥缓冲器，如图 2-2-32 所示。这种缓冲器也是近年来欧洲新开发的一种新型缓冲器，在法国、德国等国的高速列车上应用，现已纳入国际铁盟 UIC 的标准。

这种缓冲器取用一种未经硫化的有机硅化合物——弹性胶泥作为介质，它具有弹性、可压缩性和可流动性，其物理化学性质在－50～250 ℃范围内具有较高的稳定性，抗老化、无臭、无毒，对环境无污染。弹性胶泥缓冲器起缓冲作用的关键部件是弹性胶泥芯子，缓冲器通过胶泥芯子的往复运动吸收能量，弹性胶泥还通过阻尼孔产生摩擦而耗散能量。当活塞杆受到外力作用而移动时，使其前方的弹性胶泥压力上升，弹性胶泥受压缩便产生阻抗力，同时又通过阻尼孔向反方向流动产生摩擦，起到缓冲作用。当外力撤销后，被压缩的胶泥膨胀，使活塞杆自动复原。

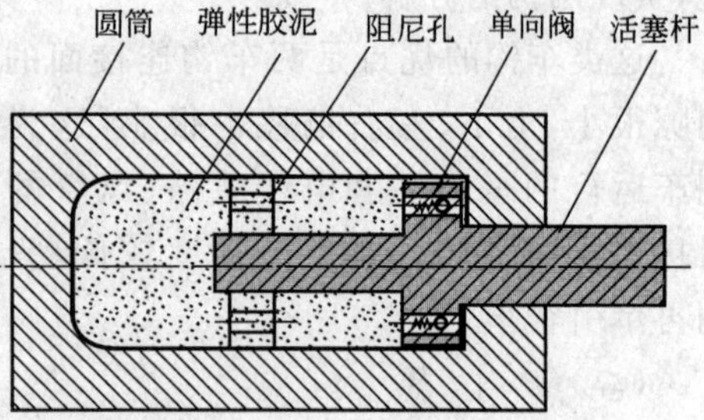

图 2-2-32　弹性胶泥芯子结构

四、制动装置

制动装置是用外力迫使运行中的机车车辆减速或停车的一种设备。它不仅是列车安全、正点运行和调车工作顺利进行的重要保证，而且也是提高列车重量和运行速度的前提条件。因此，制动装置的性能好坏，对铁路的运输能力和行车安全都有直接影响。

为了确保行车安全，各国都根据各自不同的情况，规定了本国紧急制动所允许的最大制动距离。我国各种列车紧急制动的距离如表 2-2-1 所列。

表 2-2-1　列车紧急制动距离限值表

列车类型	列车最高运行速度（km/h）	紧急制动距离限值（m）	列车类型	列车最高运行速度（km/h）	紧急制动距离限值（m）
旅客列车（动车组）	120	≤800	行邮列车	120	≤800
	160	≤1 400		160	≤1 400
	200	≤2 000	行包列车	120	≤1 100
	250	≤2 700	货物列车	90	≤800
	300	≤3 700		120	≤1 100
	350	≤4 800		120(25 t 轴重)	≤1 400
				160	≤1 400

我国机车车辆上安装的制动机主要有空气制动机和人力制动机。空气制动机又叫做自动制动机，如图 2-2-33 所示，是利用压缩空气产生制动力的，一般作为列车制动用。人力制动机是用人力进行制动，一般只在调车时对个别车辆或车组实行制动用。

车辆上的制动装置由制动机和基础制动装置两部分组成。

(一)空气制动机

1. 空气制动机的组成

空气制动机的部件，一部分装在机车上，另一部分装在车辆上。装在机车上的有空气压缩机、总风缸、制动阀等。由空气压缩机产生的压缩空气储存在总风缸内。列车中车辆的制动与缓解作用，由机车司机操纵制动阀来实现。

我国常用的货车空气制动机有 GK 型、103 型、120 型；常用的客车空气制动机有 LN 型、104 型、F8 型。

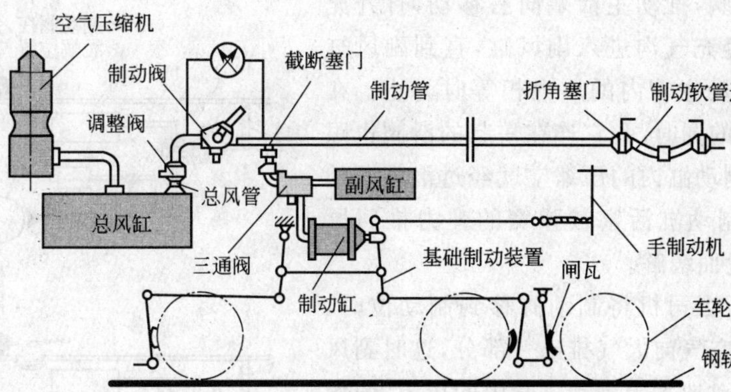

图 2-2-33　列车空气制动系统的组成

以 GK 型为例，如图 2-2-34 所示。安装在货车车辆上的有以下部件：

(1)制动主管：安装在车底架下面，它贯通全车，是传送压缩空气的管路。它的两端装有折角塞门和制动软管，并用软管连接器与邻车的软管相连。

(2)截断塞门：安装在制动支管上，用以开通或遮断制动支管的空气通路。它平时总在开放位置，只有当车辆上所装的货物按规定应停止制动机的作用，或当制动机发生故障时，才将它关闭，以便停止该辆车的制动机作用。

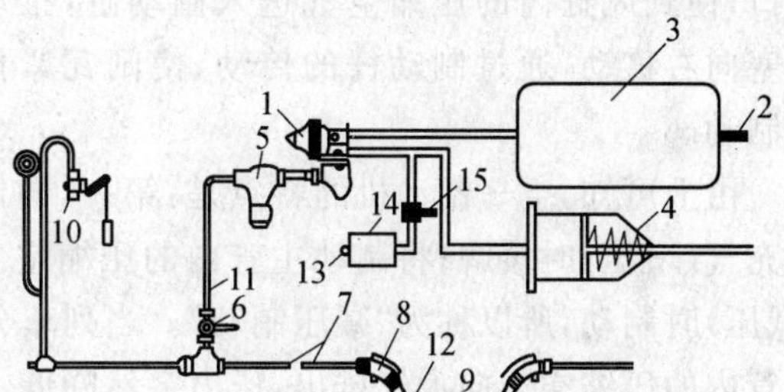

图 2-2-34　GK 型空气制动机

1—三通阀；2—缓解阀；3—副风缸；4—制动缸；5—远心集尘器；6—截断塞门；7—制动主管；8—折角塞门；9—连接器；10—车长阀；11—制动支管；12—软管；13—安全阀；14—降压风缸；15—空重车转换手把

通常把关闭了截断塞门、停止制动机作用的车辆叫做“关门车”。

(3)远心集尘器：利用离心力的作用，将压缩空气中的灰尘、水分、铁锈等杂质，沉淀于集尘器的下部，以免进入三通阀等机件。

(4)三通阀：是车辆制动机中最重要的部件。它连接制动支管。副风缸和制动缸，用来控制压缩空气的通路，使制动机起制动或缓解作用。

(5)副风缸：是储存压缩空气的地方。制动时，利用三通阀的作用将压缩空气送入制动缸起制动作用。

(6)制动缸：当压缩空气进入制动缸后，推动制动缸活塞，将空气的压力转变为机械推力，然后通过制动杠杆使闸瓦紧抱车轮而起制动作用。

(7)降压风缸：它与制动缸相连，两者之间设有空重车调整装置，可满足空、重车不同制动压力的要求。

(8)空重车调整装置：在 GK 型制动机上安装。在大型车辆上，如果不论空重状态都施加同样大小的制动力，对空车来说就嫌太大，容易损坏车辆。因此，用它来控制降压风缸与制动缸的通路，可以达到调整制动力的目的。它包括空重车转换手把和空重车转换塞门。

2. 空气制动机的工作原理

空气制动机的工作原理如图 2-2-35 所示。

(1)缓解作用。当司机将制动阀放在缓解位置时，总风缸内的压缩空气进入制动主管，经制动支管进入三通阀，推动主活塞向右移动，打开充气沟，使压缩空气经充气沟进入副风缸，直到副风缸内的空气压力和制动主管内的压力相等时为止。在三通阀主活塞移动的同时，和它连在一起的滑阀也跟着向右移动，使得制动缸内的压缩空气经过滑阀下的排气口排出，于是制动缸活塞被弹簧的弹力推回原位，使闸瓦离开车轮而缓解。

(2)制动作用。当司机将制动阀移到制动位时，制动主管内的压缩空气向大气排出一部分，这时副风缸内的空气压力相对地大于制动主管内的压力，因而推动三通阀的主活塞向左移动，截断充气沟的通路，使副风缸内的压缩空气不能回流。在三通阀主活塞移动的同时带动滑阀也向左移动，截断了通向大气的出口，使到风缸内的压缩空气进入制动缸，推动制动活塞向右移动，通过制动杆的传动，使闸瓦紧抱车轮而制动。

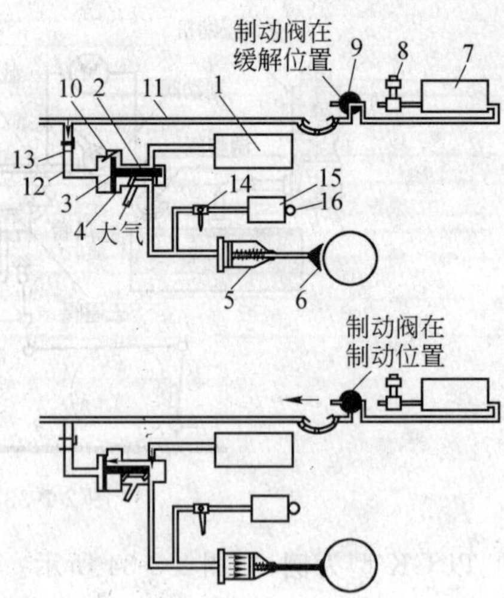

图 2-2-35　空气制动机及其作用原理

1—副风缸；2—滑阀；3—主活塞；4—三通阀；5—制动缸；6—闸瓦；7—总风缸；8—空气压缩机；9—制动阀；10—充气沟；11—制动主管；12—制动支管；13—截断塞门；14—空重车转换手把；15—降压风缸；16—安全阀

由上可知，空气制动机的特点是：第一，向制动主管充气(增压)时缓解；将制动主管内的压缩空气排出(减压)时制动，所以称为“减压制动”。当列车分离或拉动车长阀(参看图 2-2-35)时，由于制动主管内的压缩空气向大气排出，压力突然降低，就可以自动地产生紧急制动作用，使列车立即停车，以防事故的发生或扩大。第二，这种制动装置在制动过程中不是直接用总风缸的压缩空气送入制动拉，而是用预先贮存在副风缸内的空气送入制动缸起制动作用的，因此称为“间接制动”。它能使列车前后车辆的制动作用不致差别过大。

3. 降压风缸和空重车转换装置

在装有空重车调整装置的制动机上，如果将空重车转换手把放在空车位置时，空重车转换塞门被打开，使制动缸与降压风缸连通[如图 2-2-36(a)所示]。在这种情况下进行制动时，副风缸的压缩空气在进入制动缸的同时，也进入降压风缸中，由于容积的扩大，降低了进入制动缸内的空气压力，因而产生较小的制动力。当转换手把放在重车位时[如图 2-2-36(b)所示]，降压风缸与制动缸间的通路被阻，制动时副风缸中的压缩空气经三通阀直接进入制动缸而产生较大的制动力。

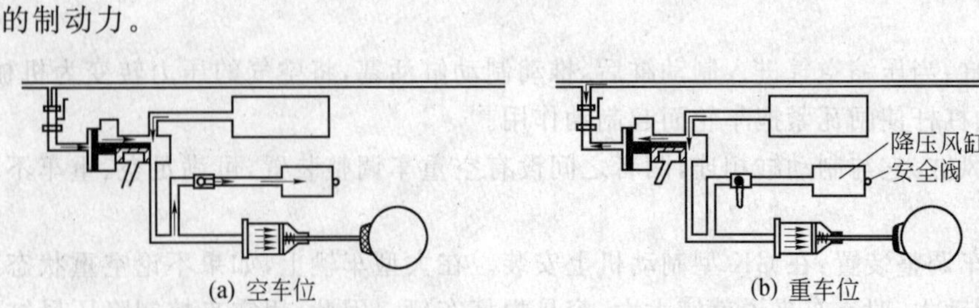

(a) 空车位　　(b) 重车位

图 2-2-36　空重车位转换装置作用原理

4. 缓解阀和紧急制动阀

当机车和车辆连挂在一起时，可以由司机操纵制动阀对列车进行制动或缓解。但是，当货物列车到达解体站后，机车摘下入段，而车列中的制动机仍处于制动状态。在这种情况下，就不可能用向制动主管充气的办法来使制动机缓解，而只能用降低副风缸的压力达到缓解目的，因此在货车的副风缸上都装有缓解阀。缓解阀的构造如图 2-2-37 所示。使用时，拉动缓解阀，使副风缸的压缩空气经缓解阀排出，副风缸内的空气压力低于列车主管的空气压力，三通阀主活塞就动作，滑阀随其移动，使制动缸内的空气排出大气闸瓦离开车轮而缓解。

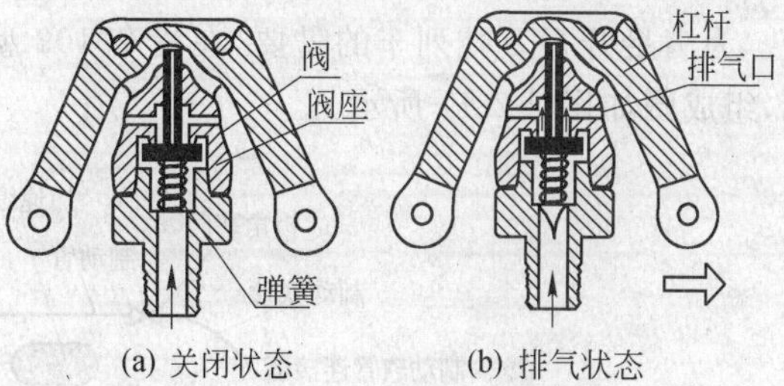

图 2-2-37　缓解阀作用原理

在每节客车上都装有紧急制动阀，即车长阀（如图 2-2-38 所示）。它的一端连通列车制动主管，另一端和大气相通，当列车在运行中，列车员或车长发现紧急情况时，可以按《技规》要求拉动车长阀，它将列车主管压力空气急剧排入大气中，施行急剧减压，使列车紧急制动。

图 2-2-38　客车车厢内的紧急制动阀

5. 新型空气制动机

为了适应车辆向大吨位、高速度方向发展，空气制动机中的三通阀已不能适应铁路运输事业发展的需要。为此，我国铁路已大量生产、装用新型空气制动机。新型空气制动机除增设一个工作风缸（压力风缸），用空气分配阀代替三通阀外，其余部分和上述空气制动机基本相同（如图 2-2-39 所示）。

空气分配阀由中间体、主阀和紧急阀 3 个部分组成（如图 2-2-40 所示）。中间体一面接制动管、工作风缸；另一面接副风缸、制动缸。主阀是分配阀中最主要部分，具有控制充气、缓解、制动等作用。紧急阀能在紧急制动时加快制动管的排风速度，使制动作用可靠，提高制动波速和紧急制动的灵敏度。

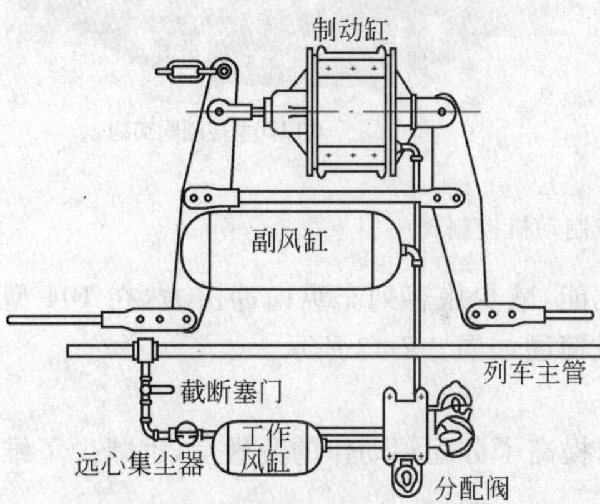

图 2-2-39　103 型空气制动机

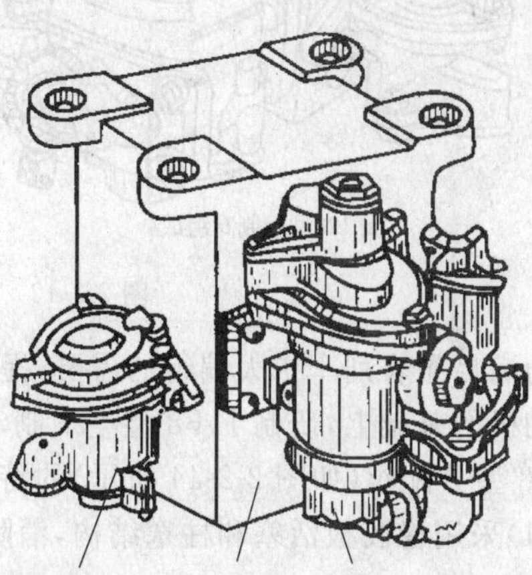

图 2-2-40　104 型制动机分配阀

工作风缸用来储存压缩空气。在紧急制动时，工作风缸和副风缸一起向制动缸输送压缩空气，使制动缸压力更快上升，紧急制动作用更加迅速。

为满足开行万吨列车的需要，在货车 103 型空气制动机的基础上，研制了 120 型空气制动机，组成图如图 2-2-41 所示。

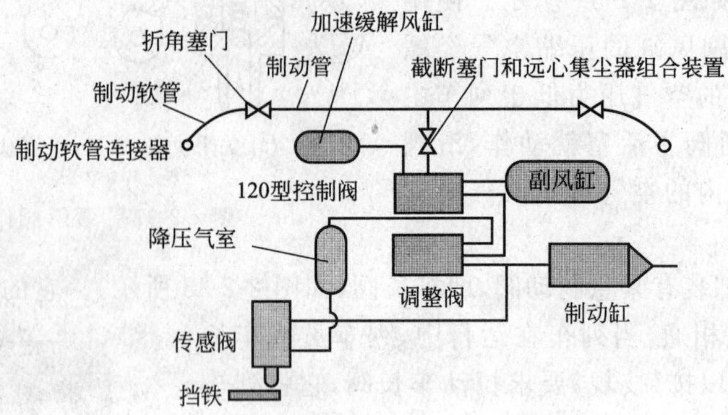

图 2-2-41　120 型空气制动机组成简图

120 型空气制动机的特点如下：

(1)增加了加速缓解风缸。在制动后缓解时风缸内的加速缓解阀与加速缓解风缸一起，加快了制动管的充气并提高了缓解波速(缓解作用沿列车长度方向传播的速度)。

(2)在紧急阀中增设了先导阀。提高了紧急制动波速(制动作用沿列车长度方向传播的速度)。

(3)设置了控制阀(如图 2-2-42 所示)。它与 103 型分配阀最大的不同在于采用了直接作用方式，而 103 型分配阀为间接作用方式，使作用动作相对迟缓，在一定程度上影响制动波速和缓解波速。

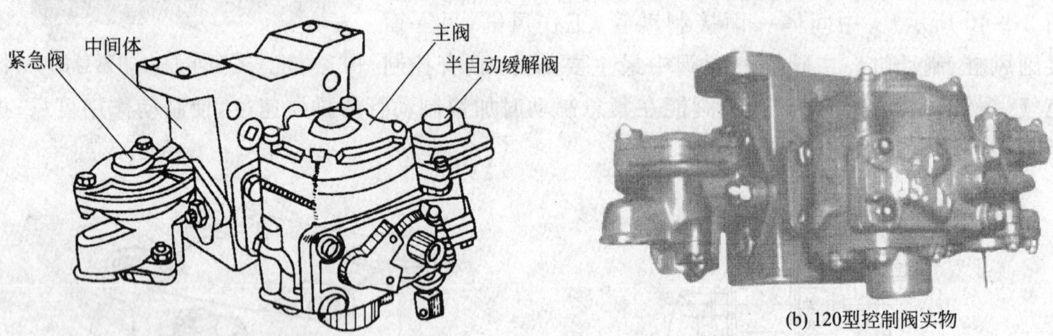

(a) 120型控制阀组成

(b) 120型控制阀实物

图 2-2-42　120 型空气制动机控制阀

为满足旅客列车扩大编组的需要，提高制动性能，减少旅客列车纵向冲击力，在 104 型空气制动机的基础上，研制了 F8 型空气制动机，组成简图如图 2-2-43 所示。

F8 型分配阀(如图 2-2-44 所示)的特点如下：

(1)采用橡胶板活塞和柱塞结构，消除了漏泄，提高了分配阀动作的灵敏度，也减少了维修工作量。

(2)具有自动补风作用，当制动缸有轻微泄漏时，副风缸可自动向制动缸补充压力空气，使制动缸压力不衰减。

(3)具有良好的阶段缓解性能，并有阶段缓解与一次性缓解的转换装置。司机操纵列车更

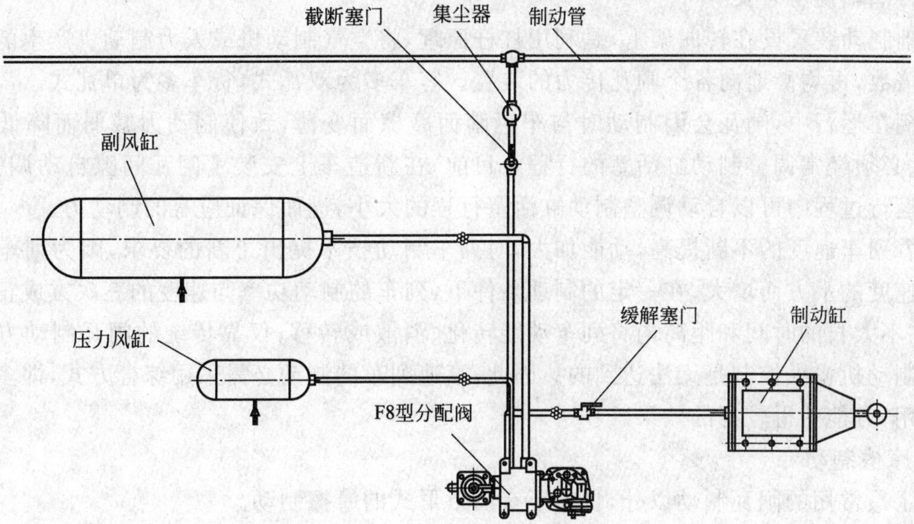

图 2-2-43　F8 型空气制动机组成简图

方便、安全,列车运行平稳,乘客舒适度好。

(4)常规制动与紧急制动分部作用。在紧急制动时,制动管压力空气直接从辅助阀排入大气,提高列车的紧急制动沿列车长度方向传播的速度。而在常规制动时又不发生紧急制动作用,保证了制动的安定性。

(5)可与国内任何型号客车三通阀、分配阀无条件混编,可以编至 25 辆。

新型空气制动机具有制动作用迅速、灵敏度高、制动力强,无论在常用制动和紧急制动时都能缩短制动距离,有利于提高列车运行速度;列车前后车辆制动力比较一致;制动平稳,操纵方便,确保行车安全;便于检修等优点。装有新型制动机的车辆能与装有普通制动机的车辆混合编组使用。

图 2-2-44　F8 型空气制动机分配阀

(二)手制动机

在每节车辆的一端,都装有一套手制动机,可以用人力来使单节车辆或车组减速或停车。手制动机根据用途不同,可分为客车和货车两大类。我国铁路客车上使用较多的是蜗轮杆式手制动机,货车上多用链式手制动机(又叫链子闸),如图 2-2-45 所示,它结构简单、操纵灵活、制动力强。

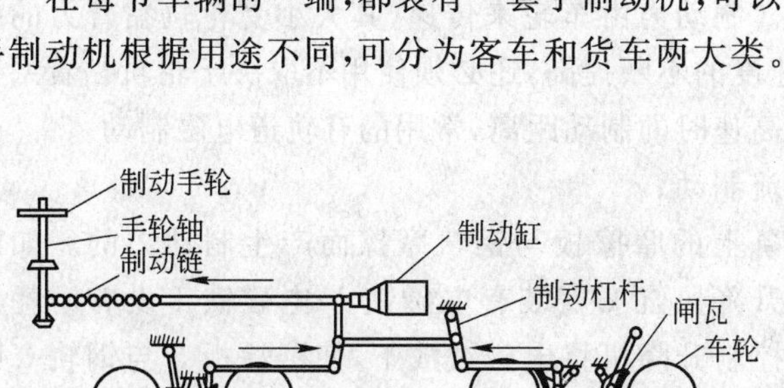

图 2-2-45　手制动机及基础制动装置

当进行人力制动时,可将制动手轮按顺时针方向转动,使制动链绕在轴上,拉动制动杠杆,就如同空气制动机中制动缸活塞杆向外推动一样,使闸瓦紧压车轮而产生制动作用。

(三)基础制动装置

基础制动装置设在转向架上,是利用杠杆原理,将空气制动机或人力制动机产生的力量扩大适当倍数,再均衡地向各个闸瓦传力的装置。客车多为双瓦式,货车多为单瓦式。

车辆在运行中,闸瓦会因制动时与车辆踏面摩擦而变薄,致使制动力减弱而降低制动效率,为此必须经常调整制动缸活塞的行程。目前,在新造车上安装了闸瓦间隙自动调整器,使车辆在运行过程中可以自动调整制动缸活塞行程的大小,进而保证应有的制动力。

随着列车速度的不断提高,动能加大,对列车制动技术提出了新的要求,因为列车的动能随运行速度的平方而增大,在一定的制动条件下,列车的制动功率与速度的三次方成正比。所以,要在不太长的时间和距离内将列车动能转化、消散或转移;仅靠传统的闸瓦制动方式和自动空气制动机操纵控制是无法达到的。因此,高速列车的制动必需采用综合方式,即多种制动协调使用,方能获得较好的效果。

1. 摩擦制动

除了最常用的闸瓦制动以外,目前还有以下形式的摩擦制动。

(1)盘形制动

盘形制动是在车轮的车轴上(轴盘式)或车轮辐板侧面(轮盘式)安装上制动盘,制动时,制动缸活塞和受到压力空气的作用,推出活塞杆,通过拉杆,带动钳形杠杆,使闸片压紧制动盘产生摩擦制动,让列车停止前进。轴盘式盘形制动装置,如图 2-2-46 所示。

世界各国在高速旅客列车上采用盘形制动装置。在我国动车组、双层客车及地铁车辆上使用。采用盘形制动的优点是:

①结构比较简单,直接装在转向架上,各种杠杆、拉杆等零部件可以小型化,能减轻车辆自重。

②制动缸安装在转向架上,制动动作迅速,可提高制动效率。

③由于作用力不在车轮踏面上,制动时使车轮的磨耗减轻,消除车轮热裂纹等,减轻维修工作量。

④动能转变成热能后散发快,闸片和制动圆盘材质间相互间摩擦性能好,制动时减速均匀、平稳、无噪声,尤其在高速运行制动时更为明显,提高了旅客的舒适度。

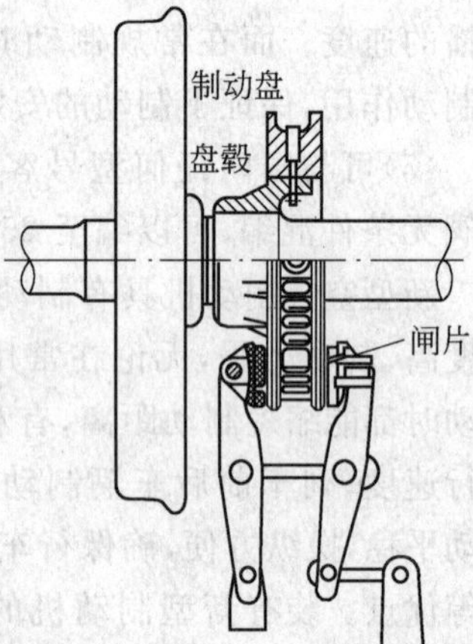

图 2-2-46　轴盘式盘形制动装置

(2)轨道电磁制动

闸瓦制动和盘形制动都属于黏着制动。制动力由车轮来传递,其大小受轮轨黏着力的限制,其制动力不能超过黏着力。随着列车速度的不断提高,还必须使用不取决于轮轨黏着系数的附加制动方式(非黏着制动)以缩短列车高速时的制动距离,常用的有轨道电磁制动。

轨道电磁制动分为磁轨制动和轨道涡流制动。

①磁轨制动是通过电磁作用,使该设备上的摩擦板与钢轨摩擦而产生制动力的。如图 2-2-47 所示。在转向架构架侧梁 4 下通过升降风缸 2 安装有电磁铁 1,电磁铁 1 设有磨耗板 5。当需要制动时,压缩空气进入风缸内,控制升降机将电磁铁放下,使磨耗板 5 与钢轨 3 吸住,车辆的动能通过磨耗板 5 与钢轨的摩擦转化为热能,然后经钢轨和磨耗板最终消散于大气。

磁轨制动能得到较大的制动力,因此常被高速列车用作紧急制动时的一种重要补充制动手段。

②轨道涡流制动是一种独特的制动装置，在转向架两侧的两车轮之间装设条形电磁铁，电磁感应体为钢轨，电磁铁的磁极端面与钢轨表面保持 6～7 mm 的很小间隙。制动时，电磁铁被励磁，由于它与钢轨相对运动，因此在轨头内产生感应电流，即涡流，当这些涡流在磁场运动时，受到一个与运动方向相反的力的作用，这个力就是起制动作用的制动力。目前，它也作为一种辅助制动方式，用在某些黏着制动力不够的高速列车上。

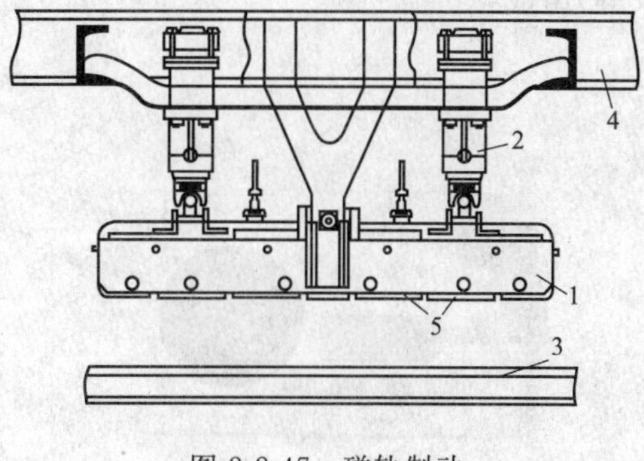

图 2-2-47　磁轨制动

1—电磁铁；2—升降风缸；3—钢轨；4—转向架构架侧梁；5—磨耗板

2. 动力制动

动力制动在制动时，将牵引电机变为发电机，使列车动能转化为电能，而对这些电能的不同处理方式则形成了不同方式的动力制动。运行的列车常常采用的动力制动形式，主要有电阻制动和再生制动。

(1)电阻制动。将发电机发出的电能加于车辆车厢电阻器，使电阻器发热，即电能转变为热能。电阻器上的热能靠风扇强迫通风而消散于大气。电阻制动一般能提供较稳定的制动力，但车辆底架下需要安装体积较大的电阻箱。

(2)再生制动。无论是闸瓦制动、盘形制动、磁轨制动或是电阻制动，列车具有的动能最终都转化为热能而消散于大气中。而再生制动是把列车的动能通过电机转化为电能，然后将电能反馈回电网提供给别的列车使用。显然这种方式既能节约能源，又可减少制动时对环境的污染，并且基本上无磨耗，因此这是一种较为理想的制动方式。

图 2-2-48　列尾装置的安装位置

(四)列车尾部安全防护装置

传统的守车现已被先进的列车尾部安全防护装置(简称列尾装置)所代替，列尾装置有“电子守车”之称。列尾装置安装于列车尾部，如图 2-2-48 所示，是计算机编码、无线遥控、语音合成、计算机信息处理等技术为一体的综合应用，是用于货物列车的重要行车安全设备。

1. 列尾装置的作用

(1)列车尾部安全防护装置主要用于货物列车在取消守车后，机车乘务员能够及时准确地掌握列车尾部风压。

(2)当列车主管风压因非正常泄漏低于规定的限值时，该设备可自动报警。

(3)当车辆折角塞门被意外关闭时，机车乘务员可操纵列尾装置进行尾部排风辅助制动，以防事故的发生。

(4)该设备可兼作列车昼夜尾部标识，昼间以红、白相间反光漆面板为醒目标记，夜间以自控红色闪光显示。

2. 列尾装置的构成

列尾装置主要由固定在司机室的司机控制盒(图 2-2-49 所示)和安装在列车尾部的列尾

主机(图 2-2-50 所示)两部分及附属设备(如机车号确认仪、列尾装置专用测试台、控制盒检测仪等)组成。

图 2-2-49　司机控制盒

图 2-2-50　列尾装置主机

(1)司机控制盒:由主控单元及语音播放系统组成,固定在机车上便于司机操作处,与列调电台相连。

(2)尾部主机:由无线电台、主控单元、风压传感及排风系统等组成,卡锁在列车尾部车辆钩头处,其风管与列车尾部相连。

3. 列尾装置的工作过程

(1)将 4 位本务机车号码输入到尾部主机后,该机车(司机控制盒)就与尾部主机建立了“一对一”关系(称此过程为“确认”)。

(2)司机操纵司机控制盒向尾部主机发出各种数字编码指令,尾部主机接受并执行,同时将结果也以数字编码形式回示机车,司机控制盒识别解码后,司机通过控制盒的扬声器中听到相应的反馈语音。

(3)司机控制盒上有红、绿、黑三个按键。红键由于紧急情况下操纵尾部主机排风;绿键用于查询列车尾部风压;黑键用于向尾部主机输入机车号码,即“确认”(黑键+绿键为消除存在尾部主机中的机车号码,即“消号”)。

为保证行车安全,尾部主机处接收司机控制盒发来的指令外,还具备自动报警功能。

五、车辆内部设备

车辆内部设备是一些能良好地为运输对象服务而设于车体内的固定附属装置。如客车上的电气、给水、取暖、通风、空调、座席、卧铺、行李架等装置均属于车辆内部设备。货车由于类型不同,内部设备也因此千差万别,一般来说比客车简单。如棚车中的拴马环、床托等分别为运送大牲畜及人员所设。其他如冷藏车、家畜车等各有其特殊的内部设备。

六、重载车辆的特点

铁路重载运输的发展,必然对原有的技术装备提出新的要求,车辆应采用载重量大、强度高、自重系数小的大型四轴货车。货车大型化的主要途径是提高轴重。但轴重又受到轨道与桥梁结构强度的限制,因此要求线路结构与轴重提高相协调。如国外已采用 70 kg/m 的钢轨,货车载重量达到 90 t,轴重为 31.25 t。

为提高车体的耐腐蚀性和降低自重,采用了耐候钢和铝合金材料等。为使车辆总体性能得到加强,装用新型空气制动装置、高强度车钩和大容量高性能缓冲器。为改善走行性能,研制低动力作用转向架等。

1. 可靠的车钩缓冲装置

车钩缓冲装置是车辆最重要的部件之一，试验表明，5 000 t 重载列车的冲击力比普通列车(3 500 t 左右)高一倍以上。因此，重载列车车辆需要高强度的车钩和大容量、高性能的缓冲器。因此车钩缓冲装置的结构设计、材质工艺、维修保养以及机车操纵技术等方面都提出了具体要求。

提高车钩强度的主要途径是用高强度低合金铸钢代替铸钢。缓冲器则采用高强度的弹簧钢代替以前的弹簧钢，并改变环簧断面尺寸和加大缓冲器作用力的行程。

采用单元重载列车和组合列车运输时，列车牵引总重可达 10 000 t 以上，整个列车固定编组，利用翻车机不摘钩卸车，因此，这样的车辆在一端必须上装有采用旋转式车钩(见图 2-2-29)。另一端装设普通的固定式车钩。当车辆进入翻车机位时，翻车机带动待翻车辆翻转 180°，车底组连同一端装有转动车钩的钩尾框相对于车钩钩身旋转，达到不摘钩连续作业的目的，缩短了卸货作业的辅助时间，提高了作业效率。

2. 采用性能良好的制动装置

重载列车与普通列车相比，速度并不高，但重量大、编组车辆数多、列车很长，列车需要制动或缓解时，前后部车辆制动与缓解的时间差较大，造成了纵向冲击力的加大。此外，由于辆数多、列车长，重载列车的副风缸数量也多，列车制动管总容积加大，造成了初充气时间长、列车管减压速度和增压速度都较低，且沿列车管长度方向有较严重的“衰减”。这些，都会影响重载列车运行的安全。因此各国都在研究改进制动机的结构，以提高其性能。

重载列车制动装置应具备如下功能：

(1)应具有较高的制动波速和缓解波速。它可以缩短制动和缓解时列车前后部作用的时间，减轻制动和缓解的纵向冲击，并能缩短列车制动距离。为此，要加强和改进机车车辆制动时的局部减压性能，在每个车辆制动机上增添加速缓解阀和小容量的加速缓解风缸，使制动机具有缓解时能局部增压的性能。

(2)采用摩擦系数较大的闸瓦，如高摩合成闸瓦，这样，可保证在同样的闸瓦摩擦力的条件下，达到所需要的制动力。改用较小的制动缸和副风缸，以减少初充气的时间，保证运输安全。

(3)采用性能良好的空重车自动调整装置，保证空车不滑行、重车具有足够的制动力。

(4)要有密封式制动缸和良好的“压力保持”性能。在长大下坡道制动保压时，能保持制动缸压强不因泄漏而衰减。

第三节　车辆标记和车辆技术参数

一、车辆标记

车辆标记是为了表示车辆的类型和特征，满足运用、检修和统计的需要，每一铁路车辆上均应具有规定的各种标记。车辆标记分为车型车号标记、运用标记、产权制造标记、检修标记等。

(一)车型车号标记

为了对车辆识别和管理，适应全国铁路微机联网管理的需要，对运用中的每一辆车均应分配唯一的编码。编码的主要内容为车种、车型、车号。

1. 车种编码原则上用该车种汉语拼音名称中关键的一个或两个大写字母表示，其中客车用 2 个(或 3 个)字母，货车用一个字母，见表 2-2-2。

表 2-2-2　部分车辆车种、车号编码表

货车				客车			
序号	车种	基本型号	车号范围	序号	车种	基本型号	车号范围
1	棚车	P	3000000～3499999	1	软座车	RZ	10000～19999
2	敞车	C	4000000～4899999	2	硬座车	YZ	20000～49999
3	平车	N	5000000～5099999	3	软卧车	RW	50000～59999
4	罐车	G	6000000～6309999	4	硬卧车	YW	60000～89999
5	冷藏车	B	7000000～7231999	5	餐车	XL	90000～94999
6	矿石车	K	5500000～5531999	6	行李车	UZ	3000～6999
7	集装箱车	X	5200000～5249999	7	邮政车	CA	7000～9999
8	家畜车	J	8010000～8039999	8	公务车	GW	
9	水泥车	U	8040000～8059999	9	试验车	SY	
10	特种车	T	8065000～8074999	10	代用座车	ZP	
11	长大货物车	D	5600000～5699999	11	硬座双层客车	YZS	

2. 车型编码用大写汉语拼音字母和数字混合表示，依次由三部分组成：第一部分为车辆所属的车种编码，用一位大写字母表示，作为车型编码的首部；第二部分为车辆的重量系列或顺序系列，用一位或二位数字或大写字母表示；第三部分为车辆的材质或结构，用一位或二位大写字母表示。例如：

C_{62A}型敞车
　└结构
　└重量系列
　└车种

一个完整的货车标记包括基本型号、辅助型号和车号。

如：C_{62A} 4785930，C 是基本型号，表示货车是敞车；62 是辅助型号，表示重量系列；A 也是辅助型号，表示车辆的材质区别；4785930 是车号。

N_{17A} 5028763，N 是基本型号，表示货车是平车；17 是辅助型号，表示顺序系列；A 也是辅助型号，表示车辆的结构区别；5028763 是车号。

3. 车号编码采用 4～7 位数字代码，因车种、车型不同，使用数字规定了区分范围，同种车辆的车号必须集中在规定的码域内，以便从车号编码上反映车辆的车种、车型。具体码域见表 2-2-2。一辆车的编码是该车的重要标识，必须涂刷在车辆侧墙上明显的位置。

（二）运用标记

运用标记是铁路运输部门如何运用车辆的依据，包括性能标记和特殊标记。

(1)自重、载重及容积。自重为空车时车辆本身的重量，以 t 为单位，保留一位小数。载重即车辆允许的最大装载重量，以 t 为单位。容积是货车内部可容纳货物的体积，以车体内部长、宽、高的乘积表示，尺寸以 m 为单位。

(2)车辆全长及换长。车辆全长为该车两端车钩位于锁闭位置时，两端钩舌内侧间的距离，以 m 为单位。

换长是为了编组列车时统计工作的方便，将车辆全长换算成辆数来表示的长度，换算时以长度 11 m 为计算标准，即

$$换长=\frac{车辆全长}{11}$$

计算中保留一位小数，尾数四舍五入。

(3)车辆定位。车辆的定位一般以制动缸活塞杆推出的方向为一位端，相反的方向为二位端，并在车上规定的部位涂刷方位标志，如图2-2-51所示。

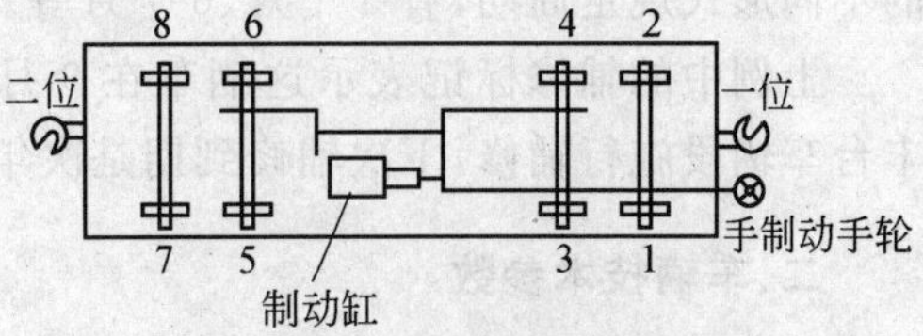

图 2-2-51　车辆定位示意图

车辆的车轴、车轮、车钩、转向架、轴箱等部位的称呼，均由第一位车端开始数，左右对称时从左到右数(左为单数，右为双数)，依此数到第二位车端。

(4)表示车辆设备、用途及结构特点的各种标记(主要指货车)，如：

(MC)——表示可以参加国际联运的客货车。

⛔——表示禁止通过机械化驼峰的货车。

(人)——表示具有车窗、床托等的棚车，必要时可供运送人员使用。

(古)——表示具有拴马环或其他拴马装置的货车。

(关)——表示活动墙板或其他活动部分翻下时，超过车辆限界的平车。

[危险]——危险货物及酸、碱类罐车在其车体的四周涂刷200 mm宽的色带。毒品为黄色，爆炸品为红色，并在色带上或色带中间涂写“危险”字样。在救援列车车辆的两侧中央涂刷宽为200 mm的白色横线。

此外，车辆上还有集重标志、毒品标志、客车运行区间牌、色票插、货票插及特种票插等。

(5)客车车种汉字标记及定员标记：为了便于旅客识别，在客车侧墙上的车号前用汉字涂打车种名称，如“硬座车 YZ_{22} 23456”、“硬卧车 YW_{22} 66542”等，在客车内端墙上方特制的标牌上标明车号及按座席或铺位可容纳的定员数。

(三)产权制造标记

1. 国徽：凡参加国际联运的客车须在侧墙外中部悬挂国徽。

2. 路徽：凡产权归铁道部的车辆均应在侧墙或端墙适当的部位涂刷路徽，对于货车还应在侧梁适当部位安装产权牌，它的式样如图2-2-52所示。

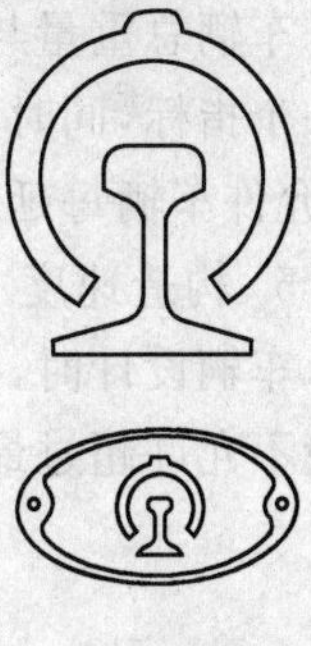
图 2-2-52　路徽及产权牌

3. 路外厂矿企业自备车辆的产权标志：路外厂矿企业的自备车因运送货物或委托路内厂、段检修而需要在正线上行驶时，一般在侧墙上或其他相应部位用汉字涂打上“××企业自备车”字样。

4. 配属标记：所有客车以及个别有固定配属的货车，必须涂刷上所属局、段的简称。

(四)检修标记

2008.9 2007.3沈山
2009.3 2003.3齐厂

图 2-2-53　厂、段修标记

1. 厂修、段修标记：分段修、厂修两栏，如图2-2-53所示。

检修标记一般为分数形式，分子(横线上部)为段修标记。分母(横线下部)为厂修标记。每一部分左侧两个数字表示下次检修的年、月，右侧两个数字表示本次检修的年、月，最后标明的是检修单位的简称(如：“沈山”代表沈阳铁路局山海关车辆段，

“齐厂”代表齐齐哈尔车辆厂）。这些制造、检修单位的简称都是铁道部统一命名的、是唯一的、没有重名的。

2. 辅修及轴检标记(图 2-2-54)。这两种检查是定期进行的。辅修周期为 6 个月。轴检须视轴承的不同形式规定周期，有 3 个月、6 个月等。

辅修标记

3—15	9—15 丰

轴检标记

12—15	9—15 丰

图 2-2-54　辅修及轴检标记

上例中的辅修标记表示这辆车在 9 月 15 日由丰台车辆段施行辅修，下次辅修到期是次年的 3 月 15 日。

二、车辆技术参数

车辆技术参数是表明车辆结构上和运用上某些特征的一些指标，除了自重、载重、容积等已在“车辆标记”部分做了说明外，还有以下几项。

1. 自重系数

车辆自重与标记载重的比值。自重系数小，说明机车对运送每一吨货物所做的功少，比较经济，所以自重系数越小越好。今后我国将大量制造大吨位的货车，以压缩车辆的自重系数，有利于降低货运成本，满足货物重载运输的需要。它是衡量货车设计合理性的一个重要参数。

2. 轴重

车辆总重与轴数之比，即车辆每一轮对加于轨道上的重力。车辆的轴重受轨道和桥梁结构强度(允许的荷载)的限制，所以不允许超过规定数值。目前，我国线路允许的最大轴重为 23 t。

3. 比容系数

车辆设计容积和标记载重之比(该参数对一般货物而言)。这是说明车辆载重力与容积能否达到充分利用的指标，可供铁路运输部门装车配载时参考。

4. 每延米轨道载重

车辆总重量与车辆全长之比(单位为 t/m)。它是车辆设计中与桥梁、线路强度密切相关的一个指标，同时又是能否充分利用站线长度、提高运输能力的一个指标。按目前桥梁设计规范，允许车辆每延米轨道载重可取到 8 t。线路允许载荷我国规定一般不得超过 6.6 t/m。

5. 构造速度

车辆设计时，按安全及结构强度等条件所允许的车辆最高行驶速度。车辆实际运行速度一般不允许超过最高试验速度。

第四节　车辆的检测与维修

为了完成运输任务，铁路必须拥有相应数量的、性能良好的车辆。因此，一方面铁路工业部门要不断地新造足够数量的车辆；另一方面车辆部门还要做好车辆在日常运用中的维修保养工作，使已有车辆经常处于质量良好的状态，才能确保安全、高速、平稳地运送旅客和货物，并延长车辆的使用寿命。

现在，我国铁路车辆的计划预防检修分为定期检修和日常维修两大类。

一、定期检修

车辆定期检修就是按照规定的期限，对整个车辆或某些部分进行全部或部分的检修。每一辆车不论其技术状态如何，经过一定时间的运用后都要进行定期检修。

客车定期检修的修程分为厂修、段修和辅修 3 种，检修周期如表 2-2-3 所示；货车定期检修的修程则分为厂修、段修、辅修和轴检 4 种。检修周期如表 2-2-4 所示。

表 2-2-3　客车定期检修周期表

<table>
<tr><th rowspan="2">序号</th><th rowspan="2">车　种</th><th colspan="3">检修周期</th></tr>
<tr><th>厂修(年)</th><th>段修(年)</th><th>辅修</th></tr>
<tr><td>1</td><td>国际联运车</td><td>4</td><td>1</td><td rowspan="7">6 个月</td></tr>
<tr><td>2</td><td>主型车(22、23 型)、新型车、进口车中的硬卧车、硬座车、软卧车、软座车、行李车、邮政车、上述车种的合造车</td><td>6</td><td></td></tr>
<tr><td>3</td><td>各型餐车、空调发电车、上述车种的合造车</td><td>6</td><td></td></tr>
<tr><td>4</td><td>25 型硬座车、硬卧车、软座车、软卧车、餐车、行李车、发电车等</td><td>7.5</td><td>1.5</td></tr>
<tr><td>5</td><td>双层硬座车、硬卧车、软座车、软卧车、餐车、合造车等</td><td>7.5</td><td>1.5</td></tr>
<tr><td>6</td><td>部署客车</td><td>10</td><td>2.5</td></tr>
<tr><td>7</td><td>公务车、试验车、维修车、卫生车、文教车、发电车、特种车等不常用车</td><td>10</td><td>2.5</td></tr>
</table>

注：为了做到平衡检修计划和调整技术质量状态，各级修程可根据客车质量情况，允许提前或延期施修。

表 2-2-4　货车定期检修周期表

<table>
<tr><th rowspan="2">序号</th><th rowspan="2">车　种</th><th colspan="2">厂修</th><th rowspan="2">段修</th><th rowspan="2">辅修</th><th rowspan="2">滑动轴承轴检</th></tr>
<tr><th>普碳钢</th><th>耐候钢</th></tr>
<tr><td>1</td><td>冰冻车</td><td rowspan="2">4 年</td><td>6 年</td><td rowspan="2">1 年</td><td rowspan="2">6 个月</td><td rowspan="2">3 个月</td></tr>
<tr><td>2</td><td>酸碱类罐车、液化石油气罐车、液氯罐车</td><td>8 年</td></tr>
<tr><td>3</td><td>棚车、敞车、平车、矿石车、罐车、家畜车、粮食车、水泥车、活鱼车、守车、载重 60 t 的凹型平车</td><td>5 年</td><td>8 年</td><td>1 年</td><td rowspan="3">6 个月</td><td rowspan="3">3 个月</td></tr>
<tr><td>4</td><td>不常用的专用车、载重 90 t 以上的货车</td><td>8 年</td><td></td><td>2 年</td></tr>
<tr><td>5</td><td>C_{62A}、$C_{62A(N)}$、C_{64}、X_{6A}、P_{62}、P_{62N}、P_{63} 及新型通用货车</td><td>6 年</td><td>9 年</td><td>1.5 年</td></tr>
</table>

注：1. 专用车指：救援车、机械车、线桥工程车、宿营车、发电车、检衡车、磅秤修理车、生活供应车、战略车等；

2. 毒品车不作厂修。

1. 厂修：由车辆工厂负责，对车辆进行全面而彻底的修理车辆经过厂修后，该车辆的性能要求达到或接近新车的水平。货车厂修采用定期修为主，状态修为辅的修理制度，即规定了厂修的基本周期，又考虑到货车的实际技术状态，并且逐步扩大换件修、状态修和专业化集中修的范围。集中修可适应专业化大生产体系的要求，提高修车效率和检修质量。

2. 段修：由车辆段承担。段修要求对车辆各部分作全面的检查，修换其损坏和磨耗过限部分。车辆段是设在铁路沿线负责车辆检修工作的基层生产单位，一般设在编组站、国境站、铁路枢纽以及货车大量集散和始发终到旅客列车较多的地区，并负责领导沿线车辆检修单位(列检所、站修所等)。它的基本任务是承担车辆的段修和较大修程车辆的临修及部分日常维修保养工作，并贯彻执行铁道部、铁路局的规章、命令和通知，编制客货车检修技术作业过程和有关制度，保证质量良好地、均衡地完成车辆检修任务。

车辆段是设在铁路沿线负责车辆检修工作的基层单位，一般设在编组站、国境站。铁路枢纽以及货车大量集散和始发终到旅客列车较多的地点。它主要承担车辆的定期检修和日常保养工作，因此在段内设有修车库、修车线及辅助车间等。在它所负责范围内的每一编组站和区段站上均设有列车检修所，并根据需要设立站修所等日常检修单位。

车辆段分为客车车辆段、货车车辆段、客货车混合段、罐车车辆段和机械保温车车辆段等数种。图 2-2-55 为货车车辆段的平面布置图。段内设备包括修理库(简称修车库),车辆停留线,轮对存放线,并有相应的起重、动力、配件加修、轮对检修、储油、废油及污水处理、试验、化验和照明等设备。检修客车、罐车和机械保温车的车辆段,还应分别有油漆库、罐车洗刷和检修冷冻机、柴油机、电机等设备。

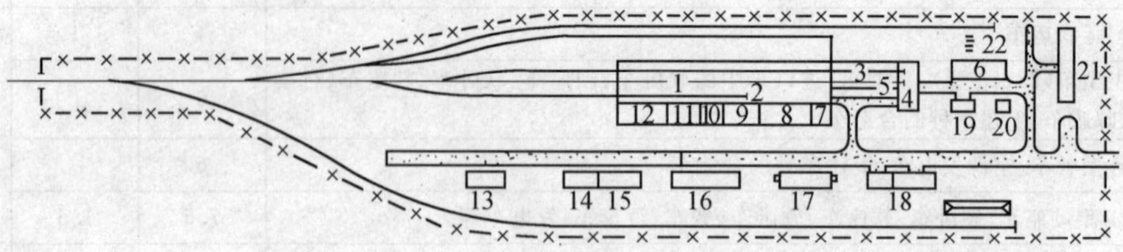

图 2-2-55　货车车辆段示意图

1—修车库;2—转向架车间;3—轮对轴箱互换间;4—轮轴间;5—挂瓦间;6—油线间;7—机械钳工间;8—配件架修间;9—车钩缓冲装置间;10—备品库;11—制动间;12—木工间;13—利材间;14—材料棚;15—材料库;16—设备维修间;17—锻工弹簧间;18—食堂;19—空气压缩机间;20—变电间;21—段办公室;22—储油库

3. 辅修:主要是对制动装置和轴箱油润部分进行检修。客车的辅修一般在库停时间内施行,货车的辅修和轴检在检修所(线)进行。

目前,为保证客车运行安全,对运行时速超过 120 km 客车的检修以走行公里数来确定修程。其修程分为 A1、A2、A3、A4 四级。

1. A1 级检修:车辆运行达到 20 万 km 的,对关乎行车安全的关键部件实施“换件修”,就是该部件不管有没有问题,都要换下装上新的。对其他部位实施“状态修”,就是把发现的问题的部位加以解决,使该部件恢复到良好的状态。

2. A2 级检修:车辆运行达到 40 万 km 的,对零部件实施分单元、分部位的换件修和状态修,使车辆基本恢复技术状态,保证行车安全,提高使用效率。

3. A3 级检修:车辆运行达到 80 万 km 的,对客车重点部位实施大范围的换件检修,确保行车安全,对车体也要进行高标准的状态修,全面恢复客车车体各项设施的功能。A3 级检修在车辆段内进行。

4. A4 级检修:车辆运行达到 240 万 km 的,只是进车辆工厂进行的全面大修,不仅要恢复车辆的基本功能,还要根据情况进行技术改造,消除运用中发现的缺陷,以提高车辆的技术水平。

二、日常维修

为使车辆经常保持良好的技术状态,在定期检修之间的运用期内,还必须对车辆进行日常检查和维修工作。只有日常检查和定期检修配合起来,才能保证车辆的完好和正常运用。

日常维修工作由列车检修所和站修所等单位承担。列车检修所对经本站中转或到达本站的列车中所有车辆进行技术检查和修理,同时还负责扣修定检到期的车辆。站修所的任务是进行货车的摘车修理、轴检和辅修工作。为了车辆的良好运用和加速车辆周转,在日常维修中应尽量采取不摘车修理方式。

1. 客车日常维修

客车的日常保养主要在列车编组站和折返站的客车整备所施行，分为库列检和站列检。库列检是在客车整备所进行客车技术检查、日常保养和清扫整备作业。站列检是旅客列车在运行图指定的技术检查站进行检修作业。此外，旅客列车上还设有检车乘务员，进行途中的技术保养工作。

日常保养主要保证车辆的行车安全。彻底修复车辆故障，提高车辆的技术质量要靠定期检修来实现。所以定期检修是为了提高修车质量，以减少日常保养的工作量。

2. 货车日常维修

货车的日常保养由列车检修所进行，分为列车检修和临修。列车检修主要是对到达和始发列车进行技术检查，发现故障尽可能利用技术检查的时间来修复。临修则是对在技术检查中发现的个别工作量大的故障车从列车中摘下，送往站修所或站修线修理。

日常保养也主要是为了保证车辆的行车安全。

三、车辆运行安全防范预警系统

为保证列车运行的安全，一种全新的车辆运行安全防范预警系统已在全路建立起来，即“地对车安全监控体系”(称为“5T”系统)。它是采用不同检测手段的五大监控系统，全方位地对运行中列车的车辆进行动态监控，由于这 5 个系统的英文名称打头字母都是 T，所以被称为“5T”系统。

1. 红外线轴温探测系统(THDS)

我国铁路自 20 世纪 80 年代起开始运用红外线技术探测轴温，经过不断发展，近年来适应提速要求安装了提速探头设备，红外线轴温探测系统也从单独地探测站设备，发展到全路三级网络，形成网络监控能力。

THDS 系统(如图 2-2-56 所示)利用轨边红外线探头，通过传感器对通过车辆每个轴承的温度实时检测，把运行中列车的每个轴箱表面温度的红外辐射信号接收下来，转换成卖从信号输出，经电缆传送到铁路局车辆运行安全检测中心，并把每个轴箱的温度记录下来，按微热、强热、激热三个等级预报热轴状态。通过配套的故障智能跟踪装置，实现车次、车号跟踪，对热轴货车车号精确预报，并跟踪报警，重点防范热切轴事故。

图 2-2-56　红外线探轴温装置

2. 货车运行状态地面安全监测系统(TPDS)

TPDS系统(如图2-2-57所示)利用安装在铁路正线直线段上特制的框架式轨道检测平台、传感器和车号识别装置等,组成一个综合检测区对货车运行安全指标进行动态监测,重点检测车辆在轨道上产生的轮轨力和轮对运动状态。由于轨道检测平台做得非常结实,保证了轨道的高平顺性,排除了测试时轨道不平顺对车轮运转的影响;由于有较长的连续检测区,便能测得一段较长时间内车轮垂直压力增减变化过程数据的平均值,能对车轮滚动周期内车轮不同方向着地时轮轨动态的作用进行有效监测,可识别出运行状态不良的车辆,有效地防范货车脱轨特别是空载货车在直线段脱轨,并监测因车轮踏面擦伤、剥离以及货物超偏载等引起的危机行车安全的情况,有效地保证了车辆运行的安全。

图2-2-57 TPDS监测系统

3. 货车滚动轴承早期故障轨边声学诊断系统(TADS)

TADS系统(如图2-2-58所示)利用室外声音传感器陈列、车轮传感器、车号自动识别地面天线等设备,实时采集运动货车滚动轴承噪声,通过室内对资料进行分析,及时发现货车轴承早期故障,如轴承裂缝、破损等故障进行在线(计算机联网)诊断预报,能够比红外线轴温探测系统更早地防范切轴事故。

图2-2-58 TADS探测站室外设备

4. 货车运行故障动态图像检测系统(TFDS)

TFDS系统利用轨边高速摄像头,对运行货车进行动态检测,及时发现货车运行故障,重点检测货车走行部 、制动梁、悬吊件、枕簧、车钩缓冲装置等安全关键部位,重点防范制动梁脱落事故,防范摇枕、侧架、车钩缓冲器大部件裂损、折断,防范枕簧丢失和窜出等危机行车安全的隐患。

货车运行故障动态图像检测系统(TFDS)在每个列检所设置一套,分为数据采集站、数据处理中转站、检测分析中心三个部分。

(1)数据采集站:安装于室外列车通过的轨道旁,包括11块永磁信号传感器(磁钢)、高速摄像机及相关设备等。永磁信号传感器(磁钢)接收列车到达的信息,高速摄像机检测车辆走行部的状态。

(2)数据处理中转站:位于控制室,包括TFDS动态监测仪(前置处理器)、端口处理器、光纤收发器等。前置处理器和端口处理器24 h开机监视磁钢C0至C10,当有列车通过各控制磁钢时,它们便将采集的信号送入控制室,打开光源及摄像机的保护门,各摄像机立即投入工作,高速摄像。待列车通过后,保护门、光源立即关闭,然后前置处理器和端口处理器对采集的数据进行分析整合,最终将列车关键部位的图像显示在显示器上并传输到检测分析中心网络服务器中。

(3)检测分析中心:包括光纤收发器、交换机、网路服务器及窗口机等。在检测分析中心,一旦列车进站触发开机磁钢,系统便自动开启并将图像数据接收到网路服务器,同时在窗口机上弹出绿色的2 min倒计时报警提示。室内检车员必须在规定时间内点击此绿色提示,否则,系统将认为此时室内检查员不在岗并记录在案。点击了图标后,室内检查员便可以在计算机屏幕前观察图像,进行"检车"工作,发现问题就及时预警。

TFDS系统工作流程,如图2-2-59所示。

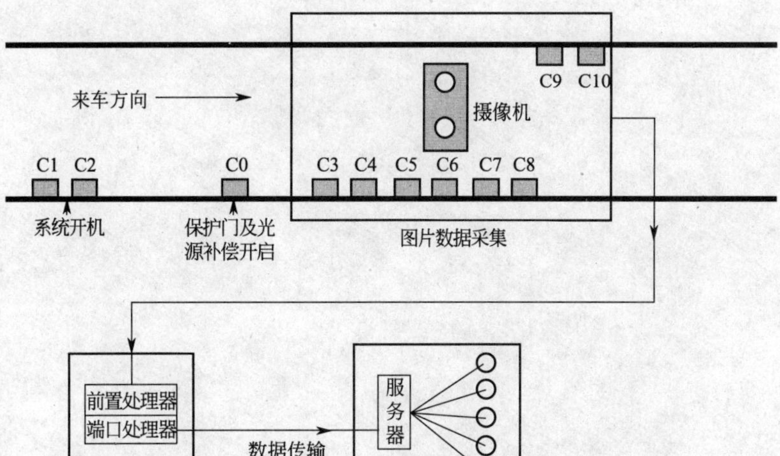

图2-2-59　TFDS系统工作流程

5. 客车运行安全监控系统(TCDS)

TCDS系统随车对160 km/h速度及以上的客车的轴温、制动系统、转向架安全指标、火灾报警、客车供电、电器及空调系统运行安全状况进行检测,重点防范客车热轴事故、火灾事故,转向架、制动系统、供电、电器及空调故障。

复习思考题

1. 铁路车辆如何分类?
2. 铁路车辆的基本构造分为哪几部分?
3. 货车走行部由哪几个部分组成?简述各部分的作用。

4. 车辆走行部采用转向架形式有什么优点？

5. 车辆车钩缓冲装置由哪几部分组成？其作用是什么？

6. 车钩有几种作用位？分别在什么情况下使用？

7. 空气制动机和人力制动机应用上有什么不同？

8. 简述空气制动装置的缓解作用和制动作用。

9. 简述货物重量是经过车辆中哪些具体部件传到地面的。

10. 5T 指的是哪几个系统？简述每个系统的作用。

第三章 铁路机车

第一节 概 述

机车是铁路运输的牵引动力。由于铁路车辆不具备动力装置，需要将其连挂成列，由机车牵引沿钢轨运行。在车站内，车辆的转线以及货物车辆的取送等各项调车作业，都要由机车完成。因此，铁路为了完成客、货列车的牵引和车站的调车工作，铁路必须保证提供足够数量、牵引性能良好的机车；同时，还必须加强对机车的保养与检修工作，正确组织机车的合理运用等。

一、铁路牵引动力的类型

铁路采用的机车类型很多，可有不同的分类。

1. 从牵引动力分：可分为蒸汽机车、内燃机车、电力机车等。

2. 从运用分：有客运机车、货运机车、调车机车。客运机车要求速度高，货运机车需要牵引力大，而调车机车要具有机动灵活的特点。

调车机车主要用于铁路站场内或专用线上车辆的编组、解体、专线等调车作业。而客运机车和货运机车用于牵引客、货车辆在铁路线上运行，属于干线机车(也称本务机车)。

蒸汽机车的应用，迄今已有 185 年的历史，在铁路发展史上起过重要作用。蒸汽机车是通过蒸汽机把燃料的热能转换成机械能，用来牵引列车的一种机车。蒸汽机车主要由锅炉、汽机、走行部、车架、煤水车、车钩缓冲装置、制动装置组成。锅炉是供给机车动力的能源；装在机车两侧的两套汽机则是把蒸汽的热能转换成机械能，以驱动机车运行。

由于蒸汽机车的构造比较简单，制造和维修比较容易，成本比较低，因此最早被世界各国铁路所采用。但是，蒸汽机车的热效率太低，其总效率一般只有 5%～9%，继续提高机车的功率和速度已相当困难；煤水消耗量很大，需要大量的上煤、给水设备；且对环境有较大的污染。因此，在现代铁路运输中，蒸汽机车已逐渐被其他新型机车所取代。

二、机车牵引性能的基本概念

机车牵引列车运行的过程，就是机车牵引力克服列车起动时和运行中所受的阻力过程。机车牵引列车运行是由于它具有相当大的牵引力，用来克服列车起动时和运行中所受的阻力，在列车运行中的任意瞬间，机车牵引力(F)和运行速度(v)的乘积，就是机车的功率(N)，即 $F \cdot v = N$，常用“kW”做单位。任何一种机车，它的最大功率率是一定的，叫做标称功率，例如，DF_{4B}型内燃机车的标称功率为 1 985 kW。

机车在牵引列车时，由于线路平纵断面及其他因素的影响所受到的阻力是经常变化的。当阻力增大时，机车就要发挥出更大的牵引力来克服它；反之，当阻力减小时牵引力就可以小一点。为了充分利用机车的功率，要求机车在各种不同运行阻力的情况下，都能具有恒功率输出性能。这就要使 $F \cdot v =$ 常数。可见，牵引力和速度之间应当成反比关系；当速度小时，牵引力大；速度大时，牵引力小。

把对 F 和 v 的这种要求表示在坐标上，应该是一条双曲线，如图 2-3-1 所示。这条曲线叫做机车理想牵引性能曲线，无论任何一种机车的牵引性能，都应与它相符合。

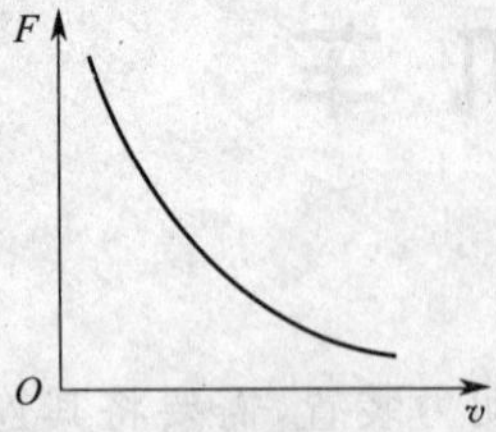

图 2-3-1　机车理想牵引性能曲线

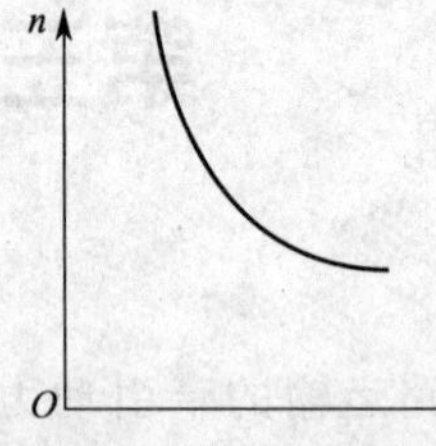

图 2-3-2　直流串励电动机转速与转矩关系示意图

当然，曲线的两端不能无限延长。左端，牵引力不能超过轮轨之间的黏着力，否则车轮会空转；右端，速度也不能超过机车构造所能允许的范围。

电力传动内燃机车是由牵引电动机通过齿轮驱动的，所以机车牵引力和速度取决于牵引电动机的转矩和转速，从而也就决定了机车的牵引特性。

电力传动内燃机车一般采用串励牵引电动机，它的速率与转矩关系如图 2-3-2 所示。

它所具有的工作特性最适合于机车牵引的要求，即机车上坡或负载增加时，牵引电动机转矩较大，而转速较低；反之，则转矩减小，转速上升。因此能满足机车牵引特性的需要。

三、机车牵引重量标准

铁路上编成的车列必须由机车牵引才能完成运输任务。然而，一台机车究竟能拉多少车辆呢？也就是说，机车的牵引重量标准是怎样计算的呢？由于问题涉及面广，在此只作简单介绍。

在计算机车牵引重量时，通常是规定一个机车在限制坡度上运行时的最低速度，作为机车的计算速度 v_j。当机车以计算速度在限制坡度上运行时的牵引力 F_j，就是计算机车牵引重量的依据，它的单位是 kN。

货运机车牵引重量标准（也叫机车牵引定数），一般是指一台某一类型的机车，在一定的限制坡度的条件下，所能牵引列车的最大重量。它是根据机车的持续牵引力，在牵引区段限制坡道上以机车计算速度作等速运行为条件进行计算的。

列车在等速运行时，机车牵引力恰好等于列车的全部阻力。因此，机车的牵引重量可按下式计算（g 的近似值取 10m/s^2）：

$$F_j = W_j = [P(w_0' + i_x) + G(w_0'' + i_x)]g \times 10^{-3} \quad (\text{kN})$$

因此，机车的牵引重量可按下式计算：

$$G = \frac{\lambda_y F_j - P(w_0' + i_x)g \times 10^{-3}}{(w_0'' + i_x)g \times 10^{-3}} \quad (\text{t})$$

式中　G——机车牵引重量（t），取 50 t 的整倍数，不足 50 t 舍去；

P——每台机车计算重量（t）；

F_j——机车计算牵引力（kN）；

i_x——限制坡度的值（千分数）；

w_0'、w''_0——计算速度 v_j 下的机车、车辆单位基本阻力（N/kN）；

λ_y——机车牵引力使用系数，取 0.9。

当然，计算的结果只是初步的，还要经过各种检验。例如，在限制坡度前如果有一个下坡道，那么就有可能在坡前提高速度，利用动能闯坡来提高机车牵引重量。又如，当限制坡度较小时，计算出来的牵引重量 G 就较大，列车能否在站线上起动，也必须进行校验。只有经过试验，在总结机车乘务员先进经验的基础上，并考虑到相邻区段的情况，才能最后确定机车的牵引重量标准。

第二节 内燃机车

内燃机车是以内燃机作为原动力的一种机车。内燃机车的热效率可达 30%左右，机车的整备时间短，持续工作的时间长，适用于长交路；用水量少，适用于缺水地区；初期投资比电力机车少，而且机车乘务员劳动条件好，便于多机牵引。但内燃机车最大的缺点是对大气和环境有污染。

一、内燃机车的分类

(一)按使用内燃机种类分

按使用内燃机种类可分为柴油机车和燃气轮机车。以柴油机车的使用最为广泛，我国铁路上采用的内燃机车绝大多数是柴油机车。

(二)按传动方式分类

根据从柴油机到动轮之间采用传动装置的不同种类，可分为电力传动内燃机车和液力传动内燃机车。以电力传动内燃机车应用最多。

1. 电力传动内燃机车

柴油机驱动主发电机，然后向牵引电动机供电，并通过牵引齿轮驱动机车轮对旋转。根据电机形式不同，有：

(1)直—直流电传动：主发电机与牵引电动机均为直流电机。该型机车功率一般不大于 2 200 kW。

(2)交—直流电传动：采用交流主发电机、直流牵引电动机，是目前世界各国铁路采用的较多的一种形式。

(3)交—直—交流电传动：采用交流主发电机，经可控硅逆变器，将电流转变成可变频的交流电，电动机为交流牵引电动机。该型机车起动力大、不易产生空转、运行平稳且牵引力大，目前我国动车组列车采用此种传动方式。

(4)交—直流电传动：使一种中间没有直流环节直接变频的交流传动。

2. 液力传动内燃机车

采用的是液力传动装置。一般由柴油机驱动液力传动装置，通过液力变速箱、牵引齿轮驱动机车轮对旋转。

二、电力传动内燃机车

电力传动内燃机车是由牵引电动机通过齿轮驱动的，内燃机车的能量传输过程是由柴油机驱动主发电机发电，然后向牵引电动机供电使其旋转，并通过牵引齿轮传动驱动机车轮对旋转。

图 2-3-3 所示的 DF_{4B} 型内燃机车是交—直流电力传动，干线客、货两用内燃机车。机车额定功率为 1 985 kW。目前我国主要机车工厂除生产 DF_{4B} 型客货两用内燃机车外，还生产新型 HX_{N3} 型大功率交流传动内燃机车，如图 2-3-4 所示。

图 2-3-3　DF$_{4B}$ 型内燃机车

图 2-3-4　HX$_{N3}$ 型内燃机车

下面就以 DF$_{4B}$ 型内燃机车为样机作一介绍。

内燃机车主要由柴油机、传动装置、走行部、车体、车底架、车钩缓冲装置、制动装置和辅助装置等部分组成。

这种机车设有两个司机室、一个动力室、一个冷却室和一个电气室，其总体布置如图 2-3-5 所示。

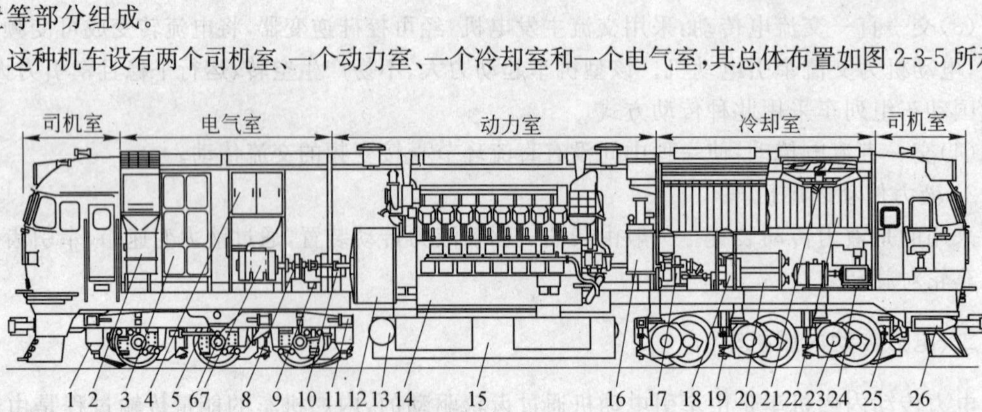

图 2-3-5　DF$_{4B}$ 型内燃机车总体布置

1—撒砂装置；2—电阻制动装置；3—电器柜；4—硅整流柜；5—牵引装置；6—走行部；7—起动辅助电机；8—启动变速箱；9—测速发电机；10—励磁机；11—制动缸；12—主发电机；13—总风缸；14—柴油机；15—燃油箱；16—预热锅炉；17—静液压变速箱；18—通风机；19—电机悬挂装置；20—机油热交换器；21—冷却风扇；22—冷却器；23—牵引电动机；24—空气压缩机；25—基础制动装置；26—车钩缓冲装置

(一)柴 油 机

柴油机是利用柴油燃烧后所产生的热能作动力的一种机械，多为四冲程、多缸、废气涡轮增压柴油机。柴油机用一定的型号表示。如 DF_{4B} 型内燃机车上采用的“16V240ZJB”型柴油机如图 2-3-6 所示，表示它有 16 个气缸；分成两排形成 V 形排列，气缸内径为 240 mm；Z 表示装有废气涡轮增压器和增压空气中间冷却器；J 表示铁路牵引用；B 表示产品改进型符号。它是一种四冲程机车用柴油机。

图 2-3-6 16V240ZJB 型柴油机

1. 柴油机的工作原理

四冲程柴油机的工作原理如图 2-3-7 所示。活塞通过连杆与曲轴相连；在气缸盖上设有进、排气门和喷油器。进、排气门由配气机构驱动，喷油器由供油装置控制。燃油通过喷油嘴喷入气缸并与高温高压空气相遇，燃烧膨胀作功。活塞需要经过往复 4 个行程，柴油机才能完成进气、压缩、燃烧膨胀、排气一个工作循环。四冲程柴油机就是这样不断地工作，把柴油燃烧产生的热能转变成机械能。

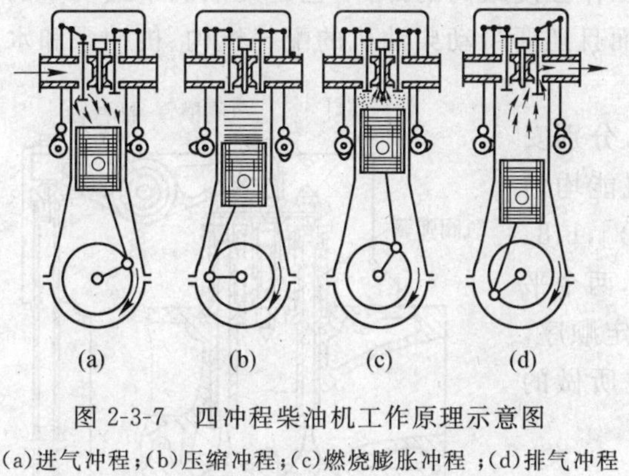

图 2-3-7 四冲程柴油机工作原理示意图

(a)进气冲程；(b)压缩冲程；(c)燃烧膨胀冲程 ；(d)排气冲程

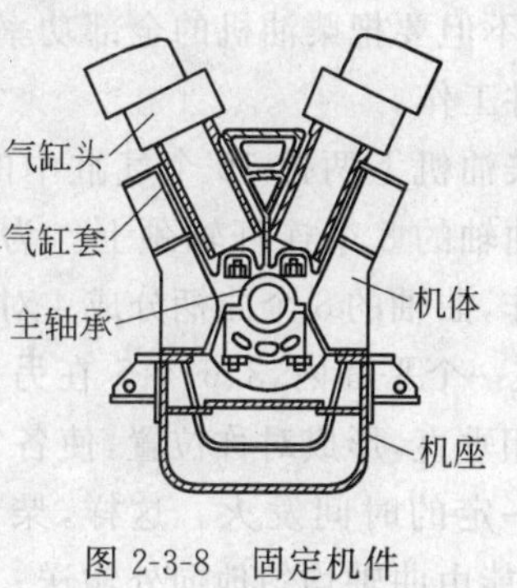

图 2-3-8 固定机件

2. 柴油机的基本构造

柴油机由固定机件、运动机件、配气机构，以及进排气、燃油、冷却、润滑等系统所组成。

(1)固定机件

机体周围安装着产油机的附件，称之为固定机件，如图 2-3-8 所示。机体上部装有气缸头，下部装有基座。机体内部主要装设气缸套、活塞、连杆、曲轴，并附有冷却水、润滑油的腔道。

气缸头从上部密封气缸，它的活塞、气缸套共同组成了燃烧室。此外，还用它来固定和支撑气阀机构、喷油器等，其内部布置有进、排气道，冷却水道，有的气缸头内还附有预然室，用螺栓固定在机体的上端部。

(2)运动机件

图 2-3-9 所示的运动机件，主要包括活塞组、连杆组、曲轴组等部件。它的作用是将燃料

在缸内产生的热能转变成机械能,并把活塞的直线运动转变为曲轴的旋转运动。因此,为保证柴油机正常可靠地工作,要求运动件必须要有足够的强度、刚度以及耐磨性。

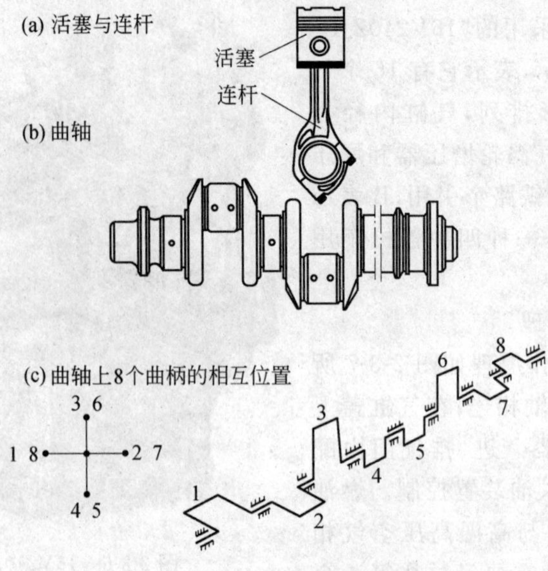

图 2-3-9　运动机件

连杆用来连接活塞和曲轴,将活塞上所受的气体压力传递给曲轴,并将活塞的直线往复运动,变为曲轴的旋转运动。曲轴是柴油机中工作强度最高的部件,也是柴油机中最贵重的部件,它不但要把柴油机的全部功率输送出去,而且还要带动柴油机的配气机构、机油泵和水泵等部件工作。

柴油机上两排 16 个气缸中的活塞连杆,分别安装在曲轴的 8 个连杆轴颈上。为了使柴油机能均匀地工作,曲轴的 8 个曲柄分成 4 对[图 2-3-9(c)],1、8、2、7 在一个平面内,3、6、4、5 在另一个平面内,两个平面互相垂直,形成对称位置,使各气缸按照一定顺序,间隔一定的时间发火。这样,柴油机各气缸所做的功,就能由曲轴均匀地向外输送。

(3)配气机构

配气机构是柴油机进气、排气过程的控制机构。根据柴油机气缸的发火顺序,准时地开启和关闭进、排气门,并与进、排气系统相配合,保证柴油机尽量多地排出废气和提高充气量。

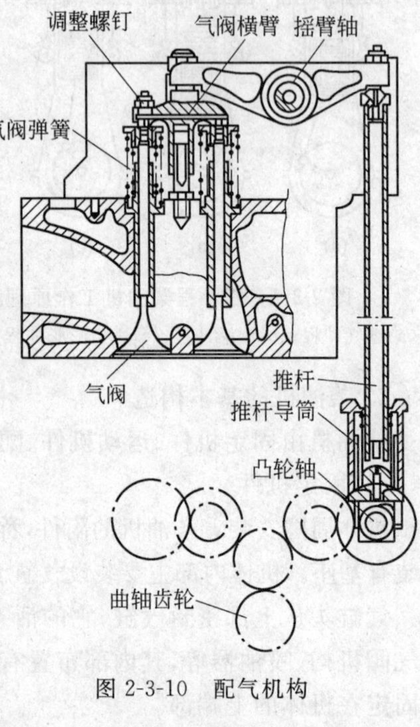

图 2-3-10　配气机构

配气机构如图 2-3-10 所示。进气门和排气门的开关是由凸轮轴控制的。每台柴油机有两根凸轮轴,分别布置在机体两侧,每根凸轮轴控制 8 个气缸。在相对于每个气缸处的凸轮轴上有三个凸轮,一个控制两个进气门,另一个控制两个排气门,第三个控制高压油泵。凸轮轴通过定时齿轮与曲轴相连,只要曲轴工作 ,凸轮轴就跟着旋转。当凸轮轴旋转时,推动推杆上行,使摇臂压迫气门横臂使气门下行，打开气门。当凸轮轴转过凸轮顶点后，摇臂消除了对气门的压力，由于弹簧作用使气门关闭。

对于四冲程柴油机来说，曲轴每转两周完成一个工作循环。在此期间，各气缸的进气门和排气门应各自对应进气和排气冲程开启和关闭一次。因此，要求曲轴转 2 周，凸轮轴转 1 周。

(4)进排气系统

进、排气系统(如图 2-3-11 所示)的作用是向气缸内供给充足、清洁的空气，同时尽可能干净地排出气缸中燃烧膨胀后的废气，并将废气的能量充分地加以利用，以提高产油机的进气压力。

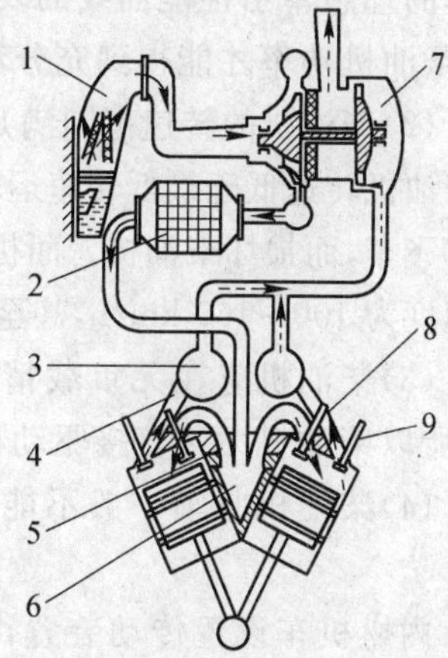

图 2-3-11 进排气系统示意图

1—空气滤清器；2—中间冷却器；3—排气总管；4—进气管；5—进气管；6—进气总管；7—废气涡轮增压器；8—进气阀；9—排气阀

由上图可以看出，进气的通路是：空气由机车侧壁上的百叶窗吸入→空气滤清器→废气涡轮增压器压气机→空气中间冷却器→进气总管→进气支管→进气门→气缸。

排气的通路则是：气缸中的废气→排气门→排气支管→排气总管→废气涡轮增压器涡轮机→大气。

(5)燃油系统

燃油系统(如图 2-3-12 所示)的任务是按照柴油机的负荷和转速变化，定质、定时、定量地向气缸内喷射雾化的燃油，使之与空气很好地混合以利于燃烧，保证产油机的正常工作。

燃油箱中的燃油泵工作时，燃油被吸入油管，经滤清器过滤，通过进油管分成两路分别进入柴油机两侧的燃油总管，最后进入喷油泵。燃油在喷油泵中进一步提高压力后供给喷油器，并受凸轮轴的控制，按一定规律将燃油喷入汽缸。

(6)冷却系统和润滑系统

冷却系统的主要任务是对柴油机实行适当的冷却，以保证柴油机的主要零部件在适宜的温度状态下工作，从而使各运动机件之间保持合适的配合，达到较高的充气量，以保证柴油机高效能地持久工作。当外界温度较低时需要对机油、冷却水及燃油进行预热，以利柴油机启动。

润滑系统的主要任务是不断地把清洁的润滑油(机油)送到柴油机各各运动机件的摩擦表面，以减少摩擦阻力，从而减少机件的磨损和功率消耗，并冷却摩擦表面和冲走摩屑。

(二)传动装置

铁路上采用的内燃机绝大多数是柴油机。在内燃机车上，机车动轮是不能由柴油机的曲轴直接驱动的。在柴油机和机车动轮之间需要安装一套传速比可变

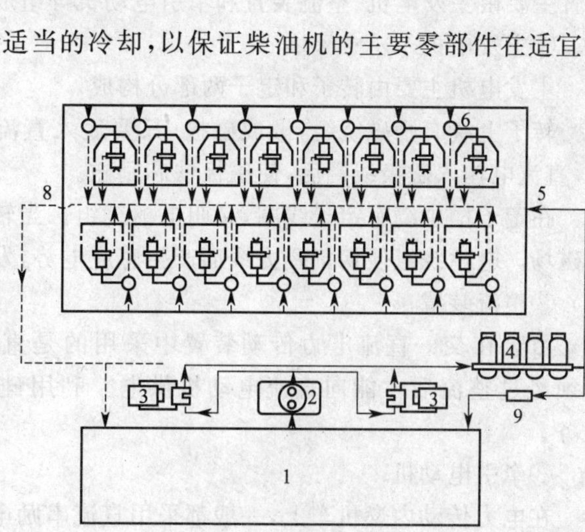

图 2-3-12 燃油系统示意图

1—燃油箱；2—粗滤器；3—输油泵；4—精滤器；5—进油管；6—喷油泵；7—喷油器；8—回油管；9—安全阀

的中间环节，这就是传动装置。

1. 必要性

(1)柴油机直接驱动机车动轮不能实现机车的理想牵引特性。机车理想牵引特性见图2-3-1。即牵引力 F 与运行速度 v 的乘积为一常数：$F \cdot v = N$。而柴油机的扭矩特性 M[即 $M=f(n)$]和功率特性 N[即 $N=f(n)$]，如图 2-3-13 所示。当每一循环供油量一定时，柴油机的扭矩 M 几乎不随转速的变化而改变，因此柴油机的功率 N 基本上与转速 n 成正比，图 2-3-13 中的扭矩特性曲线，也就是采用直接驱动方式时的内燃机车的牵引特性曲线，显然不符合内燃机车的理想牵引性能曲线的要求，并且只有当柴油机达到额定功率转速时，即机车在最高速度时，柴油机功率才能得到充分利用。

(2)柴油机的转速范围满足不了机车运行速度范围变化的要求。当柴油机转速低于最低转速运转时会熄火，高于最高转速运转时又会引起飞车，而损坏柴油机。而机车最低运行速度为 3～5 km/h，最高运行速度为 100～160 km/h，甚至更高。

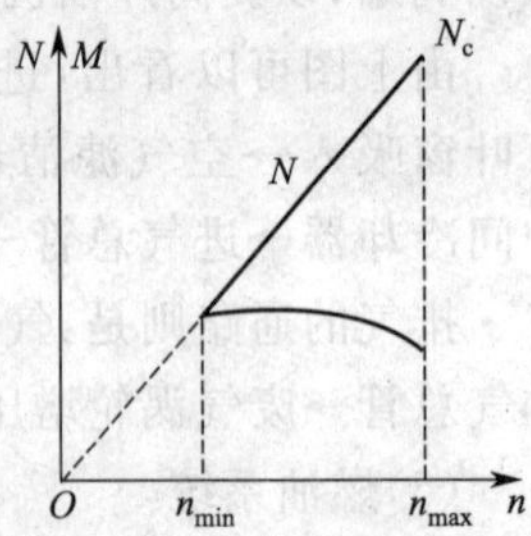

图 2-3-13　柴油机扭矩特性和功率特性

(3)柴油机应在无负载情况下启动，而机车起动负载都是很大的，所以柴油机无法直接驱动机车动轮。

(4)柴油机曲轴一般不能反转，而机车却需要既能前进也能后退。

内燃机车设置传动装置，可使机车在运行时，当运行阻力发生变化时可以不改变机车柴油机的供油量，即不改变柴油机的输出功率，而通过传动装置自动地调节列车的运行速度和机车的牵引力，维持 $F \cdot v=$ 常数，使柴油机始终工作在最佳状态，同时还保证了柴油机的空载起动、机车换向运行以及机车有较大的调速范围。

2. 电传动系统

(1)电传动系统的组成：DF_{4B} 型内燃机车采用的是交—直流电传动装置，因此，它的传动装置主要由主发电机、整流装置和牵引电动机等组成。

①主发电机

主发电机主要由转子和定子两部分构成。

转子上绕有励磁绕组，做成磁极，只要通入直流电就能产生磁场。直流电是由励磁机供给，直流电输入磁极线圈后，使磁极铁芯励磁。

在定子槽中绕有定子线圈，又叫电枢绕组。当转子(磁极)被柴油机带动而旋转时，形成旋转磁场。电枢绕组便切割磁力线而产生感应电势，发出三相交流电。

②整流装置

由于在交—直流电力传动装置中采用的是直流电动机，因此发电机产生的交流电还必须经过整流后才能向直流电动机供电。利用硅二极管的单向导电特性，即可完成整流任务。

③牵引电动机

在电力传动内燃机车上，一般都采用直流串励电动机。这是因为这种电动机的转矩和转速能按照列车运行阻力和线路条件的变化自动进行调节。当机车上坡运行或负载加大时，电机的转速能随着转矩的增大而自动降低，两者的关系非常接近理想牵引性能曲线，可以满足列车牵引的要求。

电动机的构造主要包括定子和转子两部分，如图 2-3-14、图 2-3-15 所示。

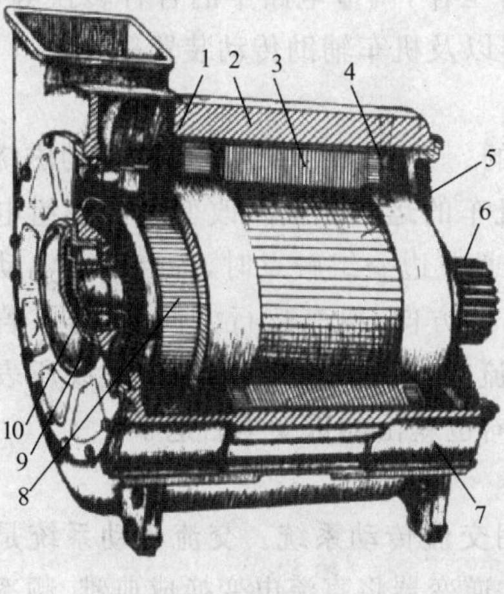

图 2-3-14　直流串励电动机

1—电刷；2—机体；3—磁极；4—电磁线圈；5—转子；

6—齿轮；7—抱轴承；8—换向器；9—液柱轴承；10—转子轴

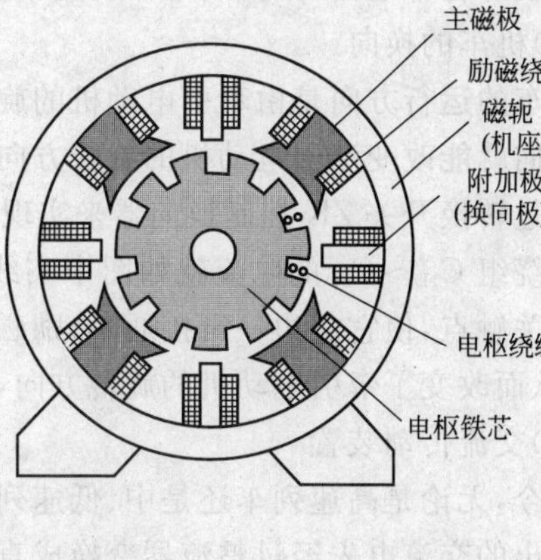

图 2-3-15　直流电动机剖面图

①定子：是固定部分。由机座、励磁绕组和电刷等组成，用来形成磁场。

②转子：又叫电枢，它是在定子的磁极当中旋转的部分。由电枢轴、电枢绕组和整流子等组成。定子上的电刷紧贴整流子，直流电由电刷经整流子而进入电枢绕组后，在定子形成的磁场作用下，使转子转动，将电能转变成机械能，并通过电枢轴上的主动齿轮传给动轮上的从动齿轮，使机车运行。

由于这种电动机的励磁绕组和电枢绕组是串联的，使用的又是直流电，所以叫直流串励电动机。

(2)交—直流电力传动工作原理

交—直流电力传动的工作原理如图 2-3-16 所示。

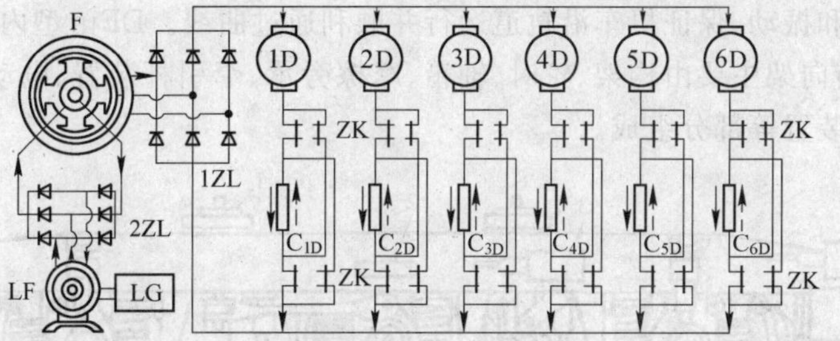

图 2-3-16　交—直流电力传动原理示意图

1D～6D—牵引电动机转子；ZK—转换开关；F—牵引发电机；LF—牵引发电机的励磁机；

LG—励磁柜；1ZL—主整流器；2ZL—励磁整流器；C_{1D}～C_{6D}—牵引电动机的励磁绕组

柴油机的曲轴输出端与发电机的转子连接在一起，组成柴油机发电机组，当柴油机工作时，便带动转子旋转，如果给励磁绕组输入电流，发电机便可发出三相交流电，把机械能变成交流电能，经三相桥式硅整流柜 1ZL 整流后，变成直流电，再供 6 台并联的牵引电动机 1D～6D 使用；此时又把电能变成了机械能，通过传动齿轮驱动动轮旋转，使机车运行。

牵引发电机 F 的励磁机 LF 也是一台三相交流发电机，它是由柴油机曲轴通过变速箱带动的。励磁机 LF 发出的交流电，经过一个小型的三相桥式硅整流柜 2ZL 整流后，将直流电送给主发电机 F 的励磁绕组。而励磁机 LF 本身的励磁电流，则是由辅助发电机经励磁柜 LG 供给。

此外，为了控制和保护柴油机及电机等部件的正常工作，调节电路中的各种转换等，在机车上还设有各种电器，如控制电器、保护电器、测量电器以及机车辅助传动装置等。

(3)机车的换向

机车的运行方向是由牵引电动机的旋转方向决定的。只要改变牵引电动机中励磁绕组的电流方向就能改变牵引电动机的旋转方向，从而改变机车的运行方向。改变励磁绕组电流方向是通过转换开关 ZK 控制换向器来实现的：当 ZK 接通左边一组触点时，各台牵引电动机上的励磁绕组 C_{1D}～C_{6D} 的电流就如图中实线箭头所表示的方向，机车运行方向为前进；若改变转换开关触点，使它右边一组接通时，励磁绕组上的电流方向正好相反，如图中虚线所表示的那样，从而改变了牵引电动机的旋转方向，机车运行方向也就由前进变为后退了。

(4)交流传动装置

如今，无论是高速列车还是中、低速列车，都已采用交流传动系统。交流传动系统是将发电机发出的交流电先经过整流器变换成直流电，再通过逆变器将直流电变换成典雅、频率可调的三相交流电，供给三相交流异步牵引电动机驱动机车动轮旋转。

交流传动技术具有许多优点。

①可靠性高、维修简便：主要是异步电动机结构简单，无换向器和电刷装置，除轴承之外无其他摩擦部件，提高了装置的可靠性和维修简便性。

②提高列车牵引性能：交流电动机比直流电动机的体积更小、重量更轻，但功率却比直流电动机的大。由于没有了换向器和电刷装置，其机械转速不受换向条件和机械强度的限制，在通风冷却能力和转子结构容许的范围内，其额定转速和最高转速都可以设的比直流电动机高得多，可达 7 000 r/min 左右，再同等体积的条件下，异步电动机的输出功率要大。

(三)走 行 部

内燃机车走行部采用构架式转向架的形式，如图 2-3-17 所示。机车转向架的作用是承受机车上部重量，并将它们均匀地传递给轮对，还有传递牵引力和制动力，以及缓和和吸收来自线路的各种冲击和振动，保证机车沿轨道运行并顺利通过曲线。DF_{4B} 型内燃机车采用两台三轴转向架，每个转向架主要由构架、轮对、轴箱、摩擦旁承、牵引杆装置、电动机悬挂装置、基础制动装置及撒砂装置等部分组成。

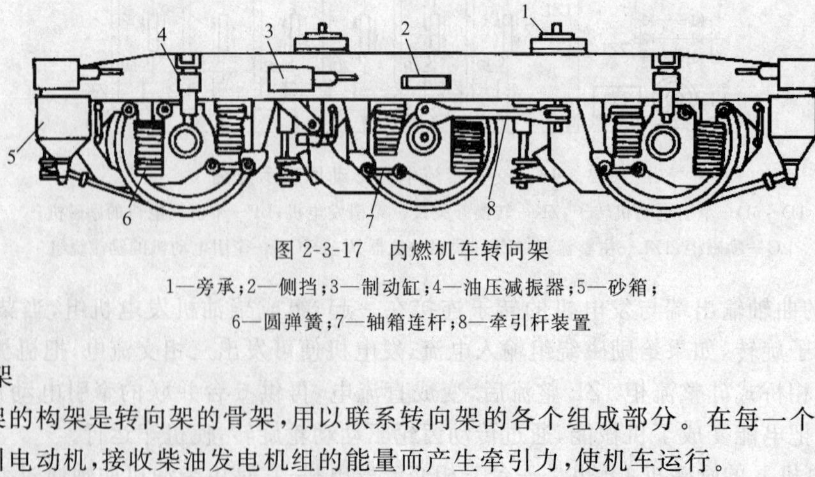

图 2-3-17 内燃机车转向架

1—旁承；2—侧挡；3—制动缸；4—油压减振器；5—砂箱；
6—圆弹簧；7—轴箱连杆；8—牵引杆装置

1. 构架

转向架的构架是转向架的骨架，用以联系转向架的各个组成部分。在每一个转向架上安有三台牵引电动机，接收柴油发电机组的能量而产生牵引力，使机车运行。

2. 牵引杆装置

牵引杆装置是将机车车体与转向架连接在一起，并且传递牵引力和制动力的机构，牵引杆装置可以比较容易地实现低位牵引，减少轴重转移，提高机车的黏着力。

3. 基础制动装置

基础制动装置采用的是独立作用式单侧闸瓦制动，即每个车轮都有一个制动缸带动，采用单侧闸瓦、带闸瓦间隙自动调节器的独立的制动系统。

机车的轴列式，用以表达转向架台数、每台转向架轴数及动轴的驱动方式。这种机车可用轴列式 3_0-3_0 来表示，注脚“0”的意思是每根动轴上都单独装有一台电动机驱动。机车的轴列式也可用英文字母表示为 C_0-C_0。

(四)制动装置

在 DF_{4B} 型电力传动内燃机车上设有空气制动、电阻制动和手制动三种制动装置。

1. 空气制动装置

空气制动是机车上的主要制动方式，空气制动装置主要由空气压缩机、总风缸、分配阀、制动缸、单独制动阀(即小闸)和自动制动阀(即大闸)等部件组成。当司机操纵小闸时，通过分配阀的作用能单独控制机车，使机车产生制动或缓解作用。司机操纵大闸时，能使整个列车的制动系统产生制动和缓解作用。

2. 电阻制动装置

电阻制动是利用直流电机的可逆原理，在机车需要减速时，将机车转换为制动工况，此时牵引电动机转换为发电工况，并通过轮对将列车的动能变成电能，再通过制动电阻把电能转换为热能消耗掉，使机车速度降低而起制动作用。

电阻制动的特点是速度低时制动力小，速度高时制动力大。因此电阻制动特别适合于在长大下坡道上进行恒工率制动，不但安全性比较高，可以缩短运转时分，提高区间通过能力，还可以大大减少车轮和闸瓦的磨耗。而当进站停车速度降低到 15 km/h 以下时，电阻制动的制动力就很小了，因此必须和空气制动装置配合使用。

3. 手制动装置

在机车每端的司机室内装有手制动轮。当需要使用手制动时，转动手制动轮就能使这一端转向架上的基础制动装置起制动作用。

内燃机车的车体及车底架、车钩缓冲装置与车辆类似，这里不再详述。

我国几种主要国产内燃机车的概况列于表 2-3-1 中。

表 2-3-1　我国生产的内燃机车主要性能参数

机车型号 项目	DF_{4D} 货运	DF_{4D} 客运	DF_{8B}	DF_{11G}	HX_{N3}
用途	干线 客货运	干线 货运	干线 货运	干线 客运	干线 客运
传动方式	交—直	交—直	交—直	交—直	交—直—交
柴油机	16V240ZJD	16V240ZJD	12V280	16V280ZJA	16V265H
轴列式	C_0-C_0	C_0-C_0	C_0-C_0	2(C_0-C_0)	C_0-C_0
轴重(t)	23	23	23	23	23
机车装车功率(kW)	2 940	2 940	3 680	2×3 610	4 660
最大速度(km/h)	100	170	100	170	120
通过最小曲线半径(m)	145	145	145	145	250

三、液力传动内燃机车

在液力传动内燃机车上，原动力仍是柴油机，在柴油机和机车动轮之间，装有一套液力传动装置，利用工作油改变柴油机的外特性，以适合列车运行的要求。液力传动内燃机车与电力传动内燃机车相比，除传动装置不同外，其余部分都是相似的。我国自行设计制造的 BJ 型、DFH 型内燃机车都采用液力传动内燃机车。

液力传动内燃机车虽然具有牵引性能良好、起动平稳、造价低廉、维护方便及节省有色金属和大量钢材等优点，但液力传动内燃机车的传动效率较电力传动低、功率较小，不能牵引货物列车也不适合高速旅客列车。

第三节　电 力 机 车

电力机车是靠其顶部升起的受电弓从接触网上取得电能后并转换成机械能牵引列车运行的。我国目前使用的干线电力机车主要是国产韶山型系列交—直流电力机车。投入运用的电力机车有 SS_1、SS_3、SS_4、SS_{7E}、SS_8、SS_9 型等。图 2-3-18 为 SS_9 型电力机车。2006 年开始大规模采用交流传动技术，生产和谐号(HXD)系列电力机车。图 2-3-19 为 HXD 电力机车。

图 2-3-18　SS_9 型电力机车

一、电力机车的基本构造

电力机车主要由车体、车底架、走行部、车钩缓冲装置及制动装置和一整套电气设备等组成。其中除电气设备外，其余部分都同交—直流电力传动内燃机车相似。

机车的走行部为两台三轴转向架。在每根车轴上都装有一台牵引电动机，因此这种机车的车轴排列形式为 $3_0—3_0$。

二、电力机车的电气设备及其电路

电力机车上设有各种复杂的电气设备，而所有电气设备，则分别装设在主电路、辅助电路和控制电路这三条电气回路中，如图 2-3-20 示。

1. 主电路

主电路如图 2-3-20 中粗实线所示，它将产生机

图 2-3-19　和谐号(HXD)电力机车

车牵引力和制动力的各种电气设备连成一个系统，实现机车的功率传输。主电路中包括的电气设备主要有受电弓、主断路器、主变压器(即牵引变压器)、调压开关、整流装置、平波电抗器、牵引电动机和制动电阻等。

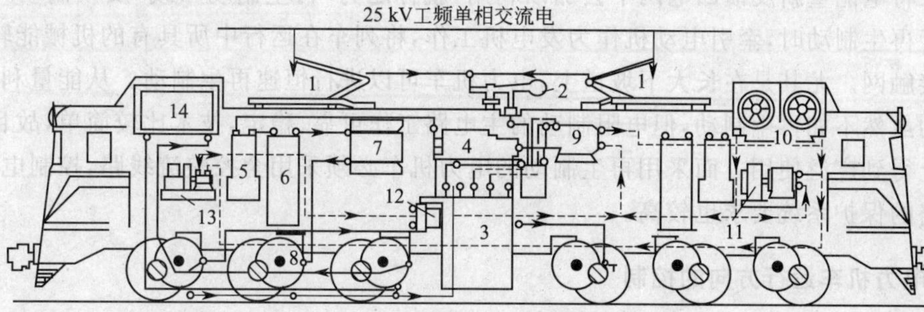

图 2-3-20 电力机车主电路设备示意图

1—受电弓；2—主断路器；3—主变压器；4—调压开关；5—硅机组；6—主回路柜；7—平波电抗器；8—牵引电动机；9—劈相机；10—通风机；11—牵引通风机；12—油泵；13—空气压缩机；14—制动电阻柜

(1)受电弓：机车顶部装有两套单臂受电弓，受电弓紧压接触网导线滑行摩擦从电网上取得电流。机车运行时机车只需升起一套受电弓，另一受电弓作为备用。接触网上送来的 25 kV 工频单相交流电就由此引入机车。

(2)主断路器：主断路器是用来接通或断开电力机车高压电路的。当主电路发生短路、接地或整流调压电路、牵引电动机等设备发生故障时，它能自动切断机车电源，实现对机车上设备的保护。

(3)主变压器：又称牵引变压器，它把从接触网上取得的 25 kV 高压电降低为牵引电动机所适用的电压。变压器共有 4 个绕组；1 个原边绕组接 25 kV 高压电；3 个副边绕组，其中牵引绕组用来向牵引电动机供电，励磁绕组用在电阻制动时给电动机提供励磁电流，辅助绕组用来给机车的辅助电机供电。

(4)调压开关：用来调节牵引变压器中副边牵引绕组的输出电压，从而使牵引电动机的端电压得以改变；以达到机车的调速目的。

(5)平波电抗器：由于牵引电动机本身的电感极小，不足以将整流后的电流滤平到所需要的范围。因此，在牵引电动机电路中串接一个增大电感的平波电抗器，以减小整流电流的脉动。

2. 辅助电路

辅助电路电源来自主变压器的辅助绕组，通过劈相机将单相交流电转变成三相交流电后，供给牵引通风机、油泵机组和空气压缩机等辅助电机使用。

3. 控制电路

控制电路将主电路和辅助电路中各电气设备的控制电器(包括各种控制开关、接触器、电空阀等)同电源、照明、信号等的控制装置连成一个电系统。

以上 3 个电路系统在电气方面一般是相互隔离的，但三者通过电磁、电空或机械传动等方式相互联系，配合动作，用低压电控制高压电，以保证操作的安全和实现机车的运行。

三、电力机车的制动

当机车需要制动时，除使用空气制动装置外，还可以辅以电阻制动。司机扳动转换开关，使它从牵引位转到制动位，把牵引电动机从串励电动机改成他励发电机，把电枢绕组同制动电阻连接起来。这样，车轴带动电动机的电枢旋转，发出的电流就会被制动电阻变成热能散逸，从而消耗了机车惰行时的机械能。

如果将电能重新反馈回电网中去加以利用，就称之为"再生制动"(或"反馈制动")。电力机车进行再生制动时，牵引电动机作为发电机工作，将列车在运行中所具有的机械能转换成电能送回接触网。尤其是在长大下坡道上，电力机车可以进行恒速再生制动。从能量利用上看，电阻制动虽然不如再生制动，但电阻制动的主电路工作可靠、稳定，技术比较简单，故目前在电力机车上得到广泛使用。而采用再生制动的电力机车必须采用全控整流线路，控制电路复杂，对主电路的保护系统要求也较高。

四、电力机车运行方向的控制

电力机车运行方向的控制，与 DF_4 型电力传动内燃机车一样，也是采用改变牵引电动机励磁绕组的电流方向实现的。

除此之外，电力机车上还有防空转系统、过压、过流、短路、接地等各种保护装置，以及司机室的显示屏装置等。

几种国产韶山型电力机车概况见表 2-3-2。

表 2-3-2　几种国产韶山型电力机车概况

机车型号	SS_1	SS_3	SS_4 SS_4 改进型	SS_6	SS_{7E}	SS_9
用途	货运	客货两用	货运	客货两用	客运	客运
轴式	C_0-C_0	C_0-C_0	2(B_0-B_0)	C_0-C_0	C_0-C_0	C_0-C_0
网压	25 kV 50 Hz	25 kV 50 Hz	25 kV 50 Hz	25 kV 50 Hz	25 kV 50 Hz	25 kV 50 Hz
额定功率(kW)	4 200	4 320	6 400	4 800	4 800	4 800
最大牵引力(kN)	487	470	627.8	485	485	
最大速度(km/h)	95	100	100	100	170	170
机车总重(t)	138	138	184	138	138	126
轴重(t)	23	23	23	23	23	21

五、几种新型机车

1. 电交$_2$(DJ_2)型交流传动电力机车

DJ_2 型交流传动电力机车是交流传动电力机车，如图 2-3-21 所示，主要用于既有干线客运牵引和高速专线牵引，是一种能覆盖普速、快速、高速区段的通用型客运电力机车。它具有以下特点：

(1)通用性强，能适应不同电气化线路的要求。

(2)可靠性和可维护性高。

(3)具有优异的运行性能。

(4)高效节能，是优良的节能产品。

(5)通信干扰小，具有高电磁兼容性能。

(6)可适应各种恶劣环境工作,是“绿色”牵引动力。

(7)模块化结构,维修更换方便,经济性高。

图 2-3-21　DJ_2 型交流传动电力机车

车辆外观和司机室内部装饰、准流线型头形、柔性侧墙、大型夹层顶盖、箱形构架式底架组成了梯形断面整体承载结构的车体,既满足了设备集成化、模块化要求,又保证了足够强度条件下车体设计模块化原则,该车的外观造型大大的提升了国内机车外观造型的档次,令人感到强烈的视觉冲击感和浓厚的时代气息。

包厢式司机操纵台,符合人机工程操纵环境的司机室,推拉式主令控制器符合人的操作习惯,后视镜方便了司机对后部列车状态的瞭望,柜式空调机和热风取暖器保证司机室良好环境,可根据人体需要调节的座椅等技术等,为国内领先。

DJ_2 型交流传动电力机车的主要技术参数,见表 2-3-3。

表 2-3-3　DJ_2 型交流传动电力机车的主要技术参数

项　目	参　数	项　目	参　数
电流制	单相交流 50 Hz	轴重	21 t
工作电压额定值	25	机车整备质量	84 t
轴式	B_0-B_0	驱动控制方式	架控
持续制功率	4 800 kW	持续速度	74 km/h
最高运营速度	200 km/h	最高速度	210 km/h
恒功速度范围	74～210 km/h	最大起动牵引力	264 kN
持续牵引力	233 kN	再生制动功率	4 400 kW(108～210 km/h)
最大制动力	150 kN(10～108 km/h)	电传动方式	交—直—交传动

2. 和谐电 $_3$(HXD_3)型货运电力机车

HXD_3 机车是大功率电力货运机车,如图 2-3-22 所示。采用交直交传动,轴式为 C_0-C_0,其输出功率为 7 200 kW,使用 6 台 1 200 kW 交流牵引电动机,并采用 IGBT 牵引变流器等技术。

和谐电 $_3$(HXD_3)型货运电力机车的主要技术参数,见表 2-3-4。

图 2-3-22　和谐电 3(HXD3)型货运电力机车

表 2-3-4　和谐电 3(HXD3)型货运电力机车的主要技术参数

项　目	参　数	项　目	参　数
传动方式	交直交	轴式	C_0-C_0
轴重	(23＋2)t	总重	138 t(＋3%，－1%，23 t 轴重)
轨距	1 435 mm	机车前后轴中心距	20 846 mm
车体底架长度	19 630 mm	机车宽度	3 100 mm
机车高度	4 100 mm(新轮)	机车全轴距	14 700 mm
转向架固定轴距	(2 250＋2 000)mm	车轮直径	1 250 mm(新轮) 1 200 mm(半磨耗) 1 150 mm(全磨耗)
最高速度	120 km/h		
持续功率	7 200 kW		
持续速度	70 km/h(23 t 轴重) 65 km/h(25 t 轴重)	起动牵引力	520 kN(23 t 轴重)、 570 kN(25 t 轴重)
受电弓滑板工作范围	5 200～6 500 mm	电制动功率	7 200 kW

3. 东风 11 专(DF11Z)型准高速客运内燃机车

DF11Z 机车为专运用固定重联机车，如图 2-3-23 所示。

图 2-3-23　东风 11 专(DF11Z)型准高速客运内燃机车

东风$_{11专}$(DF$_{11Z}$)型准高速客运内燃机车的主要技术参数，见表 2-3-5。

表 2-3-5 东风$_{11专}$(DF$_{11Z}$)型准高速客运内燃机车的主要技术参数

项目	参数	项目	参数
传动方式	交-直流传动	轴式	C_0-C_0
轴重	23 t	总重	2×138 t
轨距	1 435 mm	机车型号	东风$_{11Z}$(DF$_{11Z}$)
柴油机装车功率	2×3 610 kW	用途	客运
最大运用速度	160 km/h	持续速度	65.6 km/h
起动牵引力	2×245 kN	轮径	1 050 mm
持续牵引力	2×160 kN	柴油机型号	16V280ZJA
通过最小曲线半径	145 m	柴油机最大转速	1 000 r/min

4. 内交$_2$(NJ$_2$)型交流传动内燃机车——青藏铁路专用内燃机车

内交$_2$(NJ$_2$)型交流传动内燃机车是青藏铁路专用内燃机车，机车采用三机重联牵引，当其中一台机车发生故障时，仍能牵引 3 000 t 货物列车或 16 辆(960 t)，旅客列车，司机室内设有供氧装置可满足全线运行的要求，如图 2-3-24 所示。

图 2-3-24 内交$_2$(NJ$_2$)型交流传动内燃机车

NJ$_2$ 型机车装配了一台 7FDL 柴油机，标定功率 3 234 kW，装车功率 3 000 kW，功率能随海拔高度自动修正。柴油机带动额定功率为 3 007 kW 的交流发电机，经牵引整流器整流为直流电后，再由 6 套 IGBT 变流器逆变为三相交流电分别供给额定功率为 455 kW 的 6 台交流牵引电动机。牵引电动机以单侧齿轮传动的方式驱动轮轴。机车最大起动牵引力达到534 kN，持续牵引力达到 427 kN。最高行驶速度为 120 km/h，持续速度为 18.3 km/h。电阻制动功率最大值在 2 423～2 693 kW 之间(随海拔高度变化)。机车适用于环境温度为 −35～35 ℃的高原地区，并针对高原地滚雷的特点，在车底部专设防雷装置。NJ$_2$ 型机车装有先进的车载微机控制系统、ITCS、GSM-R、海事卫星电话等列车控制、通信设备和一些功能很强的辅助设备等。该系统具有较完善的检测功能，当机车出现故障时，系统能及时找到故障处所并在显示屏上显示。可以自动或手动对机车主要系统进行状态检测。多机重联时，本务机车可以控制所有重联机车，并能在本务机显示屏上显示重联机车的主要信息。

(1)机车柴油机

机车柴油机为 16 缸 V 型结构,缸径 228.6 mm,单个增压器,功率达到了海拔 2 828 m、3 000 kW,海拔 5 000 m、2 700 kW 的技术要求。柴油机控制采用计算机控制系统(ECU 处理器)、燃油电子喷射系统(EFI 处理器),所有的保护功能和控制功能均由计算机来完成。特别是可变喷油提前角和柴油机起机控制取得了非常好的效果。可变喷油提前角的自动优化,使柴油机在允许的范围内发挥出最大功率。柴油机由计算机控制启动,基本上使柴油机在起机时不冒黑烟,没有粗暴的爆发声;加之性能良好的蓄电池,在冷天可以连续起动柴油机十次以上。柴油机机油箱采用负压方式,对柴油机油封的密封是非常有利的。柴油机采用密闭的冷却系统,提高了冷却装置的换热效果,降低了辅助功率的消耗,最高冷却水温允许为 110 ℃。柴油机设置保温系统,可以在不启动柴油机时自动对柴油机油、水进行加温。

(2)空气制动系统

空气制动系统一改传统的机械控制压缩空气的办法,采用先进的电子元件控制系统,使得制动系统的性能更加完善、合理。因为电信号传速较快的特点,此制动系统对于长大列车的制动特别有利。此系统可以实现保压和非保压制动,具有阶段缓解功能等特点。机车在四个单元制动器中加装了弹簧制动装置代替了手制动装置。机车采用合成闸瓦,单机制动试验,在车速 120 km/h 时,采用紧急制动,有效制动距离很好地控制在 800 m 以内。

(3)机车航空制氧机

机车成功的引入航空制氧机技术,制氧机输出的气体氧气含量高达 90%以上。制氧机计算机系统可以自动检测其工作状态,当制氧含量较低时,系统会发出报警。制氧机有 3 个供氧口,可以用面罩供氧也可以用弥散的方式供氧。制氧系统可以连续数十个小时工作,保证 1.7 L/min 以上的流量。

(4)机车交流电传动系统

机车采用先进的交流电传动系统,计算机控制无触点的晶闸管组成的变流器,形成可变频率的高质量的三相交流电供给牵引电动机。

内交 2(NJ2)型交流传动内燃机车的主要技术参数,见表 2-3-6。

表 2-3-6 内交 2(NJ2)型交流传动内燃机车的主要技术参数

项　目	参　数	项　目	参　数
轴式	C_0-C_0	牵引功率	3 240 kW(平原)
			2 580 kW(海拔 2 828 m)
旅客列车运行速度	非冻土区段:120 km/h 冻土区段:100 km/h		2 513 kW/海拔 4 100 m
			2 333 kW/海拔 5 072 m
起动牵引力	534 kN	最高运行速度	120 km/h

第四节 机车的检修和运用

机车的检修和运用是铁路运输工作的重要组成部分,也是机务部门的基本任务。质量良好地检修机车,确保机车的完好状态;经济、合理地运用机车,对完成铁路运输任务具有十分重要的意义。

一、机车的管理

我国铁路机车仍在实行配属制度。铁道部根据运输任务的需要和运输设备的条件等因素将机车配属给各铁路局使用和保管的制度。各铁路局又将机车配属给所属的机务段，以完成运输生产任务。

机务段是设在铁路沿线负责机车检修和运用工作的基层生产单位，一般设在编组站或区段站上。在机车交路的折返点，还应设有机务折返段。机务段和机务折返段设置的基本原则是满足牵引列车的最大需要，并能充分发挥各项设备的能力和机车运用效率；段间距离的长短，应考虑乘务员的连续工作时间，并结合编组站、区段站的位置尽可能长距离地设置。

1. 机务段的任务和设备

根据各机务段所承担任务量的大小，为其配属一定数量的机车。

机务段的任务：机车运用方面，负责计划和组织本段机车和乘务组完成邻接区段的列车牵引或固定在某个车站上担任调车工作并对日常运用机车进行整备和日常保养；机车检修方面，进行段修范围内的机车定期检修和日常维修工作，保证运用机车的良好状态。

机务段设有管理部门和生产车间。生产车间包括运用车间、检修车间、整备车间和设备车间。

运用车间主要负责机车的运用与保养；检修车间主要负责机车段修范围内的定期修理及机车的日常维修；整备车间主要负责机车用的燃料、润滑油、水、砂等物资供应和机车的各种整备作业；设备车间主要负责机务段内的各种机械设备、水电动力设施的管理与维修。

机车在出段牵引列车或担任调车工作以前，需要供应机车必须的物资和作好各项准备工作，这种物资供应和准备工作总称为机车整备作业。机车类型不同，整备作业的内容也不一样。内燃、电力机车整备作业的项目如表 2-3-7 所列。

为了完成以上整备作业，机务段内必须修建相应的整备设备如机车整备线、加油站上水管、上砂管以及储存和发放油脂、化验、排水、照明设备等。

表 2-3-7 内燃、电力机车的整备作业

需要供应的物资			需要做的准备工作		
项目	内燃机车	电力机车	项目	内燃机车	电力机车
燃料	√	—	机车转向	一般一单向√	—
水	√	—	机车擦拭	√	√
砂	√	√	检查	√	√
润滑油	√	√	给油	√	√
擦拭材料	√	√	机车乘务组交接班	√	√

整备设备的布置，应保证各项整备作业能平行或流水式地进行，并应具备足够的能力，以压缩整备作业时间，提高机车的运用效率。

2. 折返段的任务和设备

设在机车交路折返点的机务折返段，一般没有配属机车，也不作检修工作，只供机车进行整备作业和折返前乘务人员临时休息之用。因此，在机务折返段上，只设机车整备设备，而不设检修设备。

二、机车的检修

机车经过一定时期的运用后，各部件都会发生磨耗、变形或损坏。为了保证机车的正常运用，延长使用期限，除了机车乘务员的日常检查和保养外，还必须进行各种定期检修。

机车的检修可分为定期修理和临时修理两种。按机车检修地点的不同又可分为厂修和段修两种。

1. 机车的定期检修

机车的定期检修除大修在机车工厂进行以外，其余的检修一般都在机务段内进行。因此，机务段除了机车整备设备以外，还必须具有机车的检修设备，如各种检修库及辅助车间等。

机车类型不同，它们的检修周期和检修内容也不一样。

机车定检修程：内燃、电力机车分为大修、中修、小修、辅修4级，其中中修、小修、辅修为段修。

各类机车检修周期如下：

(1)内燃机车定检公里或检修周期如表2-3-8所示。

表2-3-8　内燃机车检修周期表

检修公里或期限 / 机车 / 修程	客运、货运运机车	调车、补机小运转机车	附　注
大修	70万～90万km	8～10年	小修、辅修公里或期限允许伸缩20%
中修	23万～30万km	2.5～3年	
小修	4万～6万km	4～6个月	
辅修	不少于2万km	不少于2个月	

(2)电力机车定检公里或检修周期如表2-3-9所示。

表2-3-9　电力机车检修周期表

检修公里或期限 / 机车 / 修程	客运、货运机车	补机、小运转机车	附　注
大修	160万～200万km	不少于15年	小修、辅修公里或期限允许伸缩20%
中修	40万～50万km	不少于3年	
小修	8万～10万km	不少于6个月	
辅修	1万～2万km	不少于1个月	

各种修程所包括的内容，在有关的规程中都有具体规定。一般来说，机车的大修是一种全面恢复性修理，大修后的机车，基本上需达到新车的水平；中修的主要目的是修理走行部。内燃、电力机车的小修主要是为了对有关设备进行测试和维修等；辅修是属于临时性的维修和养护。认真做好检修工作，对保证机车的正常运用和延长使用寿命，具有十分重要的意义。

2. 机车临时修理

机车临时修理(简称临修)是指机车在两次定检间发生的临时修理。机车发生临时修理按发生次数计算。

三、机车运用

(一)机车交路与机车运转制

机车运用上的一个特点是，机车只要离开机务段，就要受负责运输有关人员的调度和指挥。所以机务部门和行车部门的关系特别密切，必须协调配合才能安全、优质地完成运输任务。

1. 机车交路

铁路机车牵引列车总是按区段接续进行的，机车在固定区段担当运输任务往返运行的回路称为机车交路。

确定机车交路的原则如下：

(1)充分利用各种条件，有利于提高线路通过能力；

(2)考虑编组站的分工，合理发挥机车的长距离运行；

(3)统筹安排乘务员劳动时间，提高机车运用效率；

(4)近、远期结合，适应铁路发展规划。

2. 机车运转制

机车从事列车牵引作业的方式称为机车运转制。机车按运转制来分，有肩回运转制和循环运转制两种。机车运转方式如图 2-3-25 所示。

(1)肩回运转制

机车担当与机务段相邻区段的列车牵引任务，列车每次返回机务段所在站都需要入段作业的叫肩回运转制[如图 2-3-24(a)所示]。采用肩回运转制时，机车由机务段出段后，从机务段所在站牵引列车到折返段所在站，进入折返段进行整备及检查，然后再牵引相反方向的列车返回机务段所在站，再进入机务段进行整备及检查。这种运转方式，机车每往返一次，就要进入机务段进行作业。

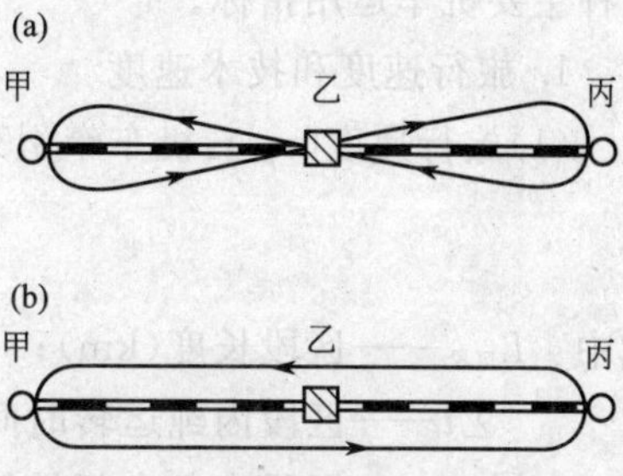

图 2-3-25 机车运转方式示意图

▨—机务段 ○—机务折返段

采用肩回运转制时，机车要在段内进行整备，在车站不需另设整备设备。

(2)循环运转制

机车担当与机务段相邻区段的列车牵引任务，除因检修需要入段外，其余每次返回机务段所在站时，只在车站上进行整备作业的叫循环运转制[如图 2-3-24(b)所示]。采用循环运转制时，机车从机务段出发，在一个牵引区段(如乙—甲间)往返牵引列车后回到机务段所在站(乙站)、机车不入段，只在到发线上进行整合作业，然后仍继续牵引同一车列或换挂另一个已经准备好了的车列，运行到另一个牵引区段(如乙—丙间)的折返段所在站(丙站)，再从丙站牵引列车返回甲站。这样，机车在两个区段上牵引列车循环运转，平时不进机务段，直到定期检修到期时才入段检修。

采用循环运转制时，由于机车很少进机务段，节省整备时间，机车交路可以延长，使内燃、电力机车的牵引性能充分发挥，从而提高机车运用效率，加速机车周转。但是，循环运转制一般只有在上下行都有大量不需要改编的中转列车经过机务段所在站时才能采用。

(二)乘务制度和乘务方式

机务段在为邻接区段提供机车的同时，还要负责计划和组织机车乘务员的工作。加强对乘务员的政治思想教育和业务培训，不断提高全体乘务员的思想和业务水平，是保证完成和超额完成国家运输任务的关键。

现行的机车乘务制度基本上可以归纳为两类：

1. 包乘制：每台机车配备 2～3 个固定的乘务组值乘；

2. 轮乘制：机车由各个乘务组轮流值乘。

包乘制由三班乘务员固定使用一台机车，轮流值乘。包乘制的主要优点是机车乘务员对自己驾驶的机车非常熟悉，有利于机车的操纵和维修保养。但是，机车运用和乘务员的组织工作比较复杂，常会因为安排不当或运行秩序被打乱而影响机车的运用效率。

采用轮乘制时，机车乘务组值乘的机车是不固定的，这样可以有效地使用机车和合理安排乘务员的作息时间，以较少的机车或乘务组，完成较多的运输任务。当然，对乘务员的驾驶技术要求更高对机车的质量和保养也要求更严。

机车乘务员的换班方式，即乘务方式，主要有外段驻班制、立即折返制。

四、机车运用指标

机务段的机车运用计划是根据客、货运输的要求制定的。在计划执行过程中，又要根据具体情况作必要的调整。为了经济合理地使用和考核机车的运用效率，货运机车通常采用以下几种主要机车运用指标。

1. 旅行速度和技术速度

(1)旅行速度($v_{旅}$)：机车牵引列车在整个区段内的平均速度。

$$v_{旅}=\frac{L_{区段}}{\sum t+\sum t_{停}}$$

式中　$L_{区段}$——区段长度(km)；

$\sum t$——区段内纯运转时间的总和(h)；

$\sum t_{停}$——区段内各中间站停留时间的总和(h)。

(2)技术速度($v_{技}$)：区段内纯运转时间内的平均速度。

$$v_{技}=\frac{L_{区段}}{\sum t}$$

在同一区段运行，机车的旅行速度和技术速度愈高，表示机车的运用效率愈高。

2. 机车全周转时间(h)

机车全周转时间：机车在一个牵引区段内往返一次平均消耗的时间。

当机车交路采用肩回运转制时，机车在一个牵引区段内往返一次需要经过以下4个过程：

(1)从机务段所在车站牵引列车到折返段所在车站所花费的时间，用 $T_{旅}$ 表示；

(2)从折返段所在车站停留后进入折返段，在折返段停留，进行整备作业、日常检查后，再出段开到车站并等待出发，总的时间用 $t_{折}$ 表示；

(3)从折返段所在车站牵引列车返回机务段所在车站，所花费的时间，用 $T'_{旅}$ 表示；

(4)从机务段所在车站，停留后进入机务段，在机务段停留，机车乘务人员进行交接班，为下一次运行进行整备作业、日常检查后，再出段开到车站并等待出发，总的时间用 $t_{机}$ 表示；

机车全周转时间($T_{全}$)就是以上4部分时间的总和，即

$$T_{全}=T_{旅}+t_{折}+T'_{旅}+t_{机}=\frac{2L_{区段}}{v_{旅}}+t_{折}+t_{机}$$

机车全周转时间愈短，机车周转愈快，表明机车的运用效率愈高。从式中可以看出，提高区段内的旅行速度，加速机车在段内的整备作业和减少等待时间，都是综合全周转时间的有效方法。

3. 机车日车公里(km/台日)

机车在一昼夜内完成的总走行公里，叫做机车日车公里($S_{日}$)。计算公式如下：

$$S_{日}=\frac{24}{T_{全}}\times 2L_{区段}=\frac{48L_{区段}}{T_{全}}$$

机车日车公里不仅从时间方面，而且也从行驶里程方面反映出机车运用水平。对于同一区段来说，机车日车公里和机车全周转时间成反比，机车全周转时间愈小，则机车日车公里愈多，需要的机车台数也愈少。因此，降低机车全周转时间的措施，也是提高机车日车公里的措施。

4. 机车日产量（t·km/台日）

机车日产量($M_{总}$)是机车平均每日生产量，就是平均每台机车一天所生产的总重吨公里。

$$M_{总}=QS_{日}^{货}$$

式中 Q——平均牵引质量(t)；

$S_{日}^{货}$——货物列车日车公里(km)。

对于货运机车来说，机车日车公里(km/台日)还不能全面反映机车的运用水平，因为货运机车在线路上可能是牵引列车运行，也可能是单机运行；所牵引的列车可能是符合牵引定数(满轴)、超轴或欠轴，因此，还必须用机车日产量（t·km/台日）来反映机车的运用效率。

复习思考题

1. 铁路机车是如何分类的？按原动力不同分为哪几种类型？
2. 简述机车牵引特性的基本概念。
3. 内燃机车按传动方式分为哪两种？
4. 简述四冲程柴油机的基本工作原理。
5. 内燃机车为什么要设置传动装置？
6. 电力传动内燃机车的传动装置有哪几个主要设备？功率是如何传输的？
7. 电力机车上的电器设备分别装设在哪三条电器回路中？各自的作用是什么？
8. 机务段与折返段有什么区别？
9. 两种机车交路有何优点？
10. 机车运用指标有哪些？其含义是什么？如何计算？

第四章 动 车 组

第一节 概 述

传统的列车是由机车牵引车辆，机车带有动力，编挂好不带动力的车辆后，形成列车在轨道上运行。

动车组(图 2-4-17)是由动力车和拖车或全部由若干节动力车固定编组的旅客列车。它是列车的牵引动力装置(相当于机车)和载客的装置(相当于客车车底)固定为一体的特殊车底，具有机车和客车车底双重性质。带动力的车辆叫动力车，不带动力的车辆叫拖车。列车两端都带有司机室，可在线路上往复运行。除高速铁路、城际客运、市郊客运运用的动车组外，城市中的地铁列车和轻轨电车也属于动车组范畴。

图 2-4-1 和谐号动车组

一、国外动车组概况

目前世界上常见的动车组有日本的“新干线”上运行的动车组系列、法国的“TGV”系列 、德国的“ICE”系列、瑞典的“X2000”。我国通过引进、消化吸收及国产化，正形成了以“和谐号”为代表的动车组产品系列。

1. 日本新干线

日本共有 6 条标准轨距，运营时速 200 km 以上的新干线：东海道新干线(东京至大阪)；山阳新干线(大阪至博多)，东北新干线(东京至八户)，上越新干线(上野至新潟)，北陆新干线(高崎至长野)，九州新干线(博多至长崎、博多至鹿儿岛)，线路总长度约为 2 300 km。日本的高速列车全是动力分散式，是世界上车型最多的国家，达 13 种之多 。这 13 种车型各有特点：有的偏重乘客乘坐舒适度，有的重视性价比，有的又侧重于提高曲线通过速度等，但各种新干线列车又都有一些鲜明的共同点：动力分散、轴重轻、定员多、车内服务设施较单一等。

13 种新干线列车按照运行线路来划分，可分为东海道系列(包括东海道、山阳和九州新干线),其他线路为东北系列。两个系列的主要技术参数各不相同,见表 2-4-1 和表 2-4-2。

表 2-4-1 日本东海道系列列车主要参数

项目 \ 车型	0 系	100 系	300 系	500 系	700 系	800 系	N700 系
运营年份	1964	1985	1992	1997	1999	2004	2007
编组形式	16 动	12 动 4 拖	10 动 6 拖	16 动	12 动 4 拖	6 动	12 动 4 拖
最高运营速度(km/h)	220	230	270	300	285	260	300
起动加速度[km/(h·s)]	1.2	1.6	1.6	1.6	2.0	2.5	2.59
车头长(mm)	25 150	26 050	26 050	27 000	27 350	27 350	27 350
受电弓数	8	3	2	2	2	—	2
列车重量(t)	976	925	710	688	708	—	—
轴重(t)	16	15	11.4	11.4	11.4	—	11
牵引电机制式	直流	直流	交流	交流	交流	交流	交流
牵引电机功率(kW)	185	230	300	285	275	275	305
牵引控制	低轴头切换控制	晶闸管连续相位控制	GTO C/I 控制	GTO C/I 控制	IGBT C/I 控制	—	IGBT C/I 控制
制动控制	电阻+空气	电阻+涡流+空气	再生+涡流+空气	再生+空气	再生+涡流+空气	再生+空气	再生+空气

表 2-4-2 日本东北系列列车主要参数

项目 \ 车型	200 系	400 系	E1 系	E2 系	E3 系	E4 系
运营年份	1982	1992	1994	1997	1997	1997
编组形式	8 动,10 动,12 动,14 动 2 拖	6 动 1 拖	6 动 6 拖	6 动 2 拖	4 动 1 拖 6 动 2 拖	4 动 4 拖
最高运营速度(km/h)	275	240	240	275	275	240
起动加速度[km/(h·s)]	1.6	1.6	1.6	1.6	1.6	1.65
车头长(mm)	26 050	23 070	26 050	26 050	23 070	25 700
受电弓数	2～4	2	2	2	2	2
列车重量(t)	697(12 辆编组)	316	693	353	259(5 辆编组)	428
轴重(t)	17	13	17	13	13	16
牵引电机制式	直流	直流	交流	交流	交流	交流
牵引电机功率(kW)	230	210	410	300	300	420
牵引控制	晶闸管连续相位控制	晶闸管连续相位控制	GTO C/I 控制	GTO、IGBT C/I 控制	GTO C/I 控制	IGBT C/I 控制
制动控制	电阻+ 空气	电阻+ 空气	再生+ 空气	再生+ 空气	再生+ 空气	再生+ 空气

2. 法国从 TGV 到 AGV

法国第一代高速列车 TGV-SPE 在法国东南线(巴黎—里昂)面世至今法国高速线路约 2 117 km,未来高速线路还将达到 3 500 km。法国先后在国内以及国际线上投入商业运营的 TGV 系列高速列车有 7 种,为动力集中式、铰接式转向架、同步牵引电机、运营速度高并能在既有线上直通运行等特点。法国 TGV 系列主要参数,见表 2-4-3。

表 2-4-3　法国 TGV 系列主要参数

项目＼车型	TGV-PSE	TGV-A	TGV-R	TGV-D	TGV-POS	欧洲之星	Thalys
运营线路	东南线	大西洋线	各路线	东南线、地中海线	东线	国际列车	国际列车
运营年份	1981	1989	1993	1996	2007	1994	1996
编组形式	2 机 8 拖	2 机 10 拖	2 机 8 拖	2 机 8 拖	2 机 8 拖	2 机 2 动 16 拖	2 机 8 拖
最高运营速度(km/h)	300	300	300	300	320	300	300
列车长度(m)	200	237	200	200	200	394	200
动力配置方式	集中	集中	集中	集中	集中	集中	集中
转方式向架	铰接式	铰接式	铰接式	铰接式	铰接式	铰接式	铰接式
列车重量(t)	418	484	416	424	—	816	418
轴重(t)	17	17	17	17	17	17	17
牵引总功率(kW)	6 420	8 800	8 800	8 800	9 280	12 240	8 800

2008 年法国推出了第四代最新型高速列车 AGV。AGV 的外形与我们熟悉的 TGV 高速列车形象完全不同,车头形状宛如雕塑艺术品一般,显得阳刚十足,又充满了高速感。在技术上,AGV 采用了动力分散方式,最高运营速度在 350 km/h 以上,并确保乘客拥有最大的乘坐空间。

3. 德国 ICE

德国高速铁路虽然开通的比日本和法国晚,但凭借其雄厚的技术实力。依然很快在世界高速铁路领域取得了不可替代的地位。德国的高速列车叫做 ICE,先从动力集中方式开始,然后又向动力分散式发展,现在已从 ICE1 型、ICE2 型到 ICE3 型,成为系列。然而无论是动力集中式还是动力分散式,德国 ICE 高速列车舒适的乘坐环境和先进的技术,都是世界铁路关注的焦点。

德国 ICE 系列主要参数,见表 2-4-4。

表 2-4-4　德国 ICE 系列主要参数

项目＼车型	ICE-1 型	ICE-2 型	ICE-3 型	ICE-3MF
运营年份	1991	1997	2000	2000
编组形式	2 机 12 拖	1 机 7 拖	4 动 4 拖	4 动 4 拖
最高运营速度(km/h)	280	280	300	320
列车长度(m)	358	205	200	200
动力配置方式	集中	集中	分散	分散
转方式向架	独立式	独立式	独立式	独立式
列车重量(t)	798	418	409	435
轴重(t)	19.5	19.5	16	16
牵引总功率(kW)	9 600	4 800	8 000	8 000

二、动车组的分类

动车组按动力装置主要分为内燃动车组和电力动车组两类；动车组按动力的分布方式可分为动力分散型和动力集中型；动车组按车辆转向架布置和车辆之间的联接方式，可分为独立（转向架）式和铰接（转向架）式。动车组分类示意图如图 2-4-2 所示。

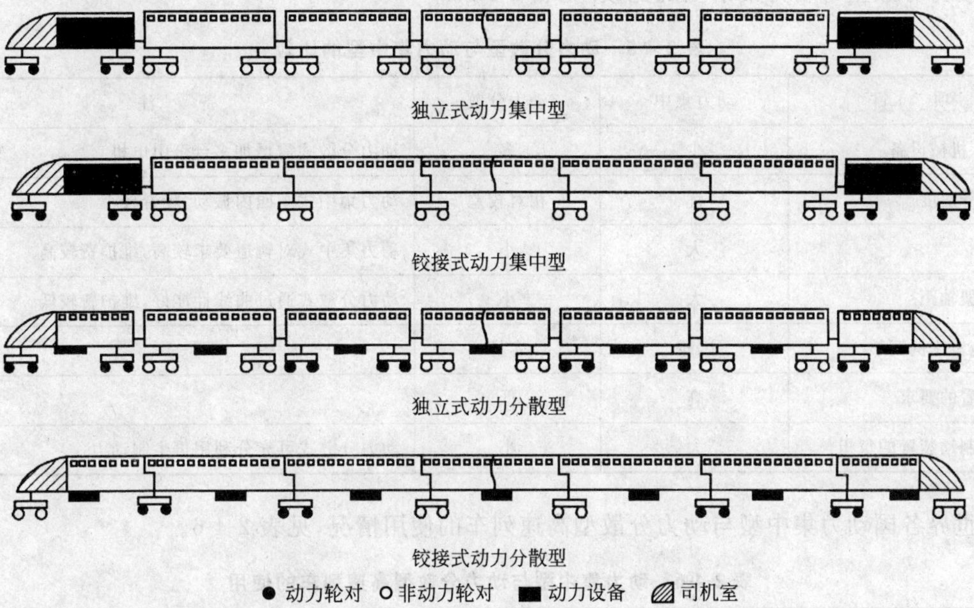

图 2-4-2　动车组分类示意图

从 1964 年日本的第一条高速铁路面世至今已走过了 46 个春秋。如今，世界上 10 多个国家或地区拥有自己的高速列车，就车型来说大约也有 50 种左右。而把驱动列车前进的动力集中放在机车头上，还是分散到各节或多节车厢上，这是世界上两种不同的高速列车技术。日本首创动力分散式，法国、德国长期坚持动力集中式，双方在关键技术上展开了竞争，40 多年来，经历了多个回合的较量，推动了世界高速铁路技术不断发展，走向成熟。最终至今动力分散式成为世界高速铁路技术的发展趋势。

动力分散型是指一定数量的动力车和拖车组成单元，若干单元再编组为列车。动力集中型是指动力车挂在两端，中间是拖车所编组的列车。日本新干线是前者的代表，如 100 系、300 系、700 系等。而德国的 ICE－1，ICE－2 则是后者的代表。

动力分散型动车组的动力配置也有两种模式，一种是完全分散模式，即动车组中的车辆全部为动力车，如日本的 500 系高速列车，16 辆编组中全部是动力车。另一种是相对分散模式，即高速列车编组中部分是动力车，部分为无动力的拖车，如日本的 300 系、700 系高速列车，16 辆编组中有 12 辆动力车，4 辆是拖车，即所谓 12 动＋4 拖模式。

三、动车组类型优缺点

1. 动力分散型的动车组轴重轻，对轨道冲击小，车外噪声较小，牵引力大，黏着性能好，起动、加速、制动性能好，容易达到高速，相同编组长度下载员多，部分动力单元故障时仍可运行，但制造成本高，车厢内噪音较高（动力装置布置在车厢地板下），维护较为困难，碰撞时安全性较差(没有缓冲)。

2. 动力集中型的动车组则与之相反。动力分散型动车组是当今世界高速动车组技术发展的方向,法国和德国新一代高铁 AGV 和 ICE-3 都不约而同采用了动力分散形式。TGV 创记录的 574 km 时速也是在动力分散形式的情况下取得的。我国引进技术国产化的动车组也均是动力分散型的。

动力分散型与动力集中型的比较,见表 2-4-5。

表 2-4-5 动力分散型与动力集中型的比较

项　　目	动力集中	动力分散	备　　注
电气、机械设备	少	多	动力分散式需增加多台牵引电机
乘坐舒适度	优	相对较差	动力集中式车厢内振动、噪音较小
轴重	大	小	动力集中式对轨道要求较高,维护费较高
转向架轴距	大	小	动力分散式通过曲线性能好,维护费较低
动、拖车比例调整	困难	容易	—
对黏着的要求	高	低	—
机械制动装置的负担	大	小	动力分散式可充分利用再生制动力

世界各国动力集中型与动力分散型高速列车的使用情况,见表 2-4-6。

表 2-4-6 动力集中型与动力分散型高速列车的使用

动力方式	国家	车型	开始运营年份	编组	轴重(t)	列车质量(t)	单位地板面积上的质量(t/m^2)	乘客所占地板面积(m^2/人)
动力集中	法国	TGV—PSE	1981	机-8 拖-机	17	418	1.041	1.062
	法国	TGV—A	1989	机-10 拖-机	17	484	0.937	1.041
	德国	ICE1	1991	机-14 拖-机	19.5	798	0.929	1.320
动力分散	日本	200 系	1982	12 动 1	17	697	0.851	0.933
		300 系	1992	10 动 6 拖	11.4	710	0.584	0.918
		500 系	1997	16 动	11.1	688	0.585	0.903
		700 系	1999	12 动 4 拖	11.4	708	0.583	0.916

四、动车组的优越性

相对于传统的机车车辆牵引模式,动车组在旅客运输方面有着很突出的优点。

1. 动车组列车在运行中是固定编组,在车站需要折返或换向运行时无需摘挂机车,可以节约停站时间,提高列车使用效率,减少车站咽喉作业能力的压力。

2. 动车组采用轻量化设计,轴重低,加速度设置大,在显著提高列车的运行速度,提高运输效率的同时却不过分增加工务部门对线路维修养护工作的负担。

3. 采用密接式、半永久式车钩,减少了动车运行的纵向冲动,同时也降低了噪音和震动的影响,从而提高了旅行舒适度。

4. 动车组多采用电空联合制动，制动空走时间短，制动减速度大，制动距离短，制动方式灵活可以在短时间内反复缓解制动，也可以阶段制动阶段缓解。在保证安全的前提下，可明显提高行车密度，提高整个铁路网的运输能力。

第二节　动车组的基本构造及技术特点

动车组的基本组成包括机械部分和电气部分。

机械部分有车体与车辆内部设备、转向架、车辆连接装置、制动装置等；电气部分有受流系统、牵引传动系统、列车网络控制系统等部分组成，如图 2-4-3 所示。

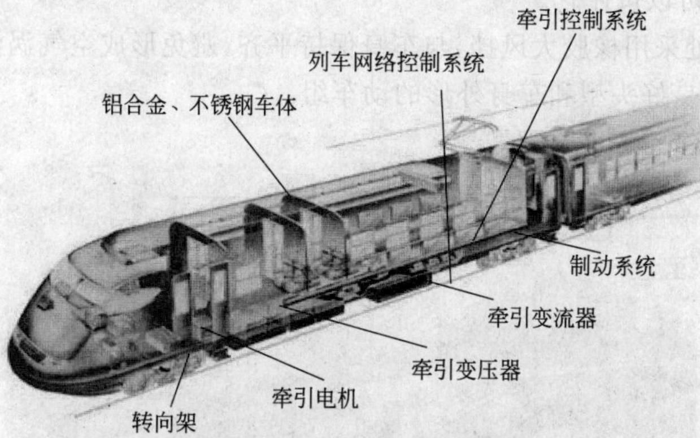

图 2-4-3　动车组的组成

一、车体、车内设备

动车组车体，是容纳乘客和司机驾驶的地方，同时，又是安装与连接其他设备和部件的基础，分为带司机室车体和不带司机室车体两种。

车辆内部设备是指服务于乘客的车内固定附属装置，如车内电气、供水、通风、取暖、空调、座席、车窗、车门、行李架、旅客信息服务系统等。根据需要车内座席布局可以采用 2+2 或 2+3 以及大小包厢等多种形式，也可以根据服务水平要求设置其他辅助设施，如餐车、车载电话、自动售货机、饮水机等。

为保证高速运行条件下具有较好的舒适性和安全性，与一般速度车辆相比，高速动车组车体在车体结构、车体重量及密闭性等方面提出了更高的要求，采用更新的技术。

(一)动车组车体结构流线化

随着列车运行速度的提高，列车与周围空气的动力作用加剧。除空气阻力外，作用在列车上的还有各种力和力矩，以及在列车、线路附近产生的“列车风”，并且当列车在隧道内高速运行或列车交会时，这些动力作用更强烈，如当列车以 200 km/h 行驶时，根据测量，在轨面以上 0.814 m、距列车 1.75 m 处的空气运动速度将达到 17 m/s，这是人站立不动能够承受的风速，当列车以这样或更高的速度通过车站时，列车风将给铁路工作人员和旅客带来危害。所以它们都关系到列车运行的稳定性、安全性、舒适性和能耗大小等问题。为此，必须对车体外形给于足够的重视。

好的头型设计可以有效地减少运行空气阻力、列车交会压力波和解决运行稳定性等问题，可以有效地减少列车表面压力、列车空气阻力，会车压力波和隧道内列车表面压力和列车风等问题。

1. 整个车身断面呈鼓形，即车顶为圆弧形，侧墙下部向内倾斜(5°左右)并以圆弧过渡到底架，侧墙上部向内倾斜(3°左右)并以圆弧过渡到车顶。这不仅能减小空气阻力，而且有利于缓解列车交会压力波及横向阻力、侧滚力矩的作用。

2. 车辆底部形状对空气阻力的影响很大，为了避免地板下部设备的外露，采用与车身横断面形状相吻合的裙板遮住车下设备，以减少空气阻力，也可防止高速运行带来的沙石击打车下设备。

3. 车体表面光滑平整，尽量减少突出物。如侧门采用塞拉门，扶手为内置式，脚蹬做成翻板式，使侧门关闭时可以包住它。

4. 两车辆连接处采用橡胶大风挡，与车身保持平齐，避免形成空气涡流。

图 2-4-4 为具有良好头型和车身外形的动车组。

图 2-4-4 良好的车头和流线型车体

(二)动车组车体结构轻量化

为了节省牵引功率，降低列车高速所引起的动力作用对线路结构、机车车辆结构产生的损伤，以及提高旅客乘坐舒适度，需要最大限度地降低高速动车组的轴重和减小簧下质量。

实现车体结构轻量化的主要途径有两个：一是车体材料主要采用不锈钢、高强度耐候钢、铝合金以及碳素纤维等新材料；二是在保证车体强度和刚度的基础上，对车体结构进行优化设计，减轻车辆自重。

(三)车体的密封隔声技术

1. 车体密封技术

车外压力的波动会反应到车厢内，使旅客感到不舒服，轻则压迫耳膜，重则头晕恶心，甚至造成耳膜破裂。为了减少压力波的影响，保证旅客的舒适度，采用如下办法：

(1)车体结构采用连续焊缝以消除焊接气隙；

(2)采用固定式车窗，侧门采用密封性能良好的塞拉门、头、尾的端门要采用可充压缩空气的橡胶条，通过台风挡采用橡胶大风挡；

(3)空调设备设立压力控制，厕所、洗脸室的水不能采用直排式，而要采用密封装置等。

2. 车内噪声控制技术

(1)在车轮上安装消音器和开发弹性车轮，车体外形设计成流线形，采用橡胶风挡等以削弱噪声源发出噪声的强度；

(2)采用双层墙、双层车窗，在车体金属表面涂刷防振阻尼层等措施，以提高车体的隔声性能。

二、动车组转向架

转向架是动车组车辆系统中最重要的组成部件之一，其结构设计是否合理直接影响车辆运行品质、动力性能和行车安全。因此，转向架必须具有承载、导向、缓冲、牵引和制动等功能。

(一)动车组转向架的技术性能

高性能的转向架，必须解决其高速运行时的平稳性和良好的曲线通过性能等关键技术问题。当转向架运动不稳定时，不仅车辆运行性能恶化，旅客舒适度也下降，而且直接影响行车安全。减少轮对的蛇形运动和减低振动是保证乘客舒适度的要素。因此，通过改变转向架结构、优化参数使其具有较高的临界速度，合理设计转向架的悬挂装置(弹簧减振系统)和选择其参数来提高高速列车的平稳性。

高速列车通过曲线时，产生过大的侧压力会造成轮、轨的剧烈磨损，还易引起脱轨、倾覆等安全事故。一般来说，改善车辆的曲线通过性能与抗蛇行运动稳定性往往是矛盾的。因此在选择高速转向架的有关设计参数时，要合理地兼顾两方面的性能要求。

(二)动车组转向架类型与特点

1. 动车组转向架的类型

动车组转向架分为动力转向架(动车转向架)和非动力转向架(拖车转向架)两类。

转向架的基本构造，如图 2-4-5 所示。

2. 动车转向架的结构特点

动车转向架带有牵引电机，拖车转向架不带牵引电机，其余部分基本一致，特点如下：

(1)均为二轴无摇枕转向架。

(2)轮对为空心车轴，整体轧制车轮、磨耗型车轮踏面。

(3)全部车轮安装制动轮盘。拖车车轴安装轴制动轴盘。

(4)采用空气弹簧。

(5)牵引装置主要采用拉杆方式。

(6)抗蛇行运动装置：在车体与构架之间(或摇枕与构架之间)安装抗蛇行减振器，可有效地抑制转向架的蛇行运动。转向架在采用磨耗形踏面的情况下速度只能达到 160 km/h，而装用抗蛇行减振器后，速度可提高到 250 km/h。

动车转向架还要有：

(1)牵引电机：安装方式采用架悬或体悬或半架半体。其中体悬式可降低簧下质量。

(2)驱动装置(齿轮减速装置和联轴节)：齿轮减速装置通过轴承安装在车轴上，牵引电机与齿轮减速装置通过联轴节传递驱动力。

此外，动车和拖车均采用综合制动方式。由于动力转向架有牵引电机和驱动装置，空间位置比较紧张，因此需采用轮盘式(每轴 2 个)闸片，而非动力转向架采用轴盘式闸片(每轴 2～3 个)。

三、动车组传动装置

传动装置的功能是将电能转换成机械能牵引列车运行，同时在列车制动时将机械能转变成电能回馈电网。

动车组采用的是交流传动装置，其牵引电机采用的是三相交流异步电机。

(a) 动车转向架

(b) 拖车转向架

图 2-4-5　高速列车转向架

当列车需要牵引运行时，牵引传动系统将接触网上 25 kV、50 Hz 单相交流电变换成电压、电流和频率可调的三相交流电供给牵引电动机，控制电机的矩速特性满足机车牵引特性的要求。

当列车需要制动时首先实行动力制动，牵引电机作发电机运行，牵引传动系统将牵引电机输出的电压、电流、频率不断变化的三相交流电转换成 25 kV、50 Hz 单相交流电反馈给电网，实现再生制动。

传动装置原理及能量转换如图 2-4-6 所示。

列车牵引运行是将电能转换成机械能。受电弓将接触网的 AC25 kV 单相工频交流电输送给牵引变压器，经变压器降压后的单相交流电供给脉冲整流器，脉冲整流器将单相交流变换成直流电经中间直流电路将直流电输出给牵引逆变器，牵引逆变器输出电压、电流，频率可控的三相交流电供给三相异步牵引电动机，牵引电机轴端输出的转矩与转速通过齿轮传动传递给轮对，转换成轮缘牵引力和线速度。能量变换与传递的途径如图 2-4-6 黑色箭头所示。

再生制动运行是将机械能转换成电能。能量变换与传递的途径如图 2-4-6 白色箭头所示。

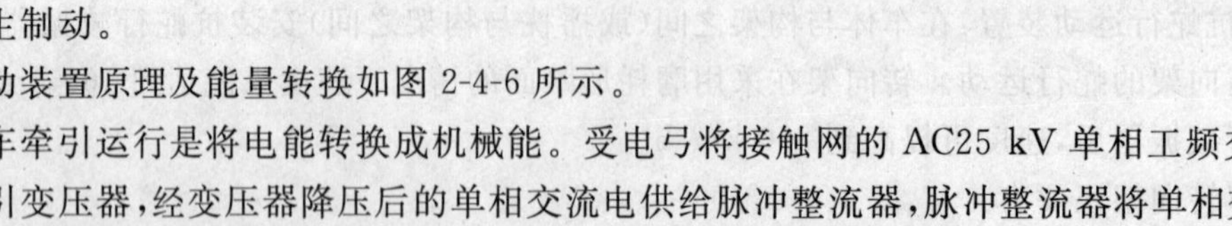

图 2-4-6　传动装置原理及能量转换

1. 高压电器设备

用来完成从接触网到牵引变压器的接通与断开，主要包括：受电弓、主断路器、避雷器、电流互感器、接地保护开关等；完成供电系统的接入与断开控制、网侧电流检测、保护等功能，其中受电弓最为关键，它负责完成列车运行过程中的高速受流，并确保受流质量。

2. 牵引变压器

用来把接触网上取得的 25 kV 高压电变换为供给牵引变流器及电机、电器工作所适合的电压，其工作原理与普通电力变压器相同。脉冲整流器是牵引传动装置的电源侧变流器，列车牵引时作为整流器，再生制动时作为逆变器，可以实现牵引与再生工况间快速平滑地转换。

3. 牵引变流器

牵引变流器是牵引传动装置的电机驱动侧变流器，列车牵引时作为逆变器，再生制动时作为整流器，可以实现牵引与再生工况间快速平滑地转换。

4. 牵引电机

牵引电机是实现电能和机械能转换的最核心的部件。列车牵引时作电动机运行将电能转化成机械能，制动时作为发电机运行将机械能转化为电能。

四、动车组制动及其控制系统

(一)高速列车的制动方式

1. 制动方式的分类

(1)根据列车动能消耗的形式不同，制动方式可分为摩擦制动和动力制动。

摩擦制动是指通过机械摩擦来消耗列车动能的制动方式。其优点是制动力与列车速度无关，是列车最基本的制动方式。摩擦制动的缺点是，制动力有限，这是受热能散发的限制而直接影响制动功率增大的缘故。摩擦制动包括闸瓦制动、盘型制动和磁轨制动等。

动力制动是指利用某种能量转换装置，将运行中列车的动能转换为其他形式的能量，并予以消耗的制动方式。动力制动的基本原理是使牵引电机的机械能转为发电机的电能而产生制动力，所产生的电能可以在制动电阻上转变为热能发散(电阻制动)或反馈至供电网(再生制动)，动力制动包括电阻制动、再生制动、电磁涡流轨道制动以及电磁涡流转子制动等。

(2)根据制动力产生的形式不同，制动方式又可分为黏着制动和非黏着制动。

①黏着制动是指依靠黏着滚动的车轮与钢轨黏着点之间的黏着力来实现列车制动的方式。黏着制动包括闸瓦制动、盘形制动等。

②非黏着制动包括磁轨制动和轨道涡流制动等。

2. 复合制动

由于列车的制动能量和速度的平方成正比，因此传统的纯空气制动能力已不能满足高速列车的需要。因此高速列车必须采用能提供强大制动力并更好利用黏着的复合制动系统。复合制动系统通常由制动控制系统、动力制动、摩擦制动(如盘型制动和踏面制动等)系统、微机控制的防滑器和非黏着制动装置等组成。复合制动力的产生分别来自电气(动力制动)、机械(盘型制动或踏面制动)和非黏着力(磁轨制动或涡流制动)，采用非黏着制动，主要是在高速紧急制动时附加在一个比较稳定的非黏着制动力，从而缩短制动距离。

高速列车的复合制动，如图 2-4-7 所示。

(二)制动控制系统

1. 高速列车制动系统的基本要求

由于列车的制动能量和速度成平方关系,时速在 200～300 km 的高速列车的制动能量是普通列车的 4～9 倍,从而在制动系统的性能要求和组成方面,均完全不同于常速列车。

(1)制动能力的要求

高速列车的制动包括调速制动和停车制动。其制动能力首先表现为停车制动时对制动距离的控制,制动距离基本上与列车制动初速度的平方成正比的关系,随着列车速度的提高,必须相应地改进其制动装置和制动控制方式才能满足缩短制动距离的要求。国外 300 km/h 高速列车的紧急制动距离均在 3 000～4 000 m 之间。我国 300 km/h 高速列车的紧急制动距离可保证为 3 700 m 以内。

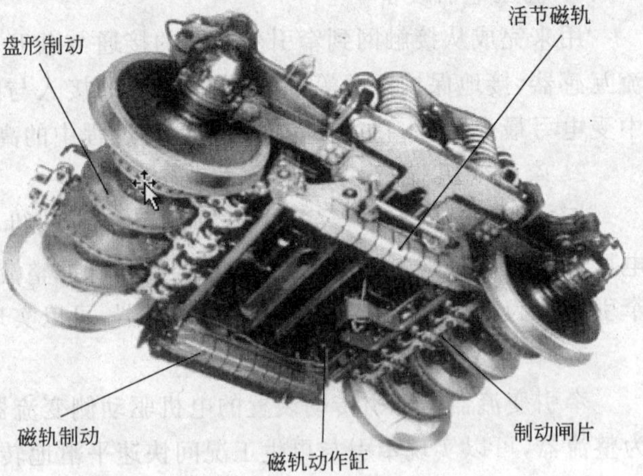

图 2-4-7　复合制动示意图

部分国家高速列车制动方式和紧急制动距离,见表 2-4-7。

表 2-4-7　部分国家高速列车制动方式和紧急制动距离

列车型号	运营时速(km)	制动方式	拖车制动盘数/轴	标准制动距离(m)
日本 300 系	270	再生＋盘形	2	4 000
德国 ICE1	300	再生＋盘形＋磁轨	4	3 450
法国 TGV-A	300	动车:电阻＋踏面 拖车:盘形	4	3 500
法国 TGV-OSE	270	动车:电阻＋踏面 拖车:盘形	4	3 000

为了满足制动能力强、响应速度快的要求。一般采用有两种复合制动的模式。

①采用电气与空气联合制动模式,电气制动优先

电气制动与空气制动结合可保证列车在从低速到高速的整个速度范围内都有充足的制动力。另外防滑装置可使轮轨间的黏着力得到充分运用,进而有效地缩短制动距离。

电气制动由于操纵控制方便,且可以大大减少空气制动系统零部件的磨耗,因而得以优先使用。空气制动只作为电气制动的后备和补充,在列车调速、低速行驶和紧急情况下(电气制动无法发挥作用)要求迅速停车时使用空气制动以确保可靠的制动。

②操纵控制采用电控、直通或微机控制电气指令式等灵敏而迅速的系统

这些装置使制动系统的反应更为迅速,进一步缩短了制动距离。

(2)舒适性的要求

从列车动力学的观点出发,旅客的乘坐舒适性主要受列车速度变化的影响。动车组制动减速度远大于普通的旅客列车。因此,动车组的制动系统采用微型计算机控制,实现制动过程的优化,在提高平均减速度的同时限制制动减速度的变化率,制动冲动小,减少了动车组的纵向冲动,从而提高了旅客乘坐的舒适性。

(3)安全可靠性的要求

制动系统作用的可靠性是列车行车安全的基本保证。特别是高速运行时制动系统失灵的

后果将不堪设想。因此，动车组制动系统具有高可靠性，其特点表现在以下两个方面：

①多级制动控制方式

动车组的制动方式分成三级控制：网络控制、电空制动控制、空气制动控制。其中，网络控制是以列车网络控制系统控制并传输全列车各车辆的制动信息；电空制动控制是以贯穿全列车的电气制动指令线来传输制动控制指令；空气制动则是以制动管的空气压力进行控制。上述三种控制方式的指挥级别以网络控制为最高，电空制动次之，空气制动控制级别最低；而安全级别的顺序恰好相反。

当高级别的制动控制系统发生故障时，能自动转为低一级别的制动控制方式，以保证在不良状态下使列车可靠地制动。

②制动能力互补

在正常条件下，复合制动系统的各种制动方式应合理分担制动能量，一旦其中的某种制动方式发生故障，其他制动方式应能提供补充。

2. 制动控制系统的组成

制动控制系统由电气部分和气路阀类部分组成。

电气部分包括制动控制器、微机控制系统和安全联锁装置。

气路阀类部分包括制动电磁阀和缓解阀、紧急制动电磁阀、强迫缓解电磁阀和切换阀、荷重传感器、重空车压力平衡阀、紧急限压阀、制动缸压力中继阀、总风缸及电空制动压力开关、空电转换电磁阀等。

该系统由列车管减压方式变为电气指令式的控制装置，不仅缩短列车制动空走时间，还包括有复合制动控制、空重车调整、制动模式控制、监控信息处理和显示等功能。

五、动车组牵引缓冲装置

动车组普遍采用密接式车钩缓冲装置，该装置的两车钩链接面纵向间隙一般小于 2 mm 上下，左右偏移也很小，这为高速列车运行的平稳性和电气线路、风管的自动对接提供了保障。

密接式车钩缓冲装置的基本构造如图 2-4-8 所示。

密接式车钩的优点是体积小、重量轻，两车钩连挂后各方向的相对移动量都很小(上下、左右、纵向间隙均小于 2～5 mm)，可实现真正的“密接”；同时，对提高风管、电气接头自动对接的可靠性也很有利。缺点是强度较低，机加工量大，因而成本相对较高。

缓冲器则选用橡胶缓冲器，橡胶缓冲器的柔性较好，并且由于其动态模数明显高于(1 倍至几倍)静态模数，尤其适用于高速。与间隙很小的密接式车钩配套使用时，缓冲器的容量不必过大，行程可减小，以利于提高纵向平稳性。

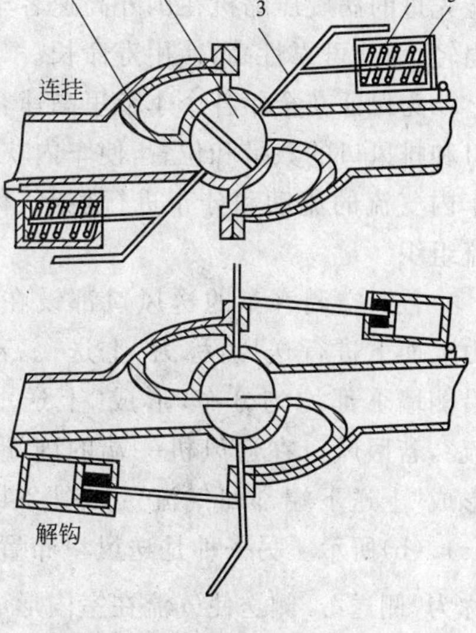

图 2-4-8　密接式车钩构造

1—钩头凸锥；2—钩舌；3—解钩杆；4—弹簧；5—解钩风缸

六、动车组空调、通风系统

空气调节装置是高速客车的主要设备之一，具有高可靠性、高舒适性、适应车外压力波的变化、适应高速车辆轻量化及小型化的要求、低噪声和低振动等特点。

1. 高速客车的通风换气装置

由于车体结构不能做到完全密封，车内空气压力会随着车外空气压力的变化而上下波动。据日本在新干线上进行调查的结果：当车内压力在－0.2 kPa以下和＋0.2 kPa以上时，开启车门时有“耳感不适”的现象；超过＋0.5 kPa时，车门一打开，旅客将感到极度不适。

为了克服列车高速运行下，特别是在会车和进入隧道时造成的客室内外空气的压力差传到客室内，在动车组车底下部安装供排气一体的换气装置，如图 2-4-9 所示。

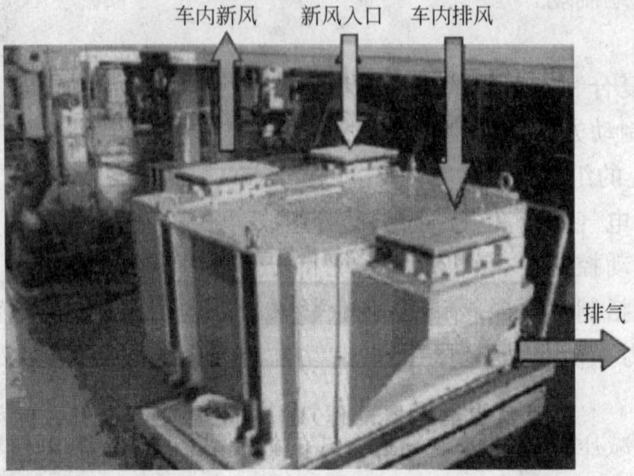

图 2-4-9　换气装置外形图

2. 高速客车的空调系统

高速客车的空调机组与普通客车的相比，在安装方式、机组的性能、轻量化、减小振动和噪声等方面都有较高要求，特别是应该满足高可靠性的要求。随着变压变频调速技术的出现，性能先进的涡旋压缩机在国外高速客车空调装置上得到采用。其运动件少，振动小，噪声低，磨损轻，因此可靠性高，使用寿命长。

为保证在全年各个季节里高速客车车内的旅客都感到舒适，必须合理地布置送风口、回风口和排风口的数量和位置，使车内获得均匀的气流速度场、温度场和压力场。也就是说，要对车内气流的流动和分布进行控制，称之为气流组织。

普通空调客车的送风口都设在车顶上，由上而下进行送风，称为“上送”。若回风口沿侧墙下部均匀分布，形成“上送下侧回气流”，若回风口在通风机一端的内端墙下部，形成“上送下端部回气流”，如图 2-4-10 中的(a)、(b)所示。另一种是送风口布置在侧面，称为“侧送”。侧送使气流在室内形成一个大的回旋气流，而旅客居留区处于速度与温度较稳定的回流中，如图 2-4-10(c)所示。

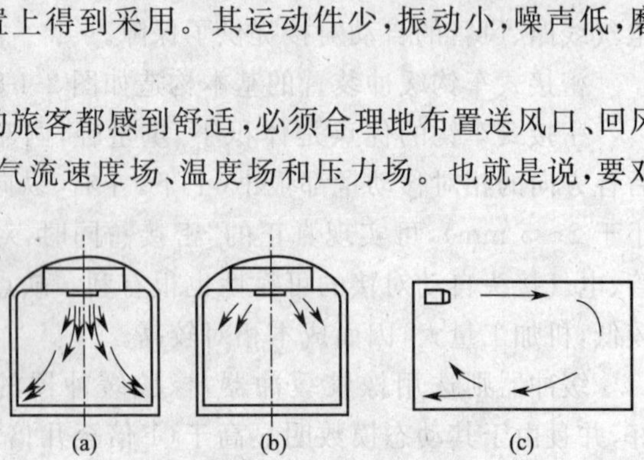

图 2-4-10　空调客车的气流组织

(a)上送下侧回气流；(b)上送下端部回气流；(c)侧送气流

另外，制冷、采暖兼用的热泵式空调机也在国外高速客车上被采用，以达到节能的目的。

空调客车除了要有合适的空气温度和相对湿度外，对空气温度和风速的均匀程度也有一定的要求。

七、动车组网络控制与诊断系统

1. 动车组网络控制系统

动车组网络控制系统是一套建立在现场总线通信网络上的分布式微处理器控制系统，一般称为 TCMS(Train Control & Management System)系统。它连接着列车主控制器、人机操作接口、车——地信号系统、牵引/制动系统、高压供电系统、辅助供电系统、空调、车门、照明、旅客信息等。在每节车辆(动力车或拖车)内通过车厢总线将分布在同一车厢内的各计算机控制装置联网；通过列车总线把分布在不同车厢中的主控单元(节点)联网，直至安装在列车前、后端动车上的列车控制、诊断中心，再通过动车司机操纵台上的显示屏，可选择显示列车中各受控设备的工作状态。从而实现对动车的重联控制和对全列车的综合监控作用。

系统在结构上可以分为三个层次：列车级、车辆级和子系统级。由两个网络即列车网络和车厢网络的各计算机连结构成为一个树状网络系统。系统组成按其作用功能可分为三部分，首先是一个包括牵引控制、制动控制、车辆部件控制、辅助系统控制和超速防护在内的控制系统；同时，在上述各控制中具有各种故障诊断、储存及显示功能，如通风温度检测、转向架动力学性能检测、轴温检测、火灾检测和制动装置检测等均属于这部分的作用功能；此外，还有传输大量信息的通信网络功能，不仅是列车内部各种控制命令、设备状态、旅客服务信息和故障信息等的传输，还包括和地面的无线电网络联络、与车辆维修基地之间的远程故障信息传输等。

2. 动车组诊断系统

高速列车车上监测和诊断的目的是提高其运营安全性和车辆运用率；优化运行管理；并便于运用和维修作业。

(1)监测和诊断的任务

①识别部件磨耗和偶发性故障，并记录故障信息；

②尽量明确显示故障发生的部位和功能范围；

③在故障情况下提示运行方式，包括提出保持功能措施的建议；

④提示迅速排除故障的维修方式；

⑤在必要时提示紧急制动作用；

⑥自动化整备作业，包括全自动的制动过程试验等。

(2)车载诊断系统的结构

①部件诊断：由各计算机控制装置对其本身进行自诊断，并对被控对象进行监测诊断，然后按事先确定的编码将诊断数据输入控制单元。

②单节车辆诊断：包括动力车和拖车，各车的节点通过车厢总线或输出人口获取、分类、评估本车的诊断数据，并以断电保存的方式存储这些数据，按事先确定的单车诊断参数编码，传输到动力车主控单元中进行故障列表。

③列车诊断：由列车安装在动力车上的主控单元(诊断中心)获取、分类、评估和存储列车的诊断结果，并在前导动力车上显示，同时可将这些信息存储在其他动车的主控单元中。

上述各层诊断级均应设有故障自诊断、故障信息保存、必要的故障自排除以及将重要故障信息向上一级传送的功能。各诊断装置还应配备有人机接口，以便维修人员从故障部件读取故障信息和对故障进行定位分析，并查知本车的诊断结果；列车诊断级的人机接口应包括彩色液晶显示屏，功能按键及蜂鸣警报器。

第三节　我国“和谐号”动车组

一、我国动车组概况

在我国铁路建设的发展中，首先出现的是动车组，随着速度的不断提高和社会经济建设的需要，逐步发展了高速列车。动车组按速度级别可以分为两类。只有最高运营时速达到200 km及以上的动车组才可以称为高速列车。可以说，动车组不等于高速列车。

1998年6月在南昌—九江间投入运营的我国第一列“庐山号”双层内燃动车组，最高运营时速为120 km；

1999年“春城号”电动车组运行于昆明—石林的城际线路上，采用动力分散式，交-直传动，以1动1拖为1个动力单元，全列6辆编组，最高运营时速为120 km；

1999年10月“新曙光号”准高速双层内燃动车组在沪宁、沪杭线投入运营，为动力集中式，动力配置为2动9拖，最高运营时速180 km；

2000年10月投入京津之间运行的“神州号”动车组，为动力集中式双层内燃动车组，由两头动车中间加10辆双层拖车共12节车组成，最高运营时速160 km。

从2004年至今，我国生产的“和谐号”CRH系列动车组分别为：

CRH_1 动车组，CRH_2 动车组，CRH_3 动车组，CRH_5 动车组，分别见图2-4-11(a)、(b)、(c)、(d)所示。

(a) CRH1动车组　(b) CRH2动车组

(c) CRH3动车组　(d) CRH5动车组

图2-4-11　和谐号动车组系列

上述4种车型可以分为两个速度等级。其中：

1. CRH_1、CRH_2-200、CRH_5：属于200～250 km/h速度等级的动车组；
2. CRH_2-300、CRH_3：属于300～350 km/h速度等级的动车组。

下面以 CRH_2 为例简要介绍国产动车组的组成情况。

CRH_2 型动车组为动力分散、交流传动电动车组。动车组具有“先进、成熟、经济、使用、可靠”的技术特点。

1. 编组结构

CRH_2 动车组由 8 辆车组成(4M/4T 和 6M/2T 两种)。动车(Motor Car),用“M”表示;拖车(Trailer Car),用“T”表示。

其中 4 辆动车 4 辆拖车,由两个动力单元组成,每个动力单元由 2 个动车和 2 个拖车(T-M-M-T)组成。动车组前后两端均设有驾驶室,可双向驾驶,列车通常运行时在前端的驾驶室内进行操作。编成后结构如图 2-4-12 所示。

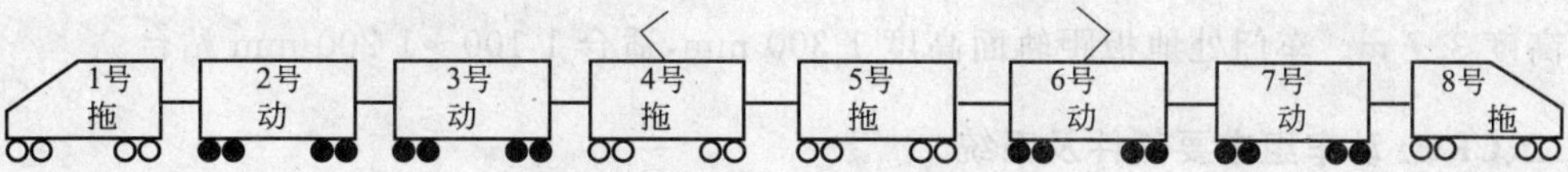

图 2-4-12　CRH_2 动车组

2. 轴重配置

动车组各车的定员质量(包括整备质量和乘客质量)最大定员质量为 56.0 t,最小定员质量为 46.6 t;列车定员为 610 人;CRH_2 动车组最大轴重为 14 t,最大轴重为 11.7 t。

3. 车内主要设备配置

CRH_2 全列车有 1 辆一等车和 7 辆二等车(含 1 辆合造车)。一等车内座椅布置为 2+2 形式,二等车座椅布置为 2+3,且座席为旋转式可调靠背坐席。全列车定员 610 人,定员和车内布置分别见表 2-4-8,在单号车厢内设卫生间、小便间和盥洗室。

表 2-4-8　CRH_2 各节车厢定员

车厢顺位	1	2	3	4	5	6	7	8
定员(人)	55	100	85	100	55	100	51	64

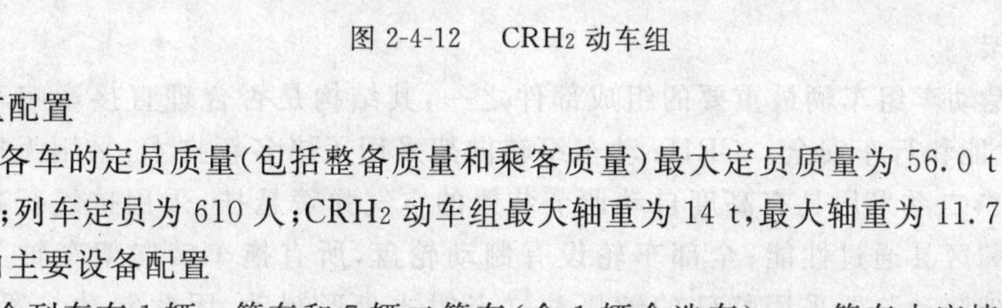

(a) 一等车车内布置　　(b) 二等车车内布置

图 2-4-13　CRH_2 车内布置

4. 车下设备布置

动车组的大型设备均安装在车下设备舱内,如空调机组、制动控制装置、牵引变流器、牵引变压器、辅助电源装置、控制回路分线箱、蓄电池箱、接触器箱等。

5. 车顶设备布置

在 4、6 号车顶设受电弓及附属装置,安装高度 4 m 时,受电弓工作高度最低 4 888 mm,最高 6 800 mm,最大升弓高度 7 000 mm。动车组正常运行时,采用单弓受流,另一台备用,处于折叠状态。两列动车组可联挂运行,联挂时受电弓采取双弓受流。

6. 车端设备布置

设密接式车钩装置、风挡及空气、电的连接设施等，包括：列车通信总线连接、制动控制线连接、供电母线连接、直流供电母线连接、列车总风管、电路电气设备连接、电缆连接、高压电线连接。

7. 车体结构

动车组车体结构汉族要是以中空型材为主构成的双壳结构车体，可以改善车辆的舒适性。车体采用铝合金材料。

CRH_2 动车组总长 201.4 m，其中头车长度 25.7 m，中间车长度 25 m，车体宽度 3.38 m，车体高度 3.7 m。车门处地板距轨面高度 1 300 mm，适合 1 100～1 200 mm 站台。

二、CRH_2 动车组主要部件及系统

1. 转向架

转向架是动车组车辆最重要的组成部件之一，其结构是否合理直接影响车辆的运行品质、动力性能和行车安全。CRH_2 动车组转向架采用了诸多新技术，采用无摇枕式转向架，H 形构架；二系采用具有高度自动调节装置的空气弹簧悬挂，采用抗蛇行减震器兼顾高速稳定性和区县通过性能；全部车轮设有制动轮盘，所有拖车转向架车轴上还装有制动轴盘。基础制动装置采用特殊的液压油缸卡钳式盘形制动，因此制动装置体积小；装有踏面清扫装置，以改善轮轨间运行噪声和黏着状态；动车转向架上装有轻型交流异步牵引电动机，驱动列车运行。

2. 牵引系统

牵引系统主要由受电弓、牵引变压器、牵引变流器及牵引电机组成。受电弓通过接触网接入 25 kV 的高压交流电，输送给牵引变压器，降压成 1 500 V 的交流电。降压后的交流电再输入牵引变流器，变成电压和频率均可控制的三相交流电，输送给牵引电机，牵引整个列车。动车组有两个相对独立的牵引系统，两个动力车可组成一个基本动力单元，这样，动车组可以灵活调节动车、拖车的比例，以满足运营需求。在正常情况下，两个牵引系统均工作，当一个牵引系统发生故障时，可以自动切断故障源，继续运行。

3. 制动系统

CRH_2 动车组的制动系统为复合制动模式，其中动车采用再生制动＋电气指令式空气制动，拖车采用电气指令式空气制动。列车需要制动时将牵引电机转换成发电机形式工作，即再生制动；空气制动是通过电指令将压缩空气送入制动缸起制动作用。当列车速度较高时，实施电制动，在低速时实施空气制动，制动方式转换均由司机操纵司机台上的制动控制器实施制动指令，通过微机系统控制完成。

4. 车钩及缓冲装置

动车组两端设有全自动车钩，车辆间由半自动车钩联接。车钩均采用密接方式，密接式车钩的构造与工作原理与关节式车钩完全不同。这种车钩属刚性自动车钩，它要求在两钩连接后，其间没有上下和左右的移动，而且纵向间隙也限制在很小的范围之内。全自动车钩内有机械、空气、电气连接机构和通路，半自动车钩内有机械、空气连接机构和通路。缓冲器采用基层橡胶方式，车钩及缓冲器可以在不架起车体的情况下拆装和检修。

5. 车辆信息控制系统

车辆信息控制系统通过贯穿列车的总线来传送信息，为自律分散型。系统由列车信息中

央装置、列车信息终端装置、列车信息显示器、车内信息显示器组成，具有牵引/制动控制、设备状态监视与控制、现车性能检测与试验等功能。可以记录、储存数据，实现车内信号传输和与地面系统的远程传输。

6. 司机室

动车组两头车各设一个司机室，两个司机室的设备布置相同，如图 2-4-18 所示，设有司机席和助手席；在操作台上分别设有制动和牵引手柄，可以进行自动和手动驾驶，操作台正面有三个显示屏，分别有速度信息、运行信息和列车信息显示，其中列车信息反映的内容比较丰富，包括了列车车门、车内电气和牵引系统等设备的工作状态，有关旅客信息和维修故障信息等。在司机座位的左边有两台电话，一台可以与调度直接联系，一台可向列车广播。

三、和谐号动车组的性能对比

CRH_1、CRH_2 和 CRH_5 动车组列车时速可达 200～250 km；CRH_3 动车组列车时速可达 300～350 km；CRH_2 动车组可直接提升，满足时速 300 km 及以上高速动车组开发要求；四种车型的性能对比情况，可通过主要技术参数表 2-4-9 和动车组特性曲线图 2-4-14，予以了解。

表 2-4-9　和谐号动车组技术参数比较

项目＼车型	CRH_1	CRH_2	CRH_3	CRH_5
编组型式	8 辆编组，可两编组连挂运行			
动力配置	2×(2M+1T)+(1M+1T)	4M+4T/6M+2T	4M+4T	(3M+1T)+(2M+2T)
车种	一等车、二等车、酒吧座车合造车			
定员(人)	670	610	597	606+2(残疾人)
编组重量(t)	420.4	359.7	380	451
编组长度(m)	213.5	201.4	200	211.5
动轴数	20	16	16	10
运营速度(km/h)	200	200/300	350	200
试验速度(km/h)	250	250/330	350	250
牵引功率(kW)	5 300	4 800/7 200	8 800	5 500
车体型式	不锈钢车体	大型中空型材铝合金车体		
转向架类型	H 型无摇枕空气弹簧转向架	DT206/TR7004B 无摇枕转向架	H 型无摇枕转臂式定位空气弹簧	二系空气弹簧摇枕转向架
轴重(t)	≤16	≤14	≤17	≤17(动)/16(拖)
受流电压制式	AC25 kV-50 Hz			
牵引电机功率(kW)	265	300	562	550
制动方式	直通式电空制动+再生制动			
制动距离	制动初速 200 km/h 时≤2 000 m；制动初速 160 km/h 时≤1 400 m			
列车控制网络系统	车载分布式计算机网络系统			

注：其中 M 为动车，T 为拖车。

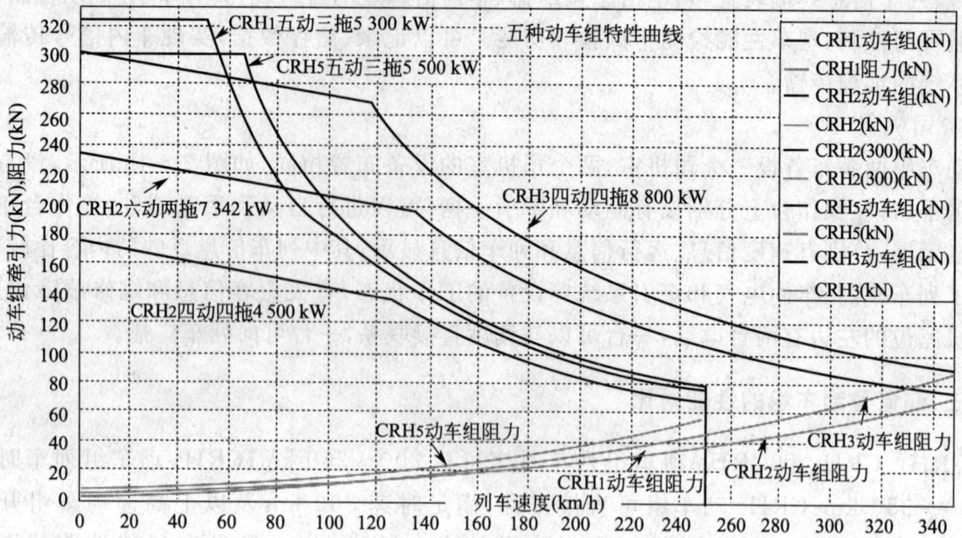

图 2-4-14　和谐号动车组特性曲线

复习思考题

1. 什么是动车组？有哪些类型？各有什么特点？动车组与既有的机车车辆方式相比有何特点？

2. 简述动车组的基本构成、各部分的作用及技术特点。

3. 简述国产动车组的类型及主要性能指标。

第五章 铁路牵引供电系统

采用电力牵引的铁道称之为电气化铁道。电气化铁道由牵引供电系统和电力机车两部分组成。电力机车的牵引动力是电能，但机车本身没有原动力，而是依靠外部供电系统供应电力，因而必须在电气化铁道沿线设置一套完善的、不间断地向电力机车供电的设备，这就是铁路牵引供电系统。

第一节 概 述

将电能从电力系统传送到电力机车的电力设备总称为电气化铁道的牵引供电系统(图 2-5-1)。

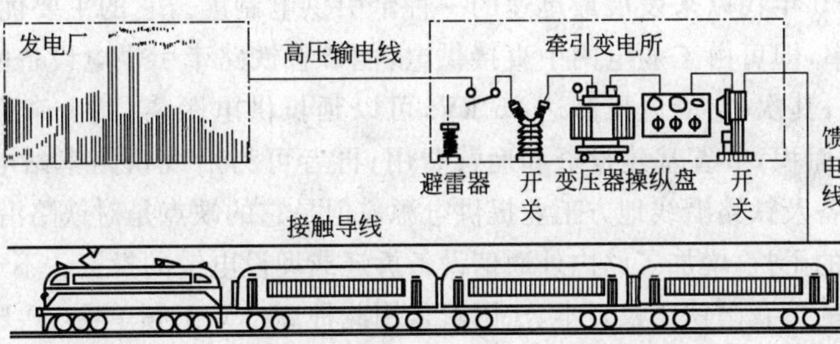

图 2-5-1 供电系统示意图

发电厂发出的电能，需先在升压变压站进行升压，变成 110 kV 或 220 kV 高压电能后，再通过高压输电线送到铁路沿线的牵引变电所。在牵引变电所里把电流变换成所要求的电流或电压后，再转送到邻近区间和站场线路的接触网上供电力机车使用。

一、电气化铁道的电流制

在整个电力牵引的发展历程中，电气化铁路的电流制经历了由低压直流、三相交流、单相低频交流到单相工频交流的演变过程。现在各国所采用的电流制逐渐趋向统一，电压也逐渐趋向提高，如意大利、波兰等国家采用 3 000 V 直流制；德国、瑞典等国家采用 $16\frac{2}{3}$ Hz 的单相低频交流制；中国、法国、日本等大多数国家都采用 25 kV 的单相工频交流制。

根据目前世界各国电气化铁路的发展情况，今后的发展方向主要是采用 25 kV 的单相工频交流制。

1. 直流制

直流制是指在牵引网上采用直流供电，使用直流牵引电动机来驱动机车。直流制是电气化铁路最早采用的一种电流制，直流供电最高电压只有 3 000 V，直流电气化铁路里程约占全部电气化铁路总长度的 40%。直流制之所以得到这样广泛采用，是它具有牵引性能良好、牵引电动机易于调速，机车构造简单和整流技术比较成熟以及对通信干扰小等优点。但它需要在牵引变电所设置整流装置，因而使得牵引变电所结构复杂、设备昂贵；另外，由于接触网上的电压受到牵引电动机端电压的限制，电压不能太高，为保证必要的牵引电流，就要加大接触网导线的截面积，因此消耗金属多，设备复杂，牵引变电所的距离短，使得投资费、运营费都比较高；此外，还需要采取特殊防护措施，解决泄露电流对沿线地下金属设施的腐蚀。

2. 三相交流制

它是应用两根接触导线和一根钢轨形成三相系统的电路。机车采用三相异步电机。这种电流制虽然具有牵引变电所和机车设备简单、电动机结构简单、维修方便的优点，但是由于异步电动机调速困难，接触网结构复杂而且不安全，所以，这种电流制，只在个别国家中采用。

3. 单相低频交流制

主要在西欧一些国家尤其是德国使用，采用的是单向交流 15 kV 、16⅔ Hz 的供电制式。单相低频交流制约占全部电气化里程的 16.6%。采用这种制式虽然可以提高牵引网的电压，在电力机车上还可以比较容易地将牵引网的高压降低到牵引电动机所需要的电压。但是它的主要缺点是其频率与工业频率不同，所以不能与工业供电系统统一，使用时需要变频，因此设备复杂、效率低，经济效果并不比直流制好。

4. 单向工频交流制

它是 20 世纪 50 年代以来发展最迅速的一种牵引供电制度。它的主要优点是供电系统简单，不需要变换频率，即可由工业电网中直接供电，能节省铁路牵引供电设备的投资，是目前最经济的一种电流制；其次，它的电压高达 25 kV，可以延长供电距离，减少牵引变电所数目，缩小接触网导线的截面积，节省基建投资和运营费用；再者可为沿线铁路车站电气集中、装卸机械和养路机械等设备及铁路沿线地方工业提供电源。但是它的缺点是对铁路沿线的通信信号设备产生强电对弱电的干扰，增加了路内外通信设备拆迁或埋设电缆的投资。不过，随着科技的进步一些问题会解决的。我国铁路及日本、法国就采用此种 25 kV 工频单项(50 Hz)交流制。

二、牵引供电系统的组成

牵引供电系统主要包括牵引变电所和牵引网两部分，牵引供电系统的任务是保证质量良好地并不间断地向机车(或动车组)供电。

1. 牵引变电所是电气化铁路供电系统的心脏。在采用单向工频交流制式，它的主要功能是变压和变相。它将电力系统输送来的高压(110 kV 或 220 kV)变成电力牵引所需要的电压并将电力系统输送来的三相电变成电力牵引相适应的单相电。

2. 牵引网由馈电线、接触网、轨道回路和回流线组成。牵引网的任务是质量良好地不间断地向电力机车供应电能。电流从牵引变电所馈出，经馈电线送到接触网，然后通过电力机车(或电动车组)，再经由轨道回路和回流线流回到牵引变电所。接触网是电气化铁路上的主要供电装置，它直接架设在铁路线路的上方，其功能是通过与电力机车顶部受电弓的滑动接触将电能供给电力机车(或电动车组)。

3. 馈电线是牵引变电所与接触网之间的连接线，它的功能是从牵引变电所向接触网供电。它由牵引变电所的母线上引出，在分相装置的两侧连接到接触网上。在一般情况下，馈电线仅采用架空导线，只有在不允许架设架空线的情况下，才使用地下电缆。

4. 回流线是轨道回路与牵引变电所之间的连接线，它的作用是将轨道回路内的牵引电流吸回牵引变电所。在电气化铁路上是利用走行轨作为牵引电流的回路的，通常称轨道回路。由于轨道与大地之间是不绝缘的，所以牵引电流的一部分要流经大地，从埋设在牵引变电所下面的接地网回到牵引变电所。回流线一般是先由架空线引到铁路线附近，然后改用地下电缆连到轨道回路上。如果牵引变电所靠近铁路线，则可省去架空线，直接用地下电缆连接。

三、牵引供电系统的管理与安全

牵引供电系统是由铁路部门自己建设和管理的。供电设备主要是牵引变电所和接触网，这些设备的管理、维修工作由供电段负责。供电设备的维护和检修应达到一定的技术标准，才能保证设备和检修人员安全。检修工作中心须严格遵守技术管理规程、操作规程和安全规程，铁路运输工作人员在各项工作时必须遵守作业规范，保证作业安全。

(一)接发列车与调车作业安全

1. 为保证人身安全，除供电段专业人员外，任何人(包括所携带的物件)与牵引供电设备带电部分的距离不得少于 2 m。

2. 在带电的接触网下调车时，不许使用棚车上的手制动机(区间和一般中间站，因为接触网较低，也不准使用敞车的手制动机)。在敞车或平车上操纵手制动机时，不准许在高于手制动机踏板以上的物体或货物上。

3. 在接触网终端附近作业时，应与接触网终端始终保持不少于 10 m 的安全距离停车。

4. 发现接触导线断开并侵入建筑界限时，必须照章设置停车防护信号。

(二)装卸和押运人员作业安全

1. 在带电的接触网下，不准在敞车、平车、罐车等车辆(棚车、冷藏车、家畜车内除外)上进行装卸作业，不准许用竹竿等测量货物装载高度。

2. 接触网带电部分距装载货物的距离不得少于 350 mm。

3. 油罐车、冷藏车的孔盖，装卸完毕后必须盖好，拧紧螺栓；装载原木、成材等货物必须绑好，严禁顶部铁丝翘起。

4. 在电气化区段车站的装卸线上进行装载作业时，必须在指定的安全区内停电作业，注意作业位置不要超出安全区域的范围。

第二节 牵引变电所

由于电力机车本身不带有能源装置，需要由外界供给电能，因而必须在电气化铁道沿线设置一套完善的、不间断地向电力机车供电的设备，这就是牵引变电所。

牵引变电所是一个统称，实际上它还包括供电系统中的开闭所、分区所和自耦变压器所。

一、牵引变电所的作用

牵引变电所是电气化铁路牵引供电系统的心脏。它的主要任务是将电力系统输送来的三相高压电变成适合电力机车使用的电能，然后分别送到沿铁路线上空架设的接触网，为列车供电。一条电气化铁路沿线设有多个牵引变电所，相邻变电所间的距离为 40～50 km。

牵引变电所的主要作用有以下几方面：

(一)将电力系统的电能变换成适合电力机车使用的电能

我国电气化铁道采用的是工频单相 25 kV 交流制，而电力系统是一个三相交流系统，电压标准也不同，不能直接使用，需要经过变换电压等级和由三相变换成单相才能使用。因此，必须将高压输电线输送来的 110 kV(或 220 kV)的三相交流电，改变成不低于 25 kV 的工频单相交流电，然后向它的邻近区间和所在站场线路的接触网送电，保证可靠而又不间断地向接触网供电。

在牵引变电所内装设有牵引变压器，它将电力系统的高压电(一般为 110 kV 或 220 kV)降低为 27.5 kV，以单向电馈送给接触网，供电力机车使用。

国外有些国家的电气化铁路采用的是直流制式，或是低频(16⅔ Hz)交流制式，因此，还需要将交流电整流成直流电，或将工频变换成 16⅔ Hz，这些变换工作都是由牵引变电所来完成的。

(二)降低电气化铁路对电力系统的影响

1. 电气化铁路的单向牵引负荷是一个不对称的负荷，对三相电力系统产生负序电流和负序电压，要减轻负序电流和负序电压对三相电力系统的影响，需要在牵引变电所采用换相接线方式或不同接线形式的变压器。

2. 电力系统对电气化铁路供电，要求功率因数达到 0.85 以上。而牵引负荷的自然功率数仅为 0.8 左右。功率因数低会使供电系统设备能力不能充分利用，降低了使用效率，增加了能量损耗。因此，需要在牵引变电所安装并联电容补偿装置，将功率因数提到 0.85 以上。

二、牵引变电所对牵引网的供电方式

牵引变电所是沿着电气化铁道区段分布的，每一个牵引变电所有一定的供电范围。而牵引变电所向牵引网的供电方式，主要是根据牵引变电所的分布情况、供电长度、线路情况以及供电的可靠性而定。通常牵引变电所向牵引网供电有单边供电和双边供电两种方式。

1. 单边供电

将两个牵引变电所之间的接触网分成两个供电分区，每一个供电分区只能从一端的牵引变电所获得电能的方式，称之为单边供电，如图 2-5-2 所示。

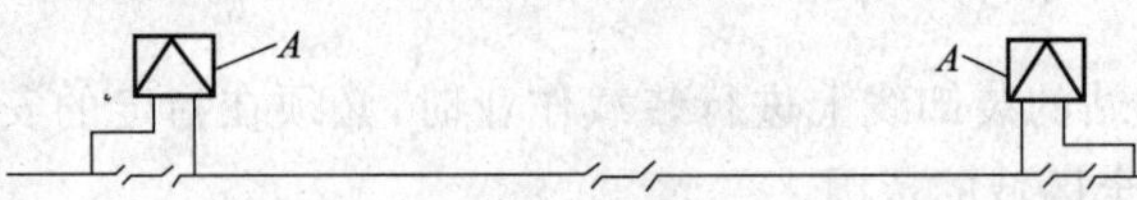

图 2-5-2　单边供电示意图

A—牵引变电所

单边供电时当某一供电分区接触网发生故障时，只影响本供电分区，而不影响其他供电分区的正常供电，从而缩小故障范围，而且，单边供电方式的牵引变电所馈电线保护装置也较简单。目前各国采用较多，我国单线电气化铁路全部采用单边供电。

2. 上下行并联供电

在双线电气化区段的供电臂末端设有分区所，将上下行接触网通过断路器实行并联供电，如图 2-5-3 所示。这种供电方式的优点是，它能均衡上下行供电臂的电流，降低接触网损耗，提高电压水平。在有轻重车方向和线路有较大坡度情况下，效果更为显著，我国双线电气化铁路大多采用这种供电方式。

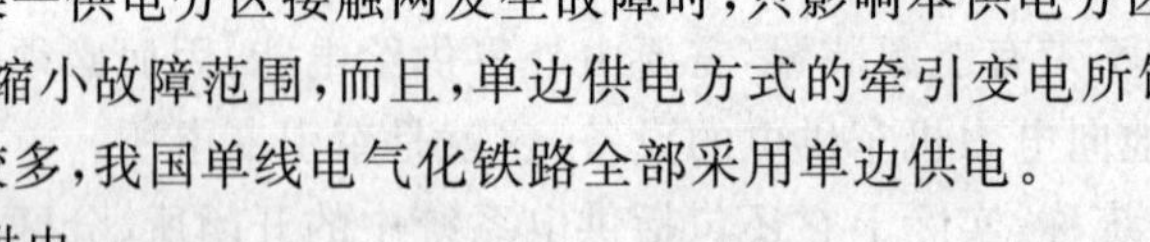

图 2-5-3　上下行并联供电示意图

1—牵引变电所；2—分区所

3. 双边供电

当分区所的断路器闭合，使电路连通，两个供电分区可同时从两个牵引变电所获得电能，这种供电方式称之为双边供电，如图 2-5-4 所示。双边供电时可以提高接触网的电压，使整个供电范围内接触网电压水平有较大提高，并降低接触网中的电能损耗。但双边供电一旦某处发生故障时，影响范围大，要扩大到两个供电分区。为解决这个问题，就需要在牵引变电所馈电线上和分区亭中安装比较复杂的保护装置和分区亭开关控制装置等，因此，目前较少采用。

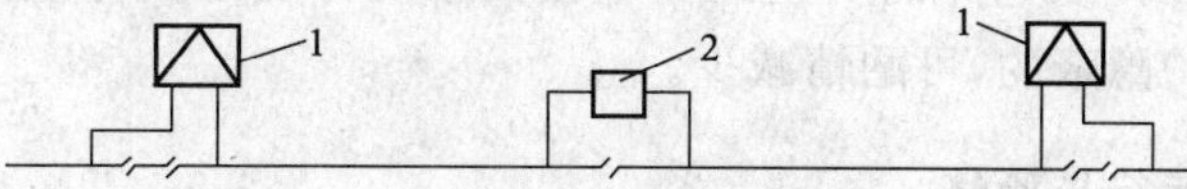

图 2-5-4　双边供电示意图

1—牵引变电所；2—分区所

三、牵引变电所的设备

牵引变电所的设备除大功率降压变压器外，还有将三相交流电变成单项交流电的电气接线，以及各种高压开关电器，此外，还有电压互感器、电流互感器、电容器、电抗器、高压断路器、各种高压隔离开关以及避雷器等电气设备。为使牵引变电所内各种电气设备正常运行，确保安全可靠供电，牵引变电所内还装有各种控制、测量、监视仪表和继电保护装置等。

四、牵引变电所的场址选择

1. 牵引变电所场址选择的特点

牵引变电所是向电气化铁路供电的电源点，必须沿铁路线路设置。由于沿线区间交通不便，设备运输较困难，日常检修也很不方便，因此，牵引变电所一般都设在车站附近。

2. 牵引变电所场址选择的要求

(1)牵引变电所一般应设在车站的一端。接触网在牵引变电所、分区所处要设分相或分段装置，而分相装置与信号机位置有关，选址不当，可能造成供电线过长。因此，分相装置的位置要与牵引变电所的位置相互协调，这样，可以减少供电线长度。

(2)牵引变电所的位置应方便高压进线。由于电源进线由电力系统的主管部门设计施工，在选址时，应会同电力部门一起进行。

(3)交通运输要方便。当牵引变压器采用移动备用方式时，需修建铁路岔线，因此，在选址时，应便于岔线从车站接轨，尽量缩短岔线长度，节约工程投资。在利用公路运输时，应与公路干线相通，并避免公路跨越站场。

(4)应有良好的地质条件，避开危岩、流沙、弃渣、滑坡、软土、落石等地带，还应避开高填、深挖地区。不良地质条件和高填方地区，场地不稳定，容易造成设备基础下沉歪斜，房屋开裂。深挖方地区，容易造成滑坡落石，工程量大。

(5)应充分掌握场地范围内地下设施情况。场地内地下隐蔽工程，如地下管道、电信电力电缆等设施 ，拆迁困难，特别是地下有人防工事、坑道等，应事先处理，以免建成后发生坍塌，损坏设备。

(6)应不占或少占良田。这是我国的基本国策。

(7)应避免设在空气污秽地区。污秽地区会造成电气绝缘下降，若因供电要求必须设在该地区时，应设置在污秽源常年主导风向的上风侧或采取有效防污措施，加强设备的外绝缘。污秽严重地区，应将全部设备装在室内。

(8)牵引变电所场址标高一般应在百年一遇洪水位以上。否则，应有防护措施，场区不应被积水淹没，山区应有防洪措施，并满足泄洪要求。

(9)应具有生产和生活用水的可靠水源，方便职工生活。

(10)根据《铁路建设贯彻国防要求的规定》，牵引变电所的位置距重点目标不宜小于500 m，距易燃、易爆的工厂及仓库的安全距离应按国家现行规定执行，确有困难或能利用地形、地物等自然屏障防护隐蔽的，可酌情减少。

五、牵引变电所的运行与检修

(一)牵引变电所的运行管理

牵引变电所属供电段领导，其运行由供电调度指挥，在运行工作中要及时监视电气设备的运行状态，正确进行倒闸操作，并做好各项纪录。当发生故障时，在供电调度指挥下做好处理工作，以保证安全可靠的向接触网供电。

1. 运行管理工作必须按照铁道部制定的《牵引变电所运行检修规程》执行。为做好日常运行工作，牵引变电所必须备齐各种技术文件，如接线图、室内外设备平面布置图、室外配电装置断面图、保护装置原理图、安装图、电缆手册及其他有关资料等。

2. 在日常运行工作中应做好各项纪录，作为历史档案以备必要时进行分析查询。

(二)电气设备检修

为了保证电气设备安全可靠的供电，需要对这些电气设备进行检修。除发生问题临时修理外，还要进行定期检修。电气设备的定期检修分小修、中修和大修三种修程。

1. 小修，属维持性修理。对设备进行检查、清扫、调整和涂油，更换或整修磨损到限的零部件，保持设备正常的技术状态。

2. 中修，属恢复性修理。除小修的全部项目外，还需部分解体检修，恢复设备电气和机械的良好性能。

3. 大修，属彻底性修理。对设备进行全面解体检修，更新不合标准的零部件，对外壳进行除锈涂漆，恢复设备的原有性能，必要时进行技术改造，提高电气和机械性能。

不同设备有不同的检修周期，主要设备的检修周期，见表2-5-1。

表 2-5-1　主要设备的检修周期表

序号	修程 / 设备名称	小修	中修	大修	备注
1	变压器	1年	5～10年	15～20年	
2	单装互感器	1年	5～10年	15～20年	单独装设的
3	隔离开关	6个月	5年	15～20年	经常操作的
4	隔离开关	1年	10年	15～20年	不经常操作的
5	蓄电池组	1个月	6个月	15～20年	开启式
6	电容器组	6个月	—	5～10年	
7	高压母线	1年	—	10～15年	
8	电力电缆	1年	—	15～20年	
9	配电盘	1年	—	15～20年	

续上表

序号	修程 / 设备名称	小 修	中 修	大 修	备 注
10	避雷针	每年雷雨季节前	—	15～20 年	
11	避雷器	每年雷雨季节前	—	15～20 年	
12	接地装置	1 年	—	15～20 年	包括所内回流线
13	油断路器	1 年	自动跳闸累计达到规定次数，但不超过 5 年	10～15 年	
14	气体断路器	1 年	自动跳闸累计达到规定次数，但不超过 3 年	10～15 年	

注：1. 连接线随设备或母线一同检修；

2. 实际检修周期允许误差为±10%。

所有电气设备除定期检修后需进行试验外，每年还要进行一次预防性试验，如果设备定期检修时的试验已包括预防性试验的内容和要求，则在该周期内可以不再做预防性试验。

第三节 接 触 网

接触网是电气化铁路牵引供电系统中的主要供电设备，它的功能是向走行在铁路线上的电力机车不间断地供应电能。但是接触网与一般的输电线路不同，它必须架设在铁路线路的正上方，电力机车利用顶部的受电弓与接触线滑动摩擦而获得电能。因此，只要有电力机车走行的铁路线路，都必须架设接触网。

由于接触网是露天设置，受着各种恶劣气象条件的影响，其工作状态又是随着电力机车的运行而变化，而且没有备用，因而使得接触网的工作条件非常复杂，对它的要求是非常严格的，因为接触网的质量和工作状态直接影响着电气化铁道的运输能力。

一、牵引供电系统的供电方式

接触网的供电方式也就是电气化铁路的供电方式，一般有五种：直接供电方式、吸流变压器供电方式、带回流线的直接供电方式、自耦变压器供电方式、同轴电力电缆供电方式。

在高速电气化铁路中一般不再采用吸流变压器供电方式和同轴电力电缆供电方式。因为前者的接触线在吸流变压器处存在断开点，受电弓高速通过断开点时产生电弧，对接触线和受电弓的滑板造成损坏；后者造价昂贵、施工复杂。

我国电气化铁道采用工频单项 25 kV 交流制。在电气化铁道接触网的周围空间产生磁场，因此对邻近通信线路产生很大感应影响。使通信质量下降，甚至危及设备及运行人员的安全。

现在铁路牵引供电系统主要的供电方式有 3 种：

1. 直接供电方式

直接供电方式(简称 TR 供电方式)是在牵引网中不加特殊防护措施的一种供电方式。它将一根馈线接在接触线(T)上,另一根馈线接在钢轨(R)上,如图 2-5-5 所示。这种供电方式的馈电回路结构简单、造价低、牵引网阻抗小,能耗也较低,供电距离单线一般为 30 km 左右,双线一般 25 km 左右。电气化铁路是单相负荷,机车由接触网取得电流,经钢轨流回牵引变电所。由于钢轨与大地是不绝缘的,一部分回流由钢轨流入大地,因此,对沿线的通信线路产生感应有干扰影响,因此不适用于平原地区或城市附近的电气化铁路系统,这是直接供电的主要缺点。它一般采用在铁路沿线无架空通信线路或通信线路已改用地下屏蔽电缆的区段。

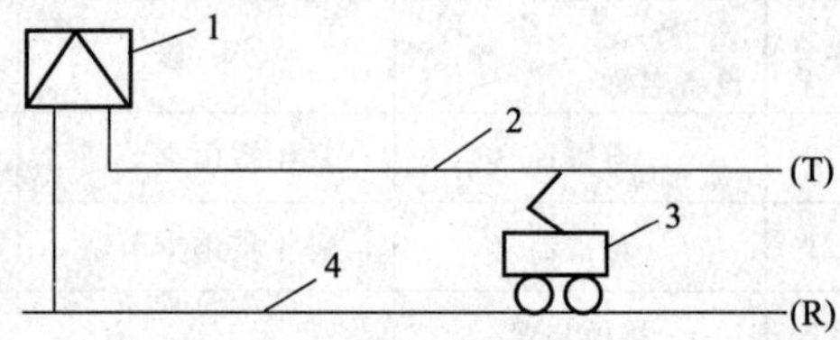

图 2-5-5　直接供电方式
1—牵引变电所;2—接触网(T);
3—机车;4—钢轨(R)

2. 带回流线的直接供电方式

带回流线的直接供电方式是在接触网支柱上架设一条与钢轨并联的回流线(NF),如图 2-5-6 所示。它是利用接触网与回流线之间的互感作用,使钢轨中的电流尽可能地由回流线流回牵引变电所,因而能部分抵消接触网对邻近通信线路的干扰。这种供电方式可在对通信线路防干扰要求不高的区段使用。目前这种供电方式在我国电气化铁路上得到了广泛采用。

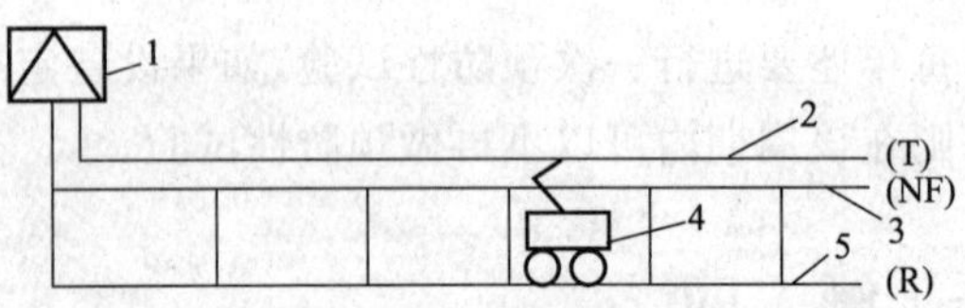

图 2-5-6　带回流线的直接供电方式
1—牵引变电所;2—接触网(T);
3—回流线(NF);4—机车;5—钢轨(R)

3. 自耦变压器供电方式

自耦变压器供电方式(简称 AT 供电方式),它将自耦变压器以每隔 10 km 左右的距离并联接入接触网(T)与馈电线(F)之间的供电方式,如图 2-5-7 所示。它的中性点与钢轨(R)相接。自耦变压器将牵引网的供电电压提高一倍,而供给电力机车的电压仍为 25 kV。

电力机车由接触网(T)受流后,牵引电流一般由钢轨(R)流回,由于自耦变压器的作用,经钢轨流回的电流,经自耦变压器绕组和正馈线(F)流回变电所。当自耦变压器的一个绕组流过牵引电流时,另一个绕组感应出电流供给电力机车,因此,当电力机车负荷电流为 I 时,由于自耦变压器的作用,流经接触网和正馈线供给的电流为 $I/2$,另外的负荷电流由自耦变压器感应电流供给。

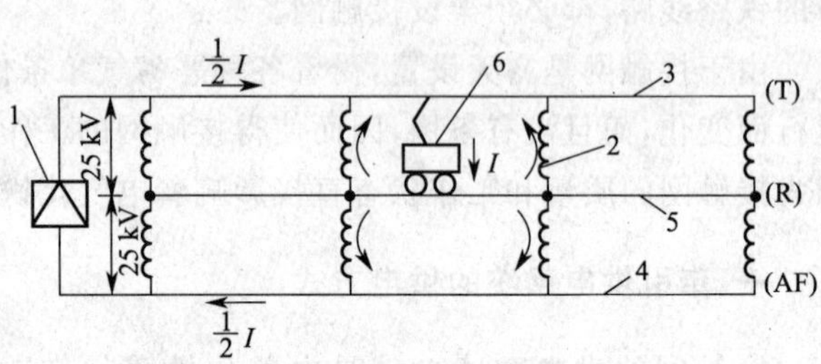

图 2-5-7　自耦变压器供电方式
1—牵引变电所;2—自耦变压器;3—接触网(T);
4—正馈线(AF);5—钢轨(R);6—机车

这种供电方式的牵引网阻抗很小,因此电压损失小,电能损耗低,供电能力大,供电距离长,可达 40～50 km,由于牵引变电所间隔距离增大,减少了牵引变电所的数目,也减少了电力系统对电气化铁路供电的工程和投资。由于牵引负荷电流在接触网和正馈线中的方向相反,因而对邻近的通信线路干扰很小。虽然这种供电方式牵引变电所和牵引网比较复杂,加大了电气化铁路自身的投资,但在电力系统较薄弱的地区,为了减少电源部分的投资,经技术经济比较也可采用,现已成为高速、重载铁路牵引供电优先采用的供电方式方式。在我国也得到了迅速的发展。

二、接触网的组成

电力机车实际上是一个边受流边行驶的移动负荷。为了保证不间断地供给电力机车电能，就必须使电力机车的受电弓与接触网的接触线在电力机车行驶时有良好的接触，因此，对接触网的结构就有特殊的要求。

接触网主要由接触悬挂部分、支持装置和支柱与基础几个部分组成，如图 2-5-8 所示。

1. 接触悬挂部分。包括承力索、接触线、吊弦、中心锚结、补偿装置等。接触线是与受电弓直接接触摩擦的部分。

2. 支持装置。用以悬吊和支撑和支撑接触悬挂并将其各种载荷传递给支柱或桥隧等大型建筑物。支持装置还应将承力索、接触线固定在一定范围内，使受电弓滑行时与接触线有良好的接触。

3. 支柱与基础。用以安装支持装置、悬吊接触悬挂，并承受其载荷。

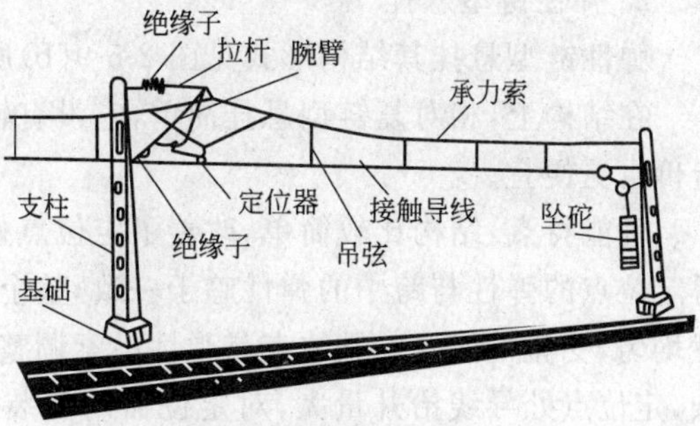

图 2-5-8　架空式接触网的结构

此外，还有供电线、加强线，以及因供电方式不同而设置的回流线、正馈线、保护线等附加导线以及为了安全而设置的保护设备、电气设备等。

三、接触网的悬挂方式

接触网的悬挂方式是指接触网的基本结构形式，把接触网线索及其附加零部件组成的结构称为接触网的悬挂方式。它反映了接触网的空间结构和几何尺寸。不同的悬挂方式，在工程造价、受流性能、安全性能上均有差别。另外，对接触网的设计、施工和运营维护也有不同的要求。

接触网的悬挂方式主要有三种方式：复链型悬挂、弹性链型悬挂和简单链型悬挂，如图 2-5-9 所示。各国对这三种悬挂方式有不同的认识和侧重，根据各国的国情发展了自己的悬挂方式，日本高速铁路主要采用复链型悬挂；法国和德国采用简单链型悬挂及弹性链型悬挂；我国高速铁路则采用简单链型悬挂和带“Y”形吊弦的弹性链型悬挂。

在接触网中，有接触线、承力索和辅助承力索等。

(1)接触线，它直接与列车顶部的受电弓接触，并向列车传输电能。列车牵引电流从接触线流过，为了降低电能损耗，接触线一般选用铜等电阻较小的材料。同时，为了保证良好的受流和减低维护成本，还要求接触线材料结实、轻便、摩擦性能与受电弓滑板相匹配。

(2)承力索以一根根垂直的吊弦抓住接触线。它的作用是让接触线水平地悬挂在距离钢轨轨面一定的高度上。

(3)辅助承力索，其主要作用是进一步提高接触线的水平度，保证良好受流。

下面简单介绍复链型悬挂、弹性链型悬挂和简单链型悬挂三种形式的技术性能。

1. 复链型悬挂

复链型悬挂在结构上，承力索和接触导线之间加了一根辅助承力索。其结构形式见

图 2-5-9(a) 所示。

性能特点：接触网的张力大（绷得紧），弹性均匀，抗风稳定性好。但由于结构复杂，安装调整复杂，使其造价高，维护费用也高，同时，由于它的单位长度重量大，这就限制了它的波动（当列车行进时，接触线随受电弓的推进而产生波动）速度的提升，从而也就限制了列车速度的提升。

2. 弹性链型悬挂

弹性链型悬挂其结构形式见图 2-5-9(b)所示。

在结构上，相对复链型悬挂简单，它没有辅助承力索，造价也更便宜。

性能特点：结构比较简单，改善了定位点处的弹性，使得定位点的弹性与跨中的弹性趋于一致，整个接触网的弹性均匀，受流性能好。其缺点是弹性吊索调整维修比较复杂，定位点处导线抬升量大，对定位器的安装坡度要求也较严格。

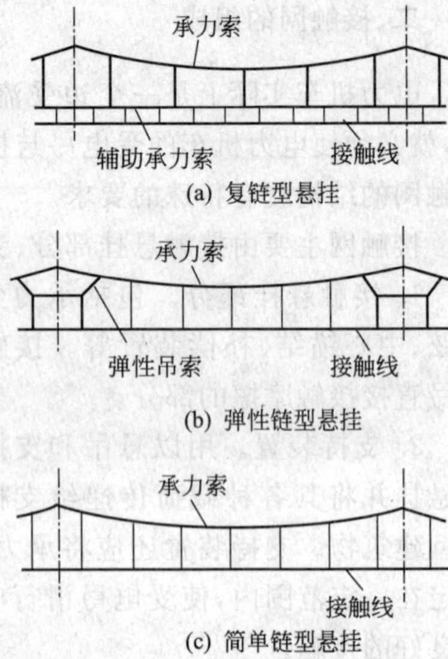

图 2-5-9　接触网的悬挂方式

3. 简单链型悬挂

简单链型悬挂是两支点间仅悬吊一根接触线的悬挂方式，实际上这是一种柔软线索的自由悬挂形式。其结构形式见图 2-5-9(c)所示。

性能特点：在三种结构中最简单、安全可靠、安装调整维修方便、造价较低，且能满足列车高速运行的要求。不足之处是，弛度较大，导线高度变化大，其定位处的弹性与两跨柱当中的弹性不均匀，稳定性差，在定位点处易形成相对硬点，弓网磨耗大。

采用带预留弛度的简单链型悬挂时，跨中采用预留弛度，受电弓在跨中的抬升量可降低，选择结构形式合理、性能良好的定位器，消除定位点处的硬点，改善弹性，可弥补不足之处。

四、接触网的工作条件及其基本要求

电力机车走行时，受电弓给接触线上抬力，使接触线抬升，由于接触线是一条长软线，而受电弓又是一个弹性装置，因此，这种压力和抬升是变化着的，而且变化迅速。此外，列车在以空气为介质的空间运行时，还会对受电弓弓臂和弓头产生有一定压力的空气流，形成对受电弓向上或向下的附加力。上面几种力的合成作用结果，使接触网产生振荡，从而使受电弓滑板不能很好地追随接触线的轨迹，导致脱离接触线（离线）。其后果是使电力机车受流时通时断，于是机车在行使时出现牵引力不稳定的状态。

恶劣的气候条件，还会直接影响接触网的工作状态，如最高、最低气温，最大风速和各导线的覆冰等，都会使接触网的工作条件发生变化。金属导线热胀冷缩的原理，温度升高会使导线伸长，导线的张力随着变小，接触线的弛度加大；温度降低会使导线缩短，张力加大，接触线的弛度减。这些都直接影响受流条件。最大风速时，由于导线所受风压加大，除使接触线张力加大以外，还会使接触线发生水平偏移和振动，当接触线偏离起始位置达到一定程度时，就可能超出受电弓的工作范围，造成打弓、刷弓，甚至断线和损坏零部件。覆冰时的附加重量，可使导线张力增大，冰壳还会使接触线与受电弓接触受流时导电性能降低，并产生电弧，工作条件恶化。空气中的尘埃和腐蚀性物质会使各导线及零部件受腐蚀，强度降低，缩短使用寿命，对绝缘子来说还影响绝缘性能。

为了安全可靠的供电，接触网设备应具备上述工作条件的能力，因此必须做到：

1. 有足够的强度，保证接触网具有稳定性；

2. 在恶劣的气候条件下，保证电力机车在规定的速度运行时能良好受流；

3. 对各导线和支持结构、零部件及绝缘子（绝缘元件）等，应当采取有效的防腐措施和防污秽技术措施，以保持整个接触网设备的良好状态；

4. 接触悬挂的各项技术性能，应满足受电弓与接触线在滑动接触摩擦时可靠地工作的要求，使用寿命应尽可能延长；

5. 各类支持结构和零部件，应力求轻巧耐用，做到标准化并具有互换性，便于施工和维修保养，发生事故时也便于抢修，为迅速恢复供电创造条件；

6. 接触线和安装在接触线上的有关设备要有良好的平滑度和耐磨性能，接触线不应有不平直的小弯及悬挂零件等形成的硬点，以免受电弓与其发生碰撞，造成受电弓和接触线的机械损伤和电弧烧伤。

五、接触网的运行管理与检修

接触网是电气化铁路的重要组成部分，与行车有直接的关系，为做好接触网的运行和维修工作，必须加强管理，不断提高其设备的检修质量，不断改善接触网的技术状态，保证安全、不间断、质量良好地向机车供电。

(一)接触网的运行管理

1. 接触网运行的组织管理

电气化铁路供电系统运行管理的基层单位是供电段，供电段下设供电领工区，供电领工区又设置若干接触网工区，接触网工区直接负责接触网设备的日常维修和事故抢修工作。工区的规模及定员人数，根据管辖的范围而定。

接触网工区一般管辖四个区间，长度约为 30 km。在隧道密集的区段，可适当减少。在枢纽站、区段站等大的站场上，一般都单独设接触网工区。接触网工区应该熟悉本工区管辖范围内接触网设备状态，保存必要的技术资料，如：

(1)了解本供电段全段的供电分段图和本工区管辖范围内的供电分段模拟图；

(2)管内的接触网平面布置图、装配图、安装曲线表、接触线磨耗换算表；

(3)跨越接触网的架空线路的位置及有关架空线路的参数；

(4)有关隔离开关、避雷器、吸流变压器、分段绝缘器等设备的出厂说明书及有关资料；

(5)有关大修竣工报告、设备工具试验记录、设备检修记录和相关资料等。

2. 接触网的接管与运行

接触网工程在施工竣工以后，应按规定对工程进行认真质量检查和验收，确认合格后方可投入运行。接触网投入运行后，应建立台账和技术履历。工区要有接触网工昼夜值班，并认真填写“接触网工区值班日志”。每天要定时向电力调度报告当日工作情况及次日工作计划，及时传达和执行电力调度命令。

3. 巡视检查

为了贯彻“修养并重、预防为主”的方针，要定期巡视接触网设备的技术状态和检查机车的取流情况，以便安排检查工作。在遇有大雨、大风、大雪、大雾等恶劣气候时，要适当增加巡视次数。在巡视检查中，对危及安全的缺陷由及时处理。每次巡视检查和缺陷处理的主要情况，都要及时认真填写"接触网巡视和取流检查记录"登记表。

(二)接触网的检修

1. 接触网的检修修程。接触网的定期检修分为小修和大修两种修程。

(1)接触网的小修系维持性的修理,主要是对接触网进行检测、清扫、涂油;对磨损锈蚀到限的接触线、承力索及供电线、回流线进行整修、补强或局部更换;对损坏的零部件进行修换,以保持接触网的正常技术状态。

(2)接触网的大修系恢复性的彻底修理,主要是成批更换磨耗、损坏到限的接触线、承力索及供电线、回流线;更新零部件、支持装置和定位器及支柱;对接触网、供电线和回流线进行必要改造,以改善接触网的技术状态,提高供电能力。凡是大修更新的设备及其零部件等,均应符合新建工程的技术标准。

接触网的小修、大修项目、周期和修理范围的规定,均应按铁道部公布的《接触网运行检修规程》执行。

2. 接触网的检修作业。根据铁运(2007)69号《接触网安全工作规程》规定,接触网检修作业分成停电作业、间接带电作业、远离作业三种方式。

停电作业是指在接触网停电设备上进行的作业。带电作业是指在借助绝缘工具间接在接触网带电设备上进行的作业。远离作业是指在距接触网带电部分1 m及其以外的附近设备上进行的作业。

随着电气化铁路的迅速发展,尤其是向运输繁忙的干线发展,接触网维修"天窗"与运输的矛盾更为突出,要提高接触网设备运行的可靠性,并尽可能做到少维修或免维修,针对小修和大修这种随机修和周期修存在的不足,改革现行的检修方式,提出了"状态修"的维修制式。

状态修即是通过对设备的进行监测,当测量到设备的某些技术参数变化到不正常状态时及时组织维修。所以设备的状态修就是在设备的工作寿命期内,将运行设备按照规定的状态值来监察其运行参数,只要设备的运行参数在规定的状态限界值以内,就一律不检修,只有设备的运行参数超出规定的状态限界值时,才按照规定的工艺进行检修,使其恢复到规定的状态值。当设备到达有效使用寿命期,则予以更换。因此,状态修是一种充分发挥其使用寿命,做到不失修、不提前修、不过剩修,力图把检修工作量减小到最低限度。

3. 接触网检修计划与实施

接触网检修计划分年度监测计划和月度维修计划两部分。

年度监测计划由牵引供电设备管理单位于前一年的11月底以前下达到车间和班组,同时报铁路局。

月度维修计划下达方式各局自定。鉴于各地区的设备性能及运行条件不尽相同,铁路局可根据实际情况,调整监测的项目、周期和范围,并报部核备。

接触网整体大修周期一般为20～25年。对繁忙干线和腐蚀严重的区段,根据接触线磨耗和锈蚀情况,可适当缩短。具体时间由实际的设备质量鉴定结果确定。年度大修计划由铁路局组织编制。在编制大修计划前,铁路局要对设备认真组织鉴定,确定大修项目。对不适应当前运输需要的设备应结合大修进行改造,铁路局应在下达大修计划的同时报部核备。

在检修实施过程中为保证定期检查和对设备缺陷的及时处理,在列车运行图中须预留接触网检修"天窗"。

(1)天窗时间单线区段不少于60 min,双线区段不少于90 min。

(2)对较大的车站(如枢纽、区段站等)和必须利用垂直"天窗"作业的双线区段应根据设备状况定期安排“天窗”进行停电检修。

(3)检修“天窗”计划、申请和使用按照铁道部综合“天窗”修有关规定执行。

在安排日班计划时，列车调度员和供电调度员要密切配合，共同维护规定的“天窗”时间，按时组织接触网停电检修。如因运输需要必须取消“天窗”时，应按照铁道部综合“天窗”修实施办法的有关规定执行。遇有危及安全的故障或缺陷必须立即停电检修时，供电调度员应于停电前通知列车调度员，列车调度员根据供电调度员停电通知及时发布相关行车调度命令。

复习思考题

1. 简述电气化铁道牵引供电系统的组成。

2. 发电厂发出的电是通过哪些设备送到电力机车上去的？

3. 牵引供电系统有哪几种供电方式？直接供电方式和自耦变压器供电方式都有哪些优缺点？

4. 接触网悬挂方式有几种？各有何优缺点？

5. 牵引变电所设置在什么地点？牵引变电所的作用是什么？

第六章 铁路车站

第一节 概 述

车站既是铁路办理客、货运输的基地,又是铁路系统的一个基层生产单位。在车站除办理旅客和货物运输的各项作业外,还办理和列车运行有关的各项作业。为了完成上述作业,车站上设有客货运输设备及与列车运行有关的各项技术设备,还配备了客运、货运、行车、装卸等方面的工作人员。

一、车站的作用与分类

(一)车站的作用

1. 车站是办理客货运输的基地,旅客上下车和货物的装卸以及相关的作业都是在车站进行的,可以说车站是铁路与旅客、货主联系的纽带。

2. 车站是铁路运输生产活动的基地。在车站,除了办理客货运输各项作业,还进行机车的换挂、整备;车辆的检查、修理等作业。此外,车站还进行列车的接发、会让、越行,车列的解体、编组等作业。所以说,车站不仅是铁路内部各项作业的汇合点,也是提高铁路运输效率和运输安全的保证。

3. 车站是铁路运输的窗口,服务水平和效率亦在此体现。据统计,我国铁路货车一次全周转时间中,车辆在站作业和停留时间约占60%~70%。机车的大部分周转时间也在车站上停留,因此,合理地布置和有效地运用车站和枢纽的各项设备,是保证列车快速、安全、正点、加速车辆周转,降低运输成本的关键。

(二)车站的分类

目前,我国铁路上有大小车站五千多个,基本为电气集中式。不同规模、不同性质的车站其办理的作业、服务的对象及重点也有所不同。车站的分类方法有多种。

1. 按照办理业务性质分为客运站、货运站、客货运站;

2. 按技术作业的不同分为中间站、区段站、编组站;

3. 按照所担负的任务量及在国家政治、经济中的地位,车站共分为特等站、一、二、三、四、五等站六个等级。

二、区间与分界点

为了完成运输任务,保证行车安全和必要的通过能力,铁路上每隔一定距离需要设置一个车站(或线路所、通过色灯信号机),它们把每一条铁路线划分成若干个长度不同的线段,每一线段称为区间,而车站和线路所就成为相邻区间之间的分界点,因此,区间和分界点是组成铁路线路的两个基本环节。

车站上除了正线以外,还配有其他线路(到发线、调车线、牵出线、货物线及站内指定用途的其他线路等),所以我们把各种车站称为有配线的分界点。此外,还有无配线的分界点,它包括非自动闭塞区段的两车站间设置的线路所和自动闭塞区段两车站间划分为若干个闭塞分区处所设置的通过色灯信号机。

依据分界点的不同，区间有不同的分类。车站与车站之间的区间称为站间区间（如图 2-6-1 所示），车站与线路所之间的区间称为所间区间（如图 2-6-2 所示）；自动闭塞区段上通过色灯信号机之间的线段称为闭塞分区（如图 2-6-3 所示）。

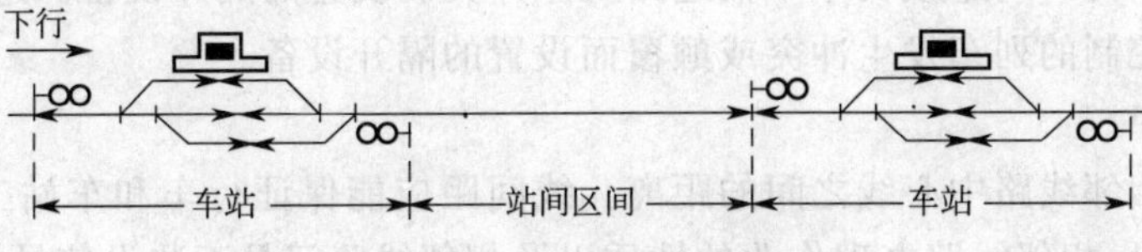

图 2-6-1 单线铁路站间区间

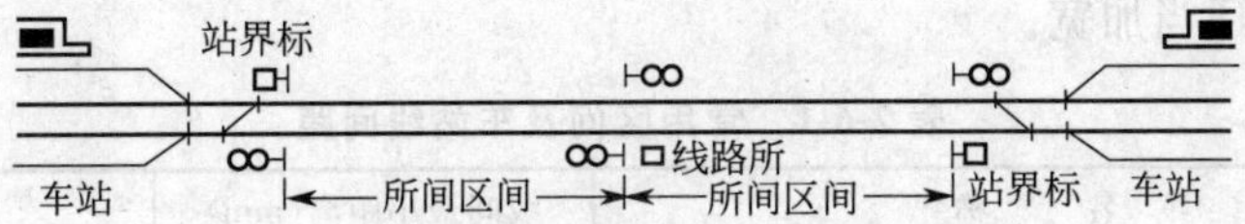

图 2-6-2 双线铁路所间区间

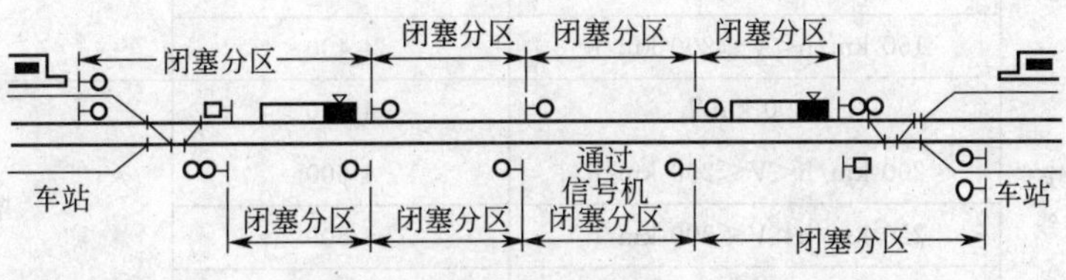

图 2-6-3 双线铁路自动闭塞分区

区段通常是指两相邻技术站间的铁路线段，它包含了若干个区间和分界点，区段的长度一般取决于牵引动力的种类或路网状况。

三、车站线路种类与线间距

（一）车站线路种类

铁路线路分为正线、站线、段管线、岔线及特别用途线，见图 2-6-4。

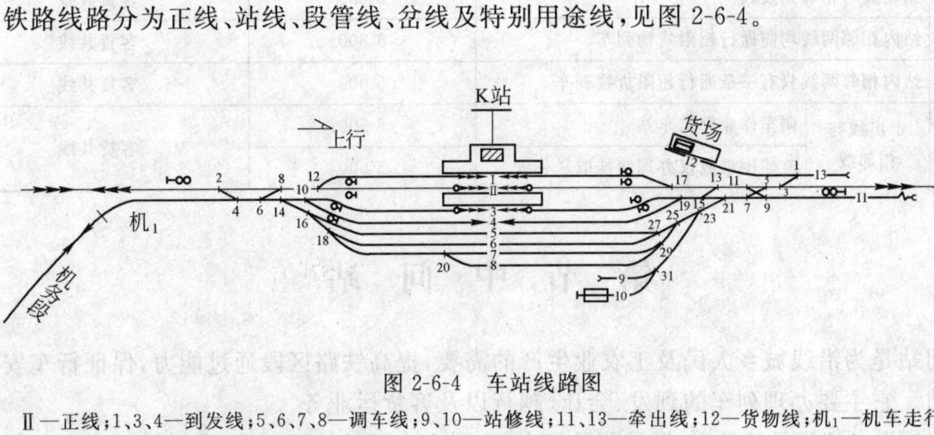

图 2-6-4 车站线路图

Ⅱ—正线；1、3、4—到发线；5、6、7、8—调车线；9、10—站修线；11、13—牵出线；12—货物线；机$_1$—机车走行线

1. 正线：是指连接车站并贯穿或直股伸入车站的线路。

2. 站线包括：办理接发客货列车的到发线；办理解体或编组货物列车的调车线、牵出线、驼峰推送线、溜放线、迂回线、禁溜线等;办理装卸作业的货物线;办理其他作业的机走线、存车线、检修线等。

3. 段管线:是指机务、工务、车辆、电务、供电等段专用并由其管理的线路。

4. 岔线:是指在区间或站内接轨,通向路内外单位的专用线路。

5. 特别用途线:是指为保证行车安全而设置的安全线和避难线。其中安全线是为防止列车或机车车辆进入另一列车或机车车辆进路发生冲突而设置的隔开设备。避难线是为防止在陡长坡道上失去控制的列车发生冲突或颠覆而设置的隔开设备。

(二)线 间 距

线间距是两相邻线路中心线之间的距离。线间距应能保证行车和车站工作人员的安全,主要根据铁路限界、相邻线路办理作业的性质以及相邻线路间是否装设信号机等行车设备,并考虑留有适当的发展余地等因素来确定。直线部分常用线间距见表 2-6-1。曲线部分的线间距应根据计算进行适当加宽。

表 2-6-1 常用区间及车站线间距

序 号	名 称		线间最小距离(mm)	备 注
1	区间双线	$V\leqslant$ 120 km/h	4 000	客货共线
		120 km/h<$V\leqslant$160 km/h	4 200	
		160 km/h<$V\leqslant$200 km/h	4 400	
2	区间正线、站内正线	2 000 km/h	4 400	客运专线
		200 km/h<$V\leqslant$250 km/h	4 600	
		250 km/h<$V\leqslant$300 km/h	4 800	
		300 km/h<$V\leqslant$350 km/h	5 000	
3	站内正线		5 000	客货共线
4	站内正线与相邻到发线		5 000	客货共线、无列检作业 客运专线、无线间设施
5	正线与其他线		5 000	客运专线
6	到发线间或到发线与其他线		5 000	客运专线
7	到发线与相邻到发线		5 000	客货共线
8	站内相邻两线均需通行超限货物列车		5 300	客货共线
9	站内相邻两线只有一条通行超限货物列车		5 000	客货共线
10	牵出线与相邻线	调车作业繁忙车站	6 500	客货共线
		改建困难或仅办理摘挂取送作业	5 000	

第二节 中 间 站

中间站是为沿线城乡人民及工农业生产的需要,提高铁路区段通过能力,保证行车安全而设的车站。它主要办理列车的到发、会让、越行以及客货运业务。

中间站设备规模虽然较小,但是数量很多,它遍布全国铁路沿线中、小城镇和农村。在发展地方工农业生产,沟通城乡物资交流中起着很重要的作用。中间站的设置位置,既要符合线路通过能力的要求,又要适当满足地方工农业生产发展的需要,并应考虑地形、地质等自然条件。

一、中间站的作业和设备

中间站办理的作业主要有：

1. 列车的通过、会让和越行。在双线铁路上还办理调整反方向运行列车的转线作业。

2. 旅客乘降和行李包裹的承运、保管与交付。

3. 货物的承运、装卸、保管与交付。

4. 摘挂列车车辆摘挂和向货场甩挂车辆或专用线取送车辆的调车作业。

有的中间站如有工业企业线接轨或者是加力牵引起终点以及机车折返站时，还需办理工业企业线的取送车、补机的摘挂、待班和机车整备、转向等作业。在客货运量较大的个别中间站，还有始发、终到旅客列车及编组始发货物列车的作业。

为了完成上述作业，中间站应根据作业性质和工作量大小而设置以下设备：

1. 客运设备：包括旅客站舍（售票房、候车室、行包房）、旅客站台、雨棚和跨越设备（天桥、地道、平过道）等；

2. 货运设备：包括货物仓库、货物堆放场、货物站台和货运室、装卸机械等；

3. 站内线路：包括到发线、牵出线和货物线等，它们分别用于接发列车、进行调车和货物装卸作业；

4. 信号及通信设备：包括信号机、信号表示器、站内电话、对讲机械、广播及扩音设施等。

中间站一般都采用横列式布置图。图 2-6-5、图 2-6-6 分别为单、双线横列式中间站布置图。

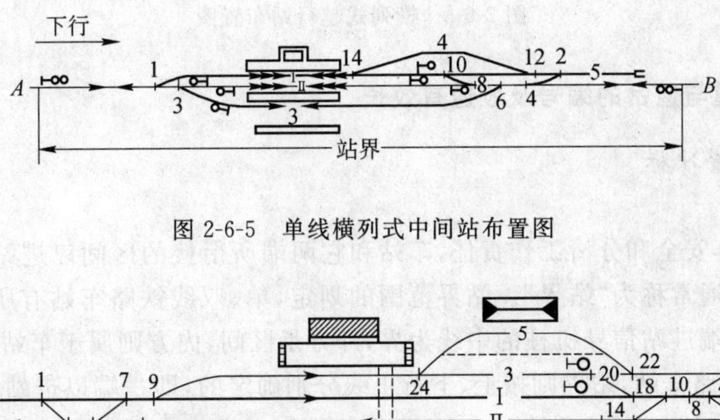

图 2-6-5　单线横列式中间站布置图

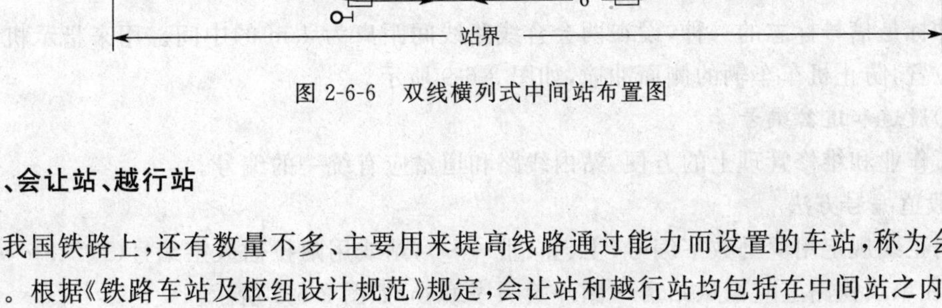

图 2-6-6　双线横列式中间站布置图

二、会让站、越行站

在我国铁路上，还有数量不多、主要用来提高线路通过能力而设置的车站，称为会让站和越行站。根据《铁路车站及枢纽设计规范》规定，会让站和越行站均包括在中间站之内。

（一）会 让 站

会让站设置在单线铁路上，主要办理列车的到发、会车、让车，仅办理少量的客货运业务。

会让站应铺设到发线并设置通信、信号设备及旅客乘降、办公房屋等设备，如图 2-6-7 所示为设 2 条到发线的横列式会让站布置图。

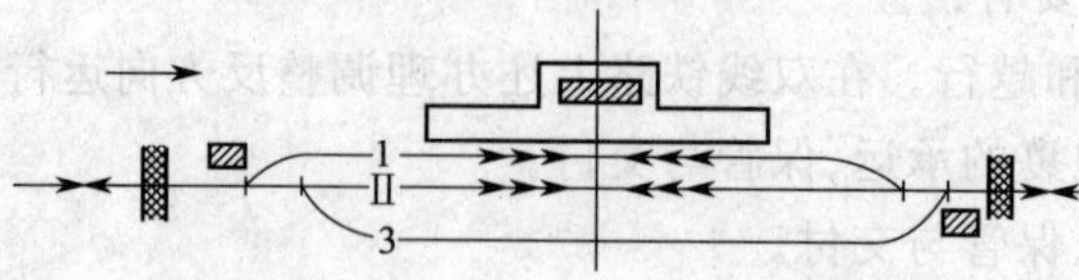

图 2-6-7　横列式会让站布置图

在会让站上，既可以实现会车，也可以实现越行。先到的列车在本站停车，等待反方向的列车到达本站、两个列车互相交会，叫做会车；先到的列车在本站停车，等待后一个同方向的列车通过本站或到达本站停车后先开，叫做越行。

（二）越 行 站

越行站设置在双线铁路上，主要办理同方向列车的越行业务。因此，越行站应铺设到发线并设置通信、信号设备及旅客乘降、办公房屋等设备，在正常情况下，双线铁路的每一条正线规定只开行某一方向的列车，必要时办理反方向列车的转线，也办理少量客、货运业务。如图 2-6-8 所示为设 2 条到发线的横列式越行站布置图。

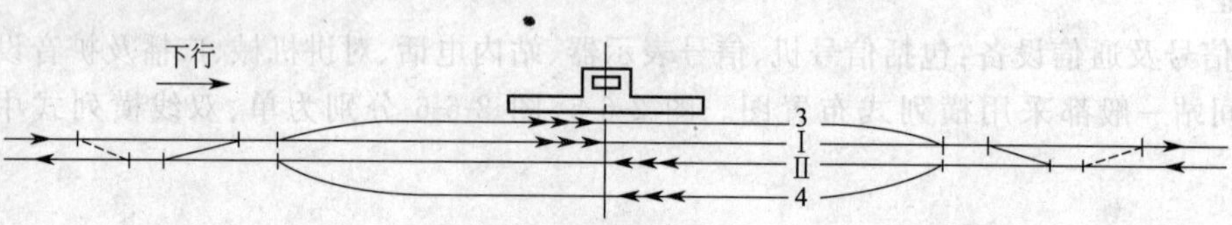

图 2-6-8　横列式越行站布置图

三、站界、股道与道岔的编号及股道有效长

（一）站界及警冲标

1. 站界

为了保证行车安全和分清工作责任，车站和它两端所衔接的区间以进站信号机或站界标分割明确的界限，通常称为"站界"。站界范围的划定，单、双线铁路车站有所不同。在单线铁路车站，以车站两端进站信号机柱的中线为界，外方是区间，内方则属于车站范围，参见图 2-6-5 所示。在双线铁路车站，站界则按上、下行正线分别确定的，即一端以进站信号机柱中心线，另一端以站界标中心线为界，参见图 2-6-6 所示。

2. 警冲标

警冲标是信号标志的一种，设在两会合线路线间距离为 4 m 的中间。用来指示机车车辆停留的位置，防止机车车辆的侧面冲撞，如图 2-6-9 所示。

（二）股道和道岔编号

为了作业和维修管理上的方便，站内线路和道岔应有统一的编号。

1. 股道编号方法

站内正线规定用罗马数字编号（Ⅰ、Ⅱ、Ⅲ……），站线用阿拉伯数字编号（1、2、3……）。

（1）在单线铁路上应当从站房一侧开始顺序编号，如图 2-6-5 所示。

（2）在双线铁路上，下行正线一侧用单数，上行正线一侧用双数，从正线向外顺序编号，如图 2-6-6 所示。

(3)尽端式车站,站房位于线路一侧时,从靠近站房的线路起顺序编号。站房位于线路终端时,应面向终点方向由左侧线路起顺序编号。

(4)大站上股道较多,应分别按车场各自编号。

2. 道岔编号方法

(1)用阿拉伯数字从车站两端由外向里依次编号,上行列车到达一端用双数,下行列车到达一端用单数,如图 2-6-5 和图 2-6-6 所示。

(2)站内道岔,一般以车站站舍中心线作为划分单数号和双数号的分界线,若站房远离车站中心,则以车站或车场中心线划分。并应先编正线、到发线,后编货物作业线等。

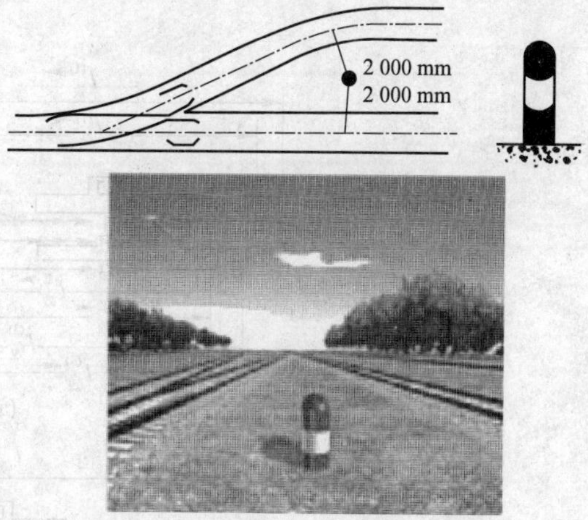

图 2-6-9　警冲标

(3)每一道岔均应编为单独的号码,对于渡线、交分道岔等处的联动道岔,则应编为连续的单数或双数。

(4)当车站有几个车场时,每一车场的道岔必须单独编号,此时道岔号码应使用三位阿拉伯数字,百位数字表示车场号码,个位和十位数字表示道岔号码,从而避免在同一车站内有相同的道岔号码。

(三)股道有效长

车站线路的长度分为全长和有效长两种。全长是线路的实际长度,是指车站线路一端的道岔基本轨接头至另一端道岔基本轨接头的长度。如为尽头式线路,则指道岔基本轨接头至车挡的长度。

股道有效长是指在线路全长范围内可以停留机车车辆而不妨碍邻线正常行车的部分。

影响股道有效长的因素及起止范围的确定。

(1)警冲标;

(2)道岔的尖轨始端(无轨道电路时)或道岔基本轨接头处的钢轨绝缘(有轨道电路时);

(3)出站信号机(或调车信号机);

(4)车挡(为尽头式线路时);

(5)车辆减速器。

上述各项因素怎样确定股道有效长度,视股道的用途及连接形式而定,其基本原则应保证本道及相邻股道的停留与作业安全。对于双方向使用的线路,应分上下行分别确定其有效长,如图 2-6-10 所示。

我国铁路采用的货物列车到发线有效长度在Ⅰ、Ⅱ级铁路上为 1 250、1 050、850、750、650 m,在Ⅲ级铁路上为 850、750、650 或 550 m。开行重载列车为主的铁路可采用大于 1 050 m 的到发线有效长度。

采用何种有效长度,根据运输能力的要求,机车类型及所牵引列车长度,结合地形条件,并考虑与相邻各铁路到发线有效长度相配合等因素确定。

一般货物列车到发线的有效长度,应根据规定的列车长度及列车停车时的附加距离(规定为 30 m)等因素确定。

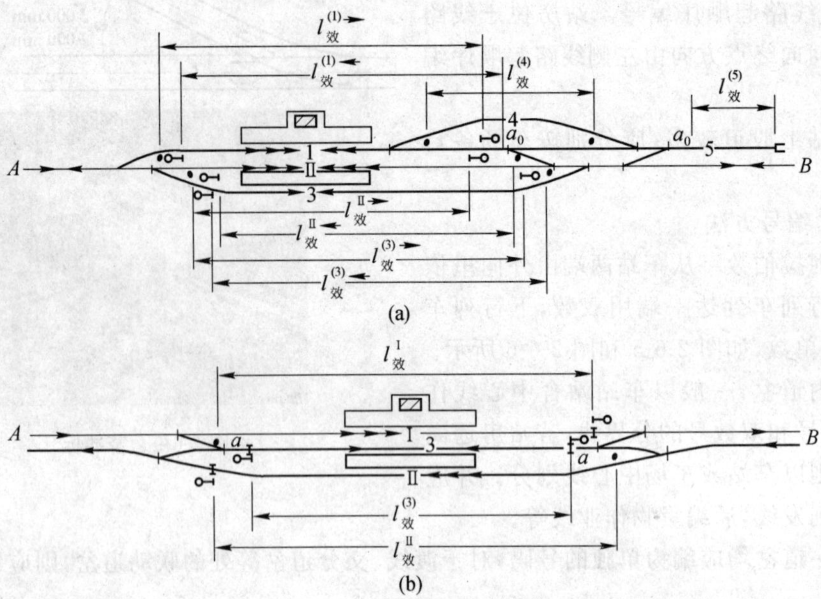

图 2-6-10　股道有效长的确定

(a)无轨道电路；(b)有轨道电路

第三节　区　段　站

一、区段站的任务与设置

区段站的主要任务是为邻接的铁路区段供应及整备机车或更换机车乘务组，并为无改编中转货物列车办理规定的技术作业。此外，还办理一定数量的列车解编作业及客、货运业务。在设备条件具备时，还进行机车、车辆的检修业务。区段站位于铁路网上各牵引区段的分界处，一般设在中等城市和铁路网上牵引区段(机车交路)的起点或终点。其设置位置一般由下列因素决定：

1. 机车牵引区段的长度

这是确定区段站设置地点的主要依据。机车牵引区段的长度依据于机车的种类、行车速度、机车交路(肩回式、循环式等)及乘务组的连续工作时间等诸多因素。内燃、电力机车牵引应采用长交路。货运机车交路宜从一个编组站到下一个编组站，其交路长度，内燃牵引时宜为 350 km 左右，电力牵引时宜为 550 km 左右。客运机车交路宜从一个较大的客运站到下一个较大的客运站，其交路长度，内燃牵引时宜为 500 km 左右，电力牵引时宜为 700 km 左右。

2. 路网上技术作业要求

根据铁路网规划所确定的该区段站在路网中的位置和作用、线路引入方向的数目、与相邻区段站(或编组站)的分工及合理组织车流等因素，确定区段站的规模及位置。

3. 地区及城镇发展规划

区段站位置应与城镇规划相配合，并应尽量靠近城镇。这样，既可以为居民的旅行和托运货物提供便利条件，又有利于解决铁路职工的生活供应、医疗及文化教育等。

在采用内燃及电力牵引后,因其整备作业较简单,可以走行很长的距离而不需要整备,乘务组和机车统一组织,集中使用,实行长交路轮乘制 ,且运行速度快,故牵引区段的长度较长。

二、货物列车的种类

铁路上开行的货物列车主要有如下几种,如图 2-6-11 所示。

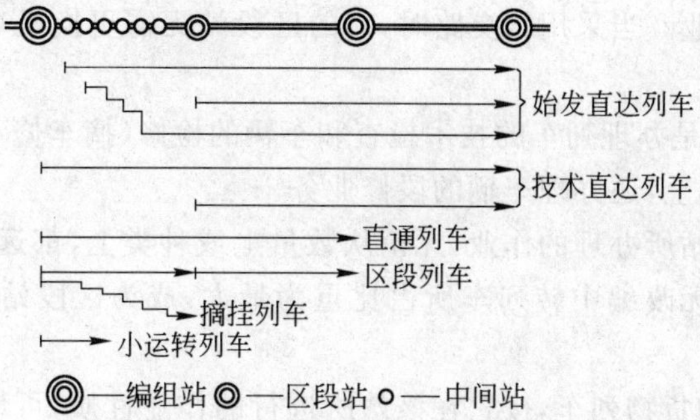

图 2-6-11　货物列车种类

1. 始发直达列车——在一个车站装车后直接编组或在相邻几个车站装车后编组,通过一个及其以上编组站不进行改编作业的列车。

2. 技术直达列车——在技术站编组,通过一个及其以上编组站不进行改编作业的列车。

3. 直通列车——在技术站编组,通过一个及其以上区段站不进行改编作业的列车。

4. 区段列车——在技术站编组,开行距离为一个区段,在中间站不进行摘挂车辆作业的列车。

5. 摘挂列车——在技术站编组,在区段内各中间站进行车辆摘挂作业,服务于区段管内车流输送的列车。

6. 区段小运转列车——在技术站与邻接区段内的几个中间站之间开行,用于输送这几个中间站到发车流的列车。

7. 枢纽小运转列车——在枢纽内各站间开行,服务于枢纽内车流输送的列车。

三、区段站的作业与设备

从区段站作业的数量和性质以及设备的种类和规模来看,各类专业车站的主要作业及基本设备在区段站上都有不同程度的体现。

(一)区段站的作业

区段站的作业和设备尽管在数量和规模上都不是最大的,但其作业和设备的种类却是比较齐全的。根据区段站所担负的任务,主要办理的作业可以归纳如下:

1. 客运业务:与中间站所办理的客运业务基本相同,只是数量较大。

2. 货运业务:与中间站所办理的货运业务大致一样,但作业量较大。在某些区段站上还进行冷藏车的整备及牲畜车的供水作业。

3. 运转作业

(1)与旅客列车有关的运转作业:主要办理通过旅客列车的接发作业,有的车站还办理局管内或市郊旅客列车的始发、终到作业以及个别车辆的甩挂作业。

(2)与货物列车有关的运转作业:主要办理无改编中转列车的接发和有关作业。对区段和摘挂列车,要进行解体和编组作业。同时还办理向货场、工业企业专用线取送作业车等。有些区段站对部分改编中转列车,还要办理变更运行方向、变更列车重量或换挂车组等作业。某些区段站还担当少量始发直达列车的编解任务。

4. 机车业务:以更换货物列车机车和乘务组为主,有些车站还更换旅客列车机车和乘务组。当采用循环交路时,在机务段所在的区段站上,列车机车不进段,仅在站内到发线上或其附近进行检查、整备作业。当采用长交路时,有的区段站无需更换机车,仅更换机车乘务组或进行部分整备作业。

5. 车辆业务:主要是办理列车的技术检查和车辆的检修(摘车修和不摘车修)业务。在少数没有车辆段的区段站上,还办理车辆的段修业务。

由上述可知,区段站所办理的作业,无论从数量上或种类上,都远较中间站复杂。在所办理的各类列车中,又以无改编中转列车所占比重为最大,成为区段站行车组织工作的重要环节。

所有到达区段站的货物列车,按它在该站所进行的作业性质,可以分为两类:一类是到达本站不解体,只作技术检查和机车换挂等作业,然后继续运行的列车,叫做无改编中转列车;一类是列车到达本站后,要将车列解体,车组进入调车场集结编组形成列车后由车站出发,这种列车叫做解体列车(改编列车)。

所谓解体,就是把车列中不同去向的车辆分别送入调车场的指定线路上;所谓编组,就是把停留在调车线上同一去向的车辆,按有关规定连挂起来,编成一个新的车列。编组应按货物列车编组计划进行,对于重车来说大多是对到达某一范围内车流的一种界定,对于空车而言是指规定其编组的车种。

(二)区段站的设备

为了保证上述作业的完成,在区段站上应设有以下各项设备。

1. 客运业务设备:主要有旅客站房、旅客站台、雨棚及跨越线路设备等。

2. 货运业务设备:主要指货场及其有关设备,如装卸线、存车线、货物站台、仓库、雨棚、堆放场及装卸机械等。

3. 运转设备

(1)供旅客列车使用的运转设备:主要有旅客列车到发线,必要时设客车车底停留线。

(2)供货物列车使用的运转设备:主要有货物列车到发线、调车线、牵出线(有时设小能力驼峰)、机车走行线及机待线等。

4. 机务设备:在机务段(或机务折返段)所在的区段站上,如采用循环交路,在到发场或其附近应设机车整备设备。当采用长交路轮乘制时,可设机车运用段或机务换乘点。

5. 车辆设备:主要指列车检修所(简称列检所)、站修所。

除上述各项设备外,还有信号、通信、给水、排水、电力、照明、技术办公房屋以及城镇道路的平(立)交设备等。

四、区段站布置图

区段站是为相邻牵引区段服务的,主要办理无改编中转列车的作业,因此区段站设备的布置主要应考虑如何缩短中转列车的停站时间和提高车站的通过能力。

主要设备布置形式应遵守一定的原则。

(一)设备配置的基本原则

1. 旅客列车到发线应紧靠正线，以便使旅客列车到发有顺直的进路。所有客运设备应设在靠城镇的一侧，以利客运业务的组织及旅客出入车站。

2. 货物列车到发场也应尽可能紧靠正线，以便使无改编货物列车到发有顺直便捷的进路。

3. 调车场应尽量靠近到发场，使车列转线的行程较短，干扰较少。

4. 机务段(或机务折返段)的位置尽可能接近到发场，并且要有便捷的通路，以利机车及时出入段。

5. 货场的位置，一方面希望设于靠城镇一侧，便于货物搬运；另一方面又希望靠近调车场，以减少车辆取送时间及干扰。工业企业线应尽可能从调车场或货场接轨，以利车辆的取送。

6. 站修所(或车辆段)要靠近调车场，以缩短扣修车辆的取送行程。

上述客运、货运、运转、机务和车辆这五项设备的合理布置，由于地形、城市规划、运量及运输性质、正线数目等因素的影响，可以形成多种多样的布置图型。

区段站布置图形表示出车站各项设备的总体布局，根据正线、旅客列车到发线(场)及上、下行货物列车到发线(场)的相互位置，区段站常见的布置图有横列式、纵列式及客货纵列式等类型。

(二)区段站的基本图型

1. 横列式区段站布置图

当上、下行到发线(场)平行布置在正线一侧，编组场在到发场的一侧时，称为横列式区段站布置图，如图 2-6-12 所示。

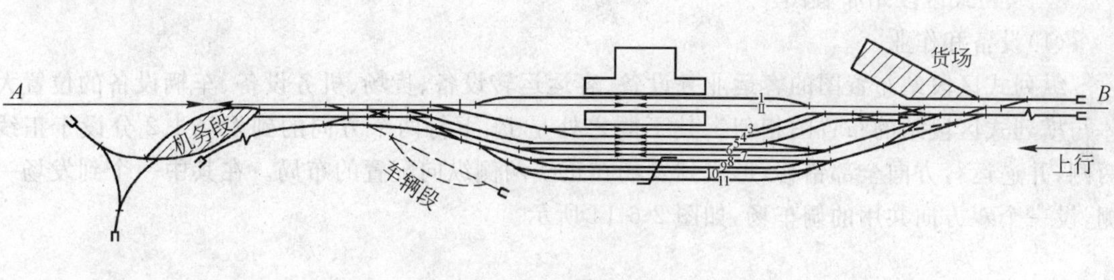

图 2-6-12 单线铁路横列式区段站布置图

(1)设备和作业

图中Ⅱ道是正线。1、Ⅱ、3 道是旅客列车到发线，在必要时也可以接发货物列车。4、6、7 道是货物列车到发线。车站到发线的布置，可以保证从上、下行两个方向同时接发列车。5 道是机车走行线，下行出发和到达的货物列车机车，可经由 5 道出入段。8～11 道是调车线。调车场两端均有牵出线，并设有一个简易驼峰，以保证解体、编组和取送车辆等调车作业的顺利进行。

两端咽喉区可以保证下列平行作业：

A 端咽喉区可以保证列车到(发)、机车出入段、调车 3 项平行作业。

B 端咽喉区可以保证列车到(发)、机车出入段两项平行作业，或列车到(发)、调车两项平行作业。

(2)布置图的优缺点

单线铁路横列式区段站的优点是布置紧凑，站坪长度短，占地少，设备集中，投资省，管理方便，作业灵活性大，对部分改编中转列车的甩挂作业较方便；对各种不同地形的适应性强，并便于进一步发展。缺点是一个方向的列车机车出入段走行距离长，货场取送车和正线有交叉干扰，并且对与站房同侧的工业企业线接轨不方便。

我国大部分单线铁路区段站均采用横列式图型。其适宜于客货运量不大、地形受限的单线铁路。部分运量不大的双线铁路也采用横列式布置图，如图 2-6-13 所示。

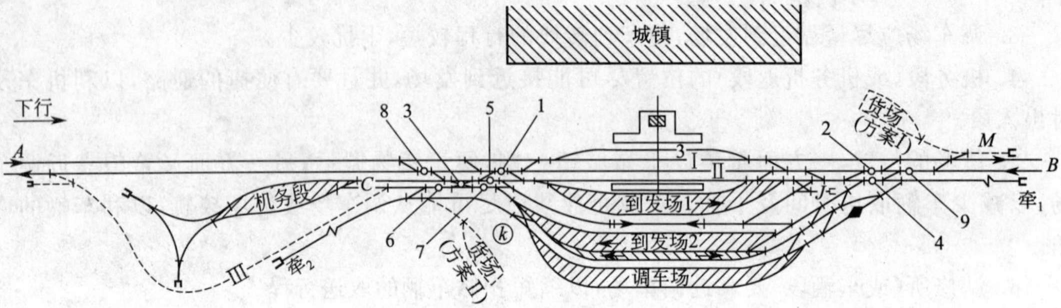

图 2-6-13　双线铁路横列式区段站布置图

从图中看出，交叉点 1、2 为客货列车到、发交叉，性质比较严重，是双线横列式区段站的主要矛盾。当双线铁路行车量不大，旅客列车对数不多时，这种交叉对列车到、发作业干扰尚不太严重。但随着旅客列车对数的增加，这种进路交叉就会严重影响行车安全，增加列车在进站信号机外停车或列车晚点发车的可能性。同时，对于车站通过能力、机车车辆的周转时间也会产生不利影响。因此，当双线铁路上运量较大时，为了减少站内两端咽喉区上、下行客、货列车进路的交叉干扰，区段站可采用纵列式布置图。

2. 纵列式区段站布置图

(1)设备和作业

纵列式区段站布置图的客运业务设备、客运运转设备、货场、机务设备、车辆设备的位置大体与横列式区段站的布置图相似。其不同之处是上、下行两个方向的到发场 1、2 分设于正线两侧，并逆运行方向全部错移，形成到发场在正线两侧纵向配置的布局。在其中一个到发场一侧，设一个双方向共用的调车场，如图 2-6-14 所示。

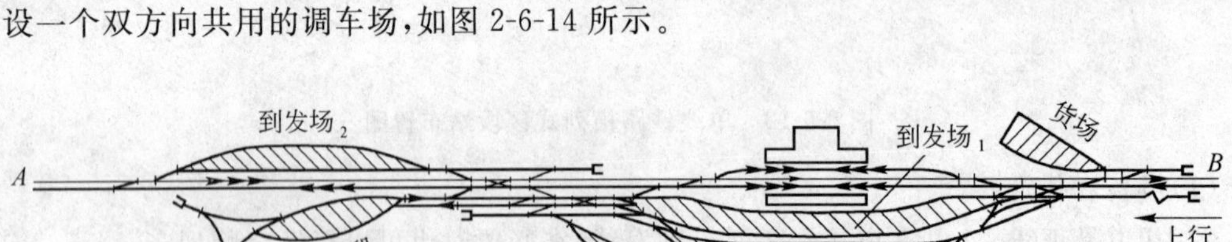

图 2-6-14　双线铁路纵列式区段站布置图

A 端咽喉区可以保证两项平行作业:列车到和列车发。

B 端咽喉区可以保证 3 项平行作业;列车到、列车发和调车作业。

中部咽喉区能保证 4 项平行作业:下行列车发、上行列车发、机车出入段和调车作业。

(2)布置图的优缺点

纵列式区段站布置图的优点是作业交叉干扰比横列式区段站要少，具有较大的能力。如疏解了下行中转货物列车与上行旅客列车在车站两端咽喉区进路上的交叉点；上下行机车出入段的走行距离都较短；当机车采用循环运转制时，到发线上的整备设备比较集中；同时对站舍同侧的工业企业线接轨比较方便。其缺点是:占用地面较长、设备也比较分散、管理不便;一个方向货物列车的机车出入段要横切正线。因此,一般只有在机车采用循环交路时,才采用这种图型,以便充分发挥其优越性。

3. 客货纵列式区段站布置图

在双线铁路,当客运量很大,需要建立专用的客运车场。否则若仍采用纵列式区段站布置图形,各项作业的相互干扰则很难同时保证客、货列车的正常运营及货物列车的解编工作。

(1)设备和作业

在我国既有区段站改建中,有时车站的横向发展受到城市既有建筑物、线路纵断面或地形的限制,为了充分利用既有设备,不得已将原有站场改为专门办理客运之用,而另建与客运设备纵列的货物运转设备,既构成客运运转设备(主要指旅客列车到发场)与货运运转设备(主要指货物列车到发场)纵向配列,以保证各自工作的正常进行。这种区段站、称为客、货纵列式区段站,其基本布置图如图 2-6-15 所示。

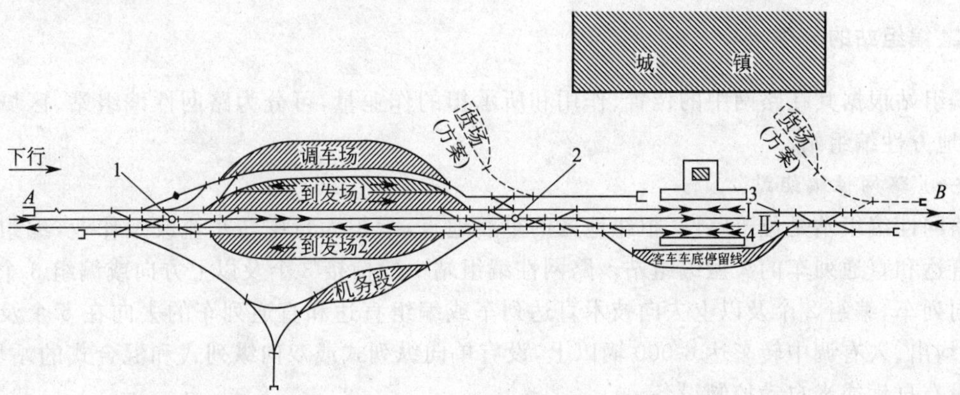

图 2-6-15　双线铁路客货纵列式区段站布置图

(2)布置图的优缺点

由于这种图型往往是在改建时逐步形成的,故客、货运转设备和机务设备相互位置的配置形式很多。其优缺点与纵列式图型大致相同。它的站坪长度一般较纵列式图型稍短。由于客货两场分设并专用,货物运转设备较纵列式图型相对集中,客货作业相互干扰少,管理也较纵列式方便。此外,客货纵列式图型的编组场更有可能布置在城镇一侧,有利于工业企业线的接轨和取送作业,也减少了与城镇交通的干扰。缺点是:机务段位置往往不容易与其他部分很好配合;客货两场距离较近时,靠客运场一端的牵出线,其长度往往不能满足整列调车需要或部分将位于曲线上;此外,旅客列车的到发与货物列车的转场解体产生的干扰仍然存在,需做好协调工作。

第四节　编　组　站

一、编组站的作用及任务

编组站是铁路网上办理大量货物列车解体、编组作业,编组直达、直通和其他列车并为此设有比较完善的调车设备的车站。它是铁路运输的主要基本生产单位,在完成铁路货物运输任务中,起着十分重要的作用。

编组站和区段站统称为技术站。它们办理的技术作业种类大致相同,都办理列车的接发、编解、机车乘务组的更换、机车整备及车辆检修等作业。但二者又有区别,区段站以办理无中转列车为主，改编列车较少，办理少量区段列车和摘挂列车的改编作业；而编组站按照编组计划要求，除办理通过列车外，主要是解体和编组直达、直通、区段、摘挂及小运转等各种货物列车，以办理改编列车为主，所以编组站又叫"货物列车制造工厂"。

编组站通常设在几条主要干线的汇合处，也可以设在有大量装卸作业地点的大城市、港口或大工矿企业附近。

按照列车编组计划的要求，在编组站编解各种类型的列车，从而为合理的车流组织服务。归纳起来，编组站在路网上和枢纽中的主要任务：

1. 解编各种类型的货物列车，如改编货物列车、无调中转列车、本站作业车等；
2. 组织和取送本地区的车流——小运转列车；
3. 设在编组站的机务段，还需供应列车动力，整备检修机车；
4. 设在编组站的车辆段及其下属单位（站修所、列检所）还要对车辆进行日常维修和定期检修等。

二、编组站的分类

编组站根据其在路网中的位置、作用和所承担的作业量，可分为路网性编组站、区域性编组站、地方性编组站。

（一）路网性编组站

路网性编组站是位于路网、枢纽地区的重要地点，承担大量中转车流改编作业，编组大量技术直达和直通列车的大型编组站。路网性编组站一般衔接 3 个及以上方向或编组 3 个及以上方向列车，编组 2 个及以上去向技术直达列车或编组直达和直通列车的去向在 6 个及其以上，日均出、入有调中转车达 6 000 辆以上，设有单向纵列式或双向纵列式和混合式的站场，其驼峰设有自动或半自动控制设备。

（二）区域性编组站

区域性编组站是位于铁路干线交汇的重要地点，承担路网中一定地区内中转车流的改编作业，编组较多的技术直达和直通列车的大中型编组站。区域性编组站一般衔接 3 个及以上方向或编组 3 个及以上方向列车，日均出、入有调中转车达 4 000 辆以上，设有单向纵列式、单向混合式和双向混合式的站场，其驼峰设有半自动或自动控制设备。

（三）地方性编组站

地方性编组站一般位于干支线交会点、铁路枢纽内或有大宗车流集散的港口、工业区，承担中转或地方车流改编作业的中小型编组站。地方性编组站一般编组 2 个及以上去向的直通和技术直达列车，日均出、入有调中转车达 2 500 辆左右，设有单向横列式、单向混合式布置的站场，其驼峰设有半自动或其他控制设备。

目前，我国现有各种类型的编组站 49 处，其类别及名称表见表 2-6-2。

表 2-6-2　编组站类别及名称表

性　质	数　量	名　　称
路网性	15	哈尔滨南、沈阳西、沈阳南、山海关 丰台西、石家庄 济南西、徐州北、阜阳北、南京东、南翔、鹰潭 郑州北、株洲北、襄樊北
区域性	17	三间房、四平、哈尔滨 、南仓、大同西 、向塘西 、江岸西、武昌南、衡阳北、广州北、柳州南 、西安东、宝鸡东、兰州西、成都东、重庆西、贵阳南
地方性	17	牡丹江、长春、通辽南、梅河口 、太原北、乔司、艮山门、淮南西、青岛西、来舟 、怀化南 、包头西、迎水桥、武威南、乌鲁木齐西 、昆明东、安康东

三、编组站的主要作业及设备

(一)编组站主要作业

编组站和区段站同属技术站,但编组站的作业数量和设备规模均较大。主要有以下作业:

1. 改编货物列车作业。这是编组站最主要作业,包括列车到达作业、解体作业、编组作业及出发作业。这几项作业的数量既多而又复杂,是分别在相应不同地点和车场办理的。

2. 无调中转列车作业。这种列车作业比较简单,其主要作业是换挂机车和列车的技术检查,时间短,办理地点只限于在到发场(或专门的通过车场)。

3. 货物作业车作业。货物作业车是指到达本站及工业企业线或段管线内进行货物装卸或倒装的车辆。其作业过程比改编中转列车增加了送车、装卸及取车 3 项作业。

4. 机车整备和检修作业。这项作业与区段站相同。

5. 车辆检修作业。编组站上的车辆检修作业包括在到发线上进行的车列技术检查及不摘车维修;在列检或调车过程中发现车辆损坏需摘车倒装后送往车辆段或站修所进行修理(即站修);根据任务扣车送段维修(即段修)。

此外,根据具体情况,编组站有时还需办理以下少量作业:

(1) 客运作业,包括旅客乘降或换乘。

(2) 货运作业,包括货物装卸、换装等。

(3) 军用列车供应作业。

(二)编组站主要设备

从种类上看,编组站的设备与区段站基本一样,而调车设备是编组站的核心设备。

1. 调车设备,包括调车驼峰、调车场、牵出线、辅助调车场等几部分,用以办理列车的解体和编组作业。该项设备是编组站的核心设备,无论在数量上和技术装备上,规模都比区段站更大而且更加完善。

2. 行车设备,即接发货物列车的到发线,用以办理货物列车的到达和出发作业。

3. 机务设备,即机务段。编组站的机务段规模比较大,供本务机车和调车机车办理检修和整备作业。

4. 车辆设备,包括列检所,站修所和车辆段。

根据需要,编组站有时也设有客运设备、货运设备等。

(1)客运设备。编组站客运业务很少,一般利用正线接发旅客列车。当客车对数较多时,也可设置 1～2 条到发线,旅客站台和平过道可根据需要设置 1～2 个。

(2)货运设备。编组站一般不设专门的货运设备,按照具体情况可设零担中转换装站台、冷藏车加冰设备以及牲畜车、鱼苗车的上水换水设备。

此外,编组站还必须有信号、联锁、闭塞、通信和照明等设备。

但位于大城市郊区的路网性编组站,可能不设客、货运设备。

四、编组站布置图型

编组站的主要工作是进行列车的解编作业,而列车的到达、解体、集结、编组和出发等一系列作业过程是在编组站的到达场、调车场、出发场、到发场等各个车场上完成的。因此,随编组站各项设备相互位置的不同,可构成不同的配置图型。一般而言,编组站图型按设有的调车作业系统数量可分为单向和双向两类,按车场相互排列位置的不同又可分为横列式、混合式和纵列式三种。

（一）按照调车设备的套数及调车驼峰方向分类

(1)单向布置图:凡以一套调车设备为核心,配合到、发车场组成的车站图型称为单向编组站布置图,它的驼峰调车方向与主要改编车流运行方向一致。

(2)双向布置图:而设有两套调车系统时,在一般情况下,两个系统的主要驼峰应顺着各自的主要改编车流运行方向,这种布置方式称为双向编组站布置图。

（二）按照每一套系统内车场的相互位置和数目分类

(1)横列式布置图:上、下行到发场与调车场并列配置时,称为横列式布置图。

(2)纵列式布置图:所有主要车场到达场、调车场、出发场顺序排列时,称为纵列式布置图。

(3)混合式布置图:部分主要车场纵列、部分车场横列的,称为混合式布置图。

我国编组站布置图的基本类型,归纳起来主要有六种,即单向横列式,单向纵列式,单向混合式;双向横列式,双向纵列式,双向混合式。其他类型都是在这个基础上派生的,并且数量很少。

我国铁路现场对编组站图型有所谓"几级几场"的称呼。"级"是指车场排列形式,一级式就是车场横列,二级式就是到达场、调车场纵列,而三级式即到达场、调车场、出发场顺序排列。"场"是指车场,站内有几个车场,就叫几场。

我国编组站部分常见布置图类型见表 2-6-3。

表 2-6-3　编组站布置图类型

单向	类型	单向横列式	单向混合式	单向纵列式
	典型布置形式	单向横列式一级三场	单向混合式二级四场 单向混合式二级五场	单向纵列式三级三场
双向	类型	双向横列式	双向混合式	双向纵列式
	典型布置形式	—	双向混合式二级四场 双向混合式二级五场	双向纵列式三级六场 双向纵列式三级八场

1. 单向混合式编组站

图 2-6-16 为单向混合式编组站图型。

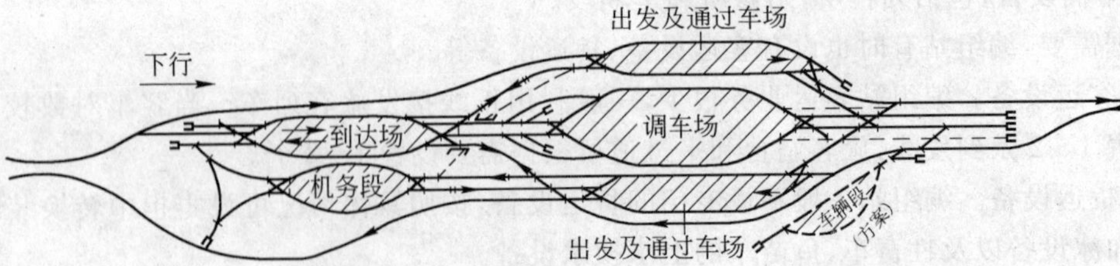

图 2-6-16　单向混合式编组站布置图

在该图型中,各衔接线路方向的共用到达场和编组场(调车场)纵列配置,而上、下行的出发场分别并列在编组场两侧,所以又称二级四场布置图。

在到达场与调车场间大多设机械化驼峰,供各衔接方向到达改编列车共用。编组场尾部设有两条牵出线,作为编组作业之用。

办理上、下行无改编中转列车作业的通过车场或股道,分别设在两出发场的外侧。可灵活使用线路,通过车场与出发场可共用列检设备。

二级四场编组站的作业过程,可用作业流程图来说明,如图 2-6-17 所示。

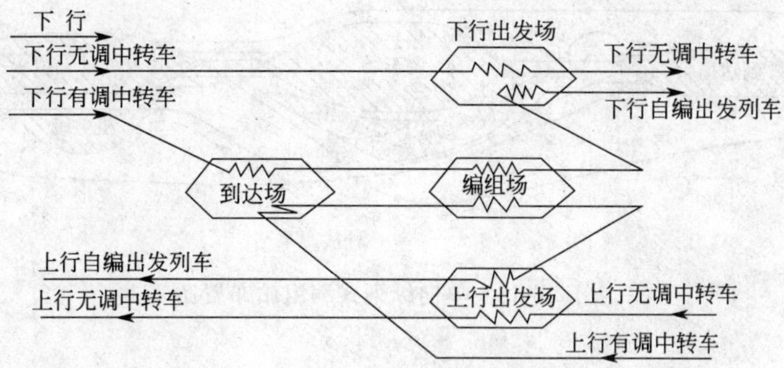

图 2-6-17 车辆在二级四场编组站作业流程图

(1)改编中转列车

顺驼峰方向改编中转列车接入峰前到达场,经到达技术作业后由解体调车机车推上驼峰解体,解体后的车辆在调车场集结,尾部调机编组出发列车,并将其转线至下行出发场;该列车在出发场进行出发技术作业并等待出发。

反驼峰方向改编中转列车接入共用峰前到达场。其后,解、编、发过程与顺驼峰方向相同,只是编成车列转入反向(图 2-6-16 中上行)出发场而已。

(2) 无改编中转列车

双方向无改编中转列车分别进入各自的通过车场,技术作业完毕后出发。由于通过车场设在到发场外侧,无改编中转列车接发与改编中转列车转线互不干扰且与调车场连通,有成组甩挂作业时也很方便。

(3) 本务机车出入段

反驼峰方向到达解体列车的本务机车经到达场入口咽喉由机务段尾部入段,走行距离短而且方便。反向无改编中转列车和自编出发列车的本务机车出入段,在上行(反向)出发场出口咽喉与机务段之间走行径路顺直。顺驼峰方向到达解体列车的本务机车由到达场出口咽喉经峰下机走线人段,进路交叉少。顺驼峰方向无改编中转列车的本务机车由出发场出口咽喉,沿出发场空闲线路至峰下机走线出、入段也很方便。顺向自编出发列车本务机出段经路与无改编中转列车本务机出段经路相同。

二级四场编组站图型一般适用于解、编作业量较大或解、编作业量大而地形困难的区域性编组站。尤其是当顺向改编车流较大或顺、反向改编车流较均衡而顺向车流为重车流时,在运营上是有利的。当头部配置 2 台调机,实行双推单溜作业方式,尾部设 2 条牵出线和 2 台调机时,二级四场编组站图型可适应 4 500～5 200 辆/日的解编作业量。

2. 单向纵列式编组站

单向纵列式编组站又称三级三场编组站。

图 2-6-18 所示为单向三级三场纵列式编组站布置图,各衔接方向共用的到达场、调车场、出发场依次纵列配置。

单向三级三场编组站布置图型的主要优点是:各方向改编列车在站内的到、解、集、编、发作业过程都是“流水式”的(见图 2-6-19);车站改编能力及通过能力均较大;车站只有一套调车系统且同类车场集中布置,有利于实现编组站现代化。其主要缺点是:反向改编列车走行里程较长;车站站坪长度较长。

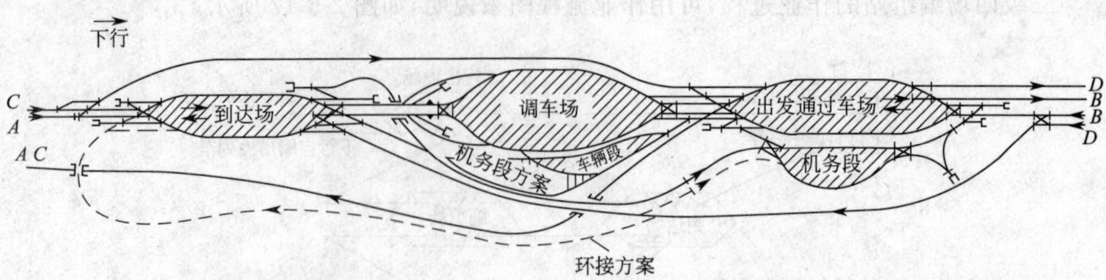

图 2-6-18　单向纵列式编组站布置图

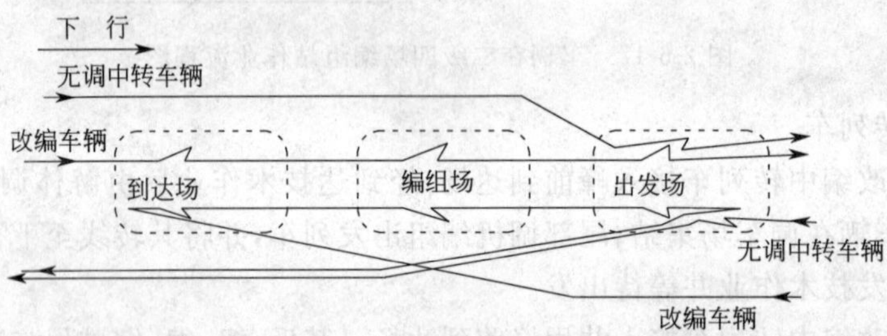

图 2-6-19　三级三场编组站改编车流作业流程

单向三级三场编组站作业流程图如图 2-6-19 所示。

3. 双向纵列式编组站

图 2-6-20 所示为双向三级六场纵列式编组站布置图，上、下行各有一套独立的调车作业系统，车场配置均按到达场、调车场、出发场顺序排列。

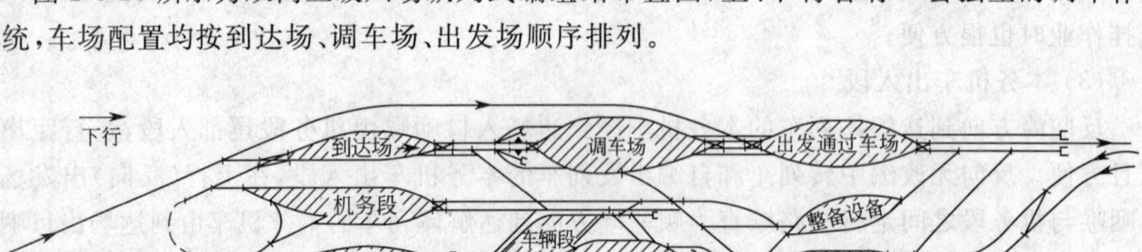

图 2-6-20　双向三级六场纵列式编组站布置图

双向三级六场编组站作业流程图如图 2-6-21 所示。

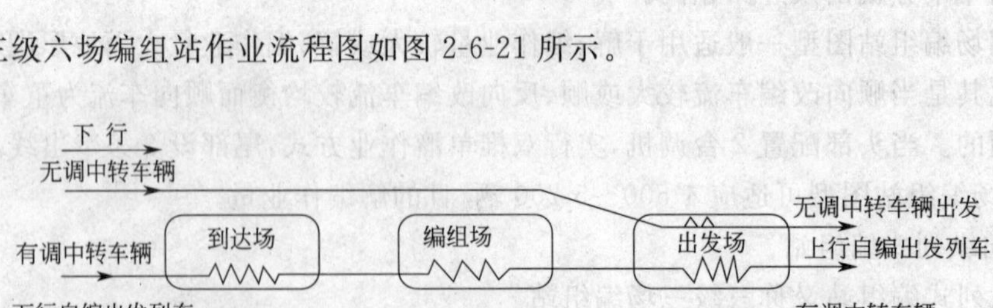

图 2-6-21　双向三级六场编组站作业流程图

由图中可以看出，其特点是上下行方向各有一套纵向顺序布置的到、调、发系统，驼峰方向相对而设，且双向均为“流水式”作业，避免了一级三场一个方向解体转线折返走行距离长的缺点，使车站具有较大的改编能力和通过能力。该图型由于车场多、线路容量大，对于调整运行秩序和适应运量波动，有较大的潜力和机动性。但是，对位于3个以上衔接方向的编组站来说，产生了折角改编车辆的重复解体和转场作业，因而造成多余的走行和作业干扰，这是其运营上最突出的缺点。一般在两套调车系统间设置场间联络线处理交换车流。此外，由于这种编组站车场分散，股道数量多，工程费用和占地面积都很大。因此，只有当解编作业量很大时才考虑采用。

五、调车驼峰

铁路编组站的主要任务，是对货物列车进行解体和编组，其运营特征集中反映在解体和编组的调车作业过程中。而调车作业的效率与安全除了与调车人员的技术水平和熟练程度有关外，主要取决于所采用的调车设备和技术设施。

调车工作按其作业目的不同分为：

(1)解体调车：将到达解体的车列或车组，按其车辆的去向或其他需要分解到调车场各固定线路上去的调车；

(2)编组调车：按列车编组计划、列车运行图，以及有关规章的规定的要求，将车辆选编成车列或车组的调车；

(3)摘挂调车：对部分改编中转列车和摘挂列车所进行的摘挂车辆的调车；

(4)取送调车：将车辆从调车场送到装、卸或检修、专用线等地点以及从这些地点取回车辆的调车；

(5)其他调车：进行车辆的转线、整理、机车出入库等作业的调车。

调车工作按使用设备的不同，可以分为牵出线调车和驼峰调车。

(1)平面牵出线基本是设于平道上，调车时车辆溜放的动力是调车机车的推力。牵出线设于调车场尾部，适合于车列的编组、转线、车辆的摘挂、取送等调车作业。

(2)驼峰调车时车辆溜放的动力以其本身的重力为主，调车机车的推力为辅。驼峰一般设在调车场头部，适合于车列的解体作业。

平面牵出线和几种常见驼峰纵断面的比较，如图2-6-22所示。

(一)驼峰的分类

1. 驼峰按技术装备分

图2-6-22 驼峰与牵出线纵断面比较图

(1)简易驼峰：多数是利用原有调车场牵出线头部平地起峰修建而成。道岔控制一般采用非集中操纵或电气集中操纵，制动工具采用铁鞋，它一般设在调车线大于5股的区段站或小型的编组站上。

(2)非机械化驼峰：道岔控制采用电气集中或自动集中，制动工具采用铁鞋，到达场标高高于调车场。非机械化驼峰一般设在调车场线路数量在16条以下，每昼夜解体能力小于2 000辆的中、小型编组站或作业量较大的区段站上。

(3)机械化驼峰：道岔控制采用自动集中，制动设备主要用人工控制车辆减速器，到达场标高高于调车场，一般设在调车场线路数量在16条以上，每昼夜解体能力2 000辆以上的大、中型编组站上。

(4)半自动化驼峰：道岔控制采用自动集中，制动设备用人工控制减速器出口速度，采用自动化设备，如测长、侧重设备等。

(5)自动化驼峰：自动化驼峰。除具备上述两类驼峰的主要功能外，还可以进行车辆溜放速度的自动控制和调整。为此，在驼峰溜放部分和调车畅内线路上均设有各种类型的调速工具，实行自动控制。

2. 驼峰按日均解体作业能力分

(1)大能力驼峰：日均解体能力 4 000 辆以上，应设 30 条及以上调车线，应配有溜放进路自动控制系统，钩车溜放自动调速系统及推峰机车遥控系统。

(2)中能力驼峰：日均解体能力 2 000～4 000 辆，应设 17～29 条调车线，应配有溜放进路自动控制系统，钩车溜放自动或半自动调速系统及推峰机车遥控系统。

(3)小能力驼峰：日均解体车能力 2 000 辆以下，应设 16 条及以下调车线，应配有溜放进路控制系统，钩车溜放半自动调速系统及驼峰机车信号。

(二)驼峰的组成

驼峰是指将调车场始端道岔区前的线路抬到一定高度，利用其高度使车辆自动溜到调车线上，用来解体车列的一种调车设备。

驼峰的范围是指峰前到达场(不设峰前到达场时为牵出线)与调车场头部之间的部分线段(见图 2-6-23)。它包括推送部分、溜放部分和峰顶平台。

1. 推送部分

推送部分是指经由驼峰解体的车列，其第一钩车位于峰顶平台始端时，车列全长所在的线路范围。设置这一部分的目的是为了使车辆得到必要的高度，并使车钩压紧，以便摘钩。

其中，由到达场出口咽喉的最外警冲标到峰顶平台始端的线段叫推送线。

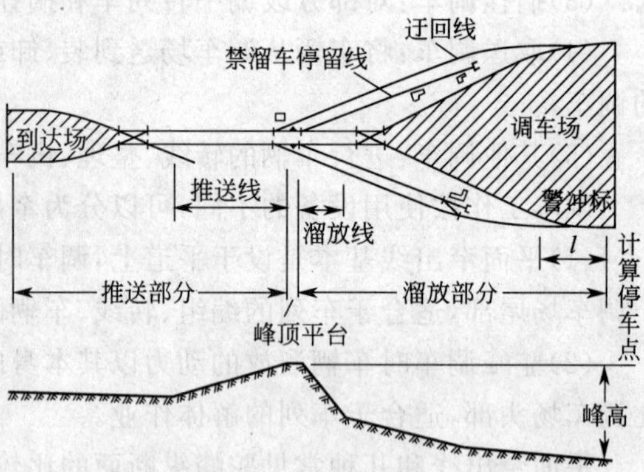

图 2-6-23　驼峰各组成部分示意图

2. 溜放部分

溜放部分是指由峰顶(峰顶平台与溜放部分的变坡点)到计算停车点的线路范围。这个长度也叫驼峰的计算长度。驼峰调车场的调速制式不同，计算停车点的位置也不同。

3. 峰顶平台

峰顶平台是指驼峰推送部分与溜放部分的连接部分，设有一段平坡地段。

(三)驼峰的调速工具

1. 驼峰调速工具的作用

车列在驼峰编组场进行解编作业时，为了提高驼峰的改编能力，保证作业安全效率所必需的设备，以调控溜放车辆速度。按其在驼峰调车中的作用可分为间隔制动、目的制动。

(1)间隔制动：保证前后溜放钩车之间有必要的间隔距离。该距离确保道岔来得及转换和减速器制动与缓解位置的及时调整，以便车辆顺利通过溜放部分进入调车线。

(2)目的制动：保证各钩车溜放到调车场指定地点，不与停留车辆发生冲撞或相距太远而造成过大的“天窗”。

2. 驼峰调速工具的种类及工作原理

目前，我国铁路上常用的主要调速工具有减速器、减速顶、加速顶、加减速小车、制动铁鞋及手闸等。

减速器主要有非重力式减速器和重力式减速器两种形式。重力式减速器主要借助于车辆本身的重量使制动夹板产生对车轮的压力而进行制动。

(1)非重力式减速器(T·JK型)

非重力式减速器是利用压缩空气作为动力,由钢轨两侧的制动夹板挤压车轮进行制动。图2-6-24是压力式钳形减速器的构造简图,当需要对车辆进行制动时,操纵制动按钮,使压缩空气进入汽缸,活塞杆5和杠杆4的末端即被压向下方,而缸体6连同杠杆3的末端则上升。这样,由于两杠杆末端分开,使夹板1合拢而挤压车轮进行制动。

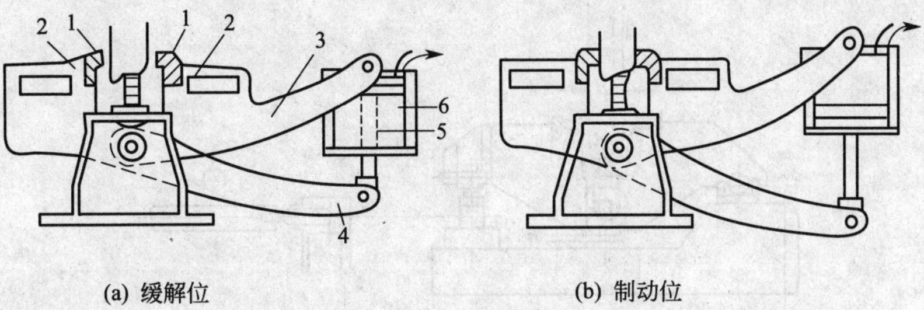

图2-6-24 非重力式减速器构造及动作示意图

1—夹板;2—制动梁;3、4—杠杆;5—活塞杆;6—缸体

这种减速器制动能力的大小与制动等级(即大气压的大小)有关。一般使用中分为4个等级,可根据车辆的不同重量选择相应的风压等级,对车辆施行制动。

(2)重力式减速器

重力式车辆减速器是利用被制动车辆本身的重量,通过可浮动基本轨及制动钳的传递,使安装在制动钳上的制动轨(即制动夹板)对车轮两侧产生侧压力而进行制动。它的制动力与被制动车辆的重量成正比。按可浮动基本轨及制动夹板起落的动力不同,又可分为电动重力式、液压重力式、气动重力式、液压和气动两用重力式车辆减速器。

图2-6-25为液压重力式减速器的构造及动作示意图。重力式减速器主要借助于车辆本身的重量使压力油经过油缸入口进入油缸,油缸活塞将制动轨下的抽板拉到制动位,迫使制动轨对车轮产生侧压力而进行制动。

图(a)是减速器的缓解位置。装在基本轨两侧的制动轨 N_1 和 N_2 之间的距离 B_2 大于车轮的厚度(此时压力油自油缸入口 A_2 进入油缸,迫使油缸活塞将抽板 P 推向缓解位)。这时车辆通过减速器不起制动作用。

图(b)是当车辆进入在制动状态下减速器的情况,车轮将制动轨 N_1 和 N_2 的开口挤成车轮的厚度 B(此时压力油自油缸入口 A_1 进入油缸,油缸活塞将抽板 P 拉到制动位)。这时制动钳臂 L_1 以滚轮 G_1 为支点,制动钳臂 L_2 以 G_2 为支点向上提升,L_1 和 L_2 的连接轴 O 也同时上升,迫使浮动轨 M(基木轨)浮起。压在浮动轨上的车轮 R,其重力经过 L_1 和 L_2 的杠杆传递,迫使制动轨 N_1 和 N_2 对车轮 R 产生侧压力而进行制动。

重力式减速器与非重力式减速器比较,其优点主要在于制动力的大小可由被制动车辆的自重大小而自动调节,不需再设量测重设备,也不需要空压和储风设备,成本较低。

(3)减速顶

减速顶是一种无需外部能源,无需外部控制,简而易行地实现对车辆溜放速度自动控制的

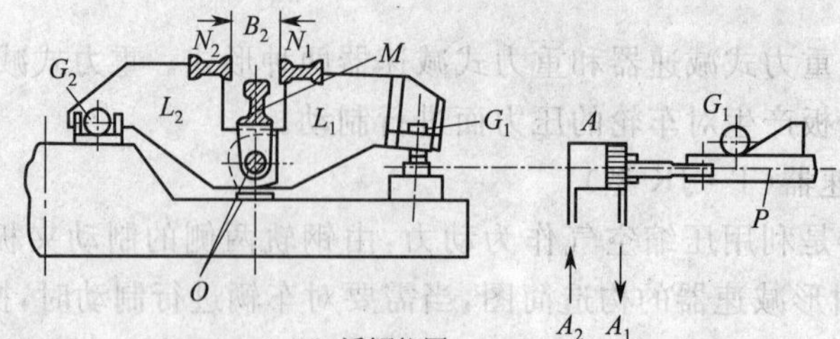

(a) 缓解位置

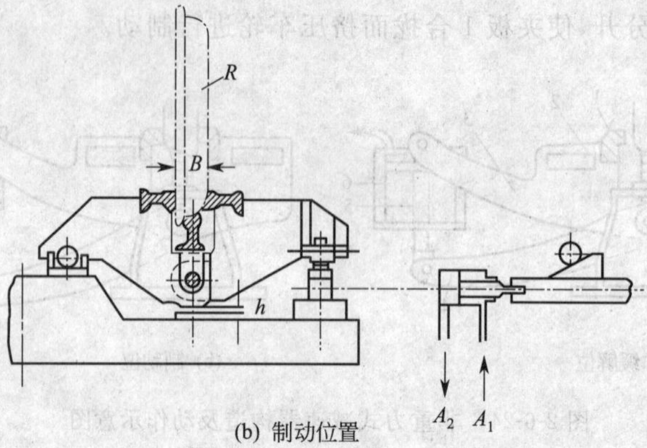

(b) 制动位置

图 2-6-25 液压重力式减速器动作原理图

设备。减速顶由外壳、吸能帽、活塞组合件和止冲装置等部分组成，车轮经过减速顶时吸能帽斜对轮缘部分，如图 2-6-26 所示。安装在钢轨内侧的减速顶为内侧顶；安装在钢轨外侧的为外侧顶。当车辆溜放速度低于减速顶的临界速度时，减速顶对车辆不起减速作用。当车辆的溜放速度高于减速顶的临界速度时，减速顶对车辆起减速作用。在每股道上约 3～5 m 安装一个，就能对车辆进行连续的速度控制。

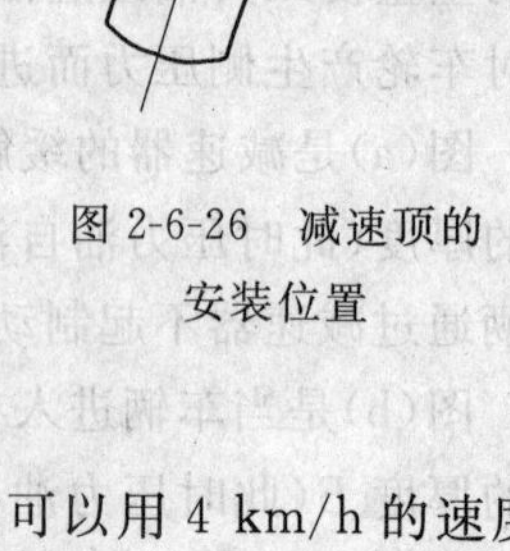

图 2-6-26 减速顶的安装位置

减速顶的优点在于灵敏度高，件能良好、维修简便，是一种较好的调速工具。目前我国铁路已在众多编组站上采用。

可控减速顶由标准油气减速顶和电磁阀两大部分组成。电磁阀不通电时，可控减速顶与普通减速顶的功能相同。电磁阀通电时，减速顶被锁闭，对车辆的溜行不起减速作用。因此，根据调车作业的需要，可以随机地控制减速顶，令其对溜行中的车辆起减速作用或不起减速作用。

(4)绳索牵引推送小车

绳索牵引推送小车是调车场内推送车辆用的一种加速设备。它可以用 4 km/h 的速度推送钩车使其与调车线上的停留车安全连挂。

推送小车有四个特殊的小车轮，小车沿钢轨内侧轨底走行。推送小车两侧各有一个能上、下运动的推送臂，用来推送车辆的轮缘。小车向推送方向走行时，推送臂抬起，保持在推送位置。当钩车的速度高于小车的速度，从后面追越小车时，小车的推送臂落下。小车返回时，推送臂落下并锁闭。回到起始位置时，推送小车处于死锁闭状态，以保证调车作业的安全。

小车的各种运动状态由控制台上的停机、返回、推送、追车四个按钮来控制。可手动亦可用计算机控制。在尾部停车器后方设有警告踏板。发出尾部警告信号时，小车停止推送并自动返回。图 2-6-27 为绳索牵引推送小车安装示意图。

六、驼峰自动化

驼峰自动化是强化铁路编组站最有效的措施之一，也是编组站现代化的主要内容和重要标志。驼峰调车作业的自动化，不仅能提高驼峰作业效率和编组站的改编能力，而且能保证作业安全，改善劳动条件和减轻劳动强度。

图 2-6-27　绳索牵引推送小车安装示意图

（一）驼峰自动化的主要内容

驼峰自动化主要包括：车辆溜放速度的自动控制；车辆溜放进路的自动控制；驼峰机车推送速度的自动控制；摘解制动软管和提钩作业的自动化等。

上述几项内容中，最主要、最关键的是车辆溜放速度的自动控制，它是驼峰自动化的核心内容。

利用驼峰进行解体作业时，必须在一定地点设置调速工具，调节钩车的溜放速度，使之符合运营要求。调速的任务有：

1. 间隔调速：保证在溜放过程中前后行钩车之间有必要的间隔距离，使道岔能安全转换，使减速器能及时转换其制动或缓解状态，并防止前后行钩车进入相邻线路时在警冲标处的侧面冲突。

2. 目的调速：保证各钩车溜到调车场指定地点，或与停留车安全连挂。

（二）驼峰自动化调速系统

驼峰自动化调速系统是根据驼峰采用的调速设备、合理的平、纵断面、相应的自动化测量设备（测重、测速、测阻、测长等）、计算设备和自动化控制设备等，对钩车溜放全过程的速度进行控制。

驼峰自动化调速系统基本上可分为点式调速系统、连续式调速系统和点连式调速系统三大类。

1. 点式调速系统：在驼峰溜放部分和调车场内的股道上，每隔适当的距离设置减速器，溜放车组经过各级减速器制动位时，根据走行性能、溜行距离以及前后行钩车间隔等因素，控制其出口速度，使之在到达下一制动位或停留车时，不超过容许的速度范围。

2. 连续式调速系统：即在溜放部分和调车场内连续布置某种调速工具，随时控制车辆的溜行速度，直至与停留车安全连挂。其调速工具分为两类：一类为顶式调速工具，包括各种减速顶、加速顶和加减速顶；另一类为小车式调速工具，包括绳索牵引加速小车或减速小车、直线电机加减速小车以及往复式绳索牵引加减速小车等。

3. 点连式调速系统：是利用减速器（点式）与减速顶、可控减速顶、加减速顶、绳索牵引推送小车等（连续式）调速设备相互结合的一种调速系统。其具体调速方式有：减速器＋减速顶点连式调速系统；减速器＋绳索牵引推送小车点连式调速系统；减速器＋锁闭式加减速顶点连式调速系统等。

点连式调速系统发挥了点式与连续式两种调速系统的优点，又相互弥补了各自的不足，既保持了减速器调速的机动灵活性，又发挥了减速顶连续调速安全连挂率高的优点。在运营上能适应复杂的钩车组合条件，满足大、中型驼峰对解体能力的要求。

七、编组站综合自动化

编组站作业综合自动化系统是指利用计算机控制编组站的作业过程和处理货车信息的系统，是建立在现代计算机技术和控制理论的基础之上，以信息处理为核心的编组站的调度指挥、计划编制、统计分析及作业控制系统，实现了实时管理和实时控制。编组站综合自动化系统主要包括货车信息处理和作业过程控制两部分，后者又分为货车控制与进路控制两个子系统。其系统结构如图 2-6-28 所示。

- 编组站综合自动化系统
  - 货车控制系统
    - 货车溜放速度控制
    - 推峰机车速度控制
    - 货车溜放进路控制
  - 站内进路控制系统
    - 到发场、出发场的进路控制
    - 站内调车作业的进路控制
  - 货车信息处理系统
    - 基本计划
    - 作业计划
      - 解体计划
      - 编组计划
      - 场内调车计划
      - 计划单的传递
    - 信息管理
      - 货车移动追踪
      - 预确报的接收和发送
      - 现车查询
      - 货报、统计报表的编制
    - 变更处理
      - 根据局调度命令的变更处理
      - 场内状况的变更处理

图 2-6-28　编组站综合自动化系统

从国内外铁路的运营实践来看，编组站作业的综合自动化，能使编组站的工作条件、作业效率、作业安全和工作质量得到很大的改善，对于加强编组站的生产能力，全面提高编组站的运营管理水平，均有显著的效果，是铁路运输现代化的标志之一，也是我国铁路编组站的发展方向。

第五节　客　运　站

为旅客办理客运业务的车站称为客运站。根据设置地点的不同，客运站分为两类。一类是设在客货共线运行的铁路沿线，主要办理客运业务的车站；另一类是设在客运专线铁路沿线，专门办理客运业务的车站。客运站是铁路旅客运输的基本生产单位，它的主要任务是组织旅客安全、迅速、准确、方便地上、下车；办理行包、邮件的装卸搬运；组织旅客列车安全、正点到发和客车车底取送；为旅客提供舒适的服务条件。

一、客运站的作业和设备

(一)客运站的作业

1. 客运服务作业

客运服务作业包括旅客上下车、候车、问询、小件寄存，以及对旅客文化、饮食、住宿、购物和卫生方面的服务等。

2. 客运业务

客运业务包括客票发售,行包承运、装卸、保管和交付,邮件装卸和搬运等。

3. 技术作业

按列车种类不同,客运站办理下述技术作业。

(1)始发、终到列车。包括列车接发、机车摘挂、列车技术检查、车底取送、个别客车甩挂以及餐车整备等。

(2)通过列车。包括列车接发、机车换挂或整备、列车技术检查、客车上水等。

(3)市郊(通勤)列车。包括列车接发、机车摘挂、列车技术检查及车底取送等。

(4)在某些客运站还办理少量货物列车的到发和通过作业。

(二)客运站的设备

1. 站房:是客运站的主体,包括为旅客服务的各种房屋、技术办公房屋以及职工生活用房等。

2. 站场:是办理客运技术作业的地方,包括线路、站台、雨蓬、跨线设施等。

3. 站前广场:是客运站与城市的结合部,包括站房平台、旅客活动地带、人行通道、车行道、停车场、公交站点及绿化与景观用地等。

二、客运站布置图

客运站的布置图按线路配置的不同分为通过式、尽头式和混合式三种。

1. 通过式客运站布置图

通过式客运站如图 2-6-29 所示,其全部旅客列车到发线为贯通式,设有两个咽喉区,站房在正线一侧,高架候车室为跨线式,基本站台与中间站台用地道相联。

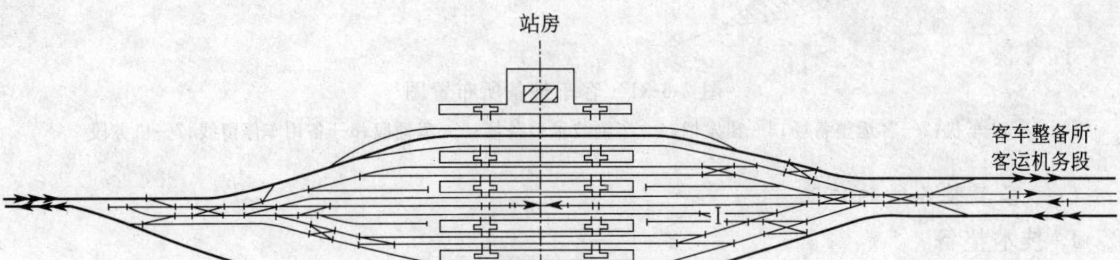

图 2-6-29　通过式客运站布置图

通过式客运站的优点:车站有两个咽喉区,能分别办理接、发车作业,到发线使用机动灵活,通过能力大,运营条件好;可设计跨线式高架候车室,便于组织旅客进、出站,缩短旅客进、出站走行距离;旅客进、出站与行包搬运流线交叉干扰少。

通过式客运站的缺点:与城市干扰较大,占用城市用地较多。

2. 尽头式客运站布置图

尽头式客运站如图 2-6-30 所示,其全部旅客列车到发线为尽头式,站房设在到发线一端或一侧,中间站台用分配站台相连接。

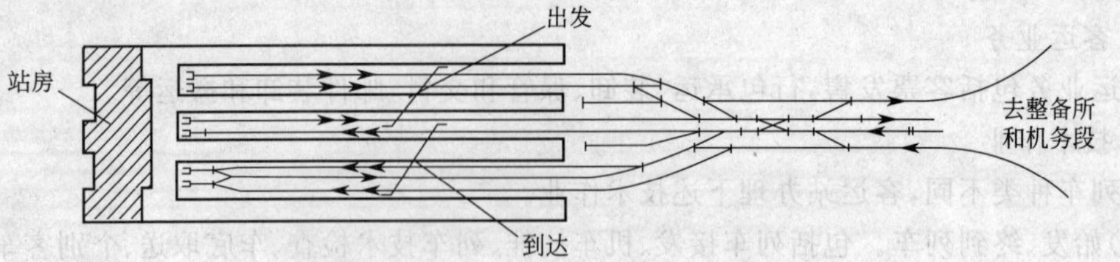

图 2-6-30 尽头式客运站布置图

尽头式客运站优点：车站容易深入市区中心，旅客出行乘车方便，可缩短出行时间；与城市道路交叉干扰少、占用城市用地少。

尽头式客运站缺点：车站作业集中在一端咽喉区进行，进路交叉干扰大，车站通过能力小；旅客进、出站走行距离长；旅客进、出站与行包搬运流线集中在和站房一端，互相交叉。

3. 混合式客运站布置图

混合式客运站布置图的特点是一部分线路为贯通式，另一部分线路为尽头式。贯通式线路供接发长途旅客列车用，尽头式线路可供接发市郊旅客列车用。

三、客车整备所

为保持客车技术状态，在配属有大量旅客列车车底的始发、终到站，或有大量长途旅客列车的折返站，以及有大量市郊旅客列车的始发、终到站上应设置客车整备所，如图 2-6-31 所示。以便对客车进行技术整备和客运整备作业。

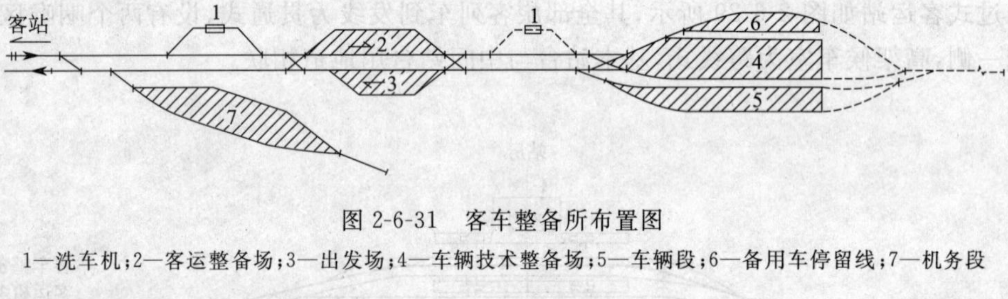

图 2-6-31 客车整备所布置图

1—洗车机；2—客运整备场；3—出发场；4—车辆技术整备场；5—车辆段；6—备用车停留线；7—机务段

(一)客车整备所的作业

1. 技术整备

(1)客车车底取送(或到发)、改编、停留待发，公务车、备用车停留以及个别客车转向。

(2)客车车底技术检查、日常维修和摘车维修，防寒、防暑的整备，以及外段车辆故障处理等。

(3)办理厂、段修客车的回送及车辆技术状态和备品的交接。

(4)冬季客车暖气管道预热、排汽、排水以及充电等。

2. 客运整备

(1)客车车底内、外部清扫洗刷和排污。

(2)客车上燃料、上水、上餐料和换卧具。

(二)客车整备所的设备

1. 线路：到达线、出发线、整备线、备用车停留线、洗车机线、临修线、消毒库线、机车走行线和牵出线等。

2. 客车外部清洗设备、消毒设备、排污设备、车底转向设备、洗烫卧具的洗衣房、供应餐车的餐料库以及技术办公房屋等。

第六节 货 运 站

一、货运站及货运中心

(一)货 运 站

凡专门办理货运作业(包括组织货源、货流、办理货物的承运、保管、交付、货物装卸作业、计算核收运费、填制货运票据等)的车站,以及专门办理货物联运或换装的车站,均称为货运站。

1. 货运站的分类

(1)货运站按其工作性质分:装车站、卸车站和装卸站。

装车站:以办理货物的装车为主,需接入大量空车,发出大量重车。

卸车站:以办理货物的卸车为主,需接入大量重车,排出大量空车。

装卸站:装车和卸车工作量大致平衡,可大量组织车辆的双重作业。

(2)货运站按其办理货物的种类分:综合性货运站和专业性货运站。

综合性货运站:办理多种不同品类货物作业的车站。

专业性货运站:办理单一品类大宗货物及危险货物作业的车站。

2. 货运站作业及设备

(1)货运站作业

综合性货运站(以下简称货运站)是铁路枢纽内为城市居民和企业服务并办理多种货物作业的车站。其主要作业有:

① 运转作业:主要办理列车的接发、解编、按装卸点选编车组、调送车组、按货位配置车辆等作业;

② 货物作业:货物的托运和交付、装卸和保管、货运票据的编制、货物的过磅、分类、搬运、堆码以及换装、加固和检查装载、铁路与其他运输部门的联运等作业;有时还兼办不良车的修理、调车机车的整备、车辆的清扫、洗刷、消毒、保温车的加冰等项作业。

(2)货运站设备

为了完成上述作业,货运站应设有下列主要设备:

①运转设备:包括到发线、调车线、牵出线等。

②货运设备:货场配线(包括货物装卸线、存车线、货场牵出线等)、场库设备(包括仓库、雨棚、站台、堆放场等)、装卸设备(包括各种装卸机械、运输机械等)、取送货物的道路及停车场和给排水设备及消防设备。

③其他设备:根据作业需要设置旅客站台,机车整备、车辆检修设备,集装箱及托盘的维修保养设备,货车消毒洗刷设备,篷布维修设备,加冰设备,货物检斤设备和量载设备等。

3. 货运站布置图

货运站按其与枢纽内铁路线衔接的不同,可有两种类型:一种是尽头式货运站,另一种是通

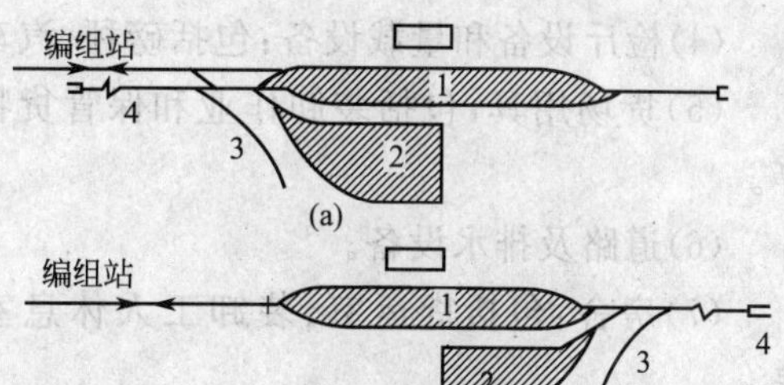

图 2-6-32 尽头式货运站布置图
1—到发及调车场;2—货场;
3—专用线;4—牵出线

过式货运站。

图 2-6-32 所示为尽头式货运站布置图。图 2-6-33 为作业量较大的通过式货运站布置图，其正线是贯通的，货场和车场均设在正线的一侧，可减少站内作业对正线的干扰，保证通过货物列车的顺利通行。

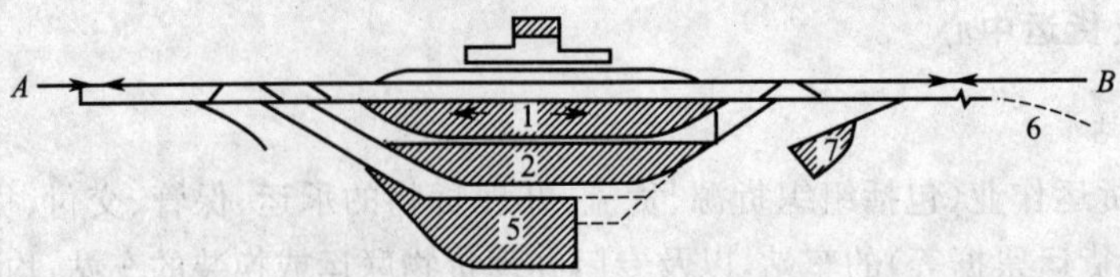

图 2-6-33　通过式货运站布置图

1—到发场；2—调车场；3—到达场；4—编发场；5—货场；6—专用线；7—车辆检修设备

(二)货运中心

货运中心是指专业办理铁路集装箱、行邮行包及小汽车等运输、装卸和堆存作业的货运站。主要开行集装箱班列、行邮班列、行包班列和小汽车班列等客运化运输产品，同时与枢纽内的主要编组站互编小运转列车。

二、货　　场

货场是办理货运作业的基本场所。为了安全、迅速、便利地办理货物的承运、保管、装卸和交付作业，在货场内必须配备足够的场库、装卸机械、配线和道路等设备，并且要保证各项货运设备在货场内的合理布置。

1. 货场的分类

货场按办理的货物种类可分为：

(1)综合性货场：指办理多种品类货物作业的货场。

(2)专业性货场：指办理单一品类货物作业的货场，如专办危险货物、煤、木材、砂石等的货场。

2. 货场的主要设备

为了完成各项货运作业，货场内应设置以下设备：

(1)线路：包括装卸线、存车线、牵出线等。

(2)场库设备：包括堆货场、货物站台、仓库、货棚等。

(3)装卸机械及其检修设备。

(4)检斤设备和量载设备：包括磅秤、汽车衡(地磅)、轨道衡、电子秤等。

(5)货场用具：包括装卸作业和保管货物所需的各种用具，如跳板、防湿枕木、防湿篷布等。

(6)道路及排水设备。

(7)房舍：包括货运室、装卸工人休息室、装卸机械修理所、门卫室及其他生产生活用房。

对于办理冷藏车加冰作业的货场还应设有加冰所，并配有制冰、储冰、加冰及加盐设备，装卸牲畜较多的货场应设有牲畜装卸及饮水设备。一些货场还应设有货车洗刷及储污设备。

3. 货场配置图

综合性货场的配置图型基本上可以分为尽头式、通过式和混合式三种类型。

(1)尽头式货场

尽头式货场是指由尽头式装卸线构成的货场，即其装卸线仅一端连接车站站线，如图2-6-34所示。

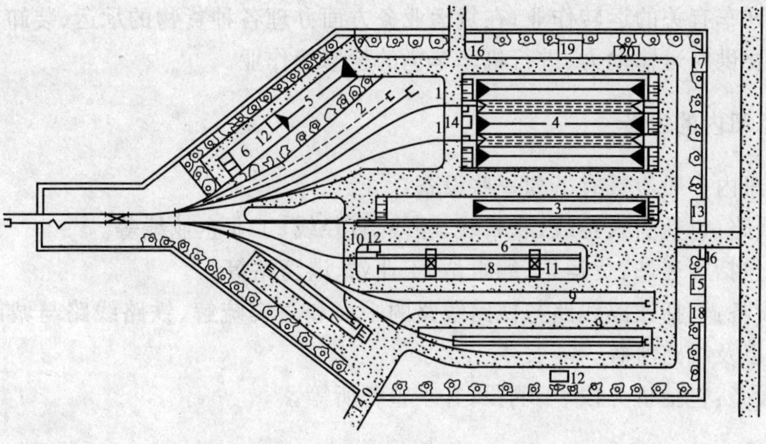

图 2-6-34 尽头式货场布置图

(2)通过式货场

通过式货场是指由通过式装卸线构成的货场，其装卸线两端均连接车站站线，如图 2-6-35所示。

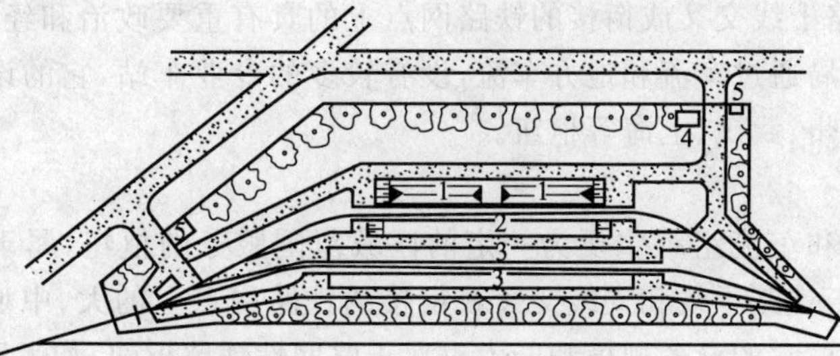

图 2-6-35 通过式货场布置图

(3)混合式货场

混合式货场是指由尽头式装卸线和通过式装卸线共同构成的货场。

货场布置图型应根据货物种类、车流特点、作业量、取送车方式、货运站在枢纽内的位置、货场与车场的相互配置方式和地形条件等因素进行选择。在一般情况下，大中型货场采用尽端式布置比较合适，货运量较小的中间站货场可采用通过式或混合式布置。

第七节 铁路枢纽

在铁路干、支线的交汇点或终端地区，由各种铁路线路、专业车站以及其他为运输服务的有关设备组成的总体称为铁路枢纽。

铁路枢纽是连接铁路干、支线的中枢，是为城市、工业区或港埠区服务以及与国民经济各部门联系的重要纽带，也是交通运输枢纽的主要组成部分。

铁路枢纽是客、货流从一条铁路线转运到另一条铁路线的中转地区，也是城市、工业区客货到发和联运的地区。除办理枢纽内各种车站的有关作业外，在货物运转方面还办理无改编中转和有改编中转列车的作业以及枢纽地区小运转列车的作业；在客运作业方面办理通过、管内和市郊旅客列车有关的运转作业；在货运业务方面办理各种货物的承运、装卸、发送、保管等作业；此外，还要供应运输动力、进行机车车辆的检修等作业。

一、铁路枢纽内的设备

在铁路枢纽内一般应具有下列一些设备：

(1)铁路线路：包括引入正线、联络线、环线、直径线、工业企业线等。

(2)车站：包括客运站、货运站、编组站、工业站、港湾站等。

(3)疏解设备：包括铁路线路与铁路线路的平面和立交疏解、铁路线路与城市公路的跨线桥和平交道口以及线路所等。

(4)其他设备：包括机务段、车辆段、客车整备所等。

二、铁路枢纽的类型

1. 按其在路网上的地位和作用分

铁路枢纽可分为路网性铁路枢纽、区域性铁路枢纽和地方性铁路枢纽。

(1)路网性铁路枢纽

凡承担的客、货运量和车流组织任务涉及整个铁路网的枢纽，属于路网性铁路枢纽。这种枢纽一般都位于几条铁路干线交叉或衔接的铁路网点上的具有重要政治和经济地位的大、中工业城市，办理大量的跨局通过车流和地方车流，设有较多的专业车站，它的设备规模和能力都很大，如北京、沈阳、郑州、武汉、上海等枢纽。

(2)区域性铁路枢纽

凡承担的客、货运量和车流组织主要为一定的区域范围服务的枢纽，属于区域性铁路枢纽。这种枢纽一般都位于铁路干线和支线交叉或衔接的铁路网点上的大、中型城市。办理管内的通过车流和地方车流，它的设备规模和能力仅次于路网性铁路枢纽，如太原、蚌埠、柳州等枢纽。

(3)地方性铁路枢纽

凡承担的运量和车流组织主要为某一工业区或港湾等地方作业服务的枢纽，属于地方性铁路枢纽。这种枢纽一般都位于铁路网端或大工业企业和水陆联运地区，办理大量的货物装卸和小运转作业。它的设备规模和能力较小，如秦皇岛属港湾铁路枢纽、大同属工业铁路枢纽等。

2. 根据枢纽内设备的相互位置分

根据枢纽范围内专业车站、联络线、进站线路等设备的相互位置不同，并结合一定的车流条件，可形成各种不同形式的铁路枢纽。一般分为一站枢纽、三角形枢纽、十字形枢纽、顺列式枢纽、并列式枢纽、环形枢纽、尽端式枢纽和混合形铁路枢纽等。

(1)一站枢纽，各铁路方向均直接引入一个客货运共用的联合车站。其特点是设备集中、管理方便，运营效率高，但客货运作业互有干扰，能力较小。

(2)三角形枢纽，其特点是有较大客、货运量交流的三个铁路方向引入，而在各引入线上布置有不同的专业车站，并在其间铺设联络线以便各方向间中转列车的运行，它的通过能力和具有联络线的一站枢纽基本相同。

(3)十字形枢纽，建于具有大量通过车流而相互间交流量很少的两条铁路干线的交叉点，一般采用立体疏解，并在主要车流方向进口处设置必要的客、货运联合车站和联络线，以便无调中转列车能顺直地通过本枢纽而取得缩短运程、减少交叉干扰和节省投资的效果。

(4)顺列式或伸长式枢纽，其特点是各铁路方向由两端引入并将主要专业车站顺序布置在中轴线上。这种枢纽一般是由于受复杂地形条件(如傍山沿河等狭长地带)的限制而修建的，其优点是进站线路疏解简易，有利于与城市规划相配合；缺点是所有客、货列车都需在中轴线上运行，从而中轴线往往就成了限制枢纽通过能力的咽喉地段。

(5)并列式枢纽，其特点是各铁路方向的旅客列车和货物列车按不同的运行径路分别引入相互平行布置的客运站和编组站，如图 2-6-36 所示。由于在枢纽内实现了客、货分流，避免了客、货列车运行的交叉干扰，提高了通过能力，但其进站线路结构比较复杂，需要修建较多的跨线桥。

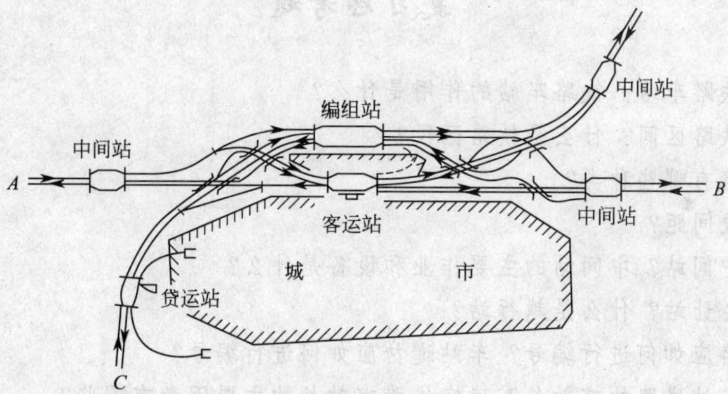

图 2-6-36　并列式铁路枢纽示意图

(6)环形枢纽，运输量大且作业复杂的大型枢纽，当引入铁路方向很多、需配置较多的专业车站时，为便于各方向客货运输交流、避免引入线过于集中在某一汇合点和为地区客货运服务提供方便，通常应随运量的发展逐步修建一些联络线、迂回线与直径线，将各铁路方向、专业车站连接起来，从而形成了枢纽的环形布局。环形枢纽大大地提高了通过能力和运营上的机动灵活性。

(7)终端枢纽，一般位于大港埠、大矿区所在地、铁路干线的终端，根据作业上的需要修建一系列专业车站及相应的联络线和其他铁路设备，并将编组站设在出、入口处，以有效地控制车流。终端枢纽依所服务的对象又可分为港湾铁路枢纽和工业铁路枢纽。

(8)混合式枢纽，在引入铁路方向较多、工业企业布局分散、客货运量大、地方和中转运输任务繁重，需设置多处客运站、货运站及编组站而又受到某些条件的限制时，根据具体情况综合采用上述一些图型组合而成，如图 2-6-37 所示。

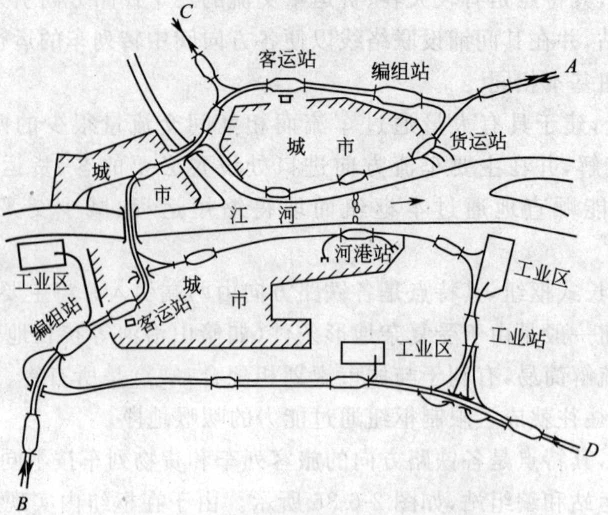

图 2-6-37　混合式铁路枢纽示意图

复习思考题

1. 什么是铁路车站？铁路车站的作用是什么？
2. 什么是铁路区间？什么是铁路区段？
3. 车站线路有哪些种类？
4. 什么是线间距？
5. 什么是中间站？中间站的主要作业和设备是什么？
6. 什么是会让站？什么是越行站？
7. 车站线路应如何进行编号？车站道岔应如何进行编号？
8. 什么是车站线路的有效长？确定线路有效长的主要因素有哪些？
9. 什么是区段站？区段站的主要任务是什么？
10. 区段站办理的主要作业和设置的主要设备有哪些？
11. 区段站布置图的常见类型有哪些？各有何特点？
12. 什么是编组站？编组站的主要任务是什么？
13. 编组站在作业和设备上有何特点？
14. 编组站布置图的基本类型有哪些？
15. 调车驼峰有哪几部分组成？各部分的线路范围是什么？
16. 根据作业量，调车驼峰分为几类？各有何特征？
17. 我国铁路调车驼峰常用的调速工具有哪些？
18. 驼峰自动化主要包括哪些内容？
19. 驼峰自动化调速系统分为哪几类？
20. 什么是客运站？客运站办理的主要作业和设置的主要设备有哪些？
21. 客运站布置图分为哪几类？

22. 什么是客车整备所？客车整备所有哪些作业？

23. 什么是货运站？综合性货运站一般有哪些主要作业和设备？

24. 铁路货运中心的主要功能有哪些？

25. 货场的主要功能是什么？有哪些主要设备？

26. 什么是铁路枢纽？铁路枢纽有哪些主要设备？

27. 根据枢纽总图结构的不同，铁路枢纽有哪些图形？各有何特点？

第七章　铁路信号与通信设备

第一节　概　　述

铁路信号与通信设备是组织指挥列车运行，保证列车安全，提高运输效率，传递信息，改善铁路运输人员劳动条件的关键设施，也是铁路主要技术装备之一，其装备水平和技术水平是铁路现代化的重要标志。

一、铁路信号设备

铁路信号设备是铁路信号、车站联锁、区间闭塞等设备的总称。其主要作用是保证列车运行与调车工作的安全和提高铁路通过能力。同时对增加铁路运输经济效益、改善铁路职工劳动条件也起着重要作用。

铁路信号：向有关行车和调车人员发出的指示和命令。

车站联锁设备：用于保证站内行车和调车工作的安全和提高车站的通过能力。

区间闭塞设备：用于保证列车在区间内运行的安全和提高区间的通过能力。

二、铁路通信设备

铁路通信设备是指挥列车运行、组织铁路运输生产和业务联络而传输各种必要信息的通信设备的总称，应能做到迅速、准确、安全、可靠。

铁路运输向高速、高密、重载方向发展需要现代化的通信信号设备，尤其是随着计算机、网络、现代通信等现代化技术的发展，出现了自动化程度更高、控制范围更大、更集中的新型信号系统，具有网络化、综合化、智能化的技术特点。

第二节　铁 路 信 号

一、铁路信号的作用与分类

1. 铁路信号的作用

铁路信号是指示行车和调车运行条件的命令，行车和调车人员必须执行信号显示的要求，才能确保运输的安全和提高运输效率。

2. 铁路信号的分类

铁路信号分为听觉信号和视觉信号两大类。

(1)听觉信号是以不同声响设备发出音响的强度、频率、音响长短和数目等特征表示的信号。例如，用号角、口笛、响墩发出的音响及机车、轨道车鸣笛声等发出的信号。

(2)视觉信号是以物体或灯光的颜色、形状、位置、数目或数码显示等特征表示的信号，如用信号机、机车信号、信号旗、信号牌、信号灯、火炬等显示的信号。

视觉信号有固定信号、移动信号和手信号。在固定地点安装的铁路信号叫固定信号。

它是铁路的主要信号，是用不同颜色的灯光或臂板位置等显示的信号。用手拿信号灯、信号旗或用手势显示的信号叫手信号。在铁路线路旁边临时设置的信号牌、信号灯等叫移动信号。

视觉信号通常用不同的颜色来显示其意义。我国规定有红、黄、绿三种基本颜色。在广义上其代表意义如下：

红色——停车。

黄色——注意或减低速度。

绿色——按规定速度运行。

二、信 号 机

(一)臂板信号机

臂板信号机大多用人力操纵、导线传动。它白天用臂板的不同位置，夜间用不同颜色的灯光显示信号。这种信号机操纵繁琐、效率低、可靠性差，也不利于实现自动化，因此，不再采用。当今各国铁路大多采用的是色灯信号机。

(二)色灯信号机

色灯信号机不管白天还是夜间都是用不同颜色的灯光来显示信号的。按照它们制作结构的不同，色灯信号机可以分为透镜式和探照式两种。

探照式色灯信号机是一组透镜能显示出三个颜色灯光，所以又称它为单灯式。探照式色灯信号机存在结构复杂，制造工艺要求严格，维修困难等缺点。

透镜式信号机是一组透镜给出一个颜色的灯光：如果要显示多种颜色信号灯光时就要有多组透镜，所以又称它为多灯式，如图 2-7-1 所示。

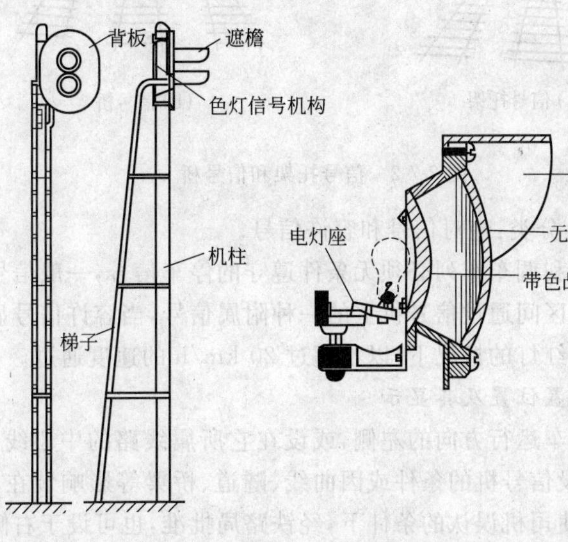

图 2-7-1　透镜式色灯信号机

透镜式色灯信号机结构简单、安装方便、便于维修、控制电路所需电缆芯线少、比较安全可靠，所以得到广泛采用。为保证信号显示的准确性，特别是高速运输的线路上，增加了制动距离，对信号显示质量有更高要求，不仅需增加显示的信息量，而且要求延长显示距离。为此，研制了 AG 型透镜式色灯信号机光系统，该系统安全可靠、无幻显，光利用率高，显示距离远(超过 1 400 m,可达 1 600 m)。

三、固定信号的分类、设置位置和显示意义

(一)固定信号分类

1. 按设置部位分类:地面信号和机车信号。

2. 按信号机构造分类:色灯信号机和臂板信号机。

3. 按安装方式分类:高柱信号机、矮型信号机、信号托架和信号桥。

(1)高柱信号机的信号机构安装在信号机柱上,一般用于显示距离要求较远的信号机。高柱信号机具有显示距离远、观察位置明确等优点。因此,为保证安全,提高效率,进站、正线出站、接车进路、通过、预告、驼峰等信号机必须采用高柱信号机。设在岔线入口处、牵出线上的调车信号机、驼峰调车场内指示机车上峰的线束调车信号机以及进站复示信号机因受地形影响,也应采用高柱信号机。

(2)矮型信号机设于位于建筑接近限界下部外侧的基础上,一般用于显示距离要求不远的信号机上。如一般情况下的调车信号机、调车复示信号机等多采用矮型信号机。

因受限界限制,不能安装信号机柱时,则以信号托架和信号桥代替,如图 2-7-2 所示。

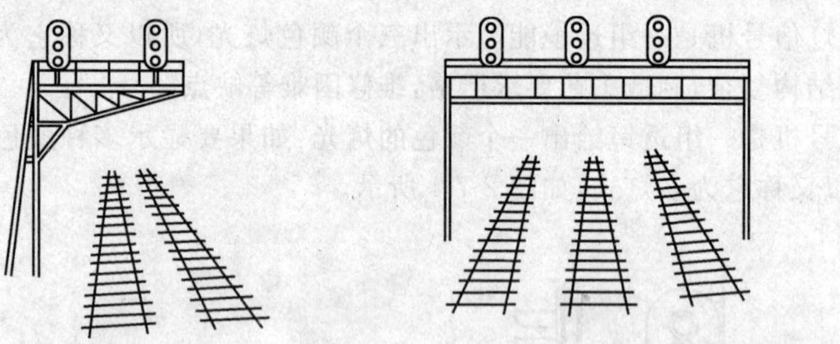

(a)信号托架　　(b)信号桥

图 2-7-2　信号托架和信号桥

4. 按停车信号的意义分类:绝对信号和容许信号。

(1)绝对信号,指列车和调车车列必须无条件遵守的停车信号,一般信号机都属于这一类。

(2)容许信号,是设于区间通过信号机上的一种附属信号,当容许信号显示一个蓝灯时,列车可在该通过信号机显示红灯的情况下,以不超过 20 km/h 的速度通过。

(二)固定信号机的设置位置及其显示

固定信号机应设在列车运行方向的左侧,或设在它所属线路的中心线的上空。在特殊情况下,如线路左侧没有装设信号机的条件或因曲线、隧道、桥梁等影响装在右侧比装在左侧显示距离更远,在保证不致使司机误认的条件下,经铁路局批准,也可设于右侧。

信号机设置的地点对信号显示距离远近,对司机确认信号和安全行车等都有很大关系,所以在确定信号设置地点时应考虑以下几个方面。

(1)信号显示距离应满足《技规》要求;

(2)不至于被误认为邻线的信号机;

(3)尽量避免设在停车后起动时易断钩的地点及停车后起动困难的上坡道,或难以停车的

下坡道上；

(4)绝对禁止侵入建筑限界，因此站线的出站信号机可以使用矮型的，必要时可以用信号桥或信号托架；

(5)不准许设在隧道内及大型桥梁上；

(6)自动闭塞区段还要考虑不影响列车间隔时间。

1. 几种主要信号机的设置位置

(1)进站信号机：进站信号机用来防护车站，指示列车能否由区间进入车站以及进入车站的有关条件。进站信号机应设在距车站最外方进站道岔尖轨尖端(逆向道岔)或警冲标(顺向道岔)不少于 50 m 的地点(如图 2-7-3)。如因站内需要经常利用正线进行调车作业，或因地形等其他条件使信号显示距离达不到规定要求时，可以将信号机适当外移，但一般不应超过 400 m。若因信号显示不良而外移时，则最大不宜超过 600 m。

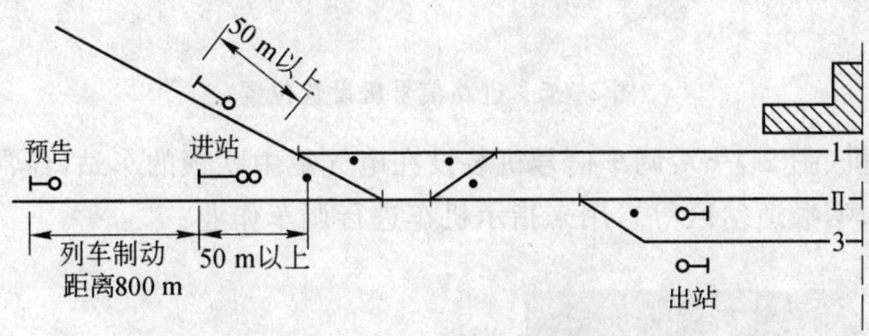

图 2-7-3　进站、出站、预告信号机设置位置示意图

(2)出站信号机：在车站每一发车线警冲标内方(逆向道岔为尖轨尖端外方)的适当地点，装设出站信号机，用以防护区间的安全，指示列车能否由车站进入区间，其设置位置如图 2-7-3 所示。

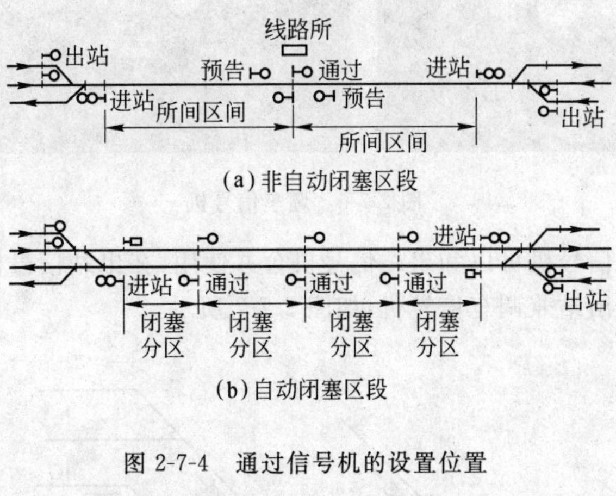

图 2-7-4　通过信号机的设置位置

(3)预告信号机：为了向司机预告主体信号机(如进站信号、通过信号机等)的显示，必要时(在非自动闭塞区段上未安装机车信号时，在通过、遮断信号机前方，在采用进站色灯信号机时或进站信号机的显示距离不足、瞭望条件受限制等情况下)应设置预告信号机。预告信号机应设在距主体信号机不少于于 800 m 的地点，如图 2-7-3 所示。

(4)通过信号机：用来防护自动闭塞区段的闭塞分区或非自动闭塞区段所间区间，指示列车能否进入其所防护的分区或区间。一般设于闭塞分区或所间区间的分界处，如图 2-7-4 所示。

(5)进路信号机：在有几个车场的车站，为了防护从一个车场到另一个车场之间的进路，指示列车能否由这一个车场开往另一个车场，应当设置进路色灯信号(图 2-7-5)。在图中，下行旅客列车进站后，要经过下行到发场旁的正线，因此在这里设置 XL_1，作为接车进路信号机；下行货物列车从到发场旁发车时，出站信号机 X_1 设在旅客列车到发场旁的正线上。因此在下行到发场的到发线上应当设置发车进路信号机 XL_3。

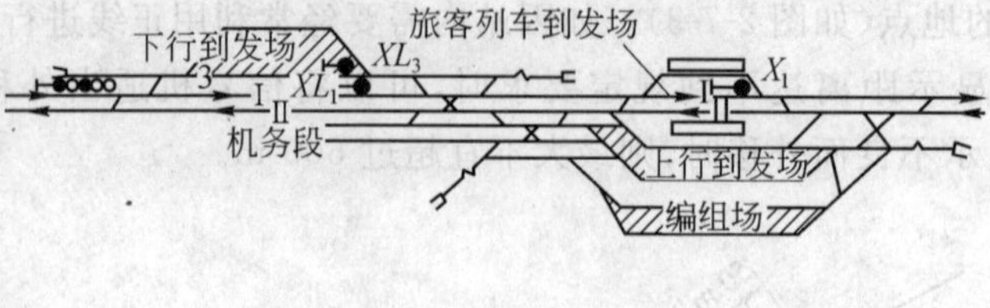

图 2-7-5　进路信号机设置位置

(6)调车信号机(图 2-7-6)：调车信号机装设在电气集中联锁的车站，经常进行调车作业的线路上(如到发线、咽喉道岔区等)，用来指示机车进行调车作业。

图 2-7-6　调车信号机

在到发线上，调车信号机可以和出站信号机合并使用，在出站信号机柱上添设一个容许调车作业的月白灯，成为出站兼调车信号机，如图 2-7-7 所示。

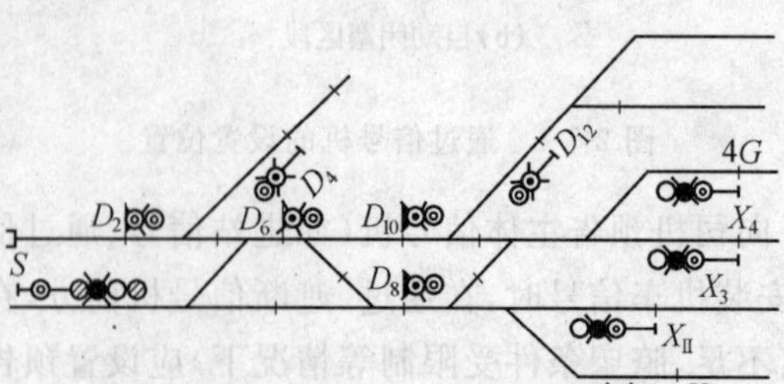

图 2-7-7　调车信号机的设置位置

(7)驼峰信号机(图 2-7-8):在驼峰调车场每条推送线峰顶平台处,应装设驼峰色灯信号机,用来指示驼峰调车机的推送速度及去峰下禁溜线进行调车。为了能让车列后部的调车司机看清信号显示,在到发线的适当位置,还应装设驼峰色灯辅助信号机。如果驼峰色灯辅助信号机的显示距离不能满足作业要求时,根据需要可再装设驼峰色灯复示信号机,驼峰信号机和辅助信号机的设置位置,如图 2-7-9 所示。

图 2-7-8　驼峰信号机

(8)复示信号机(图 2-7-10):进站、出站、进路信号机,因受地形、地物影响,达不到规定的显示距离时,应装设复示信号机,如图 2-7-11 所示。

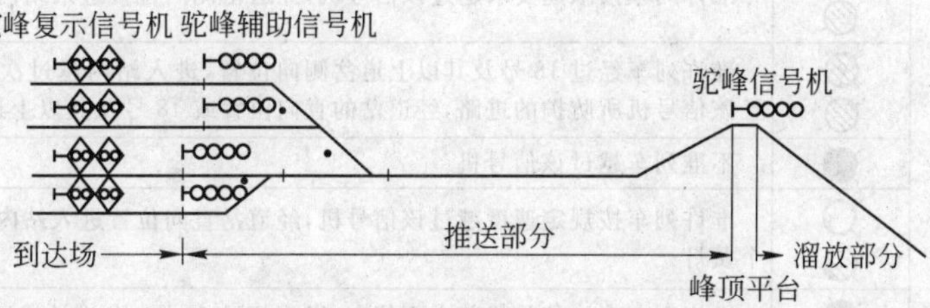

图 2-7-9　驼峰信号机的设置位置

2. 主要信号机的显示意义

图 2-7-10　复示信号机

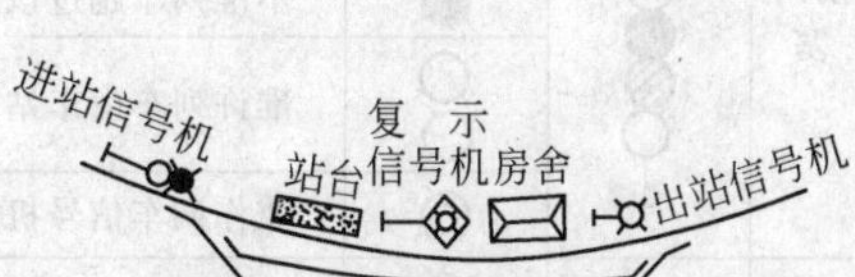

图 2-7-11　复示信号机的设置位置

以上固定信号机的信号显示方式和意义见表 2-7-1。

表 2-7-1 铁路主要信号机的显示意义

信号名称		色灯信号机	信号显示	信号显示意义
进站信号机	半自动闭塞、三显示自动闭塞			准许列车按规定速度经正线通过车站,表示出站及进路信号机在开放状态,进路上的道岔均开通直向位置
				准许列车经道岔直向位置,进入站内正线准备停车
				准许列车经道岔侧向位置,进入站内准备停车
			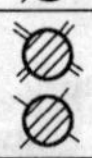	准许列车经过 18 号及其以上道岔侧向位置,进入站内越过次架已经开放的信号机,且该信号机所防护的进路,经道岔的直向位置或 18 号及其以上道岔的侧向位置
				不准列车超过该信号机
				准许列车经道岔直向位置,进入站内越过次架已经开放的接车进路信号机准备停车
				准许列车在该信号机前方不停车,以不超过 20 km/h 进站或通过接车进路,并须准备随时停车
	四显示自动闭塞			准许列车按规定速度经道岔直向位置进入或通过车站,表示运行前方至少有三个闭塞分区空闲
				准许列车按限速要求越过该信号机,经道岔直向位置进入站内正线准备停车
				准许列车按限速要求越过该信号机,经道岔侧向位置进入站内准备停车
				准许列车经过 18 号及其以上道岔侧向位置,进入站内越过次架已经开放的信号机,且该信号机所防护的进路,经道岔的直向位置或 18 号及其以上道岔的侧向位置
				不准列车越过该信号机
				准许列车按规定速度越过该信号机,经道岔直向位置进入站内,表示次架已经开放一个黄灯
				准许列车在该信号机前方不停车,以不超过 20 km/h 进站或通过接车进路,并须准备随时停车
出站信号机	三显示自动闭塞			准许列车由车站出发,表示运行前方至少有两个闭塞分区空闲
				准许列车由车站出发,表示运行前方有一个闭塞分区空闲
				不准列车越过该信号机
				准许列车由车站出发,开往半自动闭塞区间
				兼作调车信号机时,准许越过该信号机调车
	四显示自动闭塞	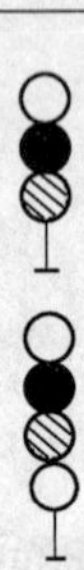		准许列车由车站出发,表示运行前方至少有三个闭塞分区空闲
				准许列车由车站出发,表示运行前方有两个闭塞分区空闲
				准许列车由车站出发,表示运行前方有一个闭塞分区空闲
				不准列车越过该信号机
				准许列车由车站出发,开往半自动闭塞区间
				兼作调车信号机时,准许越过该信号机调车
	半自动闭塞			准许列车由车站出发
				不准列车越过该信号机
				准许列车由车站出发,开往次要线路
				兼作调车信号机时,准许越过该信号机调车

续上表

信号名称		色灯信号机	信号显示	信号显示意义
进路信号机	接车进路信号机			显示与进站信号机相同 兼作调车信号机时，点亮一个月白色灯光，准许越过该信号机调车
	发车进路信号机			准许列车由车站经正线出发，表示出站和进路信号机均在开放状态
				准许列车运行到次架信号机之前准备停车
				表示该信号机列车运行前方至少有一架进路信号机在开放状态
				不准列车越过该信号机
				兼作调车信号机时，准许越过该信号机调车
通过信号机	三显示自动闭塞			准许列车按规定速度运行，表示运行前方至少有两个闭塞分区空闲
				要求列车注意运行，表示运行前方有一个闭塞分区空闲
				列车应在该信号机前停车
				容许信号显示一个蓝灯，准许列车在通过信号机显示红灯的情况下不停车，以不超过20 km/h的速度通过，运行到次架通过信号机，并随时准备停车
	四显示自动闭塞			准许列车按规定速度运行，表示运行前方至少有三个闭塞分区空闲
				准许列车按规定速度运行，要求注意准备减速，表示运行前方有两个闭塞分区空闲
				要求列车减速运行，按规定限速要求越过该信号机，表示运行前方有一个闭塞分区空闲
				列车应在该信号机前停车
				容许信号显示一个蓝灯，准许列车在通过信号机显示红灯的情况下不停车，以不超过20 km/h的速度通过，运行到次架通过信号机，并随时准备停车
	半自动闭塞			准许列车按规定速度运行
				不准许列车越过信号机
遮断信号				不准列车越过信号机
			无显示	不着灯时，不起信号作用
预告信号		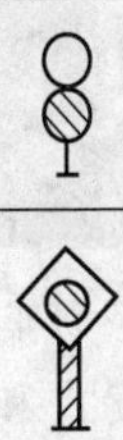		表示主体信号机在开放状态
				表示主体信号机在关闭状态
				表示遮断信号机显示红色灯光
			无显示	不着灯时，不起信号作用
调车信号机				准许越过该信号机调车
				装有平面溜放调车区集中联锁设备时，准许溜放调车
				不准越过信号机调车

续上表

信号名称	色灯信号机	信号显示	信号显示意义
驼峰信号机			准许机车车辆按规定速度向驼峰推进
			指示机车车辆加速向驼峰推进
			指示机车车辆减速向驼峰推进
			不准机车车辆越过该信号机或指示机车车辆停止作业
			指示机车车辆自驼峰退回
			指示机车到峰下
			指示机车车辆去禁溜线

图例：绿灯 黄灯 红灯 白灯 蓝灯 着灯 闪光

(三)信号机的定位状态

信号机有关闭和开放两种状态。将信号机经常保持的显示状态作为信号机的定位。信号机定位的确定,一般要考虑保证行车安全,提高运输效率或信号显示自动化等因素。

进站、进路、出站信号机对行车安全起着极其重要的作用,规定以显示停车信号——红灯为定位。

调车信号机以显示禁止调车信号——蓝灯为定位。

预告信号机是附属于主体信号机的,仅能表示主体信号机的显示状态,故以显示注意信号——黄灯为定位。

驼峰信号机用以指示溜放作业和下峰调车,以显示停止信号——红灯为定位。

自动闭塞的每架通过信号机,都是其运行前方信号机的预告信号机。为提高区间通过能力,保证列车经常在绿灯下运行,规定通过信号机以显示绿灯为定位。进站信号机前方第一架通过信号机兼有预告信号机的作用,故以显示黄灯为定位。

非自动闭塞区段的通过信号机,兼有防护接车、发车的作用,以显示红灯为定位。复示信号机以无显示为定位。

四、机车信号

图 2-7-12 机车信号

机车信号也是一种固定信号,固定安装在司机室中,如图 2-7-12 所示。机车信号设备的控制命令是由地面传递给机车的,它的系统框图如图 2-7-13 所示。

按照从地面向机车传递信息方式的不同,机车信号分为两种类型:连续式和接近连续式。

1. 连续式机车信号

主要用在自动闭塞区段,利用自动闭塞分区的轨道电路向机车上传送信息。因此,在整个区间正线上,机车信号能连续地反映前方地面信号机的显示。

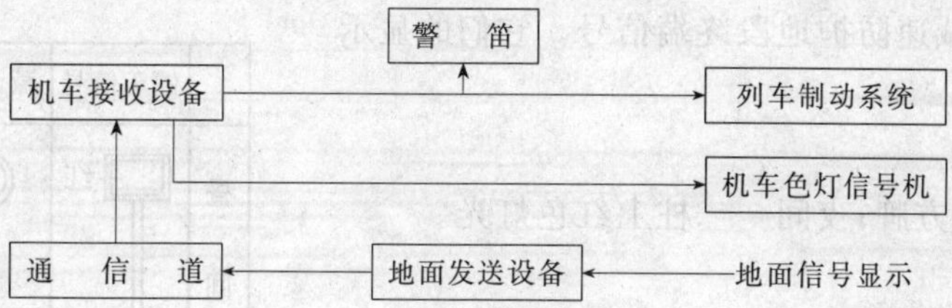

图 2-7-13　机车信号系统框图

2. 接近连续式机车信号

用于半自动闭塞区段和自动站间闭塞区段，在进站信号机外方制动距离附近的固定地点设置发送设备，并从固定地点到进站信号机之间又加装一段轨道电路。因此它从固定地点开始一直到进站信号机处为止，都连续不断地向机车上传送地面信号的信息，使机车信导机连续复示进站信号机的显示。这对于瞭望条件困难和运输繁忙的非自动闭塞区段是非常有益的。

两种机车信号与地面信号的显示，见表 2-7-2。

表 2-7-2　机车信号的显示方式

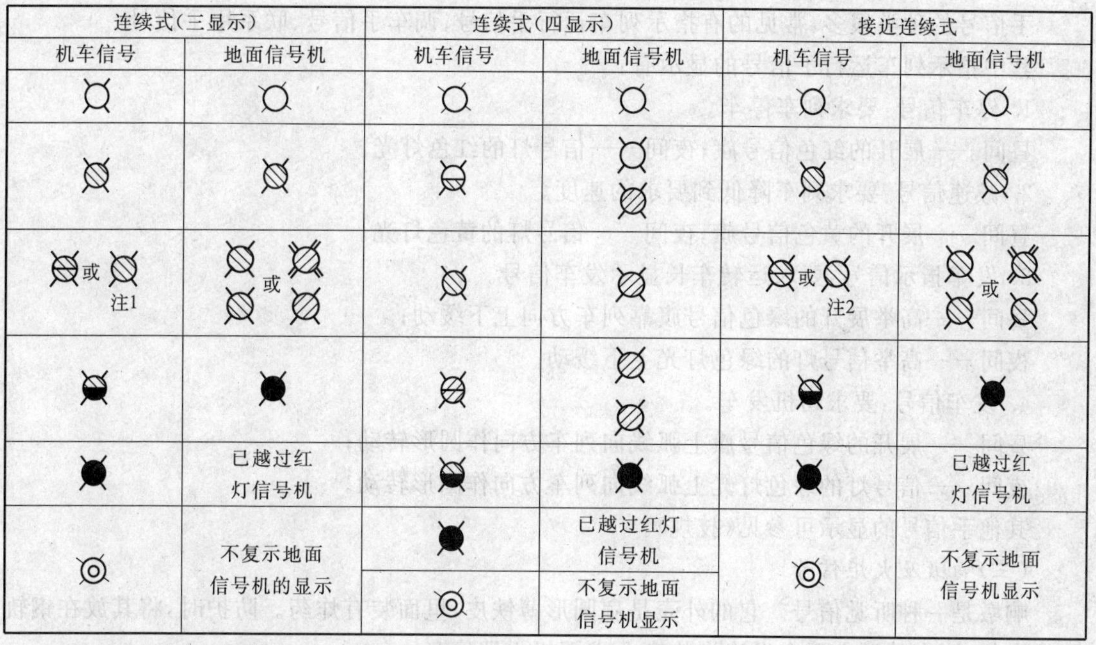

注：1. 在交流计数制的自动闭塞区段为一个黄灯；

2. 用交流计数制式的轨道电路时为一个黄灯。

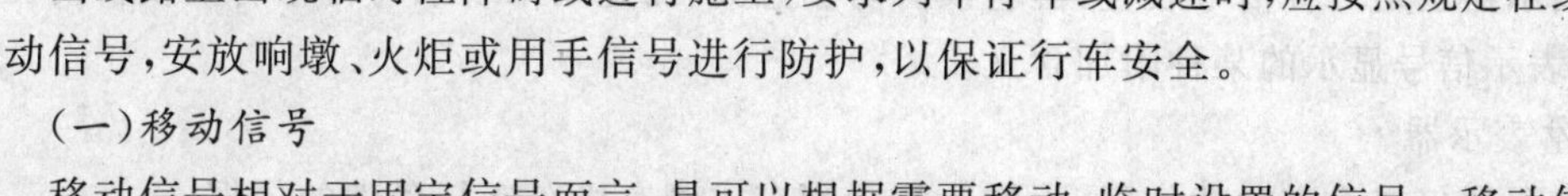

五、移动信号及手信号

当线路上出现临时性障碍或进行施工，要求列车停车或减速时，应按照规定在线路上设置移动信号，安放响墩、火炬或用手信号进行防护，以保证行车安全。

(一)移动信号

移动信号相对于固定信号而言，是可以根据需要移动，临时设置的信号。移动信号分停车信号、减速信号和减速防护地段终端信号。它们的显示方式如下：

1. 停车信号

昼间——红色方牌；夜间——柱上红色灯光。

2. 减速信号

昼间——黄色圆牌；夜间——柱上黄色灯光。减速信号牌应标明每小时限速公里数。

3. 减速防护地段终端信号

昼间——绿色圆牌；夜间——柱上绿色灯光。移动信号即显示方式如图 2-7-14 所示。

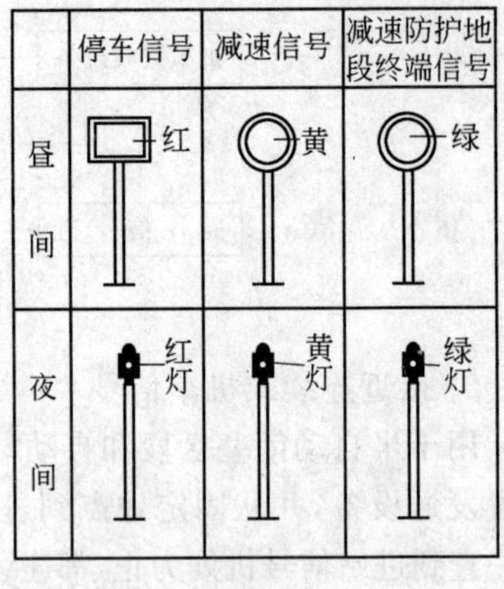

图 2-7-14　移动信号

（二）手信号

铁路手信号也是一种移动信号，是有关行车人员用手持信号旗或信号灯作出各种规定动作来下达停车、减速、发车、通过、引导信号等各种命令。信号旗有三种基本颜色：绿、黄、红；信号灯有四种基本灯光：绿、黄、红、白。

手信号的种类很多，常见的有指示列车运行手信号、调车手信号、联系用手信号。

其中指示列车运行手信号的显示有：

1. 停车信号：要求列车停车。

昼间——展开的红色信号旗；夜间——信号灯的红色灯光。

2. 减速信号：要求列车降低到要求的速度。

昼间——展开的黄色信号旗；夜间——信号灯的黄色灯光。

3. 发车指示信号：要求运转车长显示发车信号。

昼间——高举展开的绿色信号旗靠列车方向上下缓动；

夜间——高举信号灯的绿色灯光上下缓动。

4. 发车信号：要求司机发车。

昼间——展开的绿色信号旗上弧线向列车方向作圆形转动；

夜间——信号灯的绿色灯光上弧线向列车方向作圆形转动。

其他手信号的显示可参见《技规》。

（三）响墩及火炬信号

响墩是一种听觉信号。它的外壳是扁圆形薄铁皮，里面装有炸药。防护时，将其放在钢轨面上卡住，当车轮压上后会发出爆炸声要求司机立即停车。

火炬是一种在风雨天气都能点燃并发出火光的视觉信号，司机发现火炬信号的火光时应立即停车。停车后如无防护人员，机车乘务人员应立即检查前方线路，如无异状，可按规定速度继续运行。

六、信号表示器及信号标志

（一）信号表示器

信号表示器也是一种信号装置，但它没有防护意义，而是用来表示与行车有关设备的位置和状态，或表示信号显示的某种附加含义。

1. 道岔表示器

道岔表示器仅表示道岔的位置，不作为指示列车或调车机车运行条件的依据。

在发车进路上的手动道岔和非联锁区向联锁区的入口处的电动道岔，均装有道岔表示器（图 2-7-15），用以反映道岔所处的状态（开通直向或侧向），不论昼间或夜间，均连续不断地显示，以便有关行车人员能随时确认进路，方便调车人员办理调车作业。联锁区域内的电动道岔，采用了调车信号机、没有道岔表示器（图 2-7-15 左图）。但有连续溜放作业的分歧道岔应有道岔表示器（图 2-7-15 右图）。

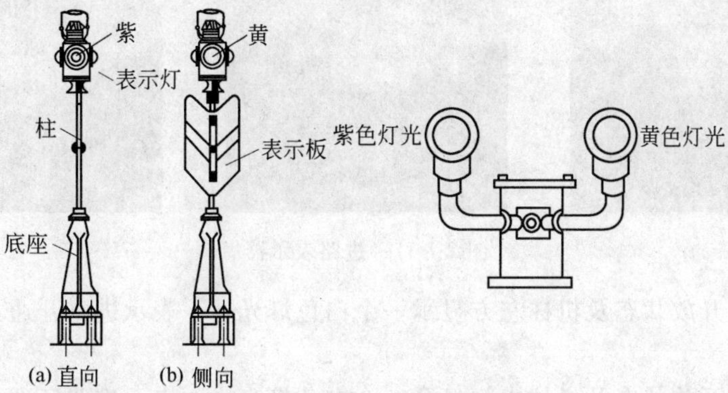

图 2-7-15　道岔表示器

道岔表示器（图 2-7-15 左图）的显示方式为：

（1）昼间无显示，夜间是紫色灯光——表示道岔位置通向直向。

（2）昼间为中央划有一条鱼尾形黑线的黄色鱼尾形牌；夜间为黄色灯光——表示道岔位置开通侧向。

道岔表示器（图 2-7-15 右图）的显示方式为：平时无显示。

（1）紫色灯光——表示道岔位置通向直向。

（2）黄色灯光——表示道岔位置开通侧向。

2. 脱轨表示器

脱轨表示器设于集中联锁以外的脱轨器、脱轨道岔及引向安全线或避难线的道岔上，表示线路开通或折断的状态，如图 2-7-16 所示。

脱轨器是一特制的铁块，把它扣在钢轨上，当车辆经过时，脱轨器上的槽道就把车轮引向轨道外方，使车辆脱轨，从而避免和正线上的机车车辆发生冲撞。

脱轨表示器一般和脱轨器装在一起。它有两种显示：

（1）昼间是带白边的红色长方牌，夜间是红色灯光——表示线路在遮断状态。

（2）昼间是带白边的绿色圆牌，夜间是月白色灯光——表示线路在开通状态。

图 2-7-16　脱轨表示器

3. 进路表示器

进路表示器仅在其主体信号机开放后，才能着灯，用于区别进路开通方向，不能独立构成信号显示，如图 2-7-17 所示。两个发车方向，当信号机在开放的条件下，分别按左、右两个白色灯光，区别进路开通方向。三个发车方向，其显示方式如下：

图 2-7-17 进路表示器

(1)信号机在开放状态及机柱左方显示一个白色灯光——表示进路开通,准许列车向左侧线路发车;

(2)信号机在开放状态及机柱中间显示一个白色灯光——表示进路开通,准许列车向中间线路发车;

(3)信号机在开放状态及机柱右方显示一个白色灯光——表示进路开通,准许列车向右侧线路发车。对于四个及其以上发车方向,进路表示器按灯光排列表示。

4. 发车线路表示器

发车线路表示器在线群出站信号机开放后显示一个白色灯光,表示准许该线路上的列车发车。若所属该线路的发车线路表示器不亮,表示该线路不准发车,如图 2-7-18 所示。

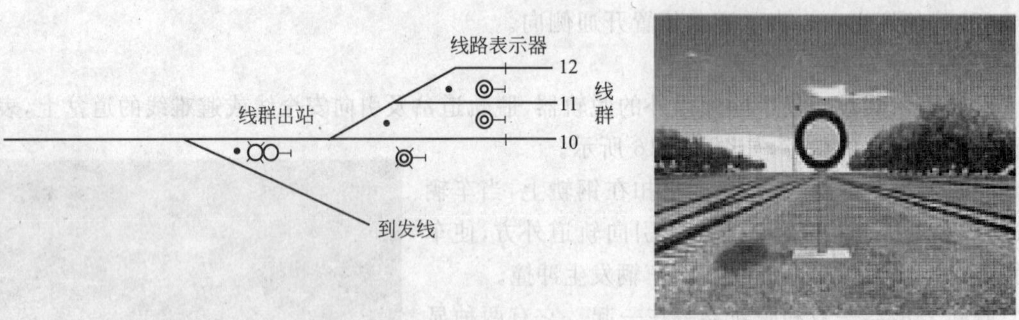

图 2-7-18 发车线路表示器

5. 车挡表示器

车挡表示器设置在线路终端的车挡上,昼间一个红色方牌;夜间显示一个红色灯光。

(二)信号标志

设在线路上的信号标志,是用来表明线路所在地点的某种情况或状态,以便司机和其他有关行车人员能够及时、正确地进行作业。

1. 警冲标

警冲标用来指示机车车辆的停留位置,防止机车车辆的侧面冲撞。具体设置位置见本篇第六章。

2. 预告标(图 2-7-19)

预告标以三块为一组,设在进站信号机外方 900 m、1 000 m 和 1 100 m 处,用来提前预告司机列车已接近进站信号机,以便注意瞭望,但是,在装设预告信号机或自动闭塞的区段,都不设预告标。

3. 司机鸣笛标(图 2-7-20)

图 2-7-19　预告标

图 2-7-20　司机鸣笛标

司机鸣笛标设在道口、大桥、隧道或视线不良地点前方 500～1 000 m 处。司机见到这种标志时应当长声鸣笛。

4. 站界标(图 2-7-21)

设在双线区间列车运行方向左侧最外方顺向道岔(对向出站道岔的警冲标)外不少于 50 m 处,或邻线进站信号机相对处。

图 2-7-21　站界标

第三节　车站联锁设备

车站联锁设备是保证车站内列车和调车作业的安全,以及提高车站通过能力的一种车站信号设备。

在车站上有许多线路,它们用道岔连接着。列车和调车车列在站内运行所经过的径路,称为进路。按各道岔的不同开通方向可以构成不同的进路。列车和调车车列必须依据信号的开放而通过进路,即每条进路必须由相应的信号机来防护,才能保证车站范围内行车和调车的安全。

一、联锁的基本概念

1. 联锁的意义

列车的进、出站和站内的调车作业必须根据防护每一进路信号机的显示状态进行，而被防护的进路又是靠操纵道岔来排列。如进路上的道岔位置不正确，或已经有车占用，有关的信号机就不能开放；信号开放后，其所防护的进路不能变动，即此时该进路上的道岔不能再转换。这种在有关信号机和道岔之间，以及信号机和信号机之间必须建立的一种互相制约的关系，叫做联锁。

2. 联锁基本的技术条件

(1)当进路上的有关道岔开通位置不对或敌对信号机未关闭时，该信号机不能开放；信号机开放后，该进路上的有关道岔不能扳动，其敌对信号机不能开放。

(2)正线上的出站信号机未开放时，进站信号机不能开放通过信号；主体信号机未开放时，预告信号机不能开放。

(3)装有转换锁闭器，电动、电空、电液转辙机的道岔，当第一连接杆处的尖轨与基本轨间、心轨与翼轨间有 4 mm 及以上水平间隙时，不能锁闭或开放信号机。

(4)区间内正线上的道岔，未开通正线时，两端站不能开放有关信号机。

图 2-7-22 是车站联锁设备的组成框图。

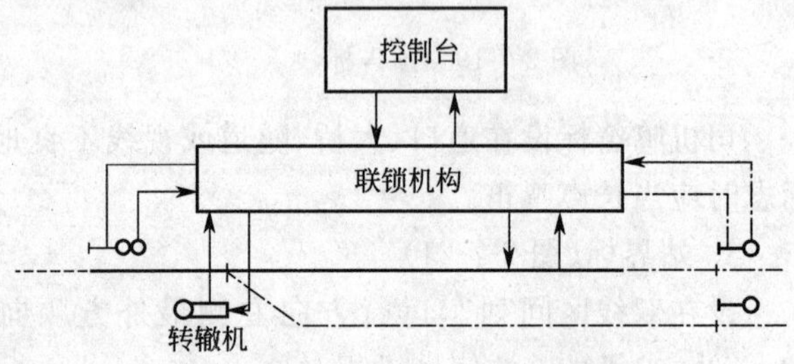

图 2-7-22　车站联锁设备组成框图

值班员可以通过控制台上的各种按钮控制现场设备(信号机、道岔等)，并通过控制台上的站场表示盘，来监视现场设备的工作状态。

车站联锁设备应能及时、迅速的排列进路并实现信号机和道岔之间的相互制约关系，同时还应能迅速及时地使进路解锁。因为只有加速建立和解锁进路的过程才能提高车站的通过能力。

通过下面一个例子，说明联锁的原理。

图 2-7-23 为一会让站。若有一下行旅客列车从车站正线通过，必须保证下列条件：

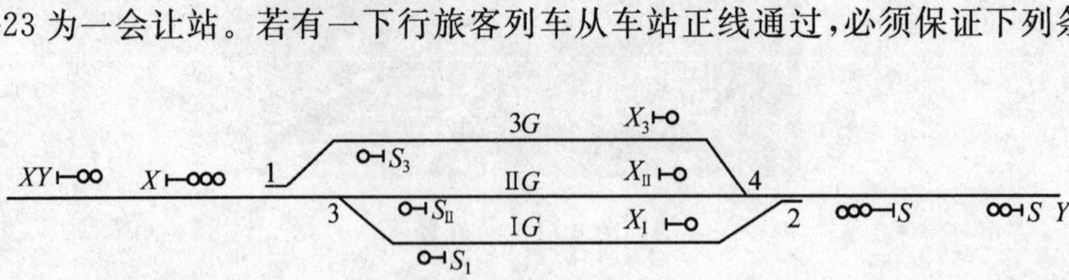

图 2-7-23　联锁举例

①在开放进站信号机 X 之前，必须先使进路上的所有道岔 1、3、4、2 都开通到Ⅱ道的位置。

②在道岔开通后，出站信号机 $X_{\text{Ⅱ}}$、进站信号机 X、预告信号机 XY 依次开放，显示正线通过信号。

③当进站信号机 X 开放以后，这一进路上的所有道岔都被锁闭，不能扳动。

④当进站信号机 X 开放以后，敌对进路信号机 S_1、$S_{\text{Ⅱ}}$、S_3、S 和 X_1、X_3 都被锁闭，不能再

开放。只有做到了以上几点，才能保证这一旅客列车安全通过车站。

为完成这种联锁关系而安装的技术设备叫联锁设备。

3. 联锁设备的分类

联锁设备分为集中联锁（继电联锁和计算机联锁）和非集中联锁（臂板电锁器联锁和色灯电锁器联锁）。

二、非集中联锁

电锁器联锁是一种非集中联锁设备，它用电锁器来实现主要联锁关系。信号机由车站值班员控制，道岔和信号由扳道员在现场操纵。色灯电锁器联锁的信号机则由车站值班员通过控制台操纵。

三、集中联锁

用电气的方法集中控制和监督全站的道岔、进路和信号机，并实现它们之间联锁的关系称为集中联锁。电气集中联锁包括继电式电气集中联锁（简称继电联锁）和计算机电气集中联锁（简称计算机联锁）。

（一）继电联锁

继电联锁是集中联锁中最常用的一种，它是用继电器组成的电路来进行控制并实现联锁的。继电联锁采用色灯信号机，道岔由转辙机转换，进路上所有区段均设有轨道电路，在信号楼或车站值班员室集中控制和监督信号机和道岔。能准确及时地反映现场行车情况，不再需要分散控制时所需要的联系时间，操作人员只需在控制台上按压按钮就能办理或解锁进路，从而缩短了进路建立和解锁时间，提高了车站通过能力。

1. 继电联锁的主要设备

继电联锁设备由室内设备和室外设备两部分组成。室内设备主要有控制台、继电器组合及组合架、分线盘和电源屏等；室外设备主要有色灯信号机、电动转撤机、轨道电路及电缆线等。

(1)继电器

继电器是一种电磁开关，可以接通和断开电路。是电气集中联锁设备中的主要元件。通过继电器可以控制道岔的转换、信号机的开放和关闭以及进路的锁闭与解锁等。

最简单的一种继电器叫直流无极继电器，如图 2-7-24 所示。

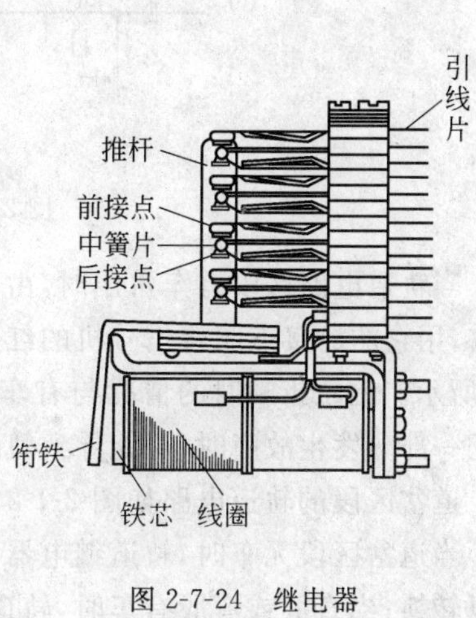

图 2-7-24 继电器

图中，当电流通过线圈时，铁芯吸动衔铁，带动中簧片断开后接点而与前接点闭合；当电源切断后，铁芯失磁，衔铁因此自行释放，使中簧片断开前接点并和后接点闭合。

继电器的前、后接点及中簧片都接有引线片。当引线片用导线连在一个外部电路时，由于继电器的衔铁被吸动或复原，就可以达到控制这个外部电路的目的。这就是直流无极继电器工作的基本原理。

在采用继电集中联锁的车站上，一般都将继电器组合起来，集中地安装在专门的继电器室中。继电集中联锁需要的电源设备，在中小车站上，可附设在继电器室中，在大编组站上，则可另设专门的电源室。

(2)电动转辙机

道岔尖轨转换位置是由转辙装置带动的。电动转辙机是以电动机带动的转辙装置，它可以实现正转或反转，从而使道岔具有两种不同的开通位置(开通直股或侧股)。

电动转辙机由转换、锁闭和表示三部分组成。当需要转换道岔时，给电动转辙机的电动机接通电源，通过转换部分改变尖轨的位置；当转换到尖轨与基本轨密贴时，锁闭部分则将尖轨牢固地锁在与基本轨密贴的位置上，在道岔转换完了以后，表示部分则将表示接点接通，在控制台上反映道岔所处的状态，以便与进路信号机进行联锁。

采用电动转辙机可以准确地的转换道岔位置，改变道岔开通方向，并可以锁闭道岔尖轨，反映道岔位置。优点是道岔转换时间短、安全程度高，并且便于实现自动控制和远程控制。

(3)轨道电路

将一段轨道的钢轨作为导线，两端用绝缘节隔开，中间的轨缝用接续线连接起来，一端送电，另一端受电，这样构成的电气回路叫做轨道电路。

采用直流电源的轨道电路叫做直流轨道电路，如图 2-7-25 所示。在直线段上，直流轨道电路主要由分界绝缘节、轨道电源、限流电阻、轨道继电器等组成。

①轨道电路的基本原理

当轨道电路区段空闭时，电流从轨道电路电源正极经过钢轨进入轨道继电器，再经另一股钢轨回到电源负极。这时因轨道继电器衔铁吸起，使其后接点断开前接点闭合。信号机的电路就通过前接点闭合绿灯电路，使信号机着绿灯，如图 2-7-25(a)所示。

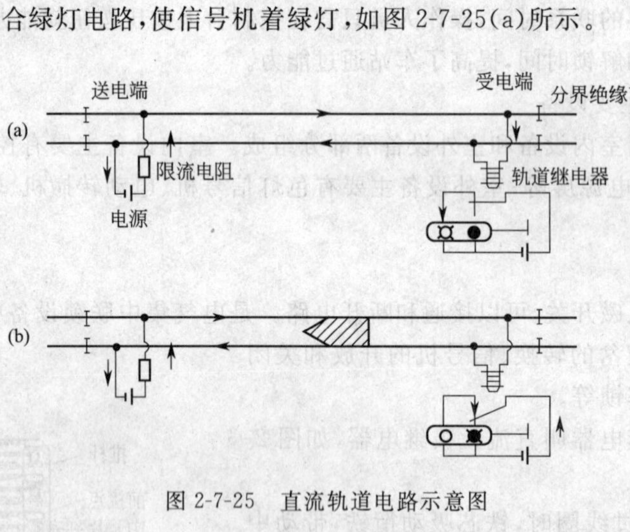

图 2-7-25　直流轨道电路示意图

当轨道电路区段有车占用时，由于轮对的电阻很低，轨道电路被短路，轨道继电器衔铁被释放，用它的后接点闭合信号机的红灯电路，信号机点亮红灯，表示轨道有车占用，如图 2-7-25(b)所示。钢轨折断时的情况与有车占用时相同。可以看出采用这种轨道电路，当轨道电路的任一部分发生故障时，均能导致轨道继电器失磁落下，使信号机点亮红灯，从而保证了安全。

道岔区段的轨道电路如图 2-7-26 所示。

当道岔区段无车时，轨道继电器(GJ)有电励磁，以其前接点闭合道岔操纵机构电路，道岔可以转换；当直股或弯股有车时，轨道电路被短路，轨道继电器失磁，衔铁释放，切断了道岔操纵机构的电路，道岔也就不能转换位置了。

目前铁路现场普遍采用的是交流轨道电路，其工作原理和直流轨道电路相同，只是送电端的轨道继电器可采用交流继电器或带整流器的直流无极继电器。

②轨道电路的作用

首先，可以检查和监督股道是否有车占用，防止错误地办理进路，开放信号，即防止向已被机车车辆占用的线路上接车；可以检查和监督道岔区段有无机车车辆通过，防止在机车车辆经过道岔时扳动道岔；可以检查和监督轨道上的钢轨是否完整，当某一轨道电路区段的钢轨折断时，轨道继电器也将因无电而释放衔铁，防护这一段股道的信号机也就不能开放等。

其次是传递行车信息。例如移频自动闭塞利用轨道电路中传递不同的频率来反映前行列车的位置，决定各信号机的显示，为列车运行提供行车命令。轨道电路中传送的行车信息，还为列车运行自动控制系统直接提供控制列车运行所需要的前行列车位置、运行前方信号机状态和线路条件等有关信息，以决定列车运行的目标速度，控制列车在当前运行速度下是否停车或减速等。

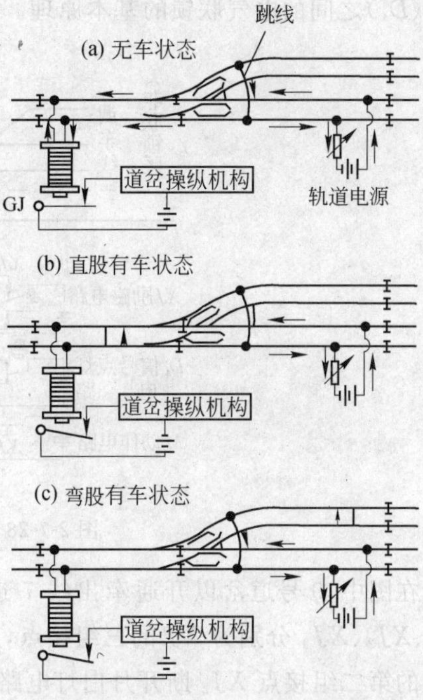

图 2-7-26　道岔区段轨道电路

(4)控制台

控制台(图 2-7-27)设于信号楼控制台室或车站值班员室内，是车站值班员指挥列车运行和调车作业的控制中心，用来控制道岔的转换和信号的开放，并对进路、信号、道岔进行监督。控制台的正面装有照明盘，盘面上有全站股道平面图及各种进路按钮、道岔按钮和其他按钮等；需要办理进路时，按压控制台的模拟站场图上进路的始端按钮和终端按钮，就能将进路中有关道岔转换到规定位置，且防护该进路的信号机也自动开放。

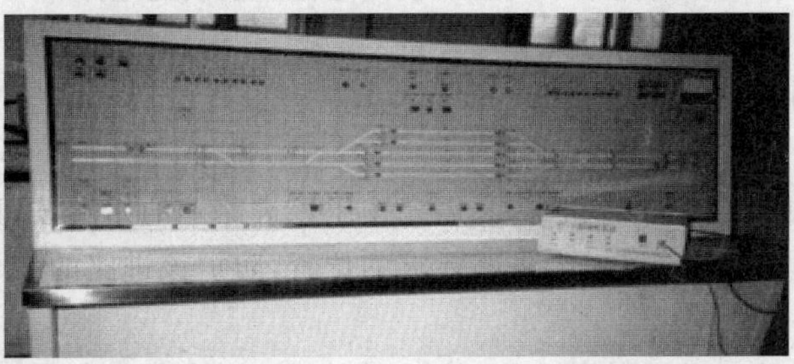

图 2-7-27　控制台

控制台上的主要表示器是光带和表示灯。它们的用途是正确反映室外监控对象的状态及线路运用情况；表示操作手续是否完成；并反映继电器电路的工作状态，若发生故障可及时发现故障发生地点。

2. 继电联锁的基本原理

图 2-7-28 说明了利用继电器、轨道电路、电动转辙机(M)，实现道岔(9 号)、进路和调车信

号机(D_4)之间的电气联锁的基本原理。

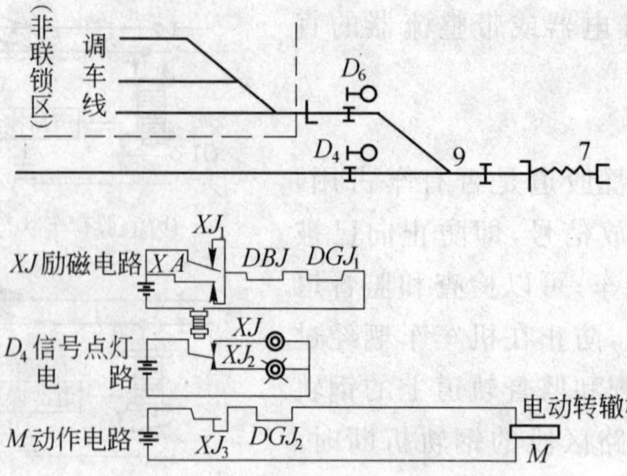

图 2-7-28　电气集中联锁基本原理

在图中，9 号道岔以开通牵出线 7 道为定位，调车信号机 D_4 由信号继电器(XJ)控制，XJ_1、XJ_2、XJ_3 分别为 XJ 的三组接点，连接在三个不同的电路中。平时，XJ 中无电流通过，以它的第二组接点 XJ_2 断开月白灯电路，闭合蓝灯电路，D_4 在关闭状态。车站值班员按压信号按钮(XA)时能否使 D_4 开放，取决于 9 号道岔的定位表示继电器(DBJ)和道岔区段轨道表示继电器(DGJ)的前接点是否闭合。当道岔在定位而且尖轨密贴时 DBJ 吸起，在道岔区段无车占用时 DGJ 亦为吸起状态，即只有当道岔的位置正确，道岔区段上无车这两个条件同时具备．按压信号按钮时信号继电器 XJ 才能吸起，调车信号机 D_4 可以开放。

信号机 D_4 开放后，9 号道岔的动作电路则因 XJ 励磁吸起而被切断(通过 XJ_3)，于是 9 号道岔被锁闭在定位，不能转动。这样做是符合"信号机开放后，该进路上的有关道岔不能扳动"的联锁要求的。当调车车列进入这一道岔区段时 DGJ 失磁落下，切断了 XJ 的电路，因而调车信号机 D_4 便自动关闭(注：一般情况下，是在调车车列全部进入调车信号机内方后，才自动关闭信号)。但是还应注意，这时 9 号道岔仍处于锁闭状态(因这时电动转辙机 M 的动作电路仍被 DGJ 所切断)。只有当调车车列全部驶离道岔区段轨道电路，DGJ 恢复吸起状态后，9 号道岔才能解除锁闭状态。

3．继电联锁办理手续

(1)办理进路

当办理接、发车进路或调车进路时，只需先按压该进路上的始端按钮然后再按压终端钮，就能将与进路有关的道岔转换到符合进路要求的位置，防护该进路的信号机也根据这种操作而自动开放。

当办理通过进路时，先办理正线发车进路，再办理正线接车进路。为了简化办理通过进路的操作手续，凡有通过进路的车站应增设通过按钮。办理通过时只要按下通过按钮和该方向的终端按钮就可以了。

(2)解锁进路

当列车或调车车列驶过进路中的道岔区段后，进路中的道岔和经由该道岔的敌对进路就应自动解锁，称正常解锁，正常解锁就是随着列车或调车车列在该进路上的运行自动地逐段解锁，无需任何操作。

4. 继电联锁的主要优缺点

继电联锁的主要优点如下：

(1)由于采用了轨道电路，严格实现进路控制过程的要求，具有较完善的安全功能，基本上能防止因违章或操作失误而造成危及行车安全的后果。

(2)采用色灯信号机和电动转辙机，操作人员仅需在控制台上按压按钮就能办理或取消进路，而且采用了逐段解锁方式时，还可大大缩短进路的建立和解锁时间，提高了车站咽喉的通过能力。

(3)进路的排列和解锁都是自动进行的，从而改善了和行车有关人员的劳动条件。

继电联锁的主要缺点如下：

(1)功能不够完善，特别是人机对话功能贫乏，也比较难于增加或扩展其他功能。

(2)不便于和现代化的信息处理系统相连接。

(3)经济方面，大规模集成电路价格日趋下降而专用继电器价格相对稳定，使得大站的计算机联锁系统的价格低于电气集中联锁；与计算机联锁系统相比，电气集中联锁系统要使用更多的电缆；电气集中联锁占地面积大，标准化程度比计算机联锁系统低，维修量大。

(二)计算机联锁

随着铁路运输发展的需要和科学技术的进步，特别是电子计算机在各个领域的应用，使更为先进的联锁设备——微机联锁应运而生。实现了从有接点到无接点的变革，使联锁设备更加小巧而可靠。计算机联锁是一种运用微型计算机对车站值班员的操作命令及现场表示信息进行逻辑运算，从而实现对信号机及道岔等进行集中控制的车站联锁设备。

1. 计算机联锁的主要设备

(1)硬件设备

硬件设备包括控制盘、智能显示器、打印机、主机、现场信号设备、传输通道及电源等。

硬件组成框图如图 2-7-29 所示。

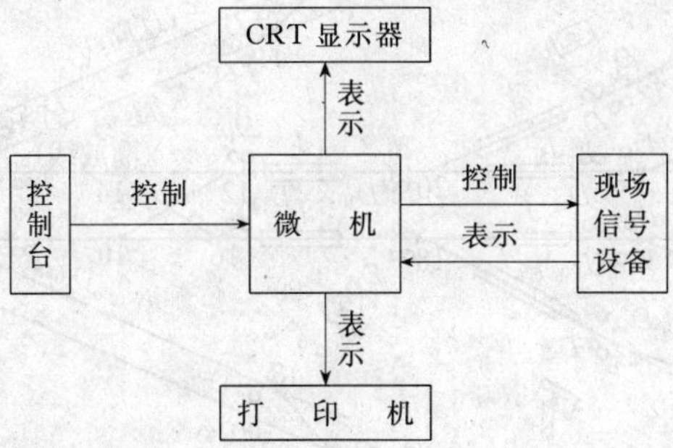

图 2-7-29　微机联锁硬件系统框图

(2)软件设备

软件设备一般应包括操作输入、状态输入、联锁处理、控制(命令)输出、表示输出、诊断、与其他系统联系等模块。

2. 计算机联锁的特点

(1)由于用计算机软硬件实现联锁逻辑关系，所以联锁设备动作速度快，信息量大，容易实现信号系统的自动控制和远程控制；可以扩大控制范围和增强控制功能。

(2)设备体积小，机件重量轻，可节省信号楼的建筑面积，降低材料消耗和工程造价，同时也便于安装调试和维修。

(3)采用了积木式的软件和硬件,通用性强,能适应站场的改建与扩建,在站场改扩建后无需变动联锁设备,必要时只需修改软件。

(4)操作简便,提高了办理进路自动化程度。减少有关行车人员之间的联络,防止误操作,提高了作业的效率和安全性。

(5)容易实现车站管理和联锁系统的自动化。微机可以向旅客服务系统和列车运行监护系统等提供信息,并对设备工作情况及时作出记录显示并打印。

(6)由于采用了软件和硬件的冗余技术,便于实现故障导向安全的要求。

计算机联锁是车站信号设备的发展方向.今后还有待于使执行器件电子化,使系统各组成部分标准化,并最大限度地发挥所用资源的潜力,使行车和调车,操作和维修进一步自动化,使系统的可靠性和安全性进一步提高。

四、驼峰调车进路控制系统

在技术站,特别是大型编组站,调车驼峰是它们的主要设备。为了加速车列的解体和编组作业,提高作业的安全和效率,驼峰采用了必要的信号设备。包括驼峰信号机、调车信号机、驼峰道岔自动集中、车组溜放加速度的调节与控制设备(各种缓行器、测速、测阻、测重、测长等设备)、各种操纵系统和通信联络设备等。

在大型编组站上为了加速驼峰对车列的解体作业,提高驼峰作业的安全程度和工作效率,都设有驼峰调车进路控制系统。通常设有专门的驼峰信号楼,用以设置控制台、继电器室和电源室、车辆减速器的动力室等。驼峰值班长就在楼内通过操纵系统指挥全场的调车作业。

驼峰信号及其设置如图 2-7-30 所示。

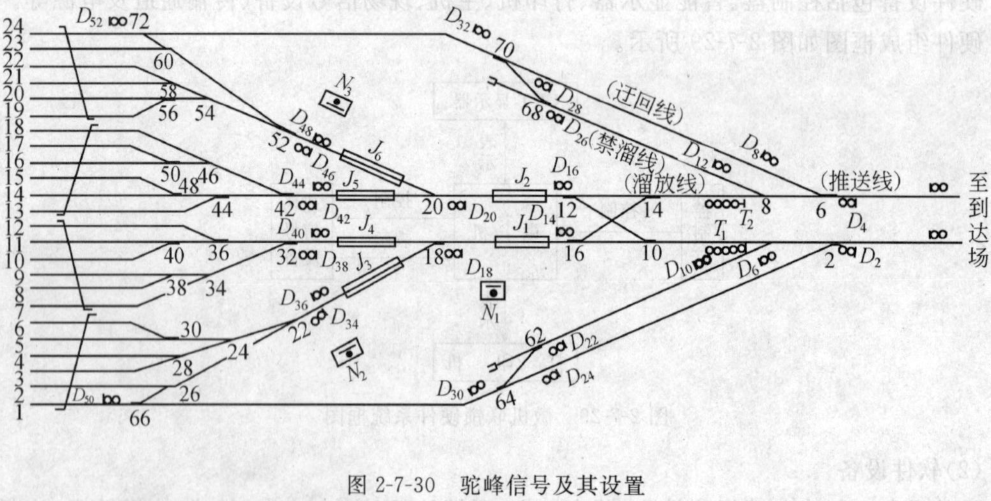

图 2-7-30 驼峰信号及其设置

调车作业控制过程主要有推送进路控制和溜放进路控制。

(一)推送进路控制

驼峰调车场中的推送进路,是机车将车列推向峰顶摘钩解体的进路。驼峰机车在推送进路上,是按驼峰信号机的显示进行作业,进路采用一次解锁制。

1. 驼峰信号机及驼峰复示信号机

驼峰主体信号机(T_1、T_2)应是 4 个灯位的高柱色灯信号机(黄、绿、红、月白),一般设在峰顶每一推送线运行方向的左侧，用以向调车作业人员发出有关指示。它的显示见表 2-7-1。在到达场的每一股道上，靠近驼峰的一端，都应设置驼峰复示信号机，用以复示驼峰主体信号机的显示。

2. 调车信号机

为了指示调车机车在推送线、迂回线以及峰下线路之间进行作业，还要设置峰上调车信号机（如图 2-7-30 中的 D_2、D_4、D_6、D_8 等）；为了指示机车在峰下各股道间及指示机车上峰进行调车作业，在峰下各个线束的分路道岔之前都设有峰下调车信号机（如图 2-7-30 中的 D_{18}、D_{20}、D_{34}、D_{38} 等）。

（二）溜放进路控制

溜放进路指的是车组从峰顶摘钩以后，溜入调车线的进路，其控制方式为：

1. 驼峰道岔自动集中控制系统

驼峰道岔自动集中控制包括转换道岔、反映道岔状态的相应设备和储存进路、传递进路的设备。它比继电集中控制多了一套进路储存和命令和传递设备。驼峰道岔自动集中预先储存各车组的溜放进路命令，车列进行溜放时再依次输出和传递进路命令，自动控制分路道岔的转换，为各溜放车组逐段排列溜放进路。

2. 微机溜放进路控制系统

驼峰溜放进路控制是以微型计算机为核心，通过输入输出接口及数据通信接口连接控制台、CRT 显示终端、调车作业单打印机、道岔转辙机等外部设备的自动控制系统。它能实现调车作业通知单的自动传递、进路命令的自动储存，溜放进路命令传递与跟踪，自动检查溜放异常情况并及时记录、处理和报警等。

第四节　区间闭塞设备

一、闭塞的基本概念

闭塞设备是用来保证列车在区间内运行安全，并提高区间通过能力的区间信号设备。

在单线铁路上，为防止一个区间内同时进入两列对向运行的列车而发生正面冲突，以及避免两列同向运行的列车（包括复线区间）发生追尾事故，铁路上规定区间两端车站值班员在向区间发车前必须办理的行车联络手续，叫做行车闭塞（简称闭塞）手续。用于办理行车闭塞的设备叫闭塞设备。闭塞设备必须保证在一个区间内，在同一时间里只能允许一个列车占用这一基本原则的实现。

二、闭塞设备的分类

在我国铁路上闭塞设备分为自动闭塞、自动站间闭塞和半自动闭塞。具体设置条件如下：

1. 在单线区段，应采用半自动闭塞或自动站间闭塞，繁忙区段可根据情况采用自动闭塞；
2. 在双线区段，应采用自动闭塞。

在一个区段内，原则上应采用同一类型的闭塞方式。

三、半自动闭塞

（一）半自动闭塞的基本概念

半自动闭塞是在运量还未达到采用自动闭塞所要求的运量时，采用的一种闭塞方式。半自动闭塞以出站信号机的允许信号显示作为发车凭证，发车站的出站信号机必须经两站同意，办理闭塞手续后才能开放，列车进入区间出站信号机自动关闭；而且在列车未到达接车站之前，向该区间发车用的所有信号机都不得开放，这就保证了两站间的区间内同时只有一列车运行。

出站信号机不能任意开放，它受区间半自动闭塞机的控制，又要受到车站联锁设备的控制，即受到双重设备控制。

1. 半自动闭塞定义

半自动闭塞需人工办理闭塞手续，列车凭出站信号机的进行显示发车，但列车出发后，出站信号机能自动关闭，所以叫半自动闭塞。

2. 半自动闭塞技术要求

为了保证行车安全，提高运输效率，对继电半自动闭塞提出以下技术要求：

(1)单线继电半自动闭塞，只有在区间空闲时，由发车站发出请求发车信号，并收到接车站的同意接车信号之后，发车站的闭塞机才能开通，出站信号机才能开放。接车站发出同意接车信号后，闭塞机应处于闭塞状态。

(2)当列车出发进入发车轨道电路区段时，双方站的闭塞机均应处于闭塞状态。

(3)列车到达接车站，进入并出清轨道电路区段，接车进路解锁并办理到达复原后，才能使双方站的闭塞机复原。

(4)发车站闭塞机开通并开放出站信号机后，如果轨道电路发生故障，应使双方站闭塞机处于闭塞状态；列车到达接车站，如果轨道电路发生故障，允许办理事故复原。

(5)闭塞电源停电恢复后，闭塞机应处于闭塞状态。只有两站值班员确认区间空闲后，才能办理事故复原。

(6)闭塞机开通后和列车未出发之前，允许发车站在出站信号机关闭状态下取消已办好的闭塞或变更发车进路。

(7)闭塞机开通后，在发车站未开放出站信号机或接车站未开放进站信号机之前，允许进行站内调车作业。

(二)半自动闭塞主要设备

在我国铁路上，普遍采用的是继电半自动闭塞，主要有 64D 和 64F 两种型号。64D 型单线半自动闭塞，其设备主要有：闭塞机、操纵箱、轨道电路和表示设备等。

1. 闭塞机

采用半自动闭塞的区间两端车站上各设一台闭塞机，一段轨道电路和出站信号机，它们之间用通信线路相连接，用来控制出站信号机并实现相邻车站之间办理闭塞。半自动闭塞设备的组成框图，如图 2-7-31 所示。

2. 操纵箱

半自动闭塞的操纵元件（包括按钮、电铃和表示灯等），可以和联锁设备的操纵元件组装在同一个操纵台上，也可以单独设一个闭塞设备的小型操纵箱。

在小型操纵箱的面板上，有闭塞按钮（BSA）、接车表示灯（JBD）、事故按钮（SGA）和计数器（JSQ），为车站值班员随时了解区间的占用情况和办理闭塞、复原等手续之用。

3. 继电器箱

两个相邻的车站各有一个继电器箱，并用外部电线互相连接。闭塞设备的继电器都集中地设在箱内。

两个车站的出站信号机都受两站闭塞设备的继电器控制，只有当两站办理了必要的闭塞

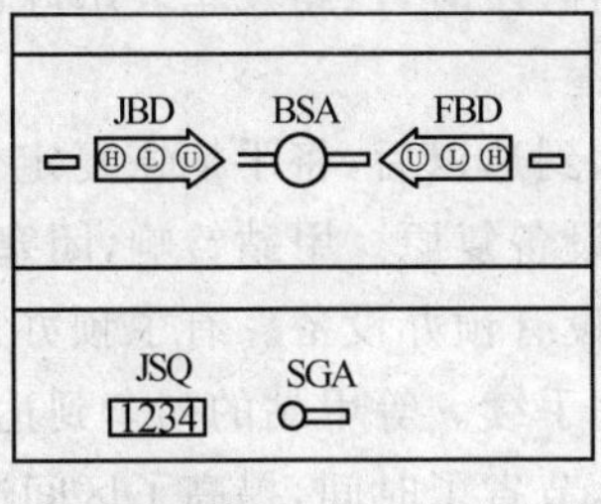

(a) 操纵箱面板示意图

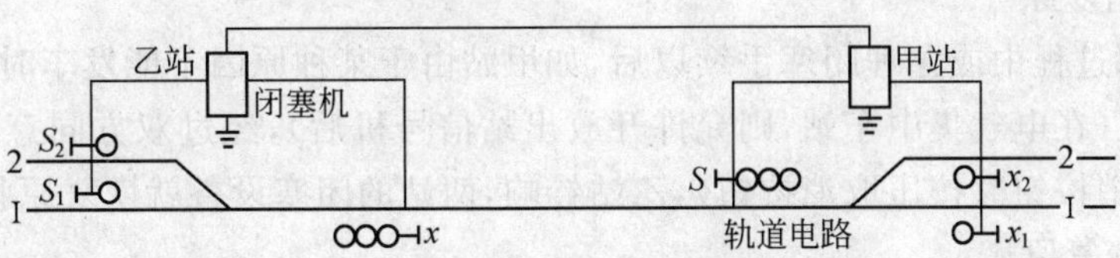

(b) 半自动闭塞设备的锁闭关系示意图

图 2-7-31　半自动闭塞设备

手续，使发车站继电器箱内的开通继电器（KTJ）吸起，才能在发车进路准备妥当的情况下，开放发车站的出站信号机。

4. 轨道电路

为了检查列车的出发和到达，在车站出站咽喉的外面至进站信号机内方，设有一段轨道电路，并使双方闭塞机的接发车表示灯有相应的表示。专用轨道电路的长度一般不少于25 m。

当出发列车经过出站信号机进入轨道电路区段时，由于轨道继电器的动作，使开通继电器失磁落下，出站信号机就自动关闭。

5. 出站信号机

出站信号机是指示列车能否由车站开往区间的信号机，它受到闭塞机和车站联锁设备的双重控制。

此外，继电半自动闭塞还必须有相应的电源设备。

（三）半自动闭塞的工作过程

现在，以 64D 型单线继电半自动闭塞设备为例，简单加以说明。

1. 正常办理

设甲站为发车站，乙站为接车站，甲站值班员用闭塞电话征得乙站值班员同意后，还要办理如下手续（以图 2-7-31 中Ⅰ道发车为例）：

(1)甲站值班员按压闭塞按钮（BSA），乙站铃响，接车表示灯（JBD）亮黄灯；甲站铃响，发车表示灯（FBD）也亮黄灯。

(2)乙站值班员按压闭塞按钮，甲站铃响，甲站发车表示灯和乙站接车表示灯都由黄灯改亮绿灯。

(3)甲站值班员准备发车进路，出站信号机 x_1 开放。

(4)列车出站，进入轨道电路区段后，出站信号机 x_1 自动关闭，乙站铃响。这时，甲站发车表示灯和乙站接车表示灯都由绿变红，表示区间已有列车占用。甲站值班员将手柄恢复定位，并用电话通知乙站列车出发。

(5)乙站值班员排列接车进路，进站信号机 x 开放。

(6)当列车进入乙站轨道电路区段时,乙站发车表示灯也亮红灯,表示列车到达(进站信号机自动恢复定位)。

(7)乙站值班员确认列车全部到达以后,将手柄恢复定位(进站信号机恢复定位),拔出闭塞按钮,表示灯即熄灭,乙站闭塞设备复原。甲站铃响,闭塞设备复原。

在有的半自动闭塞设备上还设有预办设备。有了预办设备,乙站就可以在甲站办理闭塞以后,预先为乙站发车同甲站办理手续。等甲站的列车到达乙站并办完复原手续后,就会自动完成乙站向甲站开车的闭塞手续,节省了时间,提高了区间通过能力。

2. 正常取消复原

在办理闭塞过程中或办理闭塞手续以后,如甲站由于某种原因不能发车时,只要甲站尚未开放出站信号机(在电气集中车站,则允许开放出站信号机后),经过双方同意,甲站拉出闭塞按钮(当设有取消按钮时按压取消按钮),乙站铃响,两站的闭塞设备就恢复原状。

3. 事故取消复原

当闭塞设备断电后恢复供电时,或由于轨道电路发生故障和其他原因使闭塞设备不能正常复原时,经两站值班员一致同意,并共同确认区间内没有列车时,由发生故障的车站值班员办理事故取消复原:启开事故按钮(SGA)的铅封,然后按下这一按钮,两站的闭塞设备就可以复原。

(四)半自动闭塞的主要优缺点

采用半自动闭塞时,由于出站信号机受到对方站闭塞机的控制,因而在保证行车安全方面有一定的优越性。但是,当铁路的运量不断增大.要求进一步提高区间通过能力时,半自动闭塞也有它自己的局限性;而且,当区间线路发生故障,钢轨折断时,半自动闭塞设备也不能作出反映并由故障导向安全。因此,在一定条件下,又必须采用自动闭塞来代替半自动闭塞。

四、自动站间闭塞

采用半自动闭塞,由于区间没有列车占用检查设备,不能检查区间是否空闲,到达复原需人为确认并操作,当运量不断增大,要求进一步提高通过能力时,其影响运输效率的局限性便暴露出来。在区间有车占用的情况下,特别是列车在区间丢车或车辆溜逸进入区间时,设备都不能发现并导向安全;当区间线路故障或有车占用的情况下还能用事故复原解除闭塞,严重影响行车安全。为此,必须增加区间空闲检查设备,和继电半自动闭塞设备配套,自动检查区间占用或空闲,实现列车到达后的自动复原,这就发展成为自动站间闭塞。

(一)自动站间闭塞的基本概念

自动站间闭塞是在有区间占用检查设备的条件下,其区间不划分闭塞分区,不设通过信号机。不必人工办理闭塞手续,列车凭信号显示发车后,出站信号机自动关闭的闭塞方法。

其特征是:有区间占用检查设备;站间或所间区间只准开行一列列车;办理发车进路时自动办理闭塞手续;自动确认列车到达和自动恢复闭塞。

(二)区间空闲检查设备

区间检查设备有两类:计轴器和长轨道电路。

长轨道电路是将区间分为 3 个轨道电路区段,只有这 3 段轨道电路都空闲,才能办理闭塞。列车到达后,只有其全部出清区间,并完成列车进路的 3 点检查后,半自动才能复原。出站信号机开放后,若区间轨道电路故障,便自动关闭。

采用计轴技术的优越性在于:能对长区间进行检查;具有较高的可靠性、安全性及适用性;

在国外铁路应用较为普遍,并产生了很好的运用经验和经济、社会效益。因此,在目前多采用计轴技术。

计轴自动站间闭塞系统是在现有 64D 型继电半自动闭塞设备的基础上增加计轴设备、计轴专用电源、计轴检测盒、滤波器、计轴综合电缆、计轴与原 64D 型继电半自动闭塞结合电路以及防雷设备等构成的。

计轴专用电源用于提供计轴器工作电源和动作区间轨道继电器的电源,及点亮控制台表示灯的电源。

计轴检测盒用于检测计轴设备工作状态,并提供计轴设备工作状态指示。

计轴设备与原 64D 型继电半自动闭塞的结合电路每个区间的两端站各设一套。在计轴设备发生故障时,仍可使用半自动闭塞。

五、自动闭塞

自动闭塞是由运行中的列车自动完成闭塞任务的一种设备。将两个相邻车站之间的区间正线划分成若干个小段——闭塞分区,每个分区的起点设置一架通过色灯信号机进行防护。由于闭塞分区内钢轨上装设轨道电路,因而能够正确反映列车的运行情况和钢轨是否完整,并及时传给通过信号机显示出来,向接近它的列车指示运行条件,行车安全有了进一步的保证。因为通过色灯信号机的显示是随着列车的运行自动控制的,不需要人工操纵,所以叫自动闭塞。

采用自动闭塞时,列车占用区间的依据是出站信号机或通过色灯信号机的进行显示(绿灯或黄灯)。通过色灯信号机完全由列车自动控制;而出站、进站信号机一般由车站人工控制,只有在中间站上当有连续的通过列车时,可以由车站值班员按压“自动通过”按钮,改由列车自动控制。目前,我国铁路上采用的自动闭塞主要有单线双向自动闭塞(在线路两侧均设有通过色灯信号机)和复线单向自动闭塞(每条线仅一侧设信号机)两种。

双线单向自动闭塞,如图 2-7-32 所示。

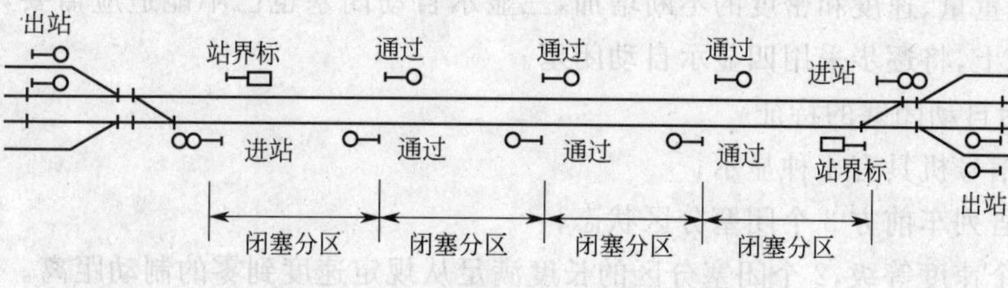

图 2-7-32 双线单向自动闭塞示意图

(一)自动闭塞基本原理

目前,我国铁路上广泛采用的是三显示自动闭塞,它用红、黄、绿三种颜色的灯光来指示列车运行的不同条件。自动闭塞示意图,如图 2-7-33 所示。

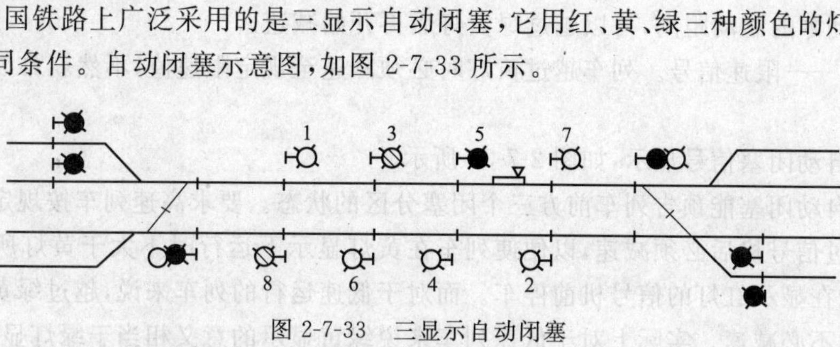

图 2-7-33 三显示自动闭塞

—绿灯着灯;—黄灯着灯;—红灯着灯

复线三显示自动闭塞的基本原理，如图 2-7-34 所示。

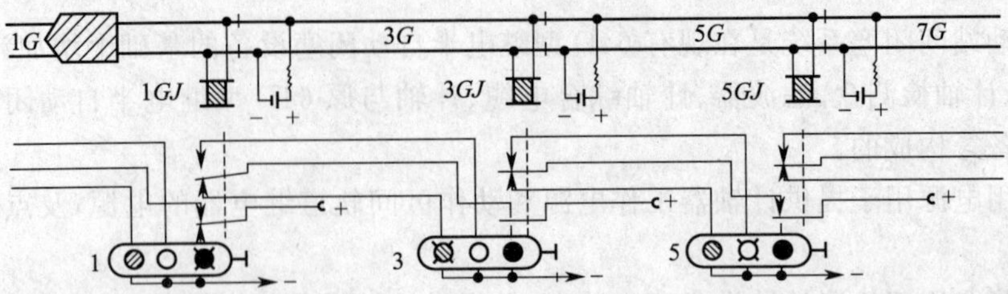

图 2-7-34 三显示自动闭塞原理

由图可见，每一闭塞分区构成一个独立的轨道电路。当分区内无列车占用时，轨道继电器有电吸起。

1. 当列车在闭塞分区 1G 内运行时．由于轨道继电器 1GJ 被列车的轮对分路，它的前接点断开，继电器接通后接点，使 1 号信号机显示红灯。表示该闭塞分区有车占用，后行列车应在该信号机前停车。

2. 闭塞分区 3G 内无车占用，使轨道继电器 3GJ 有电吸起，又因 1GJ 接点落下，使 3GJ 前接点闭合而接通 3 号信号机的黄灯电路，使 3 号信号机亮黄灯，表示它所防护的闭塞分区空闲，要求后行列车注意运行，前方只有一个闭塞分区空闲。

3. 此时，5 号通过信号机由于轨道继电器 5GJ、3GJ 都在吸起状态，通过 5GJ 和 3GJ 的前接点闭合绿灯电路而亮绿灯，准许后行列车按规定速度运行，前方至少有两个闭塞分区空闲。其余的依次类推。

当线路上的钢轨折断时，由于轨道电路断电，继电器失磁释放衔铁，使信号机显示红灯所以能更好地保证行车安全。

（二）四显示自动闭塞

随着列车重量、速度和密度的不断增加，三显示自动闭塞也已不能适应需要，在我国运输繁忙的铁路线上，将逐步采用四显示自动闭塞。

1. 四显示自动闭塞的特征

(1)通过信号机具有 4 种显示；

(2)能预告列车前方 3 个闭塞分区状态；

(3)分 3 个速度等级，2 个闭塞分区的长度满足从规定速度到零的制动距离。

2. 四显示自动闭塞信号灯的显示要求

(1)绿黄灯——警惕信号。表示运行前方有 2 个闭塞分区空闲，2 个闭塞分区的长度满足从规定速度到零的制动距离，可以越过绿黄灯后再开始减速。

(2)黄灯——限速信号。列车越过黄灯时必须减速至规定限速值，不然就难以保证在红灯前可靠停车。

四显示自动闭塞信号显示，如图 2-7-35 所示。

四显示自动闭塞能预告列车前方三个闭塞分区的状态。要求高速列车按规定速度越过绿黄显示的通过信号机后必须减速，以便使列车在黄灯显示下运行时不大于黄灯所要求的允许速度，保证能在显示红灯的信号机前停车。而对于低速运行的列车来说，越过绿黄显示的通过信号机时，则不必减速。实际上对于低速列车来说绿黄显示的意义相当于绿灯显示，而对于高速列车来说是将两个闭塞分区作为一个制动距离来对待，将绿黄显示视为注意信号，在越过绿

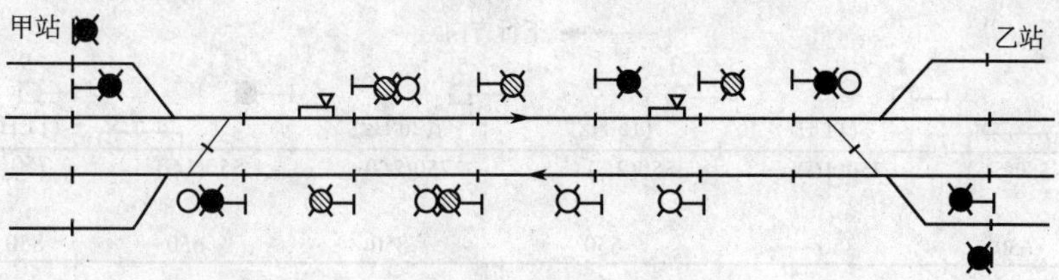

图 2-7-35　四显示自动闭塞

黄灯后准备在红灯前停车。这样可以解决线路上以不同速度运行的列车的行车要求。

(三)移频自动闭塞

自动闭塞按传递信息的特征分,有交流计数电码和移频两种自动闭塞。使用最广泛的是移频自动闭塞。

1. 移频自动闭塞概念

(1)移频信号和移频自动闭塞

移频自动闭塞以一钢轨作为通道,采用移频信号的形式传输低频控制信号,自动控制区间通过信号机的显示,以指示列车运行。它以移频轨道电路为基础,选用频率参数作为控制信息,采用频率调制的办法,把低频信号搬移到较高频率的载频上去,形成振幅不变、频率随低频信号作周期性变化的移频信号。

移频是一种调频方法。移频信号的变化规律,是以载频信号 f_0 为中心,作上、下频率偏移。当低频调制信号输出低电位时,载频信号 f_0 向下偏移 Δf(称为频偏),为 $f_0-\Delta f$,称为低端载频;当低频调制信号输出高电位时,载频信号 f_0 向上偏移 Δf,为 $f_0+\Delta f$,称为高端载频。即移频信号受低频调制信号的调制,作 $f_0-\Delta f$ 和 $f_0+\Delta f$ 的交替变化,好像频率的移动,故称为移频信号。应用移频信息的自动闭塞称为移频自动闭塞。

在移频自动闭塞的条件下,流经轨道电路的是一种移频波。这种移频波,是由控制信号机显示的低频信号对载频调制而成的。我国有不同的信息移频自动闭塞。如我国采用的载频中心频率 f_0 选为在单线区段和复线上行方向是 650 Hz 和 850 Hz,在复线下行方向是 550 Hz 和 750 Hz。频谱的排列是交替进行的。频偏(Δf)是 55 Hz,以 650 Hz 为例,高边频是 705 Hz,低边频是 595 Hz。这个 705 Hz 和 595 Hz 交替地流经钢轨,而它们交替变换的速度(次/秒)则受低频信号的控制。低频信号的频率是 11、15、20 及 26 Hz 四种频率。如果低频信号是 11 Hz,载频频率就交替变换 11 Hz。在这里,载频频率只起运载的作用,实际控制信号机显示的是低频信号频率。

(2)移频自动闭塞主要设备有:发送设备、接收设备、轨道电路、电源设备和相应的信号机等。

现在,用一个简单的示意图(图 2-7-36)来说明以下各闭塞分区接收设备、发送设备所接发的低频信号和信号机的显示情况。

2. 移频自动闭塞的工作原理

在移频自动闭塞区段,移频信息的传输,是按照运行列车占用闭塞分区的状态,迎着列车的运行方向,自动地向前方闭塞分区传递信息的。移频自动闭塞的工作原理,如图 2-7-36 所示。

图中为三显示自动闭塞区段,若下行线有两列列车 A、B 运行,A 列车运行在 1G 分区,B 列车运行在 5G 分区。由于 1G 有列车占用,防护该闭塞分区的通过信号机 7 显示红灯,这时 7 信号点的发送设备自动向前方闭塞分区 2G 发送以 26 Hz 调制的、中心载频为 705 Hz 的移频信号。当 5 信号点的接收设备接收到该移频信号后,使通过信号机 5 显示黄灯。此时,5 信号

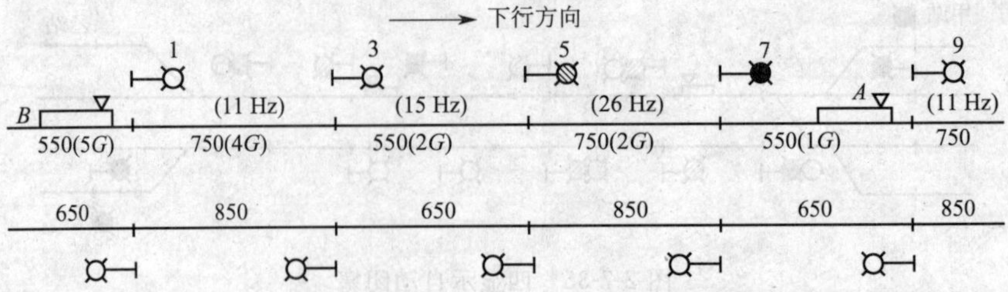

图 2-7-36 移频自动闭塞的工作原理

点的发送设备自动向前方闭塞分区 3G 发送以 15 Hz 调制的、中心载频为 550 Hz 的移频信号。当 3 信号点的接收设备接收到该移频信号后，使通过信号机 3 显示绿灯。同样，3 信号点的发送设备又自动向前方闭塞分区 4G 发送以 11 Hz 调制的、中心载频为 750 Hz 的移频信号。当 1 信号点的接收设备接收到该移频信号后，使通过信号机 1 显示绿灯。由于续行列车 B 已进入 5G 分区，可按规定速度继续运行。如果列车 A 由于某种原因停在 1G 分区，则当续行列车 B 进行 3G 分区，司机见到通过信号机 5 显示黄灯，则应注意减速运行。当续行列车 B 进行 2G 分区时，由于通过信号机 7 显示红灯，司机必须采取制动措施，使列车 B 能停在显示红灯的通过信号机 7 的前方。这样，就可根据列车占用闭塞分区的状态，自动改变地面信号机的显示，准确地指挥列车的运行，实现自动闭塞。

3. 移频自动闭塞特点

(1)具有较高的抗干扰性能，既适用非电化区段，又能适用于干扰较大的电化区段。

(2)信息量能满足三显示自动闭塞的需要。

(3)设备既可分散安装在铁路沿线，也可集中安装在邻近的车站继电器室内。

(4)设备以采用电子元件为主，耗电省，体积小，重量轻。在电子元件发生故障条件下能满足“故障—安全”的要求。

(5)有较完善的过压防护措施，在雷电冲击下能起到保护作用，保证设备不间断使用。

(四)自动闭塞的优点

在自动闭塞区段中，相邻两个车站之间的正线划分成许多闭塞分区，可以同时有两个以上的同向列车占用，比其他闭塞制度提高了区间通过能力；由于不需要办理闭塞手续，简化了办理接发列车的程序，既提高了通过能力，又大大减轻了车站值班员的劳动强度。同时．由于轨道上全部装设了轨道电路，当区间有列车占用或钢轨折断时，都可以自动地使信号机显示停车信号，能够更好地保证列车在区间内运行的安全。

第五节 列车调度指挥及列车运行控制系统

铁路调度指挥工作是协调铁路运输各部门工作、保证列车行车安全正点、提高列车服务质量的核心。其主要任务是制定和执行运输工作日常计划，进行实时的生产调度指挥工作。

行车调度控制系统是行车调度员(或车站值班员)对其管辖范围内的区段和车站联锁道岔和信号状态进行控制监督，并指挥列车运行的设备。行车调度控制系统有两种设备，调度集中和调度监督。

列车运行控制系统是一种利用地面发送设备向运行中的列车传送各种信息，用以保证行车安全，并可提高行车效率的设备。它主要包括列车自动停车装置、机车报警、机车信号、列车速度自动控制、列车运行监控记录装置等系统。当今由于通信技术和计算机技术的引入,必将促进列车运行控制技术向高度自动化方向发展。

一、调度监督及调度集中系统

(一)调度监督系统

调度监督用来完成由调度区段内各站向调度所发送表示信息的任务。调度员可通过设在调度所内的表示盘及时了解所管辖区段内各站信号机设备的状态和列车运行情况。

调度监督是远动系统中属于分散目标的遥信系统。是铁路行车调度工作中的一种辅助设备。调度监督设备的功能是,列车运行和信号和设备状态信息的采集、处理和显示,监视内容包括:本调度区段内各站进、出站信号机的状态,进路开通情况,正线和到发线的占用情况及列车的运行方向,接近、离去区段的占用情况,双向运行区段列车的运行方向以及本调度区段的邻站表示。

它和调度集中系统的区别在于,这种设备在调度室内只设反映区间和车站线路情况的表示盘,调度员利用它可以及时了解区段内列车运行和车站到发线使用情况,为调度工作提供方便,调度员只能监督管辖范围内所有列车的运行情况,不能直接利用该项设备控制列车运行。

(二)调度集中系统

调度集中除了与上述调度监督相同的遥信功能外,主要完成遥控功能,即由行车调度员在调度所远距离地通过调度集中设备直接控制所管辖区段内的各车站上的道岔和信号,办理列车进路,组织和指挥列车运行;并能在调度所内直接了解现场道岔、信号和列车运行等情况。因此,该系统不仅具有调度监督的功能,而且通过遥控技术对管内各车站的列车进路进行控制,使调度员能机动灵活地调整列车的运行,缩短中间站办理列车到达、出发及通过作业时间,提高了区段的通过能力;可以防止命令传达上的错误,进一步提高行车的安全性;有利于改善劳动条件和提高劳动生产率。调度集中已成为铁路行车指挥自动化的基础设备。

与调度监督相比,除了分机向总机发送表示信息外,还有总机向分机发送的控制命令。它是将调度区段内各中间站(或大站上的部分区域)的电气集中(或微机联锁)及区间的自动闭塞结合起来,建立一个由列车调度员直接操纵的信号遥信与遥控的综合系统。

1. 调度集中的功能

除了信号的显示以及车次追踪、自动报点、运行图管理等功能外,通过以上设备还可以实现以下几项功能。

(1)控制功能

调度人员或计算机预先存储的运行命令,可以控制系统管辖范围内各车站的信号机,道岔以及排列进路．取消进路等。

(2)表示功能

利用发光二极管组成的表示盘或彩色站场显示器,直观地显示出各车站信号机开放、关闭、进路排列,股道、道岔区段、闭塞分区的占用以及列车运行方向的情况等。

(3)车次追踪

通过操纵车次终端键盘输入列车车次,并可以将预排的车次输入系统内存储,列车车次便可以根据列车运行的实际位置,跟踪显示在表示盘和彩色站场显示器屏幕的相应位置上。

调度集中控制的实质,是把车站值班人员办理列车进路的操作交由调度员集中实现,也就是由调度总机输出控制命令,车站分机收到控制命令后再控制车站电气集中联锁或微机联锁系统实现对进路的控制。

调度集中一般设在繁忙而调车作业较少的区段，区间应设自动闭塞，若设在人烟稀少的区段，调度集中可不设自动闭塞，但必须设有可靠的连续自动检查区间空闲的设备。

2. 调度集中的构成

调度集中系统的结构组成框图，如图2-7-37所示。在技术上，它的突出特点是除了由分机向总机传输现场信息外，还需由总机向分机传输电路操作命令，以实现对列车进路的控制。

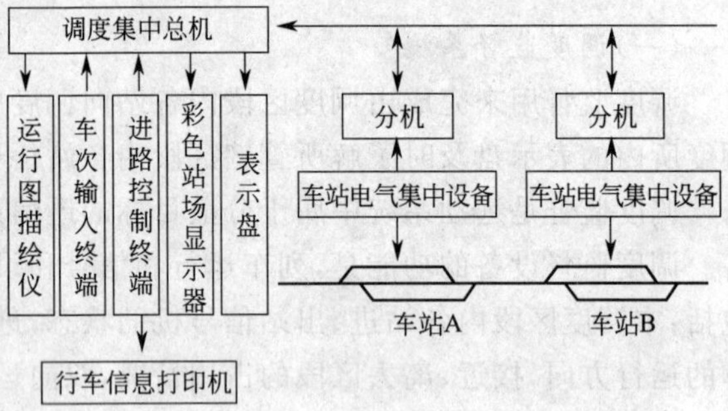

图 2-7-37 调度集中结构框图

(1)调度集中总机

安装在调度中心机房，与调度中心各设备相连，通过外线通道与设在各站的调度分机通信。它把调度员在进路控制终端上的操作变成控制命令的电码，向通信道输出，传送给分机、同时接收分机传送的表示信息，变成表示盘上的各种表示。调皮集中总机是整个系统的核心部分。

(2)进路控制终端

安装在调度指挥室的调度台上，与总机相连．调度员通过进路控制终端键盘向系统内输入各种控制命令。总机向进路控制终端屏幕回送各种控制的有关显示信息。在进路控制终端键盘上设有站名、方向、股道、预控、程控、执行等按键。

(3)表示盘

它是全区段内各车站信号、股道、道岔的状态及列车运行位置的表示设备，与车站进路式继电集中的表示方式基本相同。股道、道岔区段及区间平时光带不亮，亮红光带表示有列车占用，股道及道岔区段亮黄光带表示锁闭，在表示盘上还设有车次窗口，用来表示车次号码，帮助调度员更好地了解列车实际运行情况。表示盘上还设有站控“遥控”按钮，当需要调度员将操纵权下放，改为车站控制时，可按下站控按钮。站控灯光亮红灯时表示站控状态，一切控制出车站值班员进行，作业完毕，车站值班员交回现地操纵权，站控灯火，准备恢复原状。遥控时，站控灯灭。

(4)彩色站场显示器

具有同表示盘基本相同的功能，但它可以根据需要显示任何一个站场的画面。

(5)车次输入终端

调度员通过车次输入终端键盘可以向系统内输入列车车次，总机向车次输入终端屏幕回送有关信息。

(6)行车信息打印机

与进路控制终端接口相连，记录调度员操作内容及时间、打印列车正晚点统计表等。

(7)列车运行图描绘仪

能根据总机送来的信息，按列车运行情况自动描绘运行图，即能把每趟列车的车次，在各站的到、开、通过的时刻自动记录成列车实绩运行图，使调度员可以集中精力指挥行车。

(8)调度集中分机

安装在调度指挥管辖范围内的各车站。从通信道接收主机传送的控制命令电码，并把电码变成车站电气集中设备上道岔和信号机的操纵动作；同时将车站电气集中设备的状态又转变成各种表示电码，通过通信道向主机传送。

(9)车站电气集中设备

它与调度集中分机相连，基本和进路式电气集中相同。车站值班员平时仅监视站内的列车运行情况，只是在指挥权下放，办理站控(车站值班员控制)时才根据需要自行操纵电气集中设备。

3. 调度集中的运营效果

(1)由于调度员直接了解列车运行状况，及时调整运行计划，直接办理列车进路，缩短会车时间，减少列车停站时间，从而提高区间通过能力。

(2)在作业中减少了中间环节，消除了联系产生的差错，进一步提高了列车运行安全程度。

(3)缩短停站时间，减少停站次数，提高了列车旅行速度。

(4)改善了有关行车人员的劳动条件。

(5)为行车指挥自动化创造条件。

(三)分散自律调度集中系统(CTC)

分散自律调度集中系统(CTC)是以现代通信技术和分散自律控制为基础，以行车指挥自动化为目标，建立在部、局、站三级列车调度指挥系统(TDCS)基础上的分布式远程控制系统，它解决了接发列车和调车作业在时间与空间上的冲突，实现了对接发列车和调车作业的统一控制，并且实现了与无线数字通讯系统的结合。

分散自律调度集中系统(CTC)是新一代调度集中。它自动生成列车阶段调整计划，并下达至各车站的自律机中，可对调度中心的控制指令和车站输入的控制指令进行自动排序，科学合理地解决中心控制和车站控制的矛盾。它最大限度地实现调车作业的集中控制，解决了列车作业与调车作业的矛盾。

分散自律调度集中系统采用了分散自律的理论念，即调度中心将行车计划下达至车站，由车站系统根据列车运行调整计划完成进路选排、冲突检测、控制输出等核心功能。

1. 系统组成

CTC 由调度中心子系统、车站子系统和调度中心与车站及车站之间的网络子系统三部分构成。

调度中心子系统是 CTC 的网络核心，由中心机房设备及各调度台应用终端组成。

车站子系统是 CTC 系统的控制节点，网络子系统是调度中心子系统和车站子系统联络的桥梁，由网络通信设备和传输通道构成双环自愈网络，采用迂回、环状、冗余等方式提高其可靠性。

2. 主要功能

(1)具备路局调度所与车站、司机用无线传输系统(GSM-R)下达调度命令(含书面凭证、调车作业通知单等)的功能；具备调度所布置列车进路时，助理调度员、综合维修调度员双确认功能；具备调度台间运行计划相互传递功能。

(2)实现列车运行计划自动调整，实绩运行图自动描绘，行车日志自动生成，无线传送调度命令、校核车次号、列车停稳信息等功能。

(3)对违反分散自律安全条件的人工操作，进行安全提示；对设备故障，具有报警、提示、记录等功能；具有遇设备故障、施工时进行锁闭停用功能；对所有的人工操作，具有完整的记录、查询、回放和打印功能。

(4)具有车站及相邻站的列车运行调整计划显示和站间透明等功能。

(5)根据接触网状态，自动区分不同类型机车的运行条件，自动控制内燃、电力牵引的列车运行,并自动选择列车进路。

3. 控制模式

控制模式分为 CTC 控制(分散自律)和非常站控模式两种。

(1)CTC 控制模式是用列车运行调整计划自动控制列车运行进路。在 CTC 控制状态下,除非常站控按钮外,原控制台的任何操作均不起作用。

(2)非常站控模式是指 CTC 系统设备发生故障、危及行车安全等情况时,车站脱离 CTC 系统控制转为传统控制台人工控制的模式。

二、列车运行控制系统

列车运行控制系统是自动控制列车运行的设备,用来保证行车安全,并以最佳运行速度驾驶列车。它是利用地面发送设备向运动中的列车传送各种信息,使司机了解地面线路状态并控制列车速度的设备,不仅要保证行车安全,同时也要保证行车效率。

列车运行控制系统包括列车自动停车装置、机车信号以及列车速度监督和控制等。依据不同的要求,安装不同的设备。列车速度监督和速度控制是机车信号和自动停车装置的进一步完善,是列车运行控制系统的高级阶段。

(一)机车信号及自动停车装置

有关机车信号的内容,见第二节铁路信号。机车自动停车装置可与机车信号结合使用,也可单独使用。

装设机车信号同时装设自动停车装置的机车,当使用机车信号时,自动停车装置部分应自动转为工作状态。

机车自动停车装置的主要部件有信息接收设备、电空阀、动力切除装置、音响报警设备、警惕手柄和控制电路等。

自动停车装置的关键部件是由电磁控制的紧急制动放风阀,统称电空阀,电空阀的输入端接收来自机车信号设备停车信息的电信号;输出端控制列车制动软管的放风阀门。

当机车信号机显示禁止运行信号或机车进入无码区段时,应及时发出音响警报。司机听到音响警报后,如果在 7 s 内不按压警惕手柄,此时,自动停车装置上的电空阀就会自行开启,使列车制动主管迅速排风减压而施行强迫停车。

列车自动停车后,机车司机必须办理解锁.方能继续运行。

(二)列车运行监控记录装置

20 世纪 90 年代由我国铁路科技人员和管理工作者针对我国铁路技术和运输组织特点研制并在全路列车上推广使用了列车运行监控记录装置(简称监控装置,也偶被俗称“列车黑匣子”),建立了一套使用管理体系,取得了显著的保障行车安全效果,也带动了相关技术和管理工作的发展。目前,监控装置安装机车总数超过 12 000 台,除部分担当特殊作业不宜安装的内燃机车外运用机车已全部安装,安装率达 95%以上。

1. 监控装置的组成

监控装置是一套由一个安装于机车机械间的主机和分设于前后两端司机室的显示器组成。装置的基本控制和记录功能由主机实现,显示器完成运行提示及实现司机操作的人机对话。

监控装置实现控制需要运行指令、列车设备的状态和列车所在地线路设施状况三方面随时变化的信息。这些信息均被制成数据库预先存储在监控装置的主机中。并在列车运行到对应地点时被随时调用。

监控装置作用输出主要有两个方面。一是运行提示，由设于司机室的显示器完成；二是使列车实施常用制动或紧急制动，将指令信号传给列车的制动机构完成。

2. 监控装置的功能

(1)列车运行速度监控功能

它可以防止列车越过关闭的地面信号，防止列车在任何区段运行超过机车车辆的构造速度、线路允许的最高速度和对应于不同规格的道岔限制速度。如出现列车运行超速的倾向，监控装置将自动控制实施制动，进行减速或停车。这一功能对列车的运行速度和行驶限定区域进行了严格的控制，成为了安全行车的保障。

(2)运行提示功能

它可以随时显示列车运行所在地点的里程坐标、距前方地面信号机的距离及信号机的种类．以对比方式显示监控装置的上限速度和实际速度；当机车信号显示状态变更时进行语音提示；当列车运行接近监控装置的控制上限速度时发出警告。这一功能缓解了司机的精神压力，改善了劳动强度，使司机操纵列车更加自如。

(3)运行记录功能

列车运行中，每当机车信号、运行速度或监控装置的控制上限速度、列车制动管压力、运行控制级位等变化时，监控装置均将时间、所在地点坐标、变化的数值以及司机对应的操作情况进行一次记录。由于记录的内容基本包含了列车运行中各种设备的状态变化，一旦发生事故，这些记录必然成为事故原因分析的依据。平时，通过对这些记录进行整理、检索，实现了对司机日常作业的科学考核和对主要设备质量状态的客观跟踪，促进了司机作业的规范化和操纵水平的提高。

3. 监控装置的技术特点

我国的监控装置与国外列车速度控制设备相比，具有适合我国路情的鲜明技术特点。

(1)监控装置将列车运行全部线路设施资料预先存储于主机中，不用在地面增设任何设备。既节省设备投资，又节省维护管理费用，并且，线路资料载于车上，不需要复杂的地面至车上的传输环节，稳定可靠。

(2)监控装置将行驶区内较为固定的行车要求预先存储于主机中形成成熟的控制模式，容易做到高精度控制。遇到行车要求变化，仅通过改变控制软件便能适应。

(3)监控装置主要控制过程全部采用计算机实现，做到了全国各种不同线路条件和不同行车要求的区域采用统一的硬件，通过写入不同的线路资料和控制软件予以适应。因此，适应性强，方便规范管理。

(4)监控装置特别强化了运行记录功能。在机车每次运行完毕后均将记录数据转入机务段的计算机管理系统中，通过软件对司机作业、行车组织等过程自动分析处理，推动了管理的技术进步。

(三)列车运行控制系统(ATC)

随着铁路运输的发展，在列车运行速度和密度不断提高的情况下保证运输安全的问题越来越突出，必须发展和完善列车速度控制系统。

列车运行控制(Automatic Train Control，ATC)系统就是对列车运行全过程或一部分作业实现自动控制的系统。它是列车通过获取的地面信息和命令，控制列车运行，并调整与前行列车之间必须保持的距离。

列车运行控制系统包括：列车超速防护(Automatic Train Protection，ATP)系统、列车自动驾驶(Automatic Train Operation,ATO)系统和列车自动监控(Automatic Train Supervision,ATS)系统。列车超速防护(ATP)系统是列车运行自动控制(ATC)系统的核心组成部分。

1. 列车运行控制系统的功能特点

(1)将先进的控制技术、通信技术、计算机技术与铁路信号技术融为一体的行车指挥、安全控制机电一体化的自动化系统;

(2)车载信号属于主体信号,是列车运行的凭证;

(3)按列车安全制动距离,自动调整列车运行追踪间隔;

(4)防止列车运行速度超过线路允许速度、道岔测向规定速度以及列车构造速度,保证列车运行安全,超速时由列控设备自动实行减速或制动停车;

(5)防止列车冒进信号或列车追尾等事故,它是一种行车安全控制设备。

2. 列车运行控制系统构成

基于 GSM-R 的铁路列车运行控制系统框图,如图 2-7-38 所示。

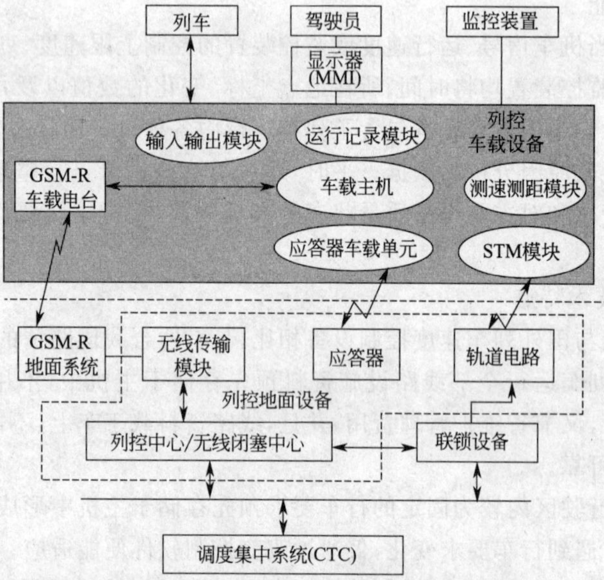

图 2-7-38 基于 GSM-R 的铁路列车运行控制系统框图

列车运行控制系统一般由地面列控中心、地面与列车之间通信的无线通信网络(GSM-R)、轨道电路、点式传输设备以及列空车载设备组成。

(1)地面列控中心:负责生成列车控制数据,通过 GSM-R 通过专用无线网络传递给列控车载信号设备。

(2)车载设备:接收无线列控中心的移动授权和线路参数,实现列车的连续速度控制。

(3)轨道电路完成列车占用检查及列车完整性检查。列车定位采用点式应答器、轨道电路和车载测速测距来实现。

第六节 铁路通信设备

铁路运输是一个在运输生产上实行高度集中与统一指挥的庞大的综合性企业,它的各个部门、单位分布在全国辽阔的土地上。为了有效地指挥列车运行，发布有关命令，以及路内各业务部门、单位职工密切配合与协同作业，将铁路各级机构联系成一个整体，从而保证行车安全，提高运输能力和工作效率，必须设置一整套完善、先进的铁路通信设备。

铁路通信按传输方式可分为有线通信和无线通信两大类，按服务区域可分为长途通信、地区通信、区段通信和站内通信等，按业务性质不同可分为公用通信、专用通信及数据传输等。

铁路专用通信一般是指专门用于组织、指挥铁路运输及生产的专用通信设备。这些设备专用于某一目的，接通一些指定用户，一般不与公务通信的电报、电话网连接。

图像通信、会议电视、可视电话技术已成为现代化通信的发展方向。移动通信、卫星通信、微波中继通信、室内无线通信等将光纤通信、远程交换等相结合，形成一个多种方式和手段的通信网，它将提高通信的可靠性和有效性，以满足铁路运输的需要。

铁路专用通信设备包含调度电话、会议电话、区间电话和站场电话等．这些通信设备是组织指挥列车运输生产的重要通信工具，根据其服务范围与通信业务的不同可以组成不同类型的通信网。所以铁路的专用通信网基本可以划分为区段通信网、站场通信网和会议电话网三类。

区段通信网是为铁路沿线各车站与车站之间的业务通信服务的。区段通信网的组网范围与汇接方式是根据铁路生产指挥部门所管辖的线路区段来确定的。区段通信网主要包括了调度电话系统，各站、区间、站间行车、守护等专用电话系统，列车无线调度电话系统和预确报电报系统等。

站场通信网是为铁路站场范围内各有关行车工种之间的通信联系服务的。站场通信网的组网范围与汇接运用方式均要服从于车站的运输作业指挥系统。站场通信同主要包括站场电话系统、车站扩音对讲系统、站场无线电话系统和客运广播系统等。

会议电话网是为铁道部、铁路局和分局召开电话会议时使用。它是使分散在各地的工作人员利用电话通信形式召开会议，及时地互通情况，解决问题，更好地完成铁路运输任务。会议电话网是将多条通信电路以某种方式汇接，形成路内四级辐射状(星形)汇接网。从空间与时闻概念上为铁路内及时召开各种会议节省了大量人力、物力和时间。会议电话网是由会议电话设备、长途终端设备、通信线路和各级电话会议室中的送受话设备组成。

一、铁路专用通信设备

1. 列车调度电话

列车调度电话供列车调度员与其管辖区段内所有的分机进行有关列车运行通话用。在列车调度回线上，只允许接入与列车运行直接有关的车站值班员、车站调度员、机车调度员等的电话。列车调度电话的显著特点是调度员可以对个别车站呼叫，称作单呼；也可以对成组车站呼叫，称作组呼；或者对全部车站集中呼叫，称作全呼。列车调度员可以与车站互相通话，任何车站也可以方便地对列车调度员呼叫并通话。

我国铁路采用音频选号调度电话，利用音频作为选叫信号，总机呼叫分机只要按下按键即可。

调度电话总机的工作原理如图 2-7-39 所示。

调度员呼叫某一分机时，首先按压分机按钮，利用控制盘中的电子电话使振荡器起振，依次送出代表该分机的两个频率，通过混合线圈送向外线再传给分机。线路上各分机经过选频以后，只有符合该两个频率的一个分机振铃。在振铃期间有回铃信号通过外线回送到总机、经混合线圈、放大器至扬声器，调度员听到回铃声，表示该分机已经呼出，即踏下踏键，使继电器 J 动作，继电器接点转换，这时调度员的话音电流经前级放大器放大，再经混合线圈送住外线，因此分机可以听到调度员的讲话。调度员停止讲话时，必须将踏键放开，使放大器处于原位，即定位受话状态，分机话音电流由外线、混合线圈、放大器至扬声器，因而调度员能听到分机的讲话。由于放大器单向工作，只能放大一个方向电流，放大相反方向的电流时必须将放大器换向，所以调度员讲话时必须踩下踏键。由于放大器在定位受话状态下工作，故将这种通话方式称为总机定位受话，操纵送话单工方式。调度员和分机不能同时发话，只能轮流对话。

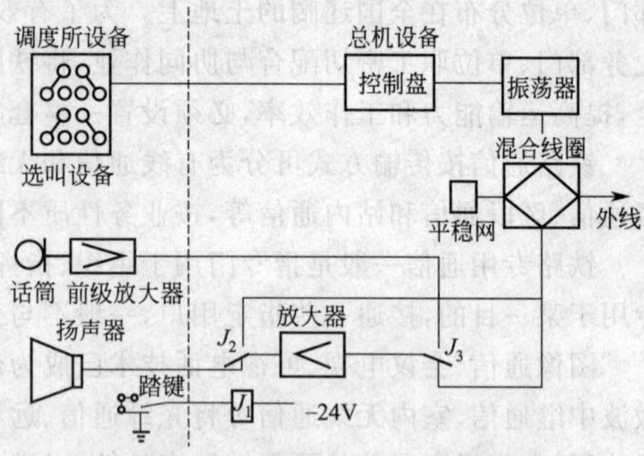

图 2-7-39　调度电话总机工作原理

调度电话分机，应能接受总机选叫后立即振铃或发出音响；并能直接呼叫总机及进行通话。

随着通信技术的发展，如果采用数字编码信号选叫分机及采用程序控制，则是程控调度电话。程控调度电话亦称为数字调度电话，简称数调。数调由模拟调度电话发展而来，于 20 世纪 90 年代中后期开始应用于铁路调度通信中。数字调度电话选叫速度快、功能多、音质好，是今后普及发展的方向，目前对于新线建设，基本上都要采用数调设备；对于旧线，在干线线路进行用数调取代模拟调度的升级改造。目前数调设备发展的主要问题是标准不统一，影响互联互通，需要制定数字调度电话相关标准与规范。

2. 无线调度电话

(1)列车无线调度电话

列车有线调度电话仅供列车调度员和车站值班员之间进行通信联系，而列车无线调度电活则可供列车调度员、机车调度员、车站值班员等调度指挥人员和列车司机相互通话。这对于提高运输效率、缩短运行时间、及时掌握和调整列车运行都有重大作用，同时列车在运行过程中，发生临时故障或区间线路、桥梁出现不正常现象时，司机可以及时报告调度员或临近的车站值班员、也可直接通知邻近区段的司机，以便及时采取措施，更好地确保行车安全。

列车无线调度电话的组成如图 2-7-40 所示。

车站值班员呼叫司机时，车站值班员需要通过车站固定电台调制后，通过天线变换为电磁波辐射，被机车上的电台所接收，与司机进行通话。

铁路局调度员呼叫司机时，要通过车站的有线无线转接设备把调度控制台和车站天线连接起来，发出电磁波，进行通话。

司机呼叫铁路局调度员，一种方式是自动转接，另一种方式是征得车站值班员的同意，由车站值班员按下专门的按钮，将车站的固定电台与调度所的通信线接通，然后司机才能和调度员谈话。

需要注意的是机车电台只能在某区间内呼出邻近车站电台，若机车在第二站与第三站间运行，只能和第二站或第三站的车站电台通话，而不能和第一站或第四站直接通话。

(2)站内无线调度电话

站内无线通信是为车站调度员、驼峰值班员等站内编组和解体作业的指挥人员和车站调

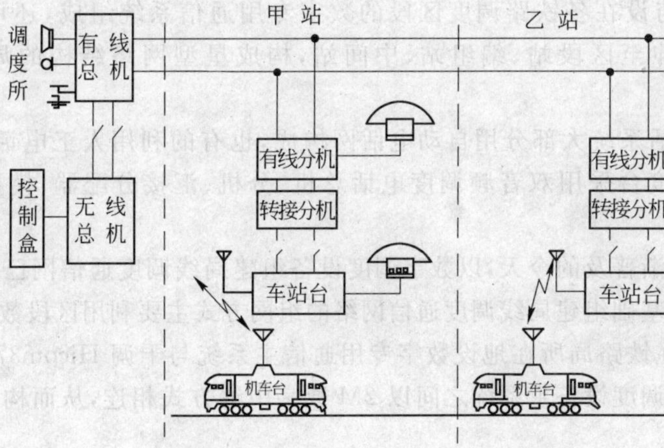

图 2-7-40　列车无线调度电话的组成

车机车司机相互通话而设置的。

采用站内无线调度通信时，在车站调度员室和驼峰值班员室装有固定无线电台，在调车机车和驼峰机车司机室内装有机车电台。

二、铁路调度通信网

铁路数字调度通信系统的主要技术特征是采用数字交换技术。要实现数字程控交换，首先将模拟的话音信号变为数字信号，即话音信号数字化，然后将数字化的话音信号进行交换，即数字交换。

铁路调度通信网的网络结构根据铁路运输调度体制来安排，按干线、局线、区段三级调度分三层网络结构。各层网络自成系统独立组网。局调台在干调网内是一台干调分机，而在局调网内是局调指挥中心，同样，区段调度台在局调网内是一台局调分机，可是在区段调度网内是区段调度指挥中心，可见调度网是根据调度业务流程和地理位置来组网。干、局调网络是一个呈辐射形的星型网络，区段调度网络是一个呈链状的总线型网络。

1. 铁道部干线调度通信系统

铁路干线调度通信网络由一套 Hicom382 调度交换机，14 套 Hicom372 调度交换机，以及外围设备调度功能模块、调度台、多媒体终端、网络管理和调度管理系统等组成。

干线调度通信网络由设在铁道部的 Hicom382 数字调度交换机为汇接中心，用数字中继通道与设在各铁路局的 Hicom372 数字调度交换机用 2M 数字中继通道相连接。相邻铁路局的 Hicom372 数字调度交换机之间也用 2M 数字中继通道相连作为直达路由，从而构成一个复合星型网络的干线调度通信网。

干线调度专用网用户与局线调度专用网用户的电话号码，全路统一编号，采用五位码(ABCDE)编号，前两位 AB 为调度局向号，后三位 CDE 为用户号，分别以铁道部、各铁路局、各调度区段为一个编号区。

纳入调度台的用户，调度员无需拨号，单键直呼所属调度分机，分机遇忙，调度员可强插通话，调度员还可进行全呼、组呼。调度网内用户相互间呼叫，听一次拨号音直拨五位码。

2. 局线调度通信系统

铁路局的局线调度通信网络，由铁路局汇接中心利用干调 Hicom372 调度交换机或另设数字调度交换机与设在各铁路调度区段的数字专用通信系统组成，还可利用区段数字调度通信或专线延伸至区段站、编组站、中间站，构成星型网络结构的局调调度通信网。

目前，局线调度电话系统大部分用自动电话网构成，也有的利用人工电话所进行接续。只有值班科长、行车调度台采用双音频调度电话总机、分机、汇接分配器、模拟传输通道等组成。

在数字调度设备日渐普及的今天，以数字调度设备组建局线调度通信网已成为了必然趋势。以数字调度设备为基础组建局线调度通信网络的组网方式主要利用区段数字调度设备组成局线调度通信网络，在铁路局所在地设数字专用通信主系统与干调 Hicom372 调度交换机所属各调度区段的区段调度设备主系统之间以 2M 数字中继方式相连，从而构成一个星型的局线调度通信网络。

局调网络内的用户与干调网络一样，采用五位码编号，铁路局为一个单独编号区，前两位为调度局向号，后三位为用户号。调度区段编号区的用户编号原则见表 2-7-3。

表 2-7-3　调度区段编号区的用户编号原则

百位号	1	2	3	4	5	6	7	8	9	0
用户属性	运输部门电话及传真	运输部门电话及传真	机务、电力部门电话及传真	车辆部门电话及传真	工务部门电话及传真	电务部门电话及传真	预留	预留	区段调度台及应急通信	预留

3. 区段调度通信系统

区段调度通信系统的基本原理就是使用计算机硬件软件去控制数字时分交换网络的交换接续，来达到人们期望的通信方式及通信需求。

数字调度通信系统一般由数字调度主机，操作台、集中维护管理系统等组成。

(1)数字调度主机是为调度所和站场提供调度指挥的数字交换设备。其主要功能：网络和通道管理、组网、呼叫处理、交换及各种通信业务的综合接入。

(2)操作台是调度(值班)员进行调度操作的终端设备。调度(值班)员通过操作台上各按键进行各种调度操作，如应答来话、单呼组呼全呼用户、转移或保持来话、召集会议等。操作台一般由键盘部分、显示部分、接口部分、控制部分、通话回路部分、电源部分、其他辅助功能部分组成。

(3)集中维护管理系统由一台或多台集中维护管理终端、打印机组成。该系统可对主系统和主系统管辖范围内的所有分系统进行集中维护管理及监控。集中维护管理系统具有性能管理、配置管理、故障管理、安全管理等功能。

系统总体结构图如图 2-7-41 所示，主系统放置于调度区段中心调度所或大型调度指挥中心，主要用于接入各调度操作台和各种调度电路，是整个系统的核心。主系统由数字调度主机、调度操作台、集中维护管理系统、录音系统等组成。

分系统放置于调度区段管辖范围内各车站，通过数字传输通道与主系统相连，主要用于接入车站操作台、远端调度分机、站间电话、区间电话、站场电话等。分系统由数字调度主机、车站操作台等组成。

在模拟调度通信中，调度总机对分机的呼叫是通过发送不同双音频组合来呼叫不同的分

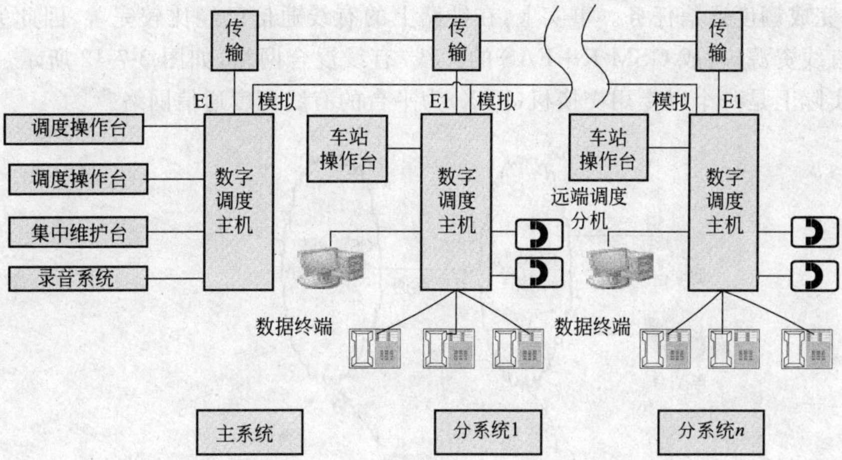

图 2-7-41　系统总体构成示意图

机，调度分机呼叫调度总机则是采用定位受话方式即不需发送呼叫信号，通话与呼叫是在同一个通话（电路）中进行的。

区段调度通信系统可以全面实现铁路各项专用通信业务，包括区段调度通信、站场通信、站间通信、区间通信、专用通信等。

区段调度通信包括列车调度通信、货运调度通信、牵引供电调度通信。该系统可以实现铁路局所有方向、所有区段的区段调度通信业务，并可以实现与局调、干线调度的多机连网。

专用通信包括车务、工务、电务、机务、水电等专业调度通信。

站场通信包括车站（场）集中电话、驼峰调车电话、平面调车电话、货运电话、列检电话、车号电话和商检电话。站场通信是铁路专用通信的重要组成部分，它与调度电话、专用电话以及铁路车站站场内不同用户保持联系。

站间通信是指（相邻）两车站值班员之间进行话音联络的点对点通信业务。

区间通信包括所有区间电话、区间应急抢险人工电话以及区间应急抢险自动电话。

区段内调度通信业务包括：列车调度、货运调度、电力调度、无线列车调度。铁路数字专用通信系统完全是针对铁路区段通信的特点和需要而开发的产品，接口丰富、使用灵活，可以提供数字共线的通信业务。

三、铁路综合数字移动通信系统

铁路综合数字移动通信系统（Global System for Mobile Communication for Railways，GSM-R）是专门为铁路通信设计的专用通信系统。它是在数字蜂窝移动通信系统（GSM）上增加了调度通信功能和适合高速环境下使用的要素，可以满足国际铁路联盟（UIC）提出的铁路专用调度通信的要求。

GSM-R 由于接口中引入了语音广播呼叫、语音通话组呼叫和用户优先级等功能，可以实现调度员与司机间的通信、调车作业通信、远程遥控传输、车站和维修段的地区通信、旅客服务通信，也可实现与公网的互联互通。GSM-R 可以满足列车运行速度为 500 km/h 时的无线通信要求，且安全性好，是高速铁路通信最理想的技术解决方案。

（一）GSM-R 的组成

利用 GSM-R 进行调度通信系统组网，既可以完全利用无线方式，也可以同有线方式结合起来，共同完成调度通信任务。事实上，在铁路上的有线通信已经比较完善，因此完全可以利用现有的有线资源，构成 GSM-R＋FAS 的无线/有线混合网络，如图 2-7-42 所示。其中 FAS 固定网络实际上是一个以专用交换机(PBX)为平台的有线调度通信网络。

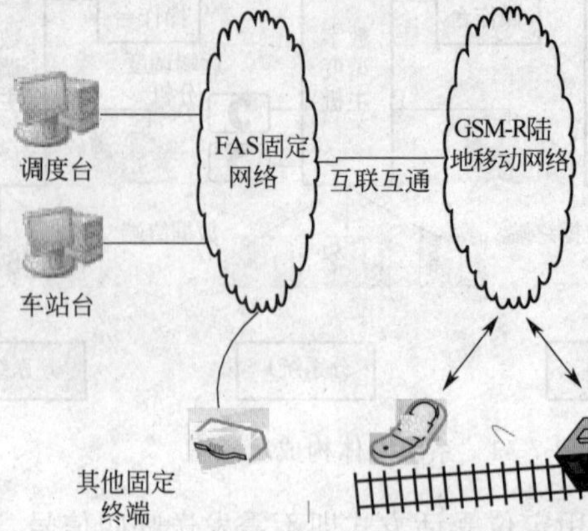

图 2-7-42　GSM-R 组成示意图

铁路沿线采用无线覆盖，机车上采用无线终端，即机车综合通信设备，而车站台和调度台都是有线终端。车站台和调度台通过 FAS 连接到 GSM-R 系统的 MSC 上，从而实现有线和无线用户的通信。

(二)GSM-R 网络结构

当今的无线通信系统是有线网络和无线网络的结合体。基站与移动台之间是无线连接，基站与交换机之间，交换机之间，都是有线连接。一个移动用户要想与另一个移动/固定用户进行通信，必须经过无线和有线两种传输过程。移动网络与固定网络之间的互连实现了用户在任何时间、任何地点与任何人进行通信的目标。一个 GSM-R 陆地移动系统由若干个功能实体组成，这些功能实体所实现的功能的集合就是网络能够提供给用户的所有基本业务和补充业务，以及对于用户数据和移动性的操作和管理。

中国铁路采用的 GSM-R 系统主要组成部分包括：

1. 基站子系统 BSS(Base Station Subsystem)

包括基站收发信机(BTS)、基站控制器(BSC)、编译码速率适配单元(TRAU)等。

2. 网络交换子系统 NSS(Network and Switching Subsystem)

包括移动交换中心(MSC)、网关移动交换中心(GMSC)、拜访位置寄存器(VLR)、组呼寄存器(GCR)、归属位置寄存器(HLR)、鉴权中心(AuC)、短消息(SMSC)、确认中心(AC)、固定用户接入交换机(FAS)等设备。

3. 通用分组无线业务系统 GPRS(General Packet Radio Service)

包括网关业务支持节点(GGSN)、业务支持节点(SGSN)、分组控制单元(PCU)、域名服务器(DNS)、认证服务器(Radius)等设备。

4. 智能网系统 IN(Intelligent Network)

包括业务控制点(SCP)、业务交换点(SSP)、业务管理系统(SMS)等，HLR、MSC 也是重要的智能网业务节点。

5. 运行和维护子系统 OSS(Operation Maintenance Subsystem)

包括交换网络管理子系统(OMC-S)、无线网络管理子系统(OMC-R)、GPRS 网络管理子系统(OMC-D)、直放站管理子系统(OMC-T)、FAS 网络管理系统(OMC-F)。

6. 终端

GSM-R 系统终端包括固定终端和移动终端。

(三)GSM-R 调度通信网络内的通信过程

按调度通信业务流程,可归纳为四类通信过程,即点对点个别呼叫、组呼和广播呼叫、会议呼(临时组呼)。

1. 点对点个别呼叫

(1)固定终端呼叫移动终端

可以采用以下两种方式:

方式一:按 MSISDN 号码呼叫,FAS 收到 MSISDN 号码,进行号码分析判断后,GSM-R 网络根据 MSISDN 号码呼叫移动终端,双方建立通信;通话完毕,任意一方挂机,呼叫清除。

方式二:基于功能寻址呼叫移动终端,用户直接拨打功能码,由终端或(FAS)翻译成 11 位的车次功能号,FAS 收到呼叫,进行号码分析后,把呼叫路由到 GSM-R 网络,双方建立通信;通话完毕,任意一方挂机,呼叫清除。

(2)移动终端呼叫固定终端

可以采用以下两种方式:

方式一:按 ISDN 号码呼叫,GSM-R 网络收到 ISDN 号码,进行号码分析后,把呼叫路由到相应的 FAS,并向 FAS 发送被叫固定终端 ISDN 号码;FAS 根据 ISDN 号码呼叫固定终端,双方建立通信;通话完毕,任意一方挂机,呼叫清除。

方式二:基于位置寻址呼叫固定终端,移动终端使用标准短号码发起呼叫,短号码由 4 位数组成,并由统一的定义,例如 1200 为连接到列车调度员、1300 为连接到车站值班员等等,GSM-R 网络收到呼叫,对短号码进行分析,根据移动终端所在位置把短号码转换为被叫固定终端的 ISDN 号码,并将呼叫路由到相应的 FAS;FAS 根据 ISDN 号码呼叫固定终端,双方建立通信;通话完毕,任意一方挂机,呼叫清除。

2. 组呼(VGCS)和广播呼叫(VBS)

(1)移动终端发起组呼

移动终端根据组呼区域和组呼成员,选择组 ID 的代码,以组 ID 向 GSM-R 网络发起组呼;GSM-R 网络根据主叫移动终端所在小区选择相应的组呼区域,并按组 ID 定义好的组呼成员的移动终端发起 GSM-R 组呼,使处于组呼区域内的移动终端进入 GSM-R 组呼状态;对组呼成员中的固定用户,GSM-R 网络同时把呼叫路由到 FAS,并把组呼参考好(虚拟组呼号)发送到 FAS;FAS 根据组呼参考号(虚拟组呼号)组织有线组呼,各固定终端进入有线组呼状态。移动终端越出 GSM-R 组呼区域,自动退出组呼;移动终端进入组呼区域,自动加入组呼。通话完毕,组户发起方挂机,组呼拆除。

(2)固定终端发起组呼

固定终端根据组呼区域和组呼成员,选择组地址,以组地址向 FAS 发起组呼;FAS 收到组地址并进行号码分析后,组织成员中的各固定终端进入有线组呼状态,对组呼成员中的移动终端,FAS 将呼叫路由到 GSM-R 网络,并以对应的虚拟组呼号码作为主叫号,以组地址作为被叫号码发送给 GSM-R 网络,GSM-R 网络根据组地址与定义组呼成员中的移动终端发起 GSM-R 组呼,使处于区域内的移动终端进入组呼状态。移动终端越出 GSM-R 组呼区域,自动退出组呼。通话完毕,发起组呼的固定终端挂机,组呼拆除,不允许其他组呼成员拆除组呼。

GSM-R 广播呼叫（VBS）与组呼（VGCS）雷同，只是呼叫类型 CT 不同，GSM-R 组呼 CT＝50，GSM-R 广播 CT＝51，另外所不同的只是组呼成员中只能听，不能讲话。

3. 会议呼（临时组呼）

会议呼是由一方发起多方参加的会议型的通信方式，在 GSM-R 网络内提供多方通信（MPTY）的补充业务，实现会议呼。

通过以上叙述可以说明铁路数字专用通信系统与 GSM-R 互连互通，使有线调度与无线调度融为一体，两者是相辅相成的，也可以说 FAS 系统是 GSM-R 网络的补充和一个不可缺少的组成部分。

（四）GSM-R 的技术优势

GSM-R 系统能够满足列车运行速度为 500 km/h 时的无线通信要求，且安全性好。针对铁路运输中的列车调度、列车控制、支持高速移动等要求，它能够提供定制的附加功能，如：优先级和强插功能、话音组呼及广播功能、位置寻址及功能寻址和安全数据通信等。GSM-R 系统用于实现铁路移动通信，其优势主要体现在：

1. 以公众移动通信产业链为支撑，基础技术较完善，发展有保障

GSM-R 技术基于 GSM 技术。GSM 技术先进、成熟，在世界范围内得到成功运用，为 GSM-R 奠定了良好的技术基础。欧洲 GSM-R/ETCS 的成功运用，对于我国铁路通信信号技术发展也具有良好的借鉴意义。

2. 具有良好的接续性能

GSM-R 系统的集群模式快速呼叫建立时间能够满足铁路调度用户的需求。GSM-R 系统能够提供数字集群通信功能，能提供无线列调、编组站调车通信、应急通信、养护维修组通信等语音通信功能。此外，GSM-R 系统还可以作为信号及列控系统的信息传输平台。

3. 可改进网络的服务质量和可靠性

GSM-R 技术可为列车提供清晰的语音和数据通信服务，形成综合业务的移动通信系统，最大限度地为铁路运输生产提供服务；满足铁路调度指挥现代化、运输管理信息化的需要，提高铁路技术装备水平。

4. 基于强大的智能平台，可提供各类铁路特色业务

GSM-R 智能网以 ITU-T 智能网标准为基础，在 GSM-R 网络中增加了基于 CAMEL3（Customized Applications for Mobile Network Enhanced Logic 3）协议的业务功能，称为移动智能网，其主要的物理实体包括 SSP（业务交换点）、SCP（业务控制点）、IP（智能外设）、SMS（业务管理系统）及 SCE（业务生成环境）。在 GSM-R 网络中，移动智能网主要作用是：管理移动用户功能号码的注册、注销和查询过程，对于具有不同功能角色的移动用户之间呼叫过程或固定用户与移动用户之间的呼叫过程，在功能号码与 MSISDN 号码之间进行翻译，实现功能寻址和位置寻址。

5. 可作为 CTCS3 级和 CTCS4 级列控业务的通信平台

采用 GSM-R 实现车地间双向无线数据传输，代替目前的用轨道电路传输色灯信号指令，具有车地间双向安全数据传输、无盲区、设备冗余、实现加密和满足列车控制响应时间等特点，是实现基于通信技术的列车控制系统（CBTC）的关键技术。

6. 具有后向兼容性

GSM-R 技术在我国发展迅速，且可与先进的网络技术（软交换、智能网、全光技术）同步发

展,与 3G 移动通信有着良好的后向兼容性。

复习思考题

1. 信号与通信设备有何作用?铁路信号设备分为哪几类?其特点是什么?
2. 简述进站、出站、通过信号机的用途及显示方式,并图示各信号的设置地点。
3. 道岔表示器、警冲标、预告标的作用是什么?其具体设置在何地点?
4. 什么是联锁?联锁设备应满足什么要求?
5. 继电联锁的主要设备有哪些?各起什么作用?继电联锁有哪些优缺点?
6. 绘图说明直线地段轨道电路的组成和基本原理。
7. 什么是闭塞?继电半自动闭塞有什么优缺点?
8. 绘图说明三显示自动闭塞的原理。
9. 为什么说四显示自动闭塞能更大地提高区间通过能力?
10. 简述调度集中和调度监督的概念。
11. 铁路上有哪几种主要的专用通信设备?
12. GSM-R 网络具体由哪几部分组成?

第三篇　城市轨道运输设备

第一章　城市轨道交通线路

第一节　概　　述

轨道交通线路由区间结构、车站、轨道等共同组成。在轨道交通系统工程设计中，首先要进行线路设计，线路设计可以分两个阶段：第一阶段为规划选线阶段，主要包括规划方案确定和可行性研究；这一阶段需要确定线路走向、站点布置、敷设方式。第二阶段为详细设计阶段，包括初步设计和施工设计等内容。

一、线路分类

线路根据其在运营中的作用可以分正线、辅助线和车场线。

（一）正　　线

正线是指供载客列车运行的线路，包括区间正线、支线、车站正线及站线。

城市轨道交通正线为独立运行的线路，一般按双线设计，采用右侧行车制。大多数线路为全封闭，与其他交通线路相交处，一般采用立体交叉。在特殊条件下（如运营初期），两条线路或交通方式的运量均较小时，经过计算，通过能力满足要求，也可考虑采用平面交叉。

城市轨道交通车站是旅客乘降的场所，一般应设置在客流量大的集散点以及与其他线路交会的地方，车站间的距离要根据实际需要确定。一般地，市区车站间距应在 1 km 左右，郊区在 2 km 左右。

（二）辅 助 线

辅助线是为空载列车提供折返、停放、检查、转线及出入段作业的线路。它包括折返线、临时停车线、渡线、车辆段出入线、联络线等。

1. 折返线

城市轨道交通线路中，全线的客流分布一般不太均匀，通常需要组织区段运行。区段运行是指列车根据运行交路的要求，在端点站与中间车站或中间站与中间站之间开行折返列车，这些可折返的中间站上需要配置折返线。折返线的形式应能满足折返能力的要求。图 3-1-1 是一个一端具有折返线的中间站。

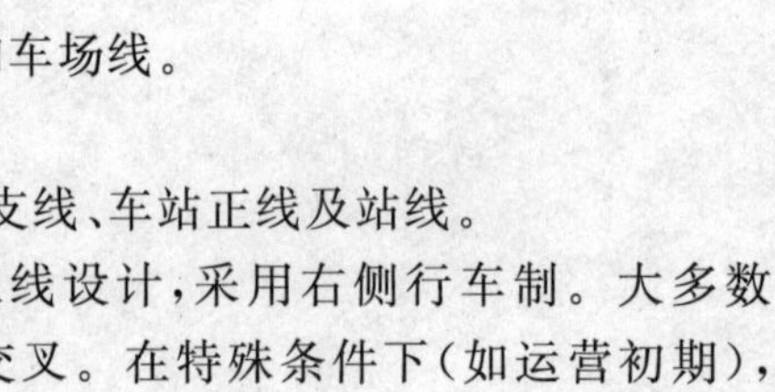

图 3-1-1　具有折返线的中间站

2. 临时停车线

城市轨道交通线路由于运输量大，列车运行间隔一般较密。运营过程中，在线运营列车可能会发生故障。为不影响后续列车运行，设计上应能使故障列车及时退出运营正线。一般说来，在轨道交通线路沿线每隔 3 至 5 个车站的站端应加设车辆停放线。

3. 渡线

停车线仅仅提供了故障列车的临时停放。为使这些故障列车返回车辆段，一般还需要设置渡线，以保证故障列车能及时调头返回车辆段。

4. 车辆段出入线

车辆段出入线是从车辆段到商业运营正线之间的连接线。车辆段出入线可以设计为双线或单线，与城市道路或其他方式的交叉处可采用平交或立交，具体方案要根据远期线路通过能力需要量来确定。

5. 联络线

在城市轨道交通网络中，要使同种制式的线路可以实现列车过轨运行。这种过渡一般通过线与线之间的联络线来实现。联络线的位置应在路网规划中确定，先期修建的线路应为后建线路预留联络线的设置条件。另外，为方便车辆及大型设备的运输，有条件的地方应设置地面铁路专用线。

二、线路的组成

根据车辆走行部与轨道是否接触，城市轨道交通的线路可分为有轮轨系和磁悬浮系两种方式。轮轨系城市轨道交通线路的组成与铁路线路基本相同，也包括路基、桥隧建筑物和轨道三部分，但是根据运营维护的需要在形式上有些差异，例如大量采用轨枕板、整体道床等（见本章第三节）。此外，对于采用线性电机驱动方式的轨道交通线路，轨道上增加了感应板，对于磁悬浮系的线路，则在轮轨之间铺设了专门的悬浮系统。

三、线路的平、纵断面

城市轨道交通线路平、纵断面设计相对于传统铁路有自己的特殊之处，在平断面设计时往往更注重行车的平稳性，在纵断面设计应结合车站埋深和地形条件合理运用"高站位、低区间"原则创造有利于运营的条件。同时，线路的平、纵断面与驱动模式和车辆类型也有密切关系。

广州地铁 4 号线充分利用直线电机轨道交通爬坡能力强的优势，线路纵断面最大坡度为 50‰，其中黄村—车陂区间为避开高层建筑的桩群，为减少施工风险和工程投资，右线采用了坡长 470 m 的 50‰的最大坡度，占右线总长度的 1.0％；大学城南—新造区间线路由于下穿新造海，受区间最低点位置和新造站站前单渡线影响，为减少施工风险和工程投资，亦采用了坡长 310 m 的 50‰的最大坡度，占右线总长度的 0.7％。上述地段，如采用传统地铁车辆，由于受最大坡度 30‰的限制，如要满足线路，只能加大两端车站的埋深，从而带来工程投资和车站施工难度的增加，对施工工期也会产生影响。

第二节　结 构 工 程

一、地下结构类型及施工方法

轨道交通地下工程的结构类型及施工方法应根据区间隧道及车站的规模、工程地质及水文地质条件和周围环境条件进行技术经济比较确定。一般常用的结构类型和施工方法有明挖法和暗挖法两种，特殊情况下还可采用一些其他方法。

(一)明 挖 法

当地下铁道线路在地下几米深时，可采用明挖法。明挖法是采用敞开口开挖或以工字钢桩、钢板桩、地下连续墙、钻孔桩等护壁施工的明挖隧道或车站，一般为现浇整体式矩形钢筋混凝土框架结构。根据运营需要可做成单跨、双跨或多跨结构，单层、双层或多层结构。为减少明挖施工对城市的干扰，必要时可采用桩、梁、板等构件，将施工基槽部分或全部覆盖；或者对以地下连续护壁的明挖隧道，采用逆作法尽快完成结构顶板。

图 3-1-2 是明挖法放坡分配的一个例子。

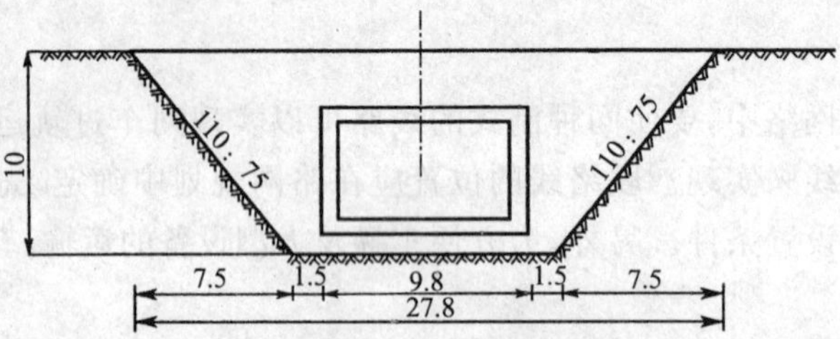

图 3-1-2　明挖法放坡分配(单位:m)

(二)暗 挖 法

暗挖法可分为盾构法和矿山法。

1. 盾构法

在松软含水地层，或地下线路等设施埋深达到 10 m 或更深时，可以采用盾构法(Shield Method)。盾构方法在日本最早采用是 20 世纪 40 年代，广泛应用则是在 60 年代。

盾构既是一种施工机具，也是一种强有力的临时支撑结构。盾构外形上看是一个大的钢管机，较隧道部分略大，它是设计用来抵挡外向水压和地层压力的。它包括三部分：前部的切口环、中部的支撑环以及后部的盾尾。大多数盾构的形状为圆形，也有椭圆形、半圆形、马蹄形及箱形等其他形式。图 3-1-3 是一个圆形盾构的结构图。

图 3-1-3　盾构的结构

(1)盾构法的施工方法

① 在置放盾构机的地方打一个垂直井，再用混凝土墙进行加固；

② 将盾构机安装到井底，并装配相应的千斤顶；

③ 用千斤顶之力驱动井底部的盾构机往水平方向前进，形成隧道；

④ 将开挖好的隧道边墙用事先制作好的混凝土衬砌加固，地压较高时可以采用浇铸的钢制衬砌加固来代替混凝土衬砌。

盾构施工方法中，其隧道一般采用以预制管片拼装的圆形衬砌，也可采用挤压混凝土圆形衬砌，必要时可再浇筑一层内衬砌，形成防水功能好的圆形双层衬砌。

盾构法施工的圆形结构断面如图 3-1-4 所示。

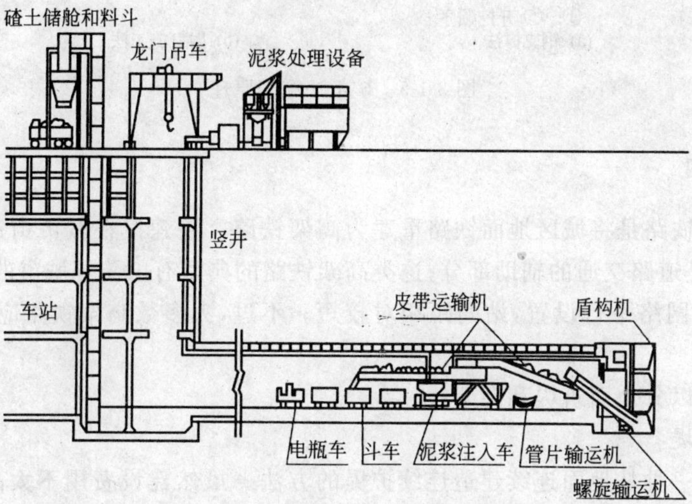

图 3-1-4　盾构法施工工序及隧洞

(2)盾构法的优、缺点

盾构法具有施工速度快，振动小、噪声低等优点，且对隧道上方地面的副作用很少。在松软含水地层中及城市地下管线密布，施工条件困难地段采用盾构法施工，其优点尤为明显。近年来，新开发的泥水加压盾构和土压式盾构，对进一步克服盾构施工造成地表隆起和沉降量大，致使周围建筑物、地下管线、道路路面变形和裂缝的缺点，有明显成效，提高了盾构法的生命力。

盾构法的缺点是对断面尺寸多变的区段适应能力差。此外，新型盾构购置费昂贵，对施工区段短的工程不太经济。总的费用一般也比盖挖法要高。

2. 矿山法

矿山法分传统矿山法和新矿山法，传统矿山法施工工艺落后，安全性较差，近年来有逐步被新矿山法取代的趋势。新矿山法又可称为新奥法或浅埋暗挖法。

矿山法施工的隧道一般采用拱形结构，其基本断面型式为单拱、双拱和多跨连拱。隧道衬砌的作用是加固围岩并与围岩一起组成一个有足够安全度的隧道结构体系，共同承受可能出现的各种荷载，防止地表下沉。衬砌的基本结构类型为复合式衬砌，由初期支护、防水隔水层和二次衬砌所组成，如图 3-1-5 所示。外层为初期支护，其作用为加固围岩，控制围岩变形，是衬砌结构中主要的承载单元，一般应在开挖后立即施作，并应与围岩密贴，所以最适宜采用喷锚支护；内层为二次衬砌，通常在初期支护变形稳定后施作，主要为安全储备，承受初期支护腐蚀后所引起的后续荷载；在初期支护和二次衬砌之间应敷设防水隔离层。

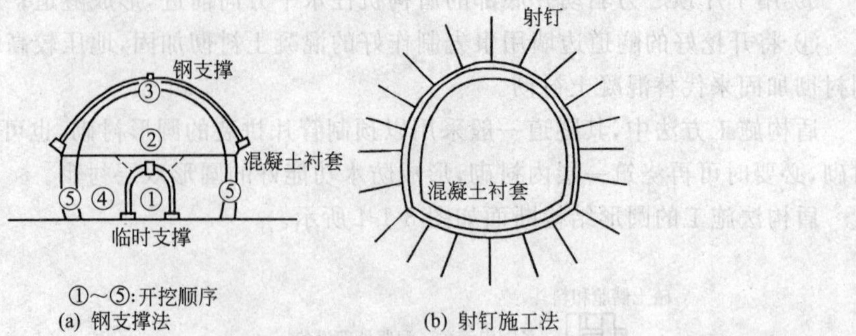

(a) 钢支撑法　　(b) 射钉施工法

图 3-1-5　矿山法施工原理

二、高架结构

早期的高架铁路是将城区地面铁路重建为高架铁路。它建设在城市街道上，并不减少站间距离，它们只是道路交通的辅助部分；这类高架铁路的典型有巴黎等城市的高架铁路。传统高架铁路与道路网络平行设置，站间距相对较短。不过，大多数高架铁路应尽可能建得低一些，以降低造价。

高架铁路可以分地面筑堤和高架桥。

(一)地面筑堤

地面筑堤是一种从地面连续建造连续护堤的方法。虽然建设费用不太高，但铁路对先行权的要求较高架桥要高；并且，桥下土地不能利用。这些缺点使得该方法在城市地区的造价反而更高和更难实施。

(二)高 架 桥

高架桥一般可以用混凝土或钢建造。近年来，城市铁路高架桥采用混凝土结构的趋势看好，因为钢结构在列车经过时噪声较大。

1. 混凝土桥的类型

混凝土桥分为拱形桥、梁形桥和刚性框架桥三种类型。

(1)拱形桥由一系列拱组成。不同场合可以采用不同的拱幅，一般情况下，拱幅宽 10 m、高 7 m，可以用石头或混凝土制作。这种类型的桥不能建造在软土地区，桥下土地也无法利用。这类拱桥早期采用过，目前已经很少见。

(2)梁形桥由安装在一系列混凝土立柱上的一组梁组成，立柱的间隔一般在 10 m 左右。混凝土梁之间的互相连接形成了一个连续的梁，最终形成了高架桥。

(3)刚性框架桥是由单个建造的梁和立柱构成，彼此互相独立。刚性框架桥的特点是造价较梁形桥低，在日本较为常见。

图 3-1-6 是一个典型的高架桥式高架结构。

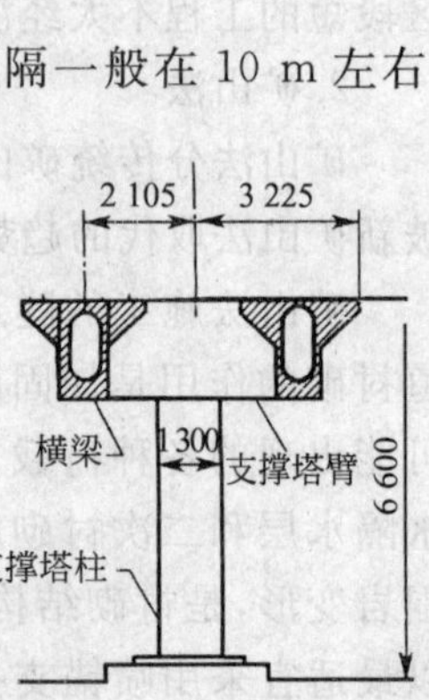

图 3-1-6　高架桥式高架结构(单位:mm)

2. 高架桥梁的组成

高架桥梁主要是由梁、墩台、基础三部分组成。

(1)梁

目前在城市轨道交通高架桥上应用较多的梁的型式有以下几种。

① 预应力混凝土槽形梁，它是一种下承式桥梁，有车道板、主梁

和端横梁三部分组成，如图 3-1-7 所示。

②预应力混凝土板梁，包括空心板梁和低高度板梁，板梁结构建筑高度小，缺点是刚度较小，对抵抗列车偏载不利。

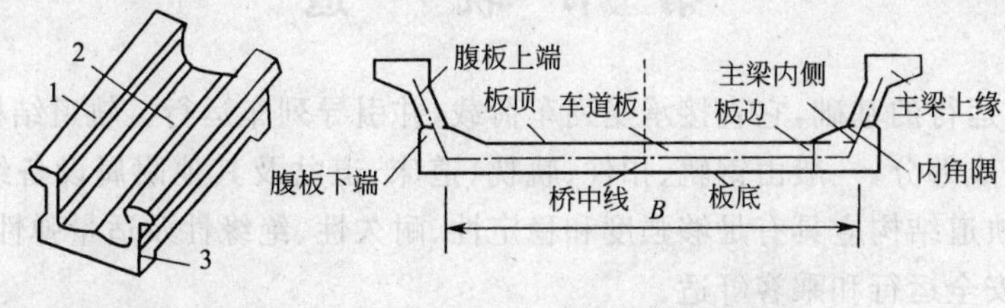

(a) 槽形梁的组成　　(b) 槽形梁结构部分

图 3-1-7　预应力混凝土箱梁

③预应力混凝土 T 形梁，T 形梁设计、施工经验成熟，多采用预制，缺点是桥形不美观，施工时需大型吊装机具。

(2)墩台与基础

适于城市高架桥的桥墩型式有 T 形墩、双柱墩、V 形墩和 Y 形墩。T 形墩美观，双柱墩承载能力和稳定性较强，V 形墩和 Y 形墩重量轻，占地面积小，但构造复杂。图 3-1-8 是一些桥墩的结构图。

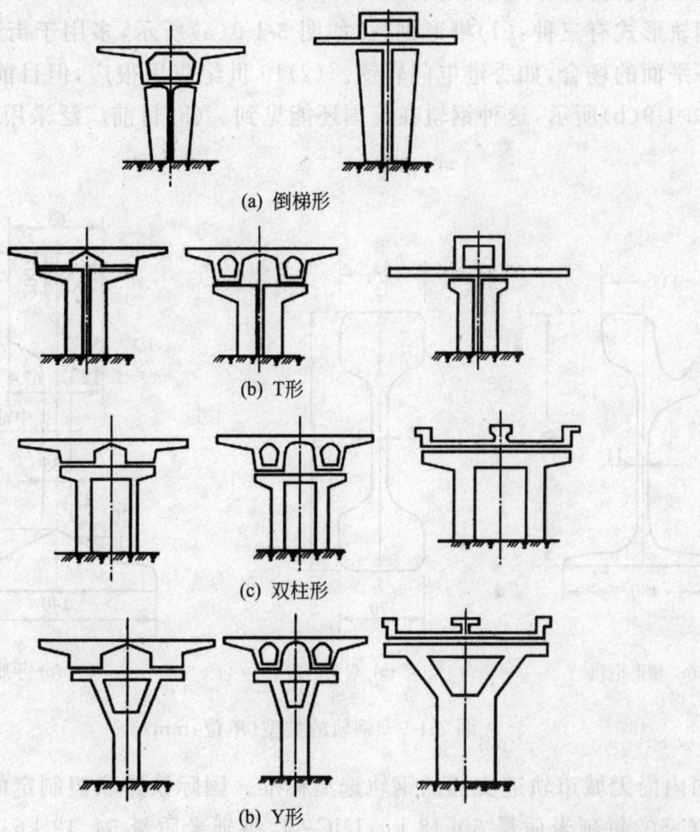

(a) 倒梯形

(b) T形

(c) 双柱形

(b) Y形

图 3-1-8　不同类型桥墩结构图

桥梁基础形式有扩大基础和桩基础，扩大基础适用于岩石及持力层较浅的地基，桩基础适用于砂质及软土地基。

第三节 轨　　道

轨道是列车运行的基础，它直接承受列车荷载，并引导列车运行。轨道结构是城市轨道交通系统的重要组成部分，一般由钢轨、扣件、轨枕、道床、道岔及其他附属设备组成。为保证列车运行的安全，轨道结构应具有足够强度和稳定性、耐久性、绝缘性及适量弹性，且养护维修量小，以确保列车安全运行和乘客舒适。

考虑到城市轨道交通可能采取地面、地下、高架等不同的轨下基础，轨道结构将采取不同的形式，采用直线电机技术驱动的系统和磁悬浮系统也有相对特殊的轨道结构。

一、土质路基的轨道结构

轨道交通在土质路基上一般宜采用混凝土枕碎石道床，并尽可能敷设无缝线路。土质路基上的轨道部件，由钢轨、轨枕、扣件及道床等组成。

（一）钢　　轨

钢轨不仅直接承受列车荷载，它也是引导车辆运行的装置。因此，钢轨应有足够的承载能力、抗弯强度、断裂韧性及稳定性、耐磨性、耐腐蚀性。

目前的钢轨形式有三种：(1)槽形钢轨，如图 3-1-9(a)所示，多用于街道轨道，即路面与钢轨轨面在同一平面的场合，如香港屯门轻铁。(2)19 世纪应用很广，但目前已经很少采用的双头钢轨，如图 3-1-9(b)所示，这种钢轨在英国还能见到。(3)目前广泛采用的平底钢轨，如图 3-1-9(c)所示。

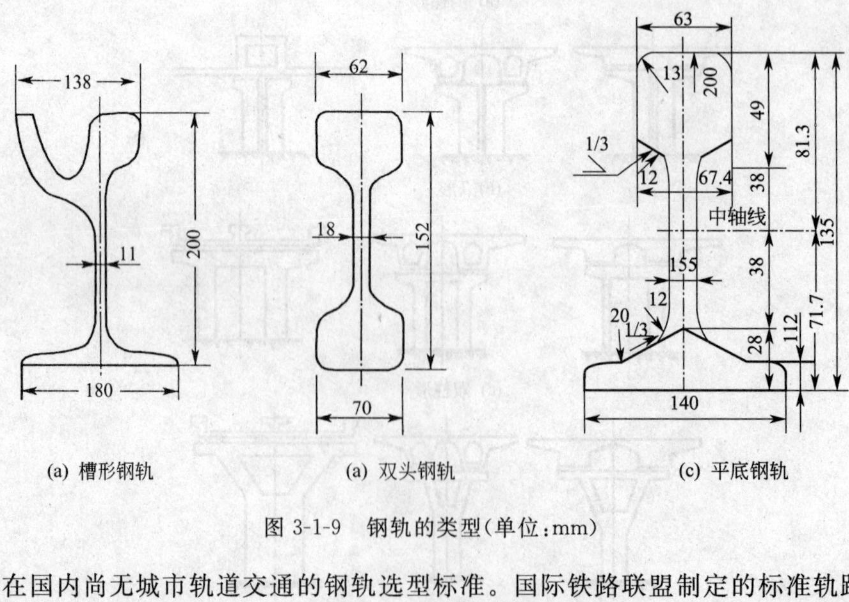

(a) 槽形钢轨　　(a) 双头钢轨　　(c) 平底钢轨

图 3-1-9　钢轨的类型(单位：mm)

目前在国内尚无城市轨道交通的钢轨选型标准。国际铁路联盟制定的标准轨距下钢轨类型主要有：UIC-50，每延米质量 50.18 kg；UIC-54，每延米质量 54.43 kg；UIC-60 每延米质量 60.34 kg；UIC-71，每延米质量 71.19 kg。我国国家铁路的钢轨主要有 43 kg/m、50 kg/m 与 60 kg/m 三种类型。

一般地，现行轨道交通系统的设计可参考我国国家铁路钢轨选型标准，即“年通过总重在 15～30 Mt 时，采用 50 kg/m 钢轨；在 30～60 Mt 时，采用 60 kg/m 钢轨”来选用钢轨类型。

国内外轨道交通有选用重型钢轨的趋势。从技术性能上分析，60kg/m 钢轨质量只增加 17.7%，而允许通过的总质量可增加 50%。重型钢轨不仅能增加轨道的稳定性，减少养护维修工作量，而且还能增加回流断面，减少杂散电流。

表 3-1-1 是 60 kg/m 钢轨与 50 kg/m 钢轨的性能比较。

表 3-1-1　60 kg/m 钢轨的性能

性能指标	比 50kg/m 钢轨	性能指标	比 50kg/m 钢轨
钢轨抗弯强度	+34%	疲劳破坏造成的更换率	−83.3%
弯曲应力	−28%	列车冲击振动	−10%
使用年限	+50%～200%		

综上所述，城市轨道交通在经济条件允许下，无论地面线、地下线或高架线，运营正线宜选用重型钢轨。对车场线来说，由于主要是供空车运行，速度又低，考虑到经济性，选用 50 kg/m 或 43 kg/m 钢轨均是可行的。

不同类型钢轨的衔接，宜采用异型钢轨，也可采用异型鱼尾板连接。

（二）轨枕及扣件

轨枕是轨道的基础部件，其功能是支撑钢轨，保持轨距及方向，并将钢轨压力传递到道床。轨枕的种类按构造有横向轨枕、纵向轨枕、短轨枕和宽轨枕四种；按铺设部位有适用于区间线路的普通轨枕、道岔区的岔枕和无砟桥上的桥枕；按制造材料可分为木枕、混凝土枕及钢枕三种。

一般情况下，碎石道床的轨枕应尽可能采用常规铁路所使用的预应力混凝土枕。对采用第三轨受电方式的系统，在安装三轨托架的地方还需使用特殊加长的混凝土枕。

扣件是联结钢轨与轨枕间的中间零件，其作用是将钢轨固定在轨枕上，保持轨距并阻止钢轨的横纵向移动。有砟轨道的钢轨扣件可采用弹条Ⅰ型扣件，如图 3-1-10 所示。

弹条Ⅰ型扣件可增加轨道弹性，并减少扣件维修工作量。

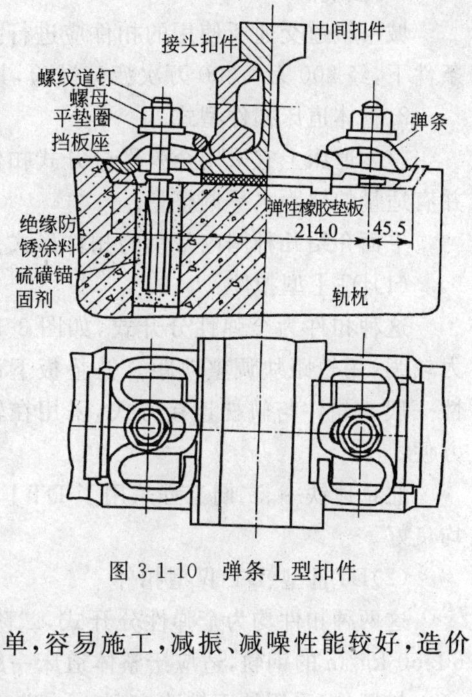

图 3-1-10　弹条Ⅰ型扣件

（三）道　　床

道床是指路基之下、轨枕之上的部分。一般分为道砟道床（有砟道床）和无砟道床两大类。常见的道砟道床有碎石道床。

土质路基上一般采用碎石道床，碎石道床结构简单，容易施工，减振、减噪性能较好，造价低，但轨道维护工作量大。

从国内外城市快速交通建设发展趋势看，一般只在地面线上使用道砟轨道。

二、隧道内的轨道结构

隧道内的轨道结构采用无砟轨道结构较多，而最普遍的结构为混凝土整体道床。这种无砟轨道通过钢轨扣件把钢轨直接与混凝土基础连接起来。

1. 整体道床扣件的技术性能

整体道床扣件除具有固定钢轨正确位置，阻止钢轨的纵向和横向位移，防止钢轨倾翻，提供适量的弹性，并将钢轨受力传递给轨枕或道床承轨台的作用外，还应具有如下技术性能。

(1)调整量

由于整体道床拨道比较困难，需通过扣件来调整轨距及轨道高度，所以整体道床上的轨道扣件应保证轨距的调整量为＋8 mm，－12 mm，高低调整量为＋10 mm。

(2)抗横向力

当曲线半径 200 m，车速 50 km/h 时，扣件所受的最大横向力为 37 kN，所以抗横向力应≥40 kN。

(3)扣压力

为了制止钢轨爬行，一组扣件的扣压力应大于 12 kN。

(4)绝缘性能

扣件的绝缘部件工作电阻应大于 10^8 Ω。

(5)垂向、横向静刚度

一般扣件垂向静刚度应为 200～290 kN/cm，横向静刚度应为 220～600 kN/cm。较高减振地段扣件垂向静刚度还需适量减少。

(6)强度

城市轨道交通所使用的扣件应进行强度试验，在扣件垂向受力 55 kN，横向受力 40 kN 的条件下，经 200 万～300 万次疲劳试验，其零部件应无损坏及磨耗。

2. 整体道床扣件型式

整体道床上宜采用全弹性分开式扣件，垂向和横向均应具有良好弹性，以适应刚性道床，并有适量的轨距水平调整量。

下面介绍几种国内常用的扣件形式。

(1)DTⅠ型扣件

这种扣件为全弹性分开式，如图 3-1-11 所示。扣件性能较好，扣压件为弹性扣板，扣压力较强，用轨距块调整轨距。铁垫板下设一层 8 mm 厚塑料垫板，主要起绝缘作用，扣件弹性一般。扣件与轨枕连接方式，采用在轨枕内预埋玻璃钢套管，螺旋道钉可拧进取出，使用方便。

北京地铁一、二期工程采用了 DTⅠ扣件，经 20 多年试铺使用和地铁运营实践，扣件状态均良好。

(2)DTⅢ型、DT Ⅳ型扣件

这两种扣件均为全弹性分开式，二阶减振，结构形式相同。DT Ⅲ型、DT Ⅳ型分别用于 60、50 kg/m 的钢轨，适应于整体道床一般减振地段。

扣压件：采用地面铁路定型的 ω 弹条。

轨距枕：材料为增强聚酰胺材料，不仅可用于调整轨距，还能起到绝缘隔振作用，多一道隔迷流防线。

DT Ⅲ型、DT Ⅳ型扣件静刚度较小，为 210 kN/cm 左右，弹性较好，减振对比试验，较 DT Ⅰ型扣件，加速度传递函数值减少 5～10 dB。北京地铁复八线复兴门至西单段铺设 DT Ⅳ型扣件；上海地铁 1 号线一般减振地段铺设了 DT Ⅲ型扣件，运营使用情况良好。

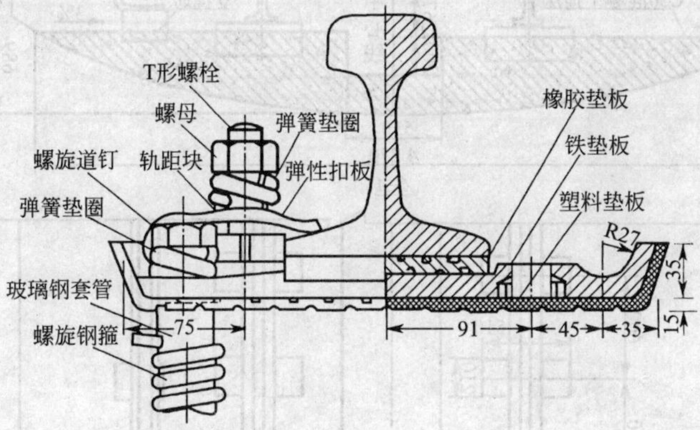

图 3-1-11　DT Ⅰ型扣件（单位：mm）

(3)DT Ⅵ型扣件

这种扣件也是全弹性分开式。它是为青岛、沈阳和上海地铁 2 号线而研究设计的，类似英国潘得罗尔扣件，取消弹条上螺栓。

扣压件为新研究的 DI 弹条，扣压力较强。

(4)DT Ⅶ型扣件

这种扣件为半弹性分开式。它最初是为伊朗德黑兰地铁研究设计的，适用于 54 kg/m 钢轨枕式整体道床、一般减振地段。

3. 道床

整体道床整体性能好，坚固稳定、耐久；轨道建筑高度小，减少隧道净空，节省投资；轨道维修量小，适宜城市轨道交通运营时间长，维修时间短的特点。

整体道床的类型较多，下面介绍几种常用的道床形式。

(1)无枕式整体道床

无枕式整体道又称整体灌注式，无枕式轨道建筑高度较小，主要采用就地连续灌注混凝土基床或纵向承轨台。国外一些国家修建铁路隧道时常采用这种型式，香港地铁和新建的轻轨交通也采用了这种型式，简称 PACT 型轨道。这种形式结构简单，减振性能也较好，但施工时需采用刚度较大的模架，施工较为复杂。

(2)轨枕式整体道床

这种形式道床可分为短枕式和长枕式两种。

① 短枕式整体道床。这种道床轨道建筑高度一般为 550 mm 左右，轨枕下道床厚度一般不小于 160 mm，一般设中心排水沟，如图 3-1-12 所示。

这种道床稳定、耐久、结构比较简单，施工方法简便，进度较快。我国北京地铁 1、2 号线工程大多铺设这种道床，经 20 多年运营，使用状态良好。天津地铁亦铺设了这种道床。

② 长枕式整体道床 这种道床设侧向水沟，如图 3-1-13 所示。一般长轨枕预留圆孔，让道床纵筋穿过，加强了与道床的连接。它适用于软土地基隧道，可采用排轨法施工，施工快。上

海和新加坡地铁铺设了这种轨道，使用状况良好。

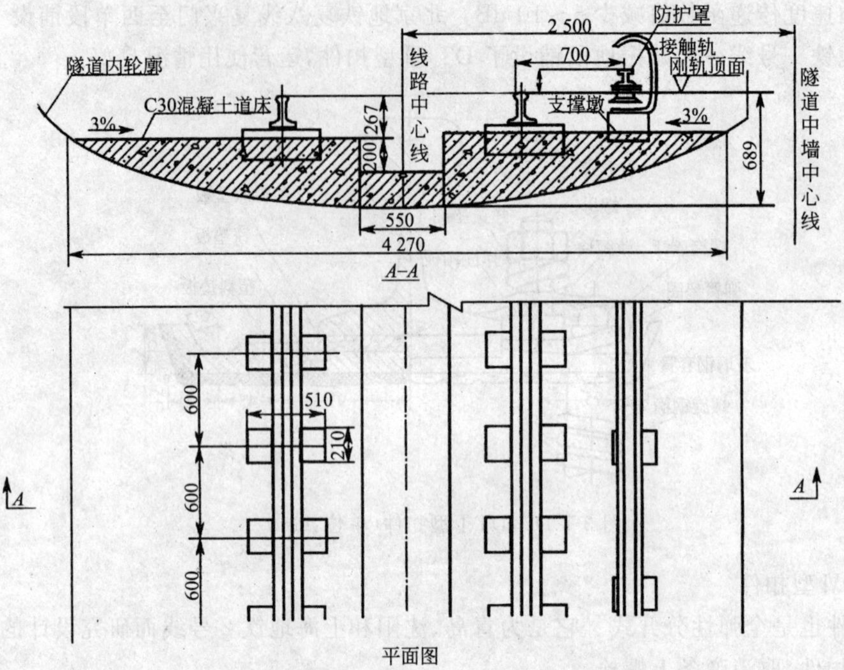

图 3-1-12　短枕式整体道床（单位：mm）

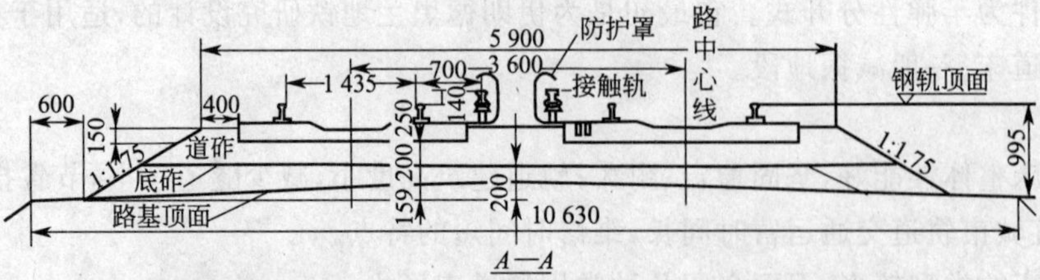

图 3-1-13　长枕式整体道床（单位：mm）

三、高架桥上的轨道结构

（一）轨道结构的形式

高架桥上的轨道结构也可分为有砟轨道和无砟轨道两种。有砟轨道和土质路基轨道结构相同。无砟轨道与有砟轨道相比，可减少桥梁恒载，降低梁的刚度和造价，同时可大大减少轨道维修工作量。但由于整体道床轨道调整量有限，所以对桥梁徐变及桥墩的不均匀沉降提出

了更高的要求

高架线路上参考国家铁路预应力梁上整体道床的扣件调整量，轨距调量一般在＋14 mm、－22 mm 之间，高低调量为＋30 mm。

高架桥上通常采用承轨台式轨道结构，分有砟和无砟两种型式，无砟式承轨台是一种整体灌注式的钢筋混凝土结构，有砟式承轨台是一种沿纵向铺设在钢轨下面的条形钢筋混凝土结构，系二次灌注混凝土结构。图 3-1-14 是我国设计的轻轨交通用高架混凝土桥无砟轨道结构。

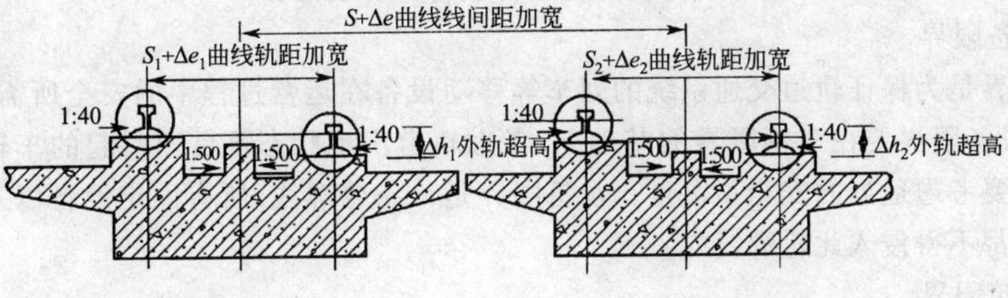

图 3-1-14 承轨台式轨道结构

（二）轨道结构的减振装置

城市轨道交通系统由于站立人数多，列车起停频繁，对运行的平稳性要求较高。各国在研究车辆转向架减振技术的同时，对轨道减振技术也有很多创新。图 3-1-15 是日本地铁系统采用的一种通过在整体道床与枕木之间安置减振弹簧以减少列车运行过程振动的一种形式。实践表明：这种减振装置还可减少列车运行过程中的噪声。

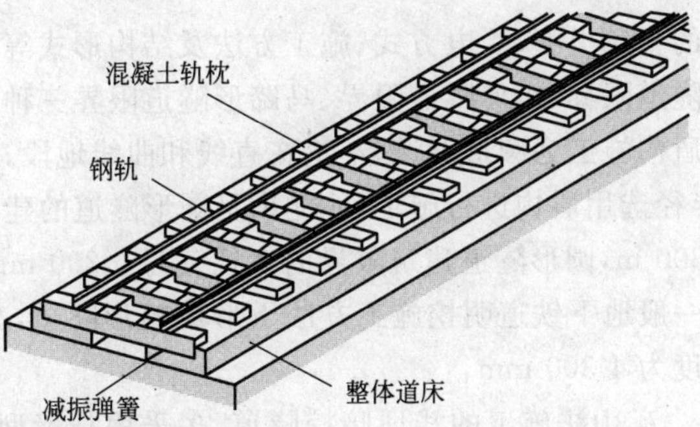

图 3-1-15 道床减振原理

第四节 限 界

限界是指列车沿固定的轨道安全运行时所需要的空间尺寸。为保证列车运行安全，各种建筑物及设备均不得侵入限界范围。轨道交通工程地下隧道的断面尺寸及高架桥梁的宽度的设计都是根据限界确定的。限界越大，安全度越高，但工程量及工程投资也随之增加。因此，合理限界的确定既要考虑对列车运行安全的保证，又要考虑系统建设成本。

限界一般是按平直线路的条件进行制定。曲线和道岔区的限界，一般应在直线地段限界的基础上根据车辆的有关尺寸以及不同曲线半径、超高、不同的道岔类型，再分别考虑适当的加宽和加高量。

一、限界的种类

根据轨道交通系统的构成和设备运营要求，限界可以分为车辆限界、设备限界、建筑限界和接触轨或接触网限界。它们是根据车辆外轮廓尺寸及技术参数、轨道特性、各种误差及变形，并考虑列车在运动中的状态等因素，经过科学的分析计算后确定的。

(1) 车辆限界

车辆限界应根据车辆的轮廓尺寸和技术参数，并考虑其静态和动态情况下所能达到的横向和竖向偏移量，按可能产生的最不利情况进行组合计算确定。

(2) 设备限界

设备限界是为保证轨道交通系统的列车等移动设备在运营过程中的安全所需要的限界。一般说来，设备限界要在车辆限界的基础上，考虑轨道出现状态不良而引起的车辆偏移和倾斜；此外，还要考虑适当的安全预留量。设备限界是一条轮廓线，所有固定设备以及土木工程的任何部分都不得侵入此轮廓线内。

(3) 建筑限界

建筑限界是指在行车隧道和高架桥等结构物的最小横断面所形成的有效内轮廓线基础上，再考虑其施工误差、测量误差、结构变形等因素，为满足固定设备和管线安装的需要而必须的限界。换言之，建筑限界以内、设备限界以外的空间主要是为各类误差、设备变形和其他管线安装所需要的空间。

二、区间直线地段限界

(1) 隧道建筑限界

隧道限界是在既定的车辆类型、受电方式、施工方法及结构形式等基础上确定的隧道的限界。它又可以分为圆形隧道限界、矩形隧道限界、马蹄形隧道限界三种类型。

①圆形隧道限界。盾构施工为圆形隧道，不论在直线和曲线地段，只能采用同一直径的盾构，所以应按最小曲线半径选用盾构进行施工，才能满足圆形隧道的建筑限界要求。如线路最小平面曲线半径为 R=300 m，圆形隧道建筑限界的直径宜为 5 200 mm。

②矩形隧道限界。一般地下铁道明挖施工方法下形成矩形隧道，其单洞单线隧道建筑限界宽度为 4 000 mm，高度为 4 300 mm。

③ 马蹄形隧道限界。矿山法施工的浅埋暗挖隧道，多采用马蹄型断面，其建筑限界最大宽度为 5 000 mm，最大高度为 4 800 mm。

(2) 高架桥建筑限界

在城市地区，有时会在轨道交通线路上设计高架的人行通道。为保证安全，这种高架桥的人行桥需要给轨道交通列车及设备留有适当的空间，这就是高架桥建筑限界。

三、曲线地段及道岔区建筑限界

车辆在曲线上运行时，由于车辆纵向中心线是直线，而轨道中心线是曲线，故车辆产生平面偏移。此外，在曲线地段，轨道一般都需要设计一定的超高，它也将引起车辆的竖向中心线发生偏移。因此，对曲线或道岔地段而言，运行中的车辆在平面和立面上都产生一定的偏移量，故其建筑限界应进行加宽和加高。曲线加宽应分内侧加宽和外侧加宽，加宽量可根据科学计算来确定。

在道岔区范围内，由于列车需通过道岔侧面的导曲线，所以建筑限界应进行平面加宽。道岔导曲线范围内的加宽量也需根据科学计算来确定。

四、车站限界

在车站站台有效范围内，靠近站台一侧，站台边缘至线路中心线的距离，应根据车厢宽度来确定。在我国，一般站台边缘与车厢外侧之间的空隙设置 100 mm 为宜，站台面的高度应低于车厢地板面 50～100 mm 较为合适。这个数值与车辆质量及运营水平有关，也与线路和车站工程的施工质量有关。

复习思考题

1. 简述在轨道交通系统的线路中设置折返线、渡线的必要性。
2. 分析不同类型地下工程的施工方法的利弊及适用性。
3. 对混凝土整体道床来说，其钢轨扣件的形式应考虑哪些因素？
4. 试简述曲线超高的目的与意义。
5. 根据车辆限界、设备限界和建筑限界的概念，分析三种限界的异同。

第二章 车 站

第一节 概 述

轨道交通系统中，车站是系统运行的主要设施，也是系统运营过程不可缺少的组成部分。轨道交通系统车站的选址、布置、规模等对运营效果具有决定性的意义。

一、车站的分类

轨道交通车站根据运营性质、所处位置等可以划分不同类型的车站。

(1)按车站与地面相对位置，分为地下车站、地面车站和高架车站；

(2)按车站的运营性质，分为终点站、一般中间站、中间折返站和换乘站等；

(3)按车站结构形式和施工方法，分为明挖站、暗挖站等；

(4)按车站站台形式，分为岛式车站、侧式车站、一岛一侧、一岛两侧等车站形式；

(5)按车站服务的对象及功能，分为城市标志站(作为城市的象征或著名建筑物)、与干线或机场等交通连接的换乘枢纽站(完成与机场或其他交通方式的接续运输过程)、市郊地区车站、农村地区车站等。

二、车站设计原则

1. 轨道交通车站的特点

轨道交通车站大多是在城市地区。这种城市车站具有一些不同于城市间车站的特点，主要体现在：

(1)需要处理的行李很少或没有。

(2)旅客密度高，流量大，进出口的设计需要更快速有效，因此，车辆设计也包含了较多、较宽的自动门，站台设计一般与车厢地板同高。

(3)列车间隔较短，一般非高峰期间隔为 10 min，高峰期间隔 90 s；从而不需要太多的等待候车空间和设施。

(4)需要设计或预留自动售、检票设施。

(5)当设计成高架或地下形式时，需要注意纵向流通径路，使轨道交通与街道交通保持良好的接续。

(6)城市车站位于高犯罪区时，要有特殊的保安措施，如闭路电视监控系统灯。

(7)在郊区车站，需要为巴士、私家车提供乘降设施以及相应的停车存放场所。

因此，城市车站设计要考虑其自身特点。

2. 轨道交通车站设计

车站是城市轨道交通系统最重要的现代建筑类型，它们除了提供旅客上下车服务以外，还可以具有一系列功能：购物、聚会及作为城市景观。车站也是空间建筑物与工程结构的结合之处，反映着城市轨道交通系统的特色。车站设计时一般应考虑遵循以下原则：

(1)车站选址要满足城市规划、城市交通规划及城市轨道交通路网规划的要求,并综合考虑该地区的地下管线、工程地质、水文地质条件、地面建筑物的拆迁及改造的可能性等情况合理选定。

(2)车站总体设计要注意与周围环境的协调,如与城市景观、地面建筑规划相协调。随着社会的进步和人民生活水平的改善,人们对建筑艺术的要求日益提高。地处城市区域的车站,人流十分集中,作为一种永久性建筑物,在经济许可的前提下改善车站的建筑设计,与城市景观和地面建筑规划很好地协调,对美化城市环境、改善人民生活质量是很有意义的。

(3)车站的规模及布局设计要满足路网远期规划的要求。车站是乘客候车、上下列车及列车停靠的场所,站台长度、宽度、容量必须满足远期的旅客乘降和疏散要求。车站客流集中,一般都与地面交通有大量的换乘,车站布局设计应有效地组织人流集散,力求换乘路径便捷,减少乘客的换乘距离,给乘客带来便利。城市轨道交通路网建设是个渐进的长期过程,随着城市轨道交通线路数目的增加,线路交叉点数目亦增多,处在交叉点处的中间站,便开始起着换乘站的作用。由于城市轨道交通车站,尤其是地下车站,建成通车后的改建十分困难,因此这类车站应该在城市轨道交通路网的远景规划中加以规定,建设初期作必要的预留措施,以便未来能够在不中断行车的情况下,较方便的扩建必要的换乘设备。

(4)车站站位应尽可能地靠近人口密集区和商业区,最大限度地方便乘客出行。

(5)车站的设计应尽可能地与物业开发相结合,使土地的使用达到最经济。

(6)车站的设计应简洁明快大方、易于识别,并应体现现代交通建筑的特点,同时还应与周围的城市景观相协调。

(7)车站设计应能满足设计远期客流集散量和运营管理的需要,应具有良好的外部环境条件,最大限度地吸引乘客。与其他交通方式换乘的车站,应充分考虑预留换乘接口条件,使换乘客流组织合理、快捷,尽量避免交叉。

(8)车站应在满足使用功能的前提下,尽量缩小建筑空间,使其规模、投资达到最合理。车站的管理及设备用房尽量布置在主体建筑之外,与周围建筑的开发相结合,以减小车站的体量。

(9)车站公共区应按客流需要设置足够宽度的、直达地面的人行通道,出入口的布置应积极配合城市道路、周围建筑、公交的规划等因素综合考虑,通道和出入口不应有影响乘客紧急疏散的障碍物。车站设计要尽量兼顾过街人行通道的要求。

(10) 贯彻以人为本的思想,车站需解决好通风、照明、卫生等问题,以提供乘客安全、快捷和舒适的乘降环境。在经济条件许可下,也应尽量从以人为本的出发点来考虑设计标准。如自动扶梯数量的配置、环控设备的设置、车站内各种服务设施如公用电话、自动售票、残疾人通道、公厕、座椅、垃圾筒等,尽管人们在车站内逗留的时间是短暂的,但还是要创造一个满足人的行为所需的场所,使人们在生理和心理上得到舒适感。

(11) 车站考虑防灾设计,确保车站的安全性。

(12) 车站设计要考虑其经济性。城市轨道交通建设投资巨大,根据我国城市轨道交通建设经验,车站土建工程的造价约占城市轨道交通系统总投资的13%左右。因此,在车站建筑设计时,在满足功能的前提下,应尽量压缩车站的长度及控制车站的埋深或车站架空高度,以降低造价、节约投资。

三、车站的组成

大型轨道交通系统的车站一般由四部分组成：一是车站大厅及广场，它通常是乘客、游客和商人聚集的地方；二是售票大厅，为乘客出售列车客票；三是站台，直接供乘客乘降车使用；四是旅客不经常到达的地方，如车站办公室、仓库、维修设施及铁路股道等。对城市铁路来说，车站一般包括主体、出入口及通道、通风道及风亭（地下）和其他附属建筑物组成。

车站主体是列车的停车点，它不仅要供乘客上下车、集散、候车，一般也是办理运营业务和运营设备设置的地方。

车站主体根据功能的不同，可分为乘客使用空间和车站用房两部分。

车站用房应根据运营管理需要设置，在不同车站只配置必要房间，尽可能减少用房面积，以降低车站投资。

图 3-2-1 是几种不同类型车站的站台形式。

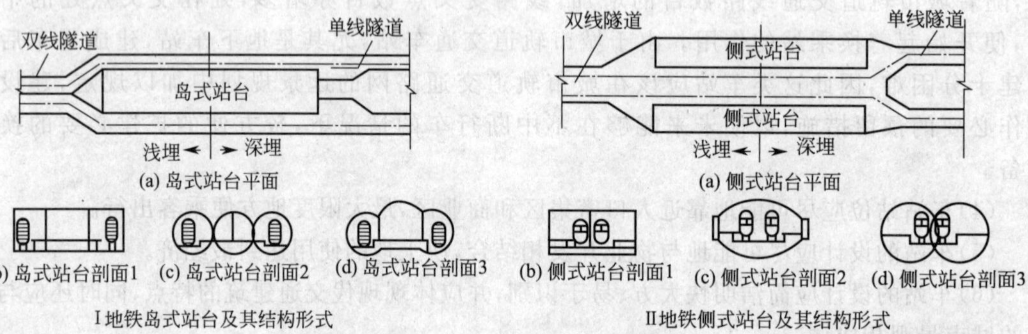

图 3-2-1 不同类型车站的站台形式

城市中心区的轨道交通车站一般采用地下形式，车站相应地建设于地下。地铁车站的总体设计，应妥善处理与城市规划、城市交通、地面建筑、地下管线、地下建筑物之间的关系。同时，地铁车站设计要保证乘客使用安全、方便，并具有良好的内部和外部环境条件。车站建筑设计应简洁、明快、大方，易于识别，并体现现代交通建筑的特点。

在市中心区以外的地点，轨道交通车站可以考虑采用地面或高架形式。

轻轨车站的站间距一般在 1 km 左右。在郊区站间距可以略大一些，在市中心区则可以更短一些。

第二节 车站设备配置

城市轨道交通车站的设备配置首先要满足面向乘客的服务需求，其次要强调设备配置的能力匹配与经济性，最后要体现出轨道交通服务方式在各类城市公共交通服务模式中的先进性。

一、车站设备配置原则

1. 实用性

车站的设备配置要符合车站服务的特点，即服务的短暂性和高频率。轨道交通车站主要解决乘客在该服务系统中汇聚与疏解，有很强的时效性，乘客的基本要求是在短暂的移动过程中充分享受到车站所提供的舒适服务。因此设备的实用性是车站首先考虑的问题，如车站的自动扶梯、先进的售检票系统、车站的空调系统等设备都是城市轨道交通车站完成其优质服务功能所不可缺少的。另外作为现代文明城市的代表窗口，无障碍通道系统也是必不可少的。

2. 功能匹配

由于轨道交通系统投资巨大，城市轨道交通车站的设备配置既要满足乘客所需的服务要求，同时也要防止出现设备能力闲置，降低设备的使用效率以及系统运营的经济效益(不包括正常的设备能力储备)，即车站设备服务能力与乘客所需服务容量的匹配。另一方面车站设备配置的能力匹配，还包括各设备之间的容量与能力匹配，如列车运营密度对站厅候车能力、疏解能力、自动扶梯服务容量、售检票能力等都提出了相应的配套要求，这一要求首先就是车站各配置设备之间的能力协调。

3. 先进性

城市轨道交通系统作为先进的大容量、快捷交通运行工具，同时也是一个复杂的运营系统。高技术、高智能化是其基本特征，而要体现这一高技术、高智能化特征，构成这一系统的诸设备必须有相当的先进性，就目前而言应以计算机技术和信息技术和控制技术为主要应用对象，提高车站设备的技术和应用层次。

4. 经济性

在满足乘客乘降需求的前提下，本着提高设备利用率的原则。车站内所配置的相关设备必须有一个符合经济性的问题，即从设备的等级、规模、先进的程度等方面出发体现出够用的原则，从而使车站建设的投资恰到好处。

5. 安全性

与其他各类交通工具一样，城市轨道交通系统的运营也十分强调其运营的安全性，它是所有被考虑因素中的第一位要素。而安全运营的实现除了依靠严格而又科学的运营管理以外，所属设备的运行可靠程度也是一个决定因素。对于车站设备的配置来说，要从所配置设备的安全可靠性上严格把关，同时还要配备必要的应急设备，以防万一，如车站的供电系统。

二、车站的作业与设备

(一)车站客运作业

城市轨道交通车站的作业与设备密切相关。对于乘客来说，一般遵循如下的流程：到进站口→到站厅层→购票→通过检票机→上站台→乘车。车站的客运作业即为完成以上流程而提供的服务。

车站客运作业主要有：引导乘客进站，问讯服务，售检票服务，组织乘降，出站验票等。

(二)车站设备配置

为完成上述客运作业，城市轨道交通车站一般应配置以下设备：通道、站厅、站台、自动扶梯、引导标识系统、广播系统、无障碍系统、屏蔽门系统、售检票系统等。

(三)站台屏蔽门系统

站台屏蔽门是设在站台边缘，把站台区域与列车运动区域相互隔开的设备。列车未进站时，屏蔽门处于关闭状态，保证了乘客候车的安全，防止了可能出现的各种意外；而当列车进站后，使列车车门与站台屏蔽门严格对准，并使列车车门与屏蔽门联动开启，以供乘客上下车，待乘降结束后，车门与站台门同步关闭。

1. 站台屏蔽门的优点

与传统的地下车站相比，采用站台屏蔽门具有如下的优点：

(1)设置站台屏蔽门后，可实现司机一人全程操作，站台上不必再设站务人员接发列车(站台屏蔽门的开启由列车司机操纵)。

(2)一般在站台屏蔽门上多装有各类障碍物传感器。一旦有障碍物存在，传感器发出的信息将使屏蔽门再开闭机构动作，避免了车门夹人、夹物事故的发生。

(3)由于站台屏蔽门实现了站台与轨道、列车行进区间的完全隔离，乘客候车时不会与列车进出站发生任何关系，保证了乘客的乘车安全。

(4)设置站台屏蔽门后，站台空间显得更加舒适。

(5)节省了地下车站空调负荷，降低能耗。

图 3-2-2 东京地铁车站的屏蔽门

2. 站台屏蔽门构成与工作程序

(1)站台屏蔽门的构成

一般站台屏蔽门有密闭型和开放型两种。前者是在站台侧面从地板到顶棚全部遮挡起来，而后者只是隔离屏蔽门的高度，其余部分敞开。对于采用车站进风，区间排风的车站来说，以敞开式屏蔽门为好，有利于站台和隧道的通风和排烟，但对于采用全封闭空调的车站来说，则要采用密闭式，以保证车站本身空调的效率。如图 3-2-3 所示为一屏蔽门的结构示意图，有关技术指标见表 3-2-1 所示。

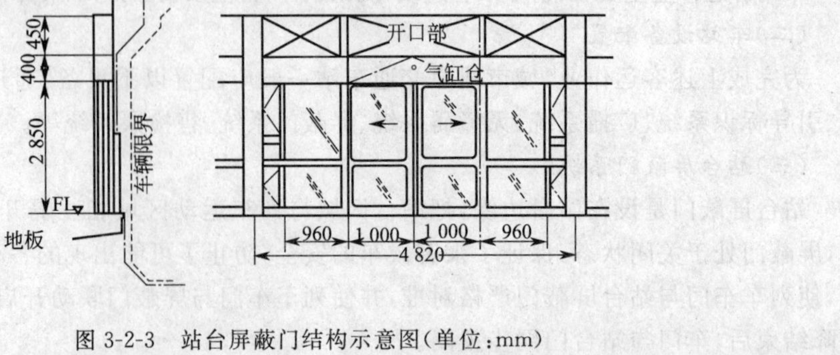

图 3-2-3 站台屏蔽门结构示意图(单位：mm)

表 3-2-1　站台屏蔽门技术性能

项　目	技　术　性　能	项　目	技　术　性　能
站台门形式	半密闭型	站台门形式	半密闭型
站台门	32 组/每站，32 组×6 站＝192 组 横拉式站台门，有效开度 2 m×2 m 铝制动形门体，氟化树脂涂敷，门重 600 N/扇	发射应答器	2 组/站，(上、下行各 1 组)
		综合控制盘	1 组/站
		个别控制盘	1 面/门
驱动装置	气缸驱动，压缩空气压力 50 N/cm²，推力 285 N 气缸行程 1 005 mm，控制电源 AC 单相 100 V	站务员操作盘	2 面/站(上、下行各 1 面)
		乘务员操作盘	2 面/站(上、下行各 1 面)
		机器表示操作盘	1 面/站
压缩空气源	空冷式空气压缩机 7.5 kW×2 台 储气罐 500 开×2 自动交替运转 电源 AC3 相 400V	安全装置	门沿传感器 1 组/门(导电橡胶带) 障碍物传感器 1 组/门(红外线) 防夹传感器 1 组/门(红外线) 开关门预告器 1 组/门(电子音)

(2)站台屏蔽门的作业程序

站台屏蔽门的开、关是与车厢门联动的。通常司机在打开车门的同时，站台屏蔽门也自动打开，关闭车门时也是如此。除此之外在站台的相应的位置还设有供站务员使用的操作盘，每个屏蔽门都设有个别操纵开关，在车站的调度室和运输调度所均设有相应的控制显示和开关，以保证屏蔽门开、闭的绝对安全。站台屏蔽门的开、闭采用与车厢门有同等可靠性的压缩空气为动力，驱动气缸安装在站台门顶部的仓盖内。

站台屏蔽门以关闭为定位，正常情况下的开闭按以下作业程序：

①列车进站，由 ATD 控制在指定位置停车，车厢门对正站台门。

②司机按动开门按钮，站台门先动作，0.5 s 后，车辆门开始动作打开，一般司机给出指令到车辆门全部打开的时间为 3 s。

③司机根据列车停站时间，催促乘客抓紧时间上下，当判断乘客乘降结束时，准备关门。

④司机按动车上的关门按钮，预告蜂鸣器发出声响后车门先动作，0.5 s 后站台门动作。整个关门时间也为 3 s。

一旦出现异常情况，即列车司机无法操纵站台屏蔽门或站台屏蔽门开关不到位的情况下，此时，对站台屏蔽门的控制权将交给车站乘务员或运输调度所的工作人员；当所有电源被切断时，可用手动方式打开各站台的空气阀，使屏蔽门打开。

3.站台屏蔽门的安全保证装置

(1)列车与站台屏蔽门之间的控制联系

屏蔽门的开闭指令是由司机从列车驾驶室发出的，而门的执行机构安装在站台上。另外门的开闭到位的确认，动作过程中各种异常情况的感知和信息处理都需要列车与站台固定设备之间的信息往返传递。担当这个任务的通常是发射应答器。它是由信息处理装置的变换器和轨道上设置的有源地上元件组成。地上元件和车上元件通过高频电波进行信息交换。例如列车定点停车与站台屏蔽门与车厢门对准之间的关系判断方法为：车上元件发出某信号由地上元件中的两个列车定位检测线圈接受，当车门与站台门对正或在允许的误差范围之内，两线圈所受到的信号强度达到均衡，综合控制盘确认后发出可以进行开、关门的操作信号。如果列车停车位置超出规定的停车电误差，两线圈受到的信号强度不一致，检测的结果不允许进行开关门的操作，这时就必须使司机用手动驾驶列车，重新修正停车位置，直到能允许进行开关门操作为止。

(2)站台屏蔽门的安全装置

在站台屏蔽门上有三种安全探测装置,即:

①探测站台门与车厢门之间人或物体存在的障碍物传感器;

②为防止站台屏蔽门夹人,设在两扇门边缘的门沿传感器;

③为防止衣物等被站台门或站台门和车门同时夹住的防夹传感器。

其中障碍物传感器和防夹传感器采用红外线探澜,而门沿传感器则采用带状的导电橡胶条。它们都是在站台屏蔽门关闭的过程中进行检测的,如果其中的任一传感器发出异常信号,站台门将再做关闭门的动作,直到障碍消除,否则门将在开启的位置停下来,并向列车驾驶室、各操作台和行车调度室发出异常信号,等待工作人员的现场处理,从而保证了乘客乘降的绝对安全。

(3)站台屏蔽门防电击措施

由于站台屏蔽门以及地板与列车车体之间存在电位差,当人体跨越车门时,与两者同时接触可能会被电击。为防止这一情况的发生,一般采用如下措施:

①在站台门的支柱上涂敷高绝缘强度的橡胶保护层;

②在乘客乘进出的站台地板上铺装绝缘橡胶扳;

③在站台门及屏蔽墙的表面涂上绝缘的氟化树脂材料。

(四)自动售检票系统(AFC)

自动售检票系统是通过计算机集中控制的,以磁卡及非接触器或 IC 卡为介质的一种售检票方式。它是城市轨道交通实现票务管理自动化的基础,贯穿了城市轨道交通票务运营的全过程,包括:乘客自动/半自动乘车购票、进出站检票(包括验票、计费、收费和单程票回收)、客流和收费统计、售/检票设备监控、车票初始化/个人化、车票分发/回收/循环/退票/挂失/报废、系统密匙的生成和管理、票务清算等。

自动售检票设备通常由自动售票机、半自动售票机、自动检票闸机、车站和中央控制计算机组成,集计算机、网络、通信、大型数据库、非接触智能卡、自动控制、机电一体化、模式识别、传感器、精密机械等多项高新技术于一体,技术含量高,设备复杂,功能繁多,加工制造工艺复杂,系统对终端设备的安全性、可靠性、稳定性、实时性和耐用性要求苛刻,智能化和信息化程度要求高。

1. 自动售检票系统的制式

根据技术制式的不同,自动售检票设备主要有以下三种系统:

(1)磁卡型自动售检票系统

磁卡车票上涂有两种磁粉物质,一条为磁卡密码、编号等不变信息,另一条为车资、进站地点和时间等可变信息。磁卡车票可作为单程票、多程票、储值票等使用种类。磁卡型自动售检票系统设备较复杂,购置和维修费用较高。磁卡车票密码的破译、伪造较容易,安全性稍差。

(2)接触式 IC 卡型自动售检票系统

接触式 IC 卡上嵌装了集成电路芯片,信息载体是集成电路,读写器为电子设备。接触式 IC 卡型自动售检票系统设备购置费用较低,与磁卡相比,接触式 IC 卡具有存储信息多、使用寿命长、保密性能好和防伪能力强等优点。

(3)非接触式 IC 卡型自动售检票系统

非接触式 IC 卡上嵌装了集成电路芯片和环行线圈,读写时无接触、无磨损,只要读写器距离在 10 cm 内,读写设备就可准确读写卡中信息,并且电磁波信息还可透过非金属材料。非接触式 IC 卡型自动售检票系统读写方便,有助于提高自动检票口的通过能力。

2. 自动售检票系统的优点

自动售检票系统方便了乘客,保证了畅通,提高了服务质量,因储值票还有储值功能,简化了乘客购票手续,受到了普遍的欢迎。对城市轨道交通运输的客运组织、收入审核、决策分析起着重要的作用。设置自动售检票系统,可使城市轨道交通合理计费、吸引客流(特别是短途乘客)、遏制舞弊及逃票、减少管理人员、增加收入、减少运营成本提高社会效益和经济效益。

为方便乘客,许多城市在推行"一卡通",即市民持有一卡通、IC 卡,乘坐市内地铁、公共汽车等交通工具均可使用该卡付费,有的城市还将其和金融机构的系统相连,可持卡进行金融活动及各种消费的付费。随着 IC 卡技术的发展,其成本减低到可以接受的范围,单程票亦可使用 IC 卡,届时自动售检票设备则可进一步简化,使用更加可靠,建设和维修费用还可降低。

3. 自动售检票系统的构成

自动售检票系统主要由中心 AFC 系统、车站 AFC 系统、终端设备和车票四部分组成。

(1)中心 AFC 系统

作为运行在城市轨道交通公司行车调度指挥中心的计算机管理系统,协助管理人员管理和监控整个地铁 AFC 系统的运营,包括票务管理(IC 卡初始化、票价制定、黑名单管理、票卡分发和回收)、运营管理(人员管理、财务管理、业务信息统计分析)、结算管理(数据采集与清算)、设备监控和维护管理等,是 AFC 系统的核心部分。

(2)车站 AFC 系统

是运行在各个车站现场的子系统,管理本车站的票务运营业务,监控终端设备运行状态,保持与中心 AFC 系统及本站各种终端设备的网络通信和数据交换。

(3)终端设备

在车站现场配有各种终端设备,包括有:进出站闸机、自动售票机、自动充值机、车站票务系统、自动验票机。由于使用者是广大乘客,设备是否稳定、可靠、易于操作将直接影响 AFC 系统和地铁的正常运营。

(4)车票

车票是旅客乘车的凭证,包括储值票和单程票,采用非接触式 IC 卡。

(5)"一卡通"系统接口

AFC 的中心计算机局域网系统和位于各车站的局域网系统通过地铁专用宽带传输网连接在一起,构成 AFC 网络系统。AFC 系统通过公用数据网接入城市"一卡通"网络系统,将运营交易数据上传"一卡通"结算管理中心,同时接收中心下载的黑名单和其他指令信息。

(6)AFC 系统的优越性

在城市轨道交通运营管理系统中,AFC 系统是面对社会的最直接窗口,运营公司的经营思想运营模式主要依靠它来体现,更为重要的是,作为运营公司的收入来源,AFC 系统运行的好坏将直接关系到整个地铁系统的运营效益和投资者的回报,其重要性越来越被地铁运营公司和政府主管部门所认识。

自动售检票系统可对客票跟踪记录,一些客运管理数据如站间 OD 报告、年月日客流量、换乘客流量、平均乘距、列车满载率、站线网客流量及客运收入、平均票价等,均可及时进行统计分析并打印。这些数据在人工售检票情况下即使动用大量的人力物力也是无法如此精确地得到的。而这些数据正是运营管理部门进行科学的客运管理和行车调度所必须的,可以在数据分析的基础上根据不同的客流曲线进行客运能力(增减投运列车)、客运设施的调整以达到在更好地为乘客服务的同时，尽可能地降低运营成本。为了吸引客流，在日客流曲线存在明显的峰谷差异时，可以采用弹性空价收费的办法引导客流，使得可以不在高峰时乘车的客流改乘非高峰时段列车，同时也可以价格优惠吸引非高峰时段乘客以提高列车满载率，促进客流增长。随着社会的发展必然会有一些优惠政策，如学生、老人等车票价格优惠等。自动售检票系统在技术上完全能够适应这些措施。因此，它又在促进企业的科学管理的同时，体现了社会的进步。

第三节　车站通风与噪声控制

城市轨道交通的地下车站和地下区间隧道除出入口等极少部分与外界相连通外，基本上与外界隔绝，只有用人工气候环境才能满足乘客的需求。通风、空调的任务是采用人工的方法，创造和满足一定要求的空气环境。它包括空气的温度、湿度、空气流动速度和空气质量。当列车阻塞在区间隧道时，能维持车厢内乘客短时间能接受的环境条件，当发生火灾事故时，能提供有效的排烟手段，给乘客和消防人员输送足够的新鲜空气、形成一定的风速、引导乘客迅速撤离现场。同时，在地下车站还必须使其内部的环境噪声降到规定的数值以下。

一、车站的通风

空气的温度、湿度、风流速度三者结合起来被成为环境气象条件。人们对轨道交通车站的气象条件有一定的要求，同时与地面广泛性大气条件相比，轨道交通车站的气象条件具有局部性和多变性。例如车站进出乘客、工作人员不断散发出的热量、湿量或因地热、矿岩化热使地下空气温度升高、或夏季地表的热空气进入地下而凝结成露、或因无风而感到闷热等，造成车站内的空气温度、湿度和风流速度不断发生变化。为保证车站各类人员的舒适，防止车站各类机械、电气设施因腐蚀而损坏，必须通过强制通风进行散热、除湿和进行必不可少的车站内空气调节。

轨道交通系统车站通风的基本任务是向车站各工作地点供给足够数量的新鲜空气，稀释和排除有害物质，调节车站内部的气象条件，创造舒适的乘降环境。

1. 空气的温度、湿度和舒适度

轨道交通系统车站一般均设在离地表不深的地带（离开地表面 7～10 m），所以车站内的空气温度受地面气温的影响较大。如在北京地铁，由于其建筑年代较早，车站内没有空调系统，故车站内空气温度基本上和地面温度的变化同步。另外地下车站内的空气温度还受到下列因素的影响：

(1)空气受到压缩或膨胀的影响。一般每垂直高度上下 100 m，气温变化值在 1 ℃左右，但这一因素对地下车站来说影响不大。

(2) 地下岩石温度的影响。一般在 0～15 m 深度内为地层温度变化带，夏天岩石由空气吸热而增温，冬天岩石向空气放热而降低岩石本身温度。根据地表构造，可把地下岩石温度的变化分成三带，即温度变化带（地深 0～15 m）、增温带（地深 20～30 m）、增温带（地深＞30 m）。

(3)地下水温度的影响。由于地下车站的相对封闭性，故这一变化可忽略不计。

(4)地下机电设备发热的影响。大量的车站工作设备，尤其是动力设备、照明设备将产生大量热量，从而使车站内空气升温。

空气的湿度取决与空气中所含的水分。地下车站中的空气与地面空气一样，都是由于空气和水蒸气混合而成的湿空气。在单位体积或重量的空气中含有的水蒸气量即为空气的湿度，一般可采用绝对湿度、含湿量（比温度）和相对湿度来表示，其中：

绝对湿度是指每立方米或每公斤湿空气中所含水蒸汽量。当湿空气中水蒸气含量达到该温度下所容纳的最大值时的空气状态，则为饱和状态。

含湿量是指每公斤干空气相应含有的水蒸气量。

相对湿度是指 1 m^3 湿空气中所含水蒸气的重量与同一温度下 1 m^3 饱和空气中所含水蒸气重量之比的百分数。

影响地下车站空气中湿度变化有许多因素，如季节、气温、雨季、地下含水层和地下水位等。

最后，地下车站的空气舒适度主要是指地下车站的气象条件是否使车站工作人员和大量乘降旅客感到舒适。它取决于车站内空气的温度、湿度和流速和它们之间的相应关系。一般在相同气温下，湿度大的空气要比湿度小的空气使人感到闷热；在相同温度与湿度条件下，有风要比无风感到凉爽。所以，舒适度是空气温度、湿度和风速三者综合作用的结果，使人体感应周围空气环境的适应指标。

2. 地下车站通风系统

地下车站通风系统就是依照风流流动的路线，从进风口到排风口，以通风机为动力，包括管道网络、三防设施、消音装置等组成的空气流动系统。

(1)通风方式

常见的通风方式有机械送风、自然排风，机械通风、排风，自然送排风三种。其中机械送排风一般用于对通风要求较高的地下设施。地下车站是各类人员密集聚集的地方，一般应采用此方式。按照通风机所在的位置又有压人式送风、抽出式排风和抽压混合式通风。具体采用哪一种要根据地下车站的实际通风量和通风要求决定。为保证地下车站内有一定的超压，抽出的风量必须小于压人的风量。

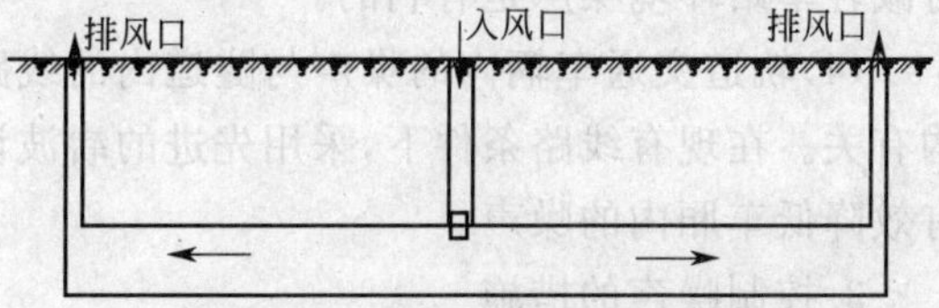

图 3-2-4　中间进风两翼排风方式

(2)网路连接

为减少通风距离，降低通风阻力，要尽量减少串联风路，广泛利用并联风路，如采用中间进风两翼排风的方式，如图 3-2-4 所示。

(3)通风系统的组成

地下车站所用的风机形式应根据车站环控系统的特性和地下工程的特定条件来决定。一般地下车站环控系统具有通风量大、风压低的特点。同时所用风机长年累月地运转，负荷大。而地下工程的特点决定了地下车站空间小，要求采用结构紧凑、效率高、安装检修方便的风机。在地下车站中一般采用轴流风机，以满足上述各项要求。轴流风机具有以下一些特点：

①风量大、风压低。

②工作效率高，可节省能耗和车站运营成本。

③能十分方便地实现双向转动，在必要时可实现排烟排热的功能。

二、车站的噪声控制

1. 噪声的来源

城市轨道交通系统中车站的噪声来源主要为：

(1)列车高速运行是主要的噪声源,包括车体压缩机、电刹车、传动系统等工作设备发出的噪声;来自门窗、通风器、管道等的颤动和撞击声;众多车辆和钢轨同时发生作用所产生的作用力,使车辆与钢轨产生振动而产生声辐射;列车在半封闭通道内高速行驶时产生的活塞风所形成的气流噪声。

(2)车站或隧道通风系统中使用的轴流风机起动通风时的机械和气流噪声。

(3)车站各类工作房中大量电器和机械设备工作时所发出的噪声。

(4)由乘客引起的社会生活噪声。

2. 地下车站内的噪声的特点

根据北京地铁部分车站的时等效声级测量,噪声的出现高峰与列车的运营高峰基本同步,其最大声级在车站站台平均达到 86 dB,最大混响时间为 4 s。与其他场所噪声源的产生相比,地下车站内的噪声有如下一些特点:

(1)列车高速运行是车站环境的主要噪声源,其影响范围包括车站站台环境、车站工作室环境、列车车厢和驾驶室环境,但一般不会对地面环境造成噪声污染。

(2)地下车站内的声学特征不同与地面环境;声波在地下空间传播时由于界面的反射与不同程度的空气吸收,造成声波在空间发生变化,而产生一系列特殊的声能特征,为采用人工噪声控制提供了条件和可能。

(3)地下车站环境噪声还与列车车流量有密切关系。适当控制列车进出站速度和客流量对减轻车站环境噪声是有利的。

(4)轨道交通车辆内的噪声与隧道内的线路质量、列车运行速度以及列车本身的性能和结构有关。在现有线路条件下,采用先进的崭波调压调速技术和具有双层密封隔声门的列车,能有效降低车厢内的噪声。

3. 控制噪声的措施

目前,在地下车站内部所采用的降噪措施主要是在站台的顶部、站台对面隧道侧墙、站台下部、轨道旁等贴有不同尺寸的专用吸声板。

另外对于城市高架轨道交通,如上海轨道交通明珠线,由于是在城市的空间中形成的交通系统,因此,轨道交通线的沿线噪声控制是一个十分重要的问题。根据《城市区域环境噪声标准》的规定,交通干线两侧的噪声标准限值为:白天 70 dB(A),晚上 55 dB(A),而目前轨道交通动车组运行时的噪声值为 83 dB(A)(以我国长春客车厂制造的四轴地铁车辆为例,当动车组速度为 60 km/h,距动车组 7.5 m 处所测),所以要充分考虑轨道交通沿线降低噪声等级的措施。除了在车辆构造以及轮轨作用体系方面的改进以外,一般要在轨道交通的沿线布置高度为 6 m 的防噪墙,其结构为单层穿孔彩钢板面,内衬吸声材料结构。在轨道两侧有密集多层居民住宅区等建筑时,应在防噪墙上加装一定高度(约 1.5 m)的玻璃墙作为声屏障透明体,以强化隔音效果。但如为高层建筑,则要加装由钢板制成的弧型吸声体,以减少声音的绕射。

复习思考题

1. 简述车站有几种类型?
2. 在车站建筑的设计中主要需考虑哪些因素?
3. 不同类型车站有几种站台形式?
4. 车站设备配置须遵守哪些原则?
5. 设置站台屏蔽门有哪些优点?

第三章　车　辆

车辆是轨道交通系统完成旅客输送任务的直接工具。车辆一般可按有无动力分为动车、拖车两类,也可按有无驾驶室分为带司机室和不带司机室两类。能独立运行的一组车辆一般称为动车组。最早的多单元动车系统是 1897 年 Sprague 在芝加哥南部高架上发明的。这种系统中,每辆车均有电机,但全部由第一辆车的驾驶员操纵。与铁路列车不同,城市轨道交通系统的动车组是一个整体,其发动机、控制系统等是在生产过程中定制的,一般不能在运营过程中任意折装组合。

多单元列车的重要性体现在可以在不减少列车牵引力的条件下增加列车编成,因为每组车均有动力。牵引力是重量与驱动轮数量的函数,在多单元系统,整个列车(而不是机车)的重量都施加于驱动轮对,故对每辆车来说,它可以有更大的加速度,从而可以增加列车平均速度,减少运营费用。

动车组的出现对于城市铁路的发展具有非凡的意义,目前世界上几乎所有的地铁均采用这种驱动系统。

第一节　车辆的基本构造

在一个动车组内,动车、拖车与驾驶室的分布是一个有机的整体。例如,北京地铁按全动车设计,两辆车为一单元,列车编成可以按 2、4、6 辆编挂。上海地铁分为带司机室的拖车(A 型)、带受电弓无司机室的动车(B 型)和无受电弓无司机室的动车(C 型)三种。6 节编成可按 A-B-C-C-B-A 编组,各节车辆之间均为贯通,以方便旅客流通。

轻轨车辆的动车一般有三种形式:四轴动车、六轴单铰接车和八轴双铰接车。一般城市轨道交通车辆的构成包括七部分(具体构造见第二篇铁路运输设备)。

1. 车体

车体是容纳乘客和司机(如有司机室时)的地方,多采用整体承载的钢结构、轻金属结构或复合材料结构。车体本身又包括底架、端墙、侧墙及车顶等部分。

2. 转向架

装设于车辆与轨道之间,是车辆的走行部分。它又分动力转向架和非动力转向架两类。

3. 牵引缓冲装置

车辆的连接是通过车钩实现的,车钩后部一般需要装设缓冲装置,以缓和列车运动中的冲击力。

4. 制动装置

制动装置是保证列车运行安全的装置,无论动车或拖车均需设摩擦制动装置。城市轨道车辆的制动装置除常规的空气制动装置外,还有再生制动、电阻制动以及磁轨制动(轻轨车辆上常用的方式)。

5. 受流装置

从接触导线(接触网)或导电轨(第三轨)将电流引入动车的装置,也称为受流器。受流器一般有杆形受流器(多用于城市无轨电车)、弓形受流器(多用于城市有轨电车)、侧面受流器(多用于矿山货车)、轨道式受流器(第三轨受流)和受电弓受流器(适用于高速干线)五种形式。

6. 车辆内部设备

车辆内部设备指服务于乘客的车体内部固定附属装置(如车灯、广播、空调、座椅等)和服务于车辆运行的设备装置(如蓄电池箱、继电器箱、主控制箱、风缸、电源变压器等)。

7. 车辆电气系统

车辆电气系统指各种电气设备及其控制电路,包括主电路系统、辅助电路系统和电子控制电路系统。

图 3-3-1 是一种一侧 5 门的地铁车辆的示意图。

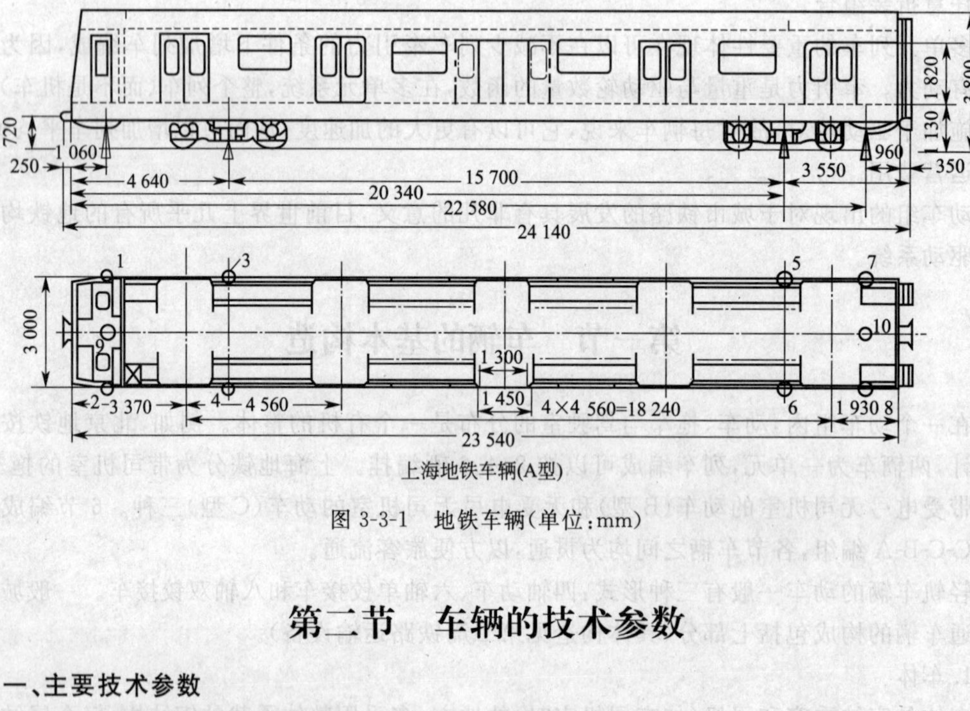

图 3-3-1　地铁车辆(单位:mm)

第二节　车辆的技术参数

一、主要技术参数

车辆的主要技术参数有:

(1)车辆自重、载重与容积 。

(2)车辆构造速度:按安全及结构强度所允许的车辆最高行驶速度。

(3)轴重:指车辆在某运行速度范围内一根轴允许负担的包括轮对自身重量在内的最大总质量。

(4)通过最小曲线半径:与转向架类型及设计有关。

(5)最大起动加速度:包括平均起动加速度和最大制动减速度。

(6)制动形式:有摩擦制动、再生制动、电阻制动和磁轨制动等形式。

(7)轴配置或轴列数:如四轴动车一般设两台动力转向架,六轴单铰轻轨车一般两端为动力转向架,中间为非动力转向架。

(8)供电电压、最大网电流、牵引电机功率。

(9)座席数及每平方米地板面积站立人数:它与车辆大小尺寸有关,也与设计的服务水平有关。

二、各类车辆的特点

1. 轻轨车辆

20 世纪 70 年代以后，逐渐形成了现代风格的轻轨车辆。四轴车车辆长度不超过 20 m，每侧不少于 3 个车门；六轴车不超过 25 m，每侧至少 4 个车门；八轴车不超过 30 m，每侧至少 5 个车门。

轻轨车辆的优点是因地制宜，如供电方式有 600、750、1 500 V，车辆宽度在 2.4～2.65 m。长度也有较大差异。表 3-3-1 是我国推荐的几种轻轨车辆的基本参数。

表 3-3-1 我国轻轨车辆的推荐参数

项目名称	单位	四轴车	六轴车	八轴车
两车钩连接面长度	mm	19 800	23 800	29 700
车体长度	mm	18 900	22 900	28 800
车辆宽度	mm	2 600	2 600	2 600
轨面至顶部高度	mm	3 250	3 250	3 250
轨面至设备顶部	mm	3 700	3 700	3 700
车内高度	mm	2 150	2 150	2 150
地板面高度	mm	900～950	900～950	900～950
车辆定距	mm	11 000	7 500—7 500	6 700—7 500—6 700
每侧车门数	个	4	4	5
车门高度	mm	1 900	1 900	1 900
车门宽度	mm	1 300	1 300	1 300
定员	人	190～210	235～255	300～320
构造速度	km/h	80	80	80
最高运行速度	km/h	70	70	70
起动平均加速度	m/s^2	1.2	1.1	0.9
常用制动平均减速度	m/s^2	1.2	1.2	1.2
紧急制动平均减速度	m/s^2	2	2	2
车内噪声	dB(A)	65～70	65～70	65～70
车外噪声	dB(A)	75～82	75～82	75～82

2. 地铁车辆

我国地铁车辆从 20 世纪 60 年代运营至今，经过不断改进有了变化。

北京地铁列车编组 6 辆，编成形式为 A＋B＋C＋C＋B＋A；车辆宽度 3 m，高度 3.8 m，电压 1 500 V(DC)；最高速度 80 km/h；车辆自重：33 t(A)，36t(B，C)；每节车每侧设内插式车门 5 对，净开宽度 1.4 m；列车总长度：140 m。

上海地铁 1 号线，车辆宽度 3m，高度 3.8m，电压 1 500V(DC)；最高速度 80 km/h；车辆自重：32 t(拖)，38 t(动)；每侧车门 4 对；净开开度 1.3 m；列车总长 77.86 m。

第三节　车辆的检修与基地设施

一、车辆段

车辆段是城市轨道交通系统中对车辆进行运用管理、停放及维修保养的场所。一般地，一条线路可设一个车辆段；线路长度超过 20 km 时，可以考虑设一个车辆段、一个停车场。

1. 车辆段设计原则

车辆段的线路布置要根据车辆段作业要求，结合用地特点来布置。

(1)收发车顺畅

车辆段是列车运营的起始与终止场所，其设计要根据线路特点保证列车出入的流畅，满足能力要求。

(2)停车检修分区合理

在部分线路较长的场合，车辆段与停车场的确定需要考虑的位置分布，以保证运营组织与管理的方便性。

(3)用地紧凑

城市轨道交通系统一般在市区，土地资源稀缺，且价格昂贵，车辆段与停车场的设计要紧凑，以降低建设费用。

2. 车辆段布置图型

车辆段一般可布置成贯通式或尽头式，贯通式车辆段两端均可以收发列车，能力较大；停车列检库一股道可以停 3 列车。

图 3-3-2 是一个贯通式车辆段布置图。

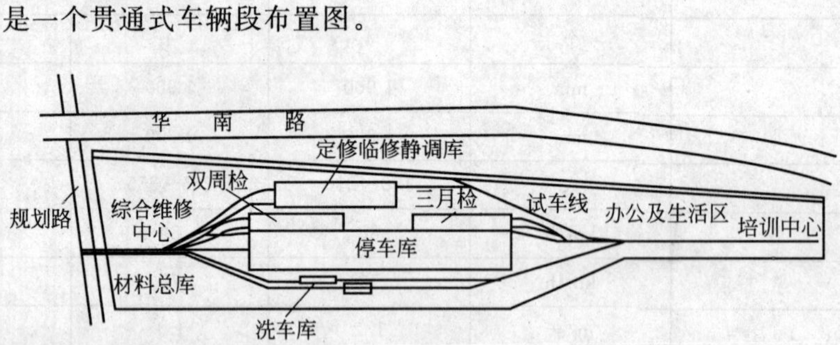

图 3-3-2　贯通式车辆段的基本布置

尽头式车辆段能力稍低，停车列检库每股道一般可以停 2 列车。

上海新龙华至新火车站线路，在新龙华地区设一个车辆段，并计划在北端延伸线设一个停车场。

3. 车辆段的布置形式

车辆段根据其布局还可分为多层式与平面式两种。多层式用地节省，但技术复杂，工程费用比较大。欧洲不少城市有采用这种方式的车辆段。我国北京的古城、太平湖及八王坟和上海的新龙华均采用平面式。

二、车辆段的任务及设备

1. 车辆段的任务

车辆段主要承担的任务有列车的运用及定期检修作业。车辆修程可根据车辆的质量及管理水平确定，目前国内各城市的地铁采用的修程基本上分四种，厂修、架修、定修、月修，但各城市所采用的检修周期不同。如北京地铁车辆达到 90 万 km 进行厂修，而上海地铁车辆需达到 100 万 km 进行厂修。

2. 车辆段的设备

车辆段内需要设置的设备有列车运用车间、运转值班室、信号楼等。为进行车辆作业，需要设置列车牵出线。车辆段的另一重要设备是列检库，列检库库线一般应按运用列车数的 30%设置。

复习思考题

1. 轻轨车辆与地铁车辆有哪些特点？
2. 车辆段的主要任务是什么？
3. 分析车辆段线路设置的基本原则及不同类型车辆段的适用性。

第四章　供电系统

第一节　供电系统的组成

城市轨道交通的供电系统负责提供车辆及设备运行的动力能源，一般包括高压供电源系统、牵引供电系统和动力照明供电系统。

高压供电源系统是城市电网对轨道交通系统内部的变电所的供电方式，一般视各城市的情况而定；牵引供电系统供给电动车辆运行的电能，它是由牵引变电所和牵引网组成的；动力照明供电系统是提供车站和区间各类照明、扶梯、风机、水泵等动力机械设备电源和通信、信号、自动化等设备电源，它是由降压变电所和动力照明配电线路组成的。

一、高压供电源系统

高压供电源方式有三种：集中式供电、分散式供电和混合式供电。

1. 集中式供电

沿城市轨道交通线路，根据用电容量和线路的长短，设置专用的主变电所。主变电所一般为 110 kV，由主变电所变压为内部供电系统所需的电压级，一般为 10 kV 或 35 kV。由主变电所所构成的供电方案为集中式供电。

主变电所应有两路独立的 110 kV 电源，上海、广州、香港地铁即为此种供电方式。

2. 分散式供电

沿城市轨道交通线路沿线直接由城市电网引入多路电源，电源电压等级一般为 10 kV，供给各牵引变电所，这种方式为分散式供电。分散式供电应保证每座牵引变电所和降压变电所皆能获得双路电源。

3. 混合式供电

即前两种供电方式的结合，以集中式供电为主，个别地段引入城市电网电源作为集中式供电的补充，使供电系统更加完善和可靠。北京地铁 1 号线和环线即为此种供电方式。

二、牵引供电系统

将电能从电力系统传送给动车组的电力装置的总称叫城市轨道交通的供电系统，又称牵引供电系统，主要由牵引变电所和牵引网两大部分组成。牵引变电所将电力系统输电线路电压从 110 kV(或 220 kV)降到合适的电压等级，经馈电线将电能送至牵引网；牵引网沿轨道交通线路架设，动车组通过受电弓或受流器可从其取得电能，用以驱动列车。

牵引供电回路，如图 3-4-1 所示，它是由牵引变电所——馈电线——牵引网——动车组——钢轨——回流联接——(牵引变电所)接地网组成的闭合回路，其中流通的电流称牵引电流。.

1. 电压等级

目前世界上城市轨道交通系统的牵引网均采用直流牵引，牵引电压等级较多，有 6 00、

750、825、1 000、1 200 和 1 500 V 等，其发展趋向是国际 IEC 电压标准为 600、750、1 500 V，而我国国标电压标准为 750 V 和 1 500 V 两种。所以，目前国内各城市的地铁和轻轨采用的电压制均在 750 V 和 1 500 V 之间进行选择。

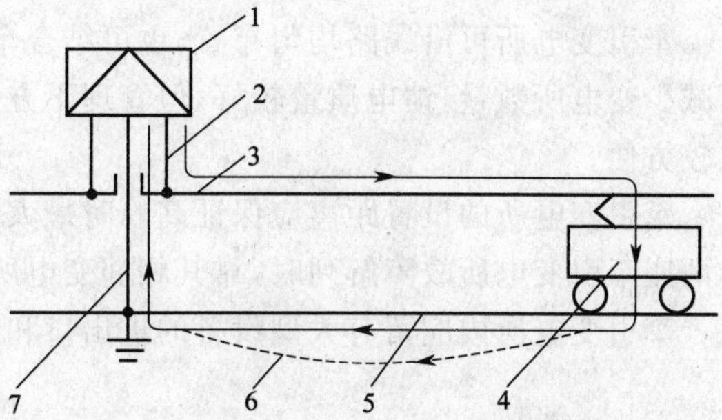

图 3-4-1　牵引回路构成

1—牵引变电所；2—馈电线；3—接触网；4—电力机车；5—钢轨；6—地中电流；7—回流线

这两种电压等级均有各自的优势，1 500 V 的供电距离较长，可减少牵引变电所的数量，但提高了牵引变电所及车辆电机、电器设备的电压绝缘水平。目前国内正在运行的轨道交通系统中，广州、上海采用了 1 500 V 电压制，其 1 500 V系列的直流电器设备及 1 500 V电动车辆均为国外进口，造价较高。今后，随着我们国家城市轨道交通工程项目的不断建设，1 500 V系列的直流电器设备及 1 500 V 的电动车辆将逐步实现设备的国产化。

采用 750 V 变电所数量增加，但 750 V 的直流电器设备及电动车辆国内有比较成熟的设备，造价较低。北京地铁即采用了 750 V 的电压制。

2. 牵引接触网

城市轨道交通系统的牵引网为沿线路敷设专为电动车辆供给电源的装置。接触网可分为接触轨架空接触网和架空接触轨三种形式。采用接触轨形式时，其正极由接触网供电，负极经走行轨回流，如图 3-4-2 所示。

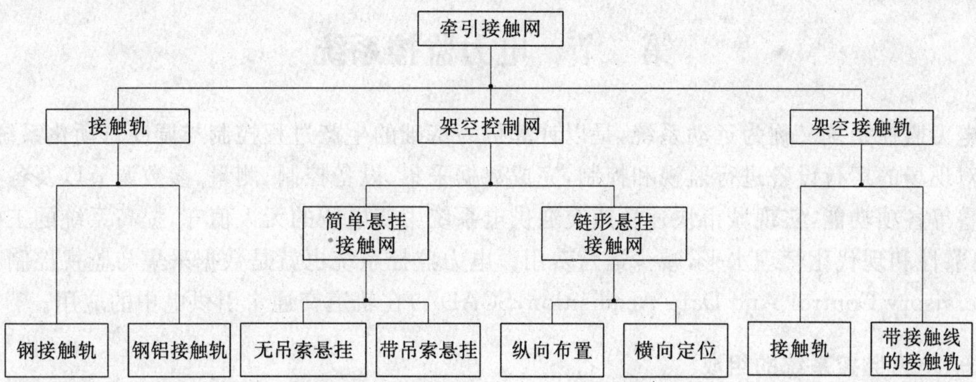

图 3-4-2　用于电气化铁道牵引的接触网系统

接触轨的主要优点是：使用寿命长，维修量小，在地面对城市景观没有影响，适应于电压较低的制式。北京地铁即采用了 750 V 接触轨供电的方式。

接触网的主要优点是：安全性较好，适应于电压较高的制式。上海、广州地铁均采用了 1 500 V接触网供电的方式。

接触轨和接触网两种供电方式，目前在世界上许多国家同时并存，究竟采用何种方式，各城市应根据自已的特点，进行车辆和供电系统的综合比较。

3. 牵引变电所设置

牵引变电所的位置和容量，应根据运行高峰小时的车流密度、车辆编组及车辆形式通过牵引供电计算，经多方案比较确定。

牵引变电所应尽可能的设在地面，地面变电所投资小，运行费用低，运行管理方便。

牵引变电所可沿线路均匀布置，也可结合车站，与降压变电所合建于车站站端。均匀布置可减少变电所数量，馈电质量较好，但管理不方便，设在车站，可与降压变电所合建，同时管理比较方便。

牵引变电所的设置距离应保证高峰时最大运营负荷的需要，同时应保证系统中任何相隔的两座牵引变电所故障解列时，靠其相邻变电所的过负荷能力，仍能保证列车的正常运行。

牵引变电所内应留有大型设备的进出口和运输通道，应考虑通风、散热、防火、防雷电的要求。

三、动力照明供电系统

动力照明供电系统由降压变电所及动力照明组成。

每个车站应设降压变电所，地下车站负荷较大，一般设于站台两端，其中一端可以和牵引变电所合建为混合变电所。地面车站负荷较小，可设一个降压变电所。

车站动力照明采用380/220 V三相五线制系统配电，其车站设备负荷可分为以下三大类。

(1)一类负荷：事故风机、消防泵、主排水站、售检票机、防灾报警、通信信号、事故照明。

(2)二类负荷：自动扶梯、普通风机、排污泵、工作照明。

(3)三类负荷：空调、冷冻机、广告照明、维修电源。

对于一、二类负荷，一般由两路电源供电，当一台变压器故障解列时，另一台变压器可承担全部一、二类负荷。三类负荷由一路电源供电，当一台变压器故障解列时，可根据运营需要自动切除。

第二节　电力监控系统

电力监控系统又称为远动系统，是以计算机为基础的生产过程控制与调度自动化系统，它可以对现场的运行设备进行监视和控制，完成数据采集、设备控制、测量、参数调节以及各类信号报警等各项功能，实现城市快速轨道交通供电系统中变电所的无人值守，提高系统的工作效率、可靠性和现代化管理水平，减少运营费用。电力监控系统也就是数据采集与监视控制系统(Supervisory Control And Data Acquisition，SCADA)在轨道交通牵引供电中的应用。

一、电力监控系统的组成

电力监控(SCADA)系统一般由以下三部分组成：设在控制中心的电力监控调度中心、设在各牵引降压混合变电所和降压变电所内的远程控制终端以及连接终端与中心的通信网络。

1. 远程控制终端

远程控制终端又称为变电所综合自动化系统，是电网监视和控制系统中安装在变电站的一种远动装置，它负责采集所在变电站电力运行状态的模拟量和状态量，监视并向调度中心传送这些模拟量和状态量，执行调度中心发往所在发电厂或变电站的控制和调度命令。

其中远动监控测量装置承担变电站站内层级设备的网络通信和与调度后台监控的远方通信，是远程监控系统的关键设备。

(1)远动监控测量装置应具备的最主要的功能即数据的采集。数据采集的信息既有变电运行方面的信息，又有电气设备运行方面的数据，可以分为两类，第一类是与电网调度控制有关的信息，包括常规的远动信息和上级调度对变电站实现综合自动化提出的附加信息，这些信息由变电站测量采集后，上送导调度中心。第二类信息为站内信息，由测控单元、制动装置或继电保护装置测得，用于变电站当地监视和控制。其中第一类信息取自第二类信息，有时无明显划分界限。

(2)传统的电量测量采集主要通过电压变送器、电流变送器三相功率变送器和无功功率变送器进行变换测量的，它们都是从二次回路获取信号，通过电子变换电路，输出与某电气量成比例的模拟信号，再由计算机进行 A/D 转换进入计算机。这种方法具有明显的缺点，首先每个变送器只能测量一个或二个电气量，变电站必须使用较多的变送器，这样投资大、占用空间也大。其次，要经过 A/D 转换进入远动装置计算机，这些电量变送器都是电力互感器二次回路的负载，当接入变送器较多时，加重二次回路负荷，容易造成误差。

(3)交流采样技术，就是通过对互感器二次回路中的交流电压和交流电流信号直接采样，根据一组采样值，通过对其 A/D 转换进入计算机，计算机对这些数字量进行计算，从而获得电压、电流、功率、电能等电气量值。采用交流采样技术，可取消变送器这一测量环节，有利于测量精度的提高，已在中低压变电站的远动转置和变电站综合自动化系统广泛应用，目前专用的电气量测量芯片已大量出现，其低廉的价格和测量计算量的丰富大大简化了远动装置的设计，但在技术上仍能属于交流采样。

2. 远动数据通信信道

电力系统通信主要由传输、交换、终端三大部分组成。其中传输与交换部分组成通信网络，传输部分为网络的线，交换设备为网络的节点。远动数据通信信道主要就是通信的传输部分，分为有线通信信道和无线通信信道两类，前者包括传统的明线或电缆，光纤通信、电力线载波通信等，后者包括无线数传电台、微波通信、卫星通信和移动通信等。其中，电力载波通信是非常具有电力系统特色的一种通信方式。

电力线载波通信(PLC-Power Line Carrier)是利用高压输电线作为传输通路的载波通信方式，用于电力系统的调度通信、远动、保护、生产指挥、行政业务通信及各种信号传输。电力线是为输送 50 Hz 强电设计的，线路衰减小，机械强度高，传输可靠，电力线载波通信复用电力线进行通信不需要通信线路建设的基建投资和日常维护费用，在电力系统中占有重要地位。

3. 调度中心

远程监控的另一个重要环节就是在调度中心，通过远程通信方式从监控现场获得各类数据，经数据后加工处理，以图形、表格、曲线等方式表现出来。传统的处理方法是集中式主机监控，利用计算机组态软件或其他高级语言，编写后台处理程序，整个系统程序捆绑在一起，由于计算机发展很快，当计算机升级时原有的程序由于操作系统的不同，无法快速转变。针对功能任务的多样化及系统配置的可变性，在大型系统中，由于多个部门都需要监控数据，传统的集中式构架不能满足要求，因此我们提出分层开放的系统设计方法，采用客户/服务器体系结构，以服务器为中心，以网络支持为基础，实现系统内资源共享的一种新型计算机系统体系构架。它以客户端发出请求，通过网络提交服务器，服务器接收请求，完成相应的计算及数据管理功能，再将结果从网络中返回到客户端，由客户端享用数据服务请求的结果。

二、电力监控系统的功能

电力监控及变电所综合自动化系统功能如下：

1. 控制功能

控制功能包括单控和群控两部分。

(1)单控:调度员通过对站名、开关名及动作状态进行选择后,进行单个开关的操作。

(2)群控:通过对单控的组合,实现全线供电系统的倒闸作业。

控制等级分为中心和车站变电所两级。

(1)中心级:控制 10 kV、750 V、380 V 主要开关、电源和事故电源。

(2)车站变电所级:车站内综合控制室可对本站变电所运行情况进行监视,处理变电所内停电事故,在中心级控制的主要开关,在车站级不能进行合闸操作。

2.遥测、遥信、遥调功能

(1)遥测功能:主要是牵引网各种电压、电流、电度等模拟信号,0.4 kV 柜进、出线电流,母线电压,有功功率,有功电度和温度测量等。

(2)遥信功能:主要是采集和显示各个牵引、降压变电所内各种开关位置信号、报警信号、所有断路器(含 0.4 kV 进线断路器和 0.4 kV 母联断路器)位置信号、各种保护信号、各种预告信号。

(3)遥调功能:是远方对保护装置进行保护定值的调整。

3.数据处理功能

数据处理功能主要是对供电系统中的各种操作、各种运行数据、事故和报警信息进行分别记录,供有关人员查询、分析,并可按实际需要完成各种统计报表。

4.图像处理功能

图像处理功能是以图像的方式显示供电系统网络、各个牵引、降压变电所的主结线和电分段等图像。

5.故障信号处理功能

故障信号处理功能能够保证当供电系统在事故状态时,电力监控系统应自动产生报警音响,并应有灯光信号和记录。

6.在线自检功能、可维护和可扩展功能。

7.对变电所及全线供电设备进行管理,包括运行状态分析、统计和故障处理分析,进行检修计划及停电范围的工作票的制定和执行。

8.视频监视设备、烟雾及温感控测等防灾设施。

9.在控制中心要实施对实时数据的采集、数据处理及实时数据库的管理、事件顺序记录、事件报警、报表打印、远程控制操作及同期检测、电压无功综合控制、小电流接地选线、自诊断与恢复、系统显示及绘图、实现远程监视及维护功能。

10.当车站发生火灾或发生人身伤亡事件时,当发生车辆着火时,电力监控系统应采取事故运行方式,紧急切断牵引供电系统。

复习思考题

1.简述轨道交通系统中车辆电源供给的方式及其适用条件。

2.简述牵引供电回路的流程。

3.接触网与接触轨供电有哪些优点?

4.电力监控系统的主要功能有哪些?

第五章 信号与通信设备

轨道交通的信号与通信系统是指挥列车运行、组织运输生产及进行公务联络的重要手段。轨道交通的特点是客流密集、运输繁忙，为了保证行车安全和实现快速、高效、准时的优质服务，必须设置功能完善、可靠的内部专用通信系统。

轨道交通的通信系统包括光纤数字传输系统、电话交换系统、闭路电视监控系统、无线通信系统及车站广播系统等部分。具体来说，它们共同为轨道交通系统的列车运行调度指挥、无线通信、公务通信、旅客信息广播、系统运行状况监视等提供手段。

第一节 信 号

信号系统与行车密度有着密切关系，不同的行车密度应选择不同的信号系统，以保证工程设计技术经济合理，满足运营要求。目前，轨道交通系统的信号设备可分为两大类：传统信号系统和现代信号系统。

一、传统信号系统

传统信号系统是由信号、联锁、闭塞、机车信号与自动停车、调度集中等设备组成的。

1. 信号装置

信号机有进出站信号机，道岔防护信号机，通过信号机，进出段信号机，调车信号机等。在采用了列车自动防护系统 APS 的区段，可不设通过信号机，在采用列车自动控制系统 ATC 的情况下，车站可不设进出站信号机。

信号机应设在列车运行方向的右侧，特殊情况也可设于左侧。

城市轨道交通采用色灯信号机，红色表示停车；黄色表示限速或注意运行；绿色表示按规定速度运行；月白色表示允许调车。

2. 联锁

目前联锁设备有继电联锁和微机联锁。联锁设备的功能是排列进路、开放信号，保证道岔、信号和轨道区段间的联锁，监视列车运行和信号设备状态。

3. 轨道电路

关于某特定股道上有无列车占用的最简单、有效的方法是采用轨道电路，轨道电路也是目前所有信号技术的基础。最早的轨道电路是 20 世纪 30 年代出现的，它是检测轨道空闲及占用状况的装置。由于轨道电路直接影响列车行车的安全与效率，其可靠性非常重要，对轨道空闲的错误信息将导致恶性事故。因此，轨道电路设备在发生故障时必须按失效安全原则给出“占用”显示，才能保证行车安全。

对轨道电路技术的要求：

(1)信号频率的选择要能够避免牵引电流的干扰。

(2)为实现列车的平稳行驶，减少维修工作量和事故发生率，要尽量消除分隔轨道电路的绝缘节；目前可采用音频选频方式以实现无绝缘节轨道电路。

(3)要尽量增加轨道上的信号电流的信息含量。传统轨道电路只能给出轨道“占用”或“空闲”的信息，20 世纪 80 年代以后出现的数字编码式音频轨道电路可以携带更多的信息。如广州地铁 1 号线采用的是 FTGS 型数字编码式轨道电路。

4. 自动闭塞

闭塞是指轨道交通系统为保证列车按空间间隔安全运行的一种技术方法。城市铁路系统大多采用自动闭塞。自动闭塞的基本功能是检测区间占用和关闭状态，实现列车间隔控制，提供机车信号信息。自动闭塞可分为固定自动闭塞、移动自动闭塞、双向自动闭塞和单向自动闭塞。

传统信号技术中的最新技术是移动闭塞，即两列车间的空间允许距离根据线路条件、列车运行速度、控制性能等因素动态决定。这种方式可以显著地缩短列车间的运行间隔，更有利于发挥线路的通过能力。

5. 机车信号与自动停车装置

机车信号应连续显示与地面信息相符的信号，指示列车运行。当机车信号显示限速或停车信号、发出音响报警后，若司机在规定时间内无确认操作相应，自动停车设备应自动实施紧急制定停车控制。

6. 调度集中装置

调度集中是供列车调度员指挥行车的控制设备，应具有控制、监视、记录、运行图管理以及为旅客向导提供信息等功能。

调度集中由遥控总机、遥控分机和传输线路组成。

二、现代信号系统

传统的信号系统即以地面信号显示为依据，司机按行车规则操纵列车运行。现代信号系统则要求保证如下 6 个基本目标：

(1)以安全的方式控制列车有条件地前进；

(2)使本列车与前行车或股道尽头保持安全距离；

(3)防止出现列车冲突进路；

(4)使列车能够按要求的时间间隔运行；

(5)使列车能够按时刻表速度运行，以最大程度地避免危及安全的各种干扰；

(6)保证关键点锁闭在正确位置。

世界各国的城市轨道交通的信号系统大都采用列车自动控制 ATC 系统。ATC 的基本原理是对列车自动进行控制，使其速度不超过由地面信号设定的限制速度。

根据列车位置检测方法及列车连接方法，ATC 可以分为三类：阶梯式速度控制模式、一级制动模式速度和移动闭塞模式。目前，使用轨道回路型固定闭塞模式的列车位置检测方式与目标速度控制组合而成的阶梯式速度控制系统最常见，如图 3-5-1 所示。

列车控制系统(ATC)，或更准确地说列车自动控制系统，列车自动控制系统，它包括列车自动防护 ATP、列车自动驾驶 ATO 和列车自动监控 ATS 三个子系统。

1. 列车自动防护(ATP)

(1)作用

ATP 主要用于对列车驾驶进行防护，对与安全有关的设备或系统实行监控，实现列车间

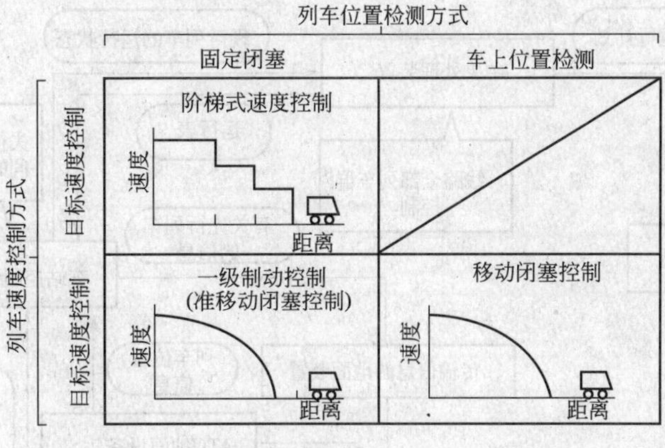

图 3-5-1 ATC 系统中的列车速度控制方式

隔保护、超速防护等功能。ATP 的工作原理是将信息(包括来自联锁设备和操作层面上的信息、地形信息、前方目标点信息和容许速度信息等)不断从地面传至车上,从而得到列车当前容许的安全速度,依此来对列车实现速度监督及管理。

(2)功能

①自动检测列车的位置和实现列车间隔控制,以满足规定的通过能力;

②连续监视列车的速度,实现超速防护,当列车实际速度大于允许速度时,施加常用制动,当列车速度大于最大安全速度时,施加紧急制动,保证列车不冒进前方列车占用的区段。

2. 列车自动操纵(ATO)

(1)作用

ATO 主要用于实现"地对车控制",即用地面信息实现对列车驱动、制动的控制,如图 3-5-2 所示。由于使用 ATO,列车可以经常处于最佳运行状态,避免了不必要的、过于剧烈的加速和减速,因此可显著提高旅客舒适度,提高列车准点率及减少轮轨磨损。通过与列车再生制动配合,还可以节约列车能耗。

(2)功能

ATO 可缩短列车间隔,提高了线路的利用率和行车的安全可靠性。其功能包括:

①控制列车在允许速度下运行,并自动调整列车的速度,列车在区间或站外停车后,一旦信号开放,即可自动启动。

②系统控制列车到达站台的最佳制动,使列车停于预定目标点,停站结束后,保证车门关闭后,列车能自动启动。

③当列车到达折返站时,自动准备折返。

3. 列车自动监视(ATS)

(1)作用

ATS 主要是实现对列车运行的监督,辅助行车调度人员对全线列车运行进行管理。它可以显示全线列车运行状态,监督和记录运行图的执行情况,为行车调度人员的调度指挥和运行调整提供依据,如对列车偏离运行图时及时做出反应等。通过 ATO 接口,ATS 还可以向旅客提供运行信息通报,包括列车到达、出发时间,列车运行方向,中途停靠点信息等。

(2)功能

①自动显示列车车次、运行位置和信号设备工作状态,自动或人工办理进路;

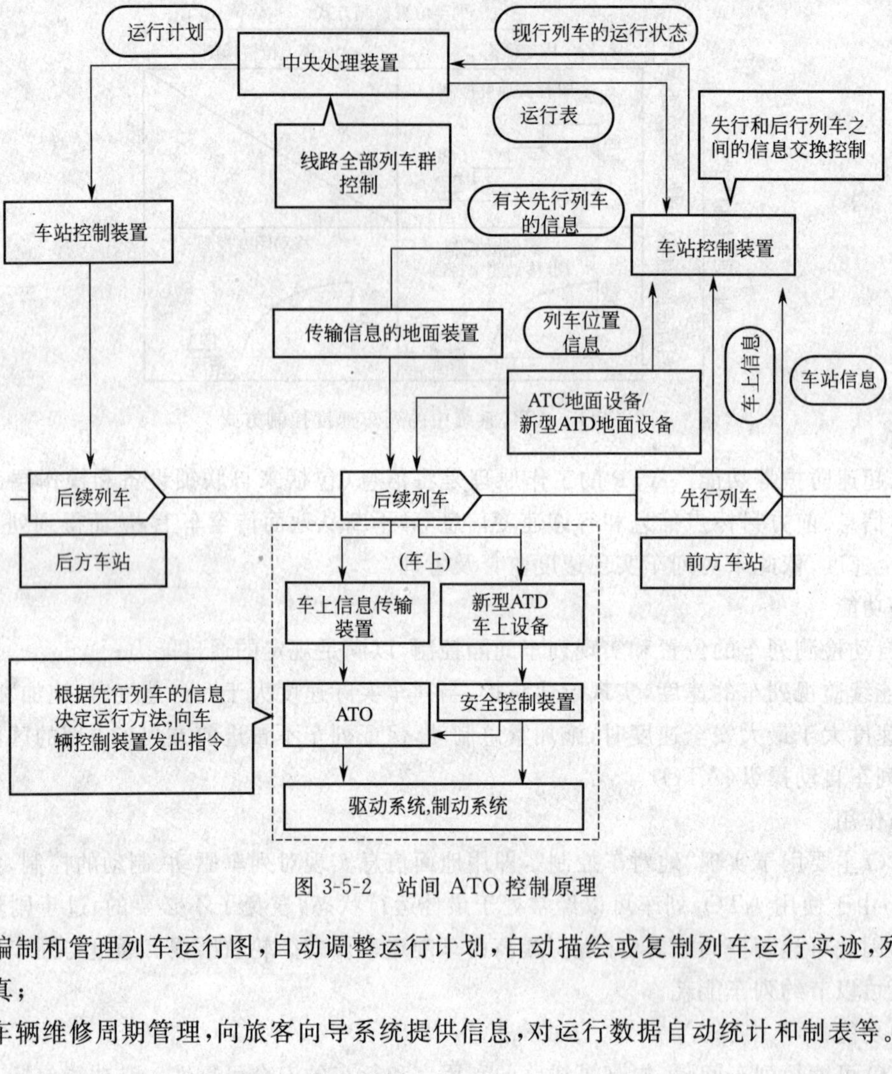

图 3-5-2　站间 ATO 控制原理

②编制和管理列车运行图,自动调整运行计划,自动描绘或复制列车运行实迹,列车运行模拟仿真;

③车辆维修周期管理,向旅客向导系统提供信息,对运行数据自动统计和制表等。

第二节　通　　信

一、调度指挥通信系统

调度指挥通信系统包括有线调度电话、站间行车电话、区间电话、会议电话。

1. 有线调度电话

根据城市轨道交通列车运行组织和业务管理的要求,一般设置三种调度电话系统,列车调度电话、电力调度电话、防灾环控调度电话。系统由中心设备、车站设备和传输通道构成。中心设备设于调度中心,车站设备设于各车站、变电所、防灾、车场值班员处。传输通道是介于中心设备和车站设备之间的传输媒介,由光缆数字复用传输系统提供。

2. 站间行车电话

站间行车电话又称闭塞电话,它是为相邻车站值班员间进行行车业务提供的直通电话。

系统由专用电话总机、分机及传输通道组成。总机设于车站值班员处,分机设于站长室、公安值班室、变电所值班室、环控(防灾)值班室,站台两侧的室外电话箱内等处。站间传输通道由光缆数字复用传输系统提供，或采用电缆实回线，站内采用电缆实回线。

3. 区间电话

它是供区间列车司机和维修人员与相邻行车值班员及相关部门紧急联系或通话使用。系统由电话机箱、便携式电话机和传输线路组成。

二、无线通信系统

城市轨道交通无线通信系统按其工作区域不同分为运行线路上的调度无线通信系统和车辆段内的无线通信系统。

1. 运行线上的调度无线通信系统

系统由位于调度中心的控制设备(包括控制台、PC计算机、录音设备等)和基地台，以及列车上设置的列车台、维修人员使用的携带台，加上有线传输网络和自动电话或专用电话组成。如有隧道，还需设置隧道基地台或隧道中继器，以及沿隧道敷设的泄漏同轴电缆。

2. 车辆段无线通信系统

为了满足车辆段值班员、列车台司机、携带台流动人员三者之间的通话，系统由位于车辆段值班室的控制设备和基地台，以及列车设置的列车台、流动人员使用的携带台组成。

三、公务通信系统

列车运营组织中，公务通信是必不可少的。它为轨道交通系统内部工作人员以及内部对外部的公务联络提供通信手段，并为逐步建成能传输语言、文字、数据、图像各种信息的综合数字通信网创造条件。

公务通信系统一般可以采用数字式程控用户交换机系统，系统内部也可构成独立的用户电话交换体系。

四、广播系统

广播系统是大众化的运营管理工具，其用途和服务范围应包括：向旅客预报列车信息，对上下车旅客进行安全提示和向导，对车站工作人员播发通知或公开广播会议，发生故障、灾害等紧急情况时，发出警报、指挥救援和疏导乘客。

广播信息可以由中心广播控制台发出，也可由车站值班室发出。相应地，广播系统由中心广播控制设备、车站广播设备以及传输通道三部分组成。

五、电视监视系统

电视监视系统的作用向与行车及安全有关的工作人员提供城市轨道交通系统车站各部位的动态、实时、图像信息，包括列车在关键点的运行、列车在车站的停靠与起动、车门开闭、站台客流分布情况等，以便监视系统运行状况、保证行车安全，方便运输调整。它是运营管理自动化系统的组成部分，由车站设备、中心设备及传输通道组成。

六、传输通道系统

为了传输各子系统所需话音、数据、图像等信息，需建立一个多功能、高可靠和集中维护管理的综合传输网。

复习思考题

1. 现代信号系统的主要功能有哪些？
2. 列车控制系统包括哪几个子系统？
3. 简述列车自动防护系统的作用。
4. 简述列车自动操纵系统的作用。
5. 简述列车自动监控系统的作用。

第六章　环控系统与给排水

第一节　环 控 系 统

地铁车站的环控系统主要由车站环境系统、车站设备房及管理用房空调及通风系统、区间隧道通风及机械通风系统和控制系统等各类子系统组成，主要承担地铁物理环境中有关温度、湿度、空气流动、空气质量、环境设备噪声和振动水平等内容的检测和控制，为乘客和车站工作人员提供一个合适的环境，提高各类车站设备的工作寿命。

一、车站环境控制系统

为营造较为适宜的环境，需要有一个强制空气调节系统来调节地下车站的空气物理条件。地铁车站一般都设置独立的空调系统，包括冷水机组、冷冻水泵、冷却水泵、空调机组以及各类风机等。车站环境控制系统运行模式为空调运行、全新风运行和事故运行三种模式。

(1)空调运行在夏季，站台、站厅的温湿度大于设定值时，起动空调系统，向站台和站厅送冷风。通过送、回风温湿度变化调节新风与回风的比例及进入空调器的冷水量，保证站台、站厅的温湿度要求。

(2)全新风运行主要是在春秋两季，当室外空气的焓低于站内空气的焓时，起动全新风风机将室外新风送至车站。

(3)车站事故通风是当站台层发生火灾时，关闭站台层送风系统及站厅层回/排风系统，起动全新风风机向站厅送风，由站台层回/排风系统将烟雾经风井直接排向地面。

二、车站设备用房及空调、通风系统

车站设备用房包括站长室、站务室、车站控制室、公安人员室、站台服务室等房间，管理人员较为集中。为提高各房间的空气调节效果，一般采用分体式空调机组，同时另外设置机械送排风系统，提供新风和其他季节的通风换气。除此之外，还要对车站降压变电所、环控机房、车站出入口等地方采用机械送排风的措施。

三、区间隧道通风及机械通风系统

区间隧道通风系统由车站两端端头井内设置的事故/冷却风机与两边隧道相接的活塞风井、隔断风门、旁通风门等组成。区间隧道的运行模式主要有正常运行、堵塞运行和事故通风系统等三种。

(1)当列车正常运行时，利用列车在隧道内高速运动产生的活塞效应从车站一端风井引入新风，经过区间隧道由下一站风井排风。列车停靠车站时列车下部的制动发热量和顶部的空调冷凝发热量由站台排热通风系统进行排放。

(2)堵塞运行是当列车因故滞留在区间隧道时，为使列车空调器正常运转，关闭列车后方站事故机房内的旁通风门，事故风机向区间隧道送入新风，前方站事故风机将区间隧道内的空

气排至地面。区间内的气流方向应与列车的行进方向保持一致。

(3)当列车在区间隧道内发生火灾时,区间隧道一端的事故风机向火灾区间送风,另一端事故风机将烟雾经风井排至地面。中央控制室确认火灾后,根据事故列车在区间隧道内的位置,列车内事故的位置和火灾源距安全通道的距离等决定通风方向,以利于乘客的安全疏散。乘客的疏散方向必须与气流的方向相反,使疏散区处于新风区。

四、控制系统

地下车站的环控系统,其基本功能就是对车站内的各类环控设备进行监测、联动控制。这时控制摸板要根据不同的设备运行模式编制各站风机、风阀的启动、关闭顺序,满足各类运行工况的需要。控制系统一般分为中央控制、车站控制和就地控制三级。

(1)中央控制:通过设置中央环控控制室内的环控防火计算机控制台对全线系统的环控设备进行监督管理,显示主要环控设备的运行状况,记录设备事故情况,并可遥测各车站内及区间的各点空气物理状态。

(2)车站控制:主要通过设置在车站环控室内的环控控制板控制和显示该车站环控设备的运行状态。

(3)就地控制:则是通过设置在车站两端的环控电控室的就地控制板完成所属设备的就地开、关,并设模拟显示板显示本车站相关设备的运行状态。

在所有这些控制级别中车站控制室具有对所有环控设备控制的最高等级控制权。

第二节　给水与排水

一、给水系统

按照我国《地下铁道设计规范》的规定,城市轨道交通宜采用生产、生活和消防共用的给水系统。根据技术经济比较,也可采用生产、生活和消防分开的给水系统。

根据目前我国修建的城市轨道给水系统,大致分下列几类:生产、生活和消防共用的给水系统;生产、生活给水系统;消火栓给水系统;自动喷水灭火给水系统;空调冷却循环给水系统。

1.生产、生活和消防共用的给水系统

该系统在地下车站及区间隧道设两条给水干管,并在车站及区间将两条给水干管连通,构成环状管网供水系统。

如车站由城市自来水引入两根供水管,则在消防时,宜由一个车站和车站前后各半个区间构成独立的给水系统;如车站有城市自来水引入一根供水管,则在消防时,宜由两个车站和两站之间的区间构成独立的给水系统。

该系统的生产用水,主要是空调冷却及冷冻给水系统的补充水和冲洗用水。

2.生产及生活给水系统

该系统设在车站,可以由地面城市自来水管单独引入一根给水管,敷设在车站站厅层及站台层,不必构成环状。主要供空调冷却及冷冻给水系统的补充水、车站冲洗用水,卫生间、盥洗间、茶水间、洗脸室及拖布池的给水。

3.消火栓给水系统

该系统在车站及区间隧道设两根给水干管,并在车站两端及区间隧道连通,构成环状管网给水系统。每个车站最好引入两根给水管,有困难的也可引入一根。其消防时的供水方式和共用供水系统相同。较长的通风道及人行道也设置消火栓。这种系统的优点是便于控制管理，而且在消防供水量增大和供水压力增高的情况下，不会影响生产及生活供水设备的使用。其主要缺点是，给水管网的水长期不用容易变质，而且比共用给水系统增加了生产及生活给水管道的造价。

二、排水系统

轨道交通系统的排水主要处理系统的粪便污水、结构渗水、冲洗及消防等废水和车站露天出入口及洞口的雨水。它一般包括主排水泵站、辅助排水泵站、污水泵房、局部排水泵房和临时排水泵房。

复习思考题

1. 车站环控系统包括哪些子系统？
2. 区间隧道通风系统作用有哪些？
3. 控制系统分哪三部分？

参 考 文 献

[1] 佟立本.铁道概论.北京:中国铁道出版社,2010.

[2] 佟立本.交通运输设备.北京:中国铁道出版社,2003.

[3] 钱仲侯.高速铁路概论.北京:中国铁道出版社,2006.

[4] 张超,李海鹰.交通港站与枢纽.北京:中国铁道出版社,2005.

[5] 韩宝明,李学伟.高速铁路概论.北京:北京交通大学出版社,2008.

[6] 毛保华,姜帆,刘迁,等 . 城市轨道交通.北京:科学出版社,2001.

[7] 何宗华.城市轻轨交通工程设计指南.北京:中国建筑工业出版社,1993.

[8] 魏庆朝,蔡昌俊,龙许友 . 直线电机轮轨交通概论.北京:科学出版社,2010.

[9] 范文毅,殷锡金 . 城市轨道交通车站设备.北京:中国铁道出版社,2000.